資治通鑑

第二十册

後晉齊王開運二年乙巳八月起
後周世宗顯德六年己未止
〔附〕通鑑釋文辯誤十二卷

卷二百八十五至二百九十四

中華書局

資治通鑑卷第二百八十五

端明殿學士兼翰林侍讀學士太中大夫提舉西京嵩山崇福宮上柱國河内郡開國公食邑二千六百户食實封一千户臣　司馬光　奉敕編集
後　學　天　台　胡三省　音　註

後晉紀六起旃蒙大荒落(乙巳)八月，盡柔兆敦牂(丙午)，凡一年有奇。

齊王下

開運二年(乙巳、九四五)

1 八月，甲子朔，日有食之。

2 丙寅，右僕射兼中書侍郎、同平章事和凝罷守本官；加樞密使、户部尚書馮玉中書侍郎、同平章事，事無大小，悉以委之。

帝自陽城之捷，謂天下無虞，驕侈益甚。陽城之捷見上卷三月。夫勝之不可恃也尚矣。紂之百克而卒無後，夫差數戰數勝，終以亡國。桑田之捷，滅虢之兆也；方城之勝，破庸之基也。項梁死於定陶而嬴秦墟，宇文化及摧於黎陽而李密敗，皆恃勝之禍也。陽城之戰，危而後克。契丹折翅北歸，蓄憤愈甚，爲謀愈深，晉主乃偃然以爲無虞，石氏宗廟，宜其不祀也。四方貢獻珍奇，皆歸内府；多造器玩，廣宫室，崇飾後庭，近朝莫之及；近朝，謂近世，如梁如唐也。朝，直遙翻。作織錦樓以織地衣，用織工數百，期年乃成；期，讀曰朞。又賞賜優伶無度。桑維翰諫曰：「曏者陛下親禦胡寇，謂元年澶州之戰也，事見上卷。戰士重傷者，賞不過帛數端。今優人一談一笑稱旨，稱，尺正翻。往往賜束帛、萬錢、錦袍、銀帶，唐制，帛以十端爲束。彼戰士見之，能不觖望，曰：『我曹冒白刃，絕筋折骨，觖，古穴翻；觖望，怨望也。冒，莫北翻。折，而設翻。曾不如一談一笑之功乎！』如此，則士卒解體，陛下誰與衞社稷乎！」帝不聽。

馮玉每善承迎帝意，由是益有寵。嘗有疾在家，帝謂諸宰相曰：「自刺史以上，俟馮玉出乃得除。」其倚任如此。竇廣德有賢行，漢文帝以其后弟，恐天下議其私，不敢相也。馮玉何人斯，晉出帝昌言於朝以昭親任之意！臨亂之君，各賢其臣，其此謂乎！玉乘勢弄權，四方賂遺，輻輳其門。遺，唯季翻。由是朝政益壞。史言晉亡形已成。朝，直遙翻。

3 唐兵圍建州既久，是年二月，唐兵攻建州事始見上卷。建人離心。或謂董思安：謂，誨語之也。「宜早擇去就。」思安曰：「吾世事王氏，危而叛之，天下其誰容我！」衆感其言，無叛者。丁亥，唐先鋒橋道使上元王建封先登，上元本江寧縣，唐肅宗上元間更名，帶江寧府。遂克建州，閩主延政降。閩自唐末王潮得福建，傳審知、延翰、鏻、昶、曦，至延政而亡。王忠順戰死，董思安整衆奔泉州。史言泉州二將事閩主有始終。

初，唐兵之來，建人苦王氏之亂與楊思恭之重斂，楊思恭重斂事見二百八十三卷天福八年。斂，力贍翻。爭伐木開道以迎之。及破建州，縱兵大掠，焚宮室廬舍俱盡；是夕，寒雨，凍死者相枕，枕，職任翻。建人失望。唐主以其有功，皆不問。

4 漢主殺韶王弘雅。弘雅，漢主之弟也。

5 九月，許文稹以汀州，王繼勳以泉州，王繼成以漳州，皆降於唐。荀子有言：「兼并易也，堅凝之難。」唐能取閩，不能終有閩也。爲閩人叛唐張本。唐置永安軍於建州。

6 丙申，以西京留守兼侍中景延廣充北面行營副招討使。

7 殿中監王欽祚權知恆州事。恆，戶登翻。會乏軍儲，詔欽祚括糴民粟。杜威有粟十餘萬斛在恆州，欽祚舉籍以聞。威大怒，表稱：「臣有何罪，欽祚籍沒臣粟！」朝廷爲之召欽祚還，杜威恆州之粟，豈非前者表獻之數乎！使其出於表獻之外，亦掊克軍民所積者耳。舉而籍之，夫何過！朝廷之法，不行於貴近，第能虐貧下以供調度，國非其國矣。爲，于僞翻。還，從宣翻。仍厚賜威以慰安之。

8 戊申，置威信軍於曹州。

9 遣侍衞馬步都指揮使李守貞戍澶州。

10 乙卯，遣彰德節度使張彥澤戍恆州。

11 漢主殺劉思潮、林少強、林少良、何昌廷。【章：十二行本「廷」作「延」；乙十一行本同；孔本同。】

天福八年，漢主使劉思潮等四人弒其兄弘度而自立，事見二百八十三卷；今又殺四人以除其偪。少，詩照翻。以左僕射王翷【章：十二行本「翷」作「翻」；乙十一行本同。】嘗與高祖謀立弘昌，事見二百八十三卷天福七年。出爲英州刺史，英州，漢桂陽郡湞陽縣之地，唐以湞陽縣隸廣州。漢主劉龑分湞陽縣置英州。九域志：廣州北至英州四百二十里。未至，賜死。內外皆懼不自保。

12冬，十月，癸巳，置鎮安軍於陳州。

13唐元敬宋太后殂。

14王延政至金陵，唐主以爲羽林大將軍。斬楊思恭以謝建人。以楊思恭厚斂也。以百勝節度使王崇文爲永安節度使。崇文治以寬簡，建人遂安。撫寧荒餘，其政當爾。自蓋公授此法於曹參，參以相齊，又以相漢，後人知此法者鮮矣。治，直之翻。

15初，高麗王建用兵吞滅鄰國，頗強大，事見二百八十一卷高祖天福元年。麗，力之翻。因胡僧襪囉言於高祖曰：「勃海，我婚姻也，其王爲契丹所虜，請與朝廷共擊取之。」高祖不報。及帝與契丹爲仇，襪囉復言之。襪，望發翻。囉，魯何翻。復，扶又翻。帝欲使高麗擾契丹東邊以分其兵勢；會建卒，子武自稱權知國事，上表告喪，十一月，戊戌，以武爲大義軍使、高麗王，遣通事舍人郭仁遇使其國，使，疏吏翻。諭指使擊契丹。畏契丹知之，不形諸詔命，以詔指諭之而已。仁遇至其國，見其兵極弱，曏者襪囉之言，特建爲誇誕耳，實不敢與契丹爲敵。宋白曰：晉天福中，有西域僧襪囉來朝，善火卜。俄辭高祖，請遊高麗，王建甚禮之。時契丹併勃海之地有年矣，建因從容謂襪囉曰：「勃海本吾親戚之國，其王爲契丹所虜，吾欲爲朝廷攻而取之，且欲平其舊怨。師迴，爲言於天子，當定期兩襲之。」襪囉還，具奏，高祖不報。出帝與契丹交兵，襪囉復奏之。帝遣郭仁遇飛詔諭建，深攻其地以牽脅之。會建已卒，武知國事，與其父之大臣不叶，自相魚肉。內難稍平，兵威未振，且夷人怯懦，襪囉之言，皆建虛誕耳。仁遇還，還，從宣翻。武更以他故爲解。爲說以自解。

16 乙卯，吳越王弘佐誅內都監使杜昭達，己未，誅內牙上統軍使明州刺史闞璠。璠，音翻。昭達，建徽之孫也，杜建徽佐吳越王錢鏐有功。與璠皆好貨。好，呼到翻。錢塘富人程昭悅以貨結二人，得侍弘佐左右。昭悅爲人狡佞，王悅之，寵待踰於舊將，璠不能平；昭悅知之，詣璠頓首謝罪，璠責讓久之，乃曰：「吾始者決欲殺汝；今既悔過，吾亦釋然。」昭悅懼，謀去璠。去，羌呂翻。

璠專而愎，國人惡之者衆。【章：十二行本「衆」下有「王亦惡之」四字；乙十一行本同；孔本同；張校同；退齋校同。】愎，蒲逼翻。惡，烏路翻。昭悅欲出璠於外，恐璠覺之，私謂右統軍使胡進思曰：「今欲除公及璠各爲本州，使璠不疑，可乎？」進思許之，乃以璠爲明州刺史，進思爲湖州刺史。闞璠，明州人；胡進思，湖州人也。璠怒曰：「出我於外，是棄我也。」進思曰：「老兵得大州，幸矣；不行何爲！」璠乃受命。既而復以他故留進思。復，扶又翻。

内外馬步都統軍使錢仁俊母，杜昭達之姑也。昭悅因譖璠、昭達謀奉仁俊作亂，下獄鍛鍊成之。下，戶駕翻。璠、昭達既誅，奪仁俊官，幽于東府。於是昭悅治闞、杜之黨，凡權任【章：十二行本「任」作「位」；乙十一行本同；孔本同；張校同。】與己侔，意所忌者，誅放百餘人，國人畏之側目。爲弘佐誅昭悅張本。治，直之翻。胡進思重厚寡言，昭悅以爲戇，故獨存之。胡進思獨存，所以階錢氏廢立之禍。

昭悅收仁俊故吏愼溫其，愼，姓也，古有愼到。溫其，名也。使證仁俊之罪，拷掠備至。拷，音考。掠，音亮。溫其堅守不屈；弘佐嘉之，擢爲國官。國官，吳越國官也。愼溫其自藩府吏職擢爲國官。溫其，衢州人也。

17 十二月，乙丑，加吳越王弘佐東南面兵馬都元帥。

18 辛未，以前中書舍人廣晉陰【章：十二行本「陰」作「殷」；乙十一行本同；孔本同。】鵬爲給事中、樞密直學士。唐改魏州爲興唐府，高祖改爲廣晉府。鵬，馮玉之黨也；朝廷每有遷除，玉皆與鵬議之。由是請謁賂遺，充滿其門。遺，惟季翻。

19 初，帝疾未平，去年冬，帝有疾，見上卷。會正旦，謂今年正月朔旦。樞密使、中書令桑維翰遣女僕入宮起居太后，女僕，卽女奴也。唐人謂參候爲起居，今人之言猶爾。因問：「皇弟睿近讀書否？」睿，卽重睿也；避帝名，去「重」字。帝聞之，以告馮玉，玉因譖維翰有廢立之志；帝疑之。帝固忌重睿，因桑維翰女僕之問，已疑維翰矣；馮玉又從而譖之，其疑愈不可破矣。

李守貞素惡維翰，惡，烏路翻。馮玉、李彥韜與守貞合謀排之；以中書令行開封尹趙瑩柔而易制，易，以豉翻。共薦以代維翰。丁亥，罷維翰政事，爲開封尹；以瑩爲中書令，李崧爲樞密使、守侍中。維翰遂稱足疾，希復朝謁，杜絕賓客。亦所以遠猜嫌也。復，扶又翻。朝，直遙翻。

或謂馮玉曰：「桑公元老，今既解其樞務，縱不留之相位，猶當優以大藩，柰何使之尹京，親猥細之務乎？」猥，雜也。玉曰：「恐其反耳。」言所以不授維翰大鎮者，恐其阻兵而反。曰：「儒生安能反！」玉曰：「縱不自反，恐其教人耳。」此指維翰贊成晉祖晉陽舉兵之謀。

20 楚湘陰處士戴偃，劉昫曰：湘陰，漢羅縣，宋置湘陰縣，唐屬岳州。宋淳化四年，以湘陰縣隸潭州。九域志：在州東北一百一十五里。爲詩多譏刺，楚王希範囚之；天策副都軍使丁思瑾上書切諫，希範削其官爵。

21 唐齊王景達府屬謝仲宣言於景達曰：「宋齊丘，先帝布衣之交，今棄之草萊，不厭衆心。」景達爲之言於唐主曰：厭，於葉翻，伏也；又於豔翻，滿也。爲，于僞翻。「齊丘宿望，勿用可也，何必棄之以爲名！」唐主乃使景達自至青陽召之。齊丘隱青陽見二百八十三卷天福八年。

三年（丙午、九四六）

1 春，正月，以齊丘爲太傅兼中書令，但奉朝請，不預政事。奉朝會請召而已。以昭武節度使李建勳爲右僕射兼門下侍郎，與中書侍郎馮延己皆同平章事。建勳練習吏事，而懦怯少斷；延己工文辭，而狡佞，喜大言，多樹朋黨。斷，丁亂翻。喜，許記翻。惟世宦則練習吏事，懦怯少斷，則亦因練習之久而巧於避就者然也。若馮延己所爲，迺少年書生之常態，多大言而少成事，樹朋黨以濟己私。此二種人，皆不可以相也。水部郎中高越，上書指延己兄弟過惡，唐主怒，貶越蘄州司士。

初，唐主置宣政院於禁中，以翰林學士、給事中常夢錫領之，專典機密，與中書侍郎嚴續皆忠直無私。唐主謂夢錫曰：「大臣惟嚴續中立，然無才，恐不勝其黨，卿宜左右之。」未幾，夢錫罷宣政院，左右，讀爲佐佑。幾，居豈翻。續亦出爲池州觀察使。夢錫於是移疾縱酒，不復預朝廷事。史言正邪雜處，正終爲邪所勝。復，扶又翻。續，可求之子也。嚴可求，徐溫之謀主也。

2 二月，壬戌朔，日有食之。

3 晉昌節度使兼侍中趙在禮，晉以京兆府爲晉昌軍。更歷十鎮，更，工衡翻。趙在禮起於鄴都，徙義成不行，後歷橫海、泰寧、匡國、天平、忠武、武寧、歸德、晉昌，凡十鎮。所至貪暴，家貲爲諸帥之最。帥，所類翻。帝利其富，三月，庚申，爲皇子鎮寧節度使延煦娶其女。爲，于僞翻。鎮寧軍，澶州。煦，吁句翻。在禮自費緡錢十萬，縣官之費，數倍過之。延煦及弟延寶，皆高祖諸孫，帝養以爲子。

4 唐泉州刺史王繼勳致書脩好於威武節度使李弘義。好，呼到翻。弘義以泉州故隸威武軍，怒其抗禮，王繼勳與李弘義同事南唐，弘義雖建節，然比肩事主，固不可脩巡屬之禮。李弘義以此起兵端耳。

夏，四月，遣弟弘通將兵萬人伐之。

5初，朔方節度使馮暉在靈州，留党項酋長拓跋彥超於州下，事見二百八十二卷天福四年。党，底朗翻。酋，慈由翻。長，知兩翻。故諸部不敢爲寇；及將罷鎮而縱之。前彰武節度使王令溫代暉鎮朔方，不存撫羌、胡，以中國法繩之。昔周之封衛，疆以周索，以其地居中國也。其封晉，則疆以戎索，以其地近戎狄也。戎狄不可繩以中國之法尚矣。羌、胡怨怒，【章：十二行本「怒」下有「皆叛」二字；乙十一行本同；孔本同；張校同。】競爲寇鈔。鈔，楚交翻。拓跋彥超、石存、也廝褒三族，共攻靈州，殺令溫弟令周。戊午，令溫上表告急。

6泉州都指揮使留從效謂刺史王繼勳曰：「李弘通兵勢甚盛，士卒以使君賞罰不當，當，丁浪翻。莫肯力戰，使君宜避位自省！」省，昔景翻。乃廢繼勳歸私第，留從效立王繼勳見上卷上年。代領軍府事，勒兵擊李弘通，大破之。表聞于唐，唐主以從效爲泉州刺史，召繼勳還金陵，遣將將兵戍泉州。爲留從效遣唐戍將歸張本。徙漳州刺史王繼成爲和州刺史，汀州刺史許文稹爲蘄州刺史。稹，止忍翻。

7定州西北二百里有狼山，匈奴須知：狼山寨東北至易州八十里，東南至廣信軍界。土人築堡於山上以避胡寇。堡中有佛舍，尼孫深意居之，以妖術惑衆，妖，於遙翻。言事頗驗，遠近信奉之。中山人孫方簡歐史作「孫方諫」，蓋孫方簡後避周太祖皇考諱，遂改名方諫也。考異曰：周世宗實錄云「清苑人」。今從漢高祖實錄。及弟行友，自言深意之姪，不飲酒食肉，事深意甚謹。深意卒，方簡嗣行其術，稱深意坐化，崇信釋氏，而學其學，專一而靜者，其死也，能結趺端坐如生，謂之坐化。嚴飾，事之如生，其徒日滋。薛史曰：宋乾德中，遷其尼枯骨赴京，焚於北郊，妖徒遂息。

會晉與契丹絕好，好，呼到翻。北邊賦役煩重，寇盜充斥，民不安其業。方簡、行友因帥鄉里豪健者，據寺爲寨以自保。契丹入寇，方簡帥衆邀擊，帥，讀曰率。頗獲其甲兵、牛馬、軍資，人挈家往依之者日益衆。久之，至千餘家，遂爲羣盜。懼爲吏所討，乃歸款朝廷。朝廷亦資其禦寇，署東北招收指揮使。

方簡時入契丹境鈔掠，鈔，楚交翻。多所殺獲。既而邀求不已，朝廷小不副其意，則舉寨降於契丹，請爲鄉道以入寇。邊境之上，姦民如此者，不特孫方簡，唐人所謂「兩面」也。降，戶江翻。鄉，讀曰嚮。道，讀曰導。時河北大饑，民餓死者所在以萬數，兗、鄆、滄、貝之間，盜賊蠭起，吏不能禁。天雄節度使杜威遣元隨軍將劉延翰市馬於邊，方簡執之，獻於契丹。延翰逃歸，六月，壬戌，至大梁，言「方簡欲乘中國凶饑，引契丹入寇，宜爲之備。」爲孫方簡乘中國無主，契丹北歸，入據定州張本。

8 初，朔方節度使馮暉在靈武，得羌、胡心，市馬期年，得五千匹，朝廷忌之，徙鎮邠州及陝州，陝，失冉翻。入爲侍衛步軍都指揮使、領河陽節度使。暉知朝廷之意，悔離靈武，離，力智翻。乃厚事馮玉、李彥韜，求復鎮靈州。朝廷亦以羌、胡方擾，丙寅，復以暉爲朔方節度使，將關西兵擊羌、胡；以威州刺史藥元福爲行營馬步軍都指揮使。威州，唐之安樂州也。中世没於吐蕃，大中三年收復，更名威州。梁、唐棄之，晉復置。後周改爲環州，以大河環曲爲名，亦唐初之舊州名也。趙珣聚米圖經：靈州南至環州五百里。按薛史，天福四年五月敕，靈州方渠鎮宜升爲威州，割寧州木波、馬嶺二縣隸之；後周改爲環州，顯德四年，降爲通遠軍。

9 乙丑，定州言契丹勒兵壓境。詔以天平節度使、侍衛馬步都指揮使李守貞爲北面行營都部署，義成節度使皇甫遇副之；彰德節度使張彥澤充馬軍都指揮使兼都虞候，義武節度使薊人李殷充步軍都指揮使兼都排陳使；薊，音計。陳，讀曰陣。遣護聖指揮使臨清王彥超、太原白延遇以部兵十營詣邢州。時馬軍都指揮使、鎮安節度使李彥韜方用事，時以陳州置鎮安軍。視守貞蔑如也。守貞在外所爲，事無大小，彥韜必知之，守貞外雖敬奉而内恨之。爲李守貞與杜威降契丹張本。

10 初，唐人既克建州，去年八月，唐克建州。欲乘勝取福州，唐主不許。樞密使陳覺請自往說李弘義，說，式芮翻。必令入朝。宋齊丘薦覺才辯，可不煩寸刃，坐致弘義。唐主乃拜弘義母、妻皆爲國夫人，四弟皆遷官，以覺爲福州宣諭使，厚賜弘義金帛。欲啖李弘義以祿利而誘致之。弘義知其謀，見覺，辭色甚倨，待之疏薄；覺不敢言入朝事而還。爲陳覺興兵攻福州喪敗而還張本。還，從宣翻，又如字。

11秋，七月，河決楊劉，西入莘縣，廣四十里，自朝城北流。莘縣在魏州之東，朝城在魏州東南，相去四十里。廣，古曠翻。

12有自幽州來者，言趙延壽有意歸國；樞密使李崧、馮玉信之，命天雄節度使杜威致書於延壽，具述朝旨，啖以厚利，朝，直遙翻。啖，徒濫翻。洛【章：十二行本「洛」作「洺」；乙十一行本同；孔本同。】州軍將趙行實嘗事延壽，遣齎書潛往遺之。延壽復書言：「久處異域，遺，惟季翻。處，昌呂翻。思歸中國。乞發大軍應接，拔身南去。」辭旨懇密。朝廷欣然，復遣行實詣延壽，與爲期約。晉人自此墮趙延壽計中矣。復，扶又翻。

13八月，李守貞言：「與契丹千餘騎遇於長城北，此戰國時燕所築長城也，在涿州固安縣南。薛史：李守貞奏大軍至望都縣，相次至長城北，遇虜轉鬬。轉鬬四十里，斬其酋帥解里，酋，慈秋翻。解，戶買翻。擁餘衆入水溺死者甚衆。」丁卯，詔李守貞還屯澶州。還，從宣翻。

14帝既與契丹絕好，數召吐谷渾酋長白承福入朝，好，呼到翻。數，所角翻。宴賜甚厚。承福從帝與契丹戰澶州，澶，時連翻。又與張從恩戍滑州。屬歲大熱，屬，之欲翻。遣其部落還太原，畜牧於嵐、石之境。嵐，盧含翻。部落多犯法，劉知遠無所縱捨；部落知朝廷微弱，且畏知遠之嚴，謀相與遁歸故地。吐谷渾部落既知朝廷微弱，又畏劉知遠之嚴；然不敢於太原作亂者，憚劉知遠之威略，無所肆其姦，故欲遁歸故地。有白可久者，位亞承福，帥所部先亡歸契丹，帥，讀曰率。契丹用爲雲州觀察使，以誘承福。誘，音酉。

知遠與郭威謀曰：「今天下多事，置此屬於太原，乃腹心之疾也，不如去之。」承福家甚富，飼馬用銀槽。去，羌呂翻。飼，祥吏翻。威勸知遠誅之，收其貨以贍軍。知遠密表：「吐谷渾反覆難保，請遷於內地。」帝遣使發其部落千九百人，分置河陽及諸州。知遠遣威誘承福等入居太原城中，因誣承福等五族謀叛，以兵圍而殺之，合四百口，籍沒其家貲。詔褒賞之，吐谷渾由是遂微。五代會要曰：吐谷渾酋長有赫連鐸者，唐咸通中，從太原節度使康承訓平徐方有功，朝廷授振武節度使。復盜據雲中，後唐太祖逐之，乃歸幽州李匡儔；其部落散居蔚州界，互爲君長，其氏不常。有白承福者，自同光初代爲都督，依中山北石門爲柵，莊宗賜其額爲寧朔、奉化兩府，以都督爲節度使，仍賜承福姓李，名紹魯。其畜牧，就善水草，丁壯常數千人。羊馬生息，入市中土，朝廷常存恤之。潞王清泰三年，白可久爲寧朔、奉化留後，始見於史。晉天福元年，高祖以契丹有助立之功，割鴈門以北及幽州之地以賂之，由是吐谷渾部族皆隸於契丹。其後苦契丹之虐政，復爲鎮州節度使安重榮所誘，乃背契丹，率車帳羊馬取五臺路歸國。契丹大怒，以朝廷招納叛亡，遣使責讓。至六年正月，高祖命供奉官張澄等率兵二千，搜索幷、鎮、忻、代四州山谷吐渾，還其舊地；然亦以契丹誅求無厭，心不平之，命漢高祖出鎮太原，潛加慰撫。其年五月，大首領白承福及麾下來朝；九月，又遣首領白可久來朝。少主嗣位，絕契丹之好，數召其酋長入朝，厚加錫賜，每大讌會，皆命列坐於勳臣之次。至開運捍虜於澶州，召承福等帥其部衆從行。屬歲多暑熱，部下多死，復遣歸太原，移帳於嵐、石州。然承福馭下無法，多干軍令。其族白可久，在承福之亞，因牧馬，帥本帳北遁。契丹授以官爵，復遣潛誘承福。承福亦思叛去，事未果。漢祖知之，乃以兵環其部族，擒承福與其族白鐵匱、赫連海龍等五家，凡四百有餘人，伏誅，籍其牛馬，命別部長王義宗統其餘屬。

濮州刺史慕容彥超坐違法科斂，斂，力贍翻。擅取官麥五百斛造麴，賦與部民。李彥韜素與彥超有隙，發其事，罪應死。彥韜趣馮玉使殺之，趣，讀曰促。劉知遠上表論救。慕容彥超，劉知遠之同產弟，故救之。上，時掌翻。李崧曰：「如彥超之罪，今天下藩侯皆有之。若盡其法，恐人人不自安。」甲戌，敕免彥超死，削官爵，流房州。

唐陳覺自福州還，至劍州，劍州，即殷主王延政所置之鐔州也。南唐既克建州，分延平、建浦、富沙三縣置劍州。至宋混一天下，以蜀中亦有劍州，乃加「南」字爲南劍州。恥無功，恥自詭說李弘義入朝而不能致也。矯詔使侍衛官顧忠召弘義入朝，侍衛官，在人主左右直衛者也，猶盛唐之侍官。自稱權福州軍府事，擅發汀、建、撫、信州兵及戍卒，命建州監軍使馮延魯將之，趣福州迎弘義。趣，七喻翻。延魯先遺弘義書，遺，惟季翻。諭以禍福。弘義復書請戰，遣樓船指揮使楊崇保將州師拒之。一本「州師」作「舟師」。覺以劍州刺史陳誨爲緣江戰棹指揮使，建溪東流歷劍州至福州，皆大江也，故土人亦謂之爲江。表：「福州孤危，旦夕可克。」唐主以覺專命，甚怒；羣臣多言：兵已傅城下，傅，音附。不可中止，當發兵助之。」

丁丑，覺、延魯敗楊崇保於候官，閩及候官二縣，皆治福州郭下。此戰於候官縣界也。敗，補賣翻。戊寅，乘勝進攻福州西關。弘義出擊，大破之，執唐左神威指揮使楊匡鄴。

唐主以永安節度使王崇文爲東南面都招討使，去年十月，唐置永安軍於建州。以漳泉安撫使、諫議大夫魏岑爲東面監軍使，延魯爲南面監軍使，會兵攻福州，克其外郭。弘義固守第二城。第二重城也。

16 馮暉引兵過旱海，至輝德，張洎曰：自威州抵靈州旱海七百里，斥鹵枯澤，無溪澗川谷。輝德，地名，在靈武南。張舜民云：今旱江平卽旱海，在清遠軍北。趙珣聚米圖經曰：鹽、夏、清遠軍間，並係沙磧，俗謂之旱海。自環州出青剛川，本靈州大路。自此過美利寨，漸入平夏，經旱海中，難得水泉。至耀德清邊鎮入靈州。糗糧已盡。糗，去久翻。拓跋彥超衆數萬，爲三陳，扼要路，據水泉以待之。陳，讀曰陣，下同。軍中大懼。暉以賂求和於彥超，彥超許之。自旦至日中，使者往返數四，兵未解。藥元福曰：「虜知我飢渴，陽許和以困我耳；若至暮，則吾輩成擒矣。今虜雖衆，精兵不多，依西山而陳者是也。其餘步卒，不足爲患。請公嚴陳以待我，嚴陳者，嚴兵整陳也。我以精騎先犯西山兵，小勝則舉黃旗，大軍合勢擊之，破之必矣。」乃帥騎先進，用短兵力戰。彥超小卻，元福舉黃旗，暉引兵赴之，彥超大敗。馮暉圈養拓跋彥超於靈武城中，彥超固心知其故而懷怨，暉去鎭而彥超得出。彥超既得出而暉復來，出柙之虎，苟可以肆反噬者，無所不至也。非力戰而尅之，馮暉之威令不可復行於朔方矣。

帥，讀曰率。明日，暉入靈州。

17九月，契丹三萬寇河東；壬辰，劉知遠敗之於陽武谷，敗，補賣翻。斬首七千級。

18漢劉思潮等既死，陳道庠內不自安。陳道庠，與劉思潮等同弑漢主弘度者也。殺劉思潮等見去年九月。特進鄧伸遺之漢紀，按路振九國志，陳道庠父瑫，與鄧伸有舊，故然。道庠問其故。伸曰：「憨獠！遺，惟季翻。憨，呼談翻，癡也。獠，盧皓翻，又竹絞翻。此書有誅韓信、醢彭越事，宜審讀之！」漢主聞之，族道庠及伸。

19李弘義自稱威武留後，【章：十二行本「後」下有「權知閩國事」五字；乙十一行本同；孔本同；張校同；退齋校同。】更名弘達，奉表請命于晉；李弘義本名仁達，弘義者唐所賜名也；既叛唐，遂更其名。甲午，以弘達爲威武節度使、同平章事，知閩國事。

20張彥澤奏敗契丹於定州北，又敗之於泰州，斬首二千級。敗，補賣翻。

21辛丑，福州排陳使馬捷陳，讀曰陣。引唐兵自馬牧山拔寨而入，至善化門橋，都指揮使丁彥貞以兵百人拒之。弘達退保善化門，外城再重皆爲唐兵所據。弘達更名達，弘達更名達，以吳越王名上從弘，避之也。重，直龍翻。更，工衡翻。遣使奉表稱臣，乞師於吳越。

22楚王希範知帝好奢靡，好，呼到翻。屢以珍玩爲獻，求都元帥；甲辰，以希範爲諸道兵馬都元帥。

23 丙辰，河決澶州臨黃。臨黃，春秋衛河上之邑，漢爲東郡觀縣，有衛宣公新臺。後魏置臨黃縣，唐屬澶州；宋端拱元年，省臨黃入觀城縣。

24 契丹使瀛州刺史劉延祚遺樂壽監軍王巒書，請舉城內附。遺，惟季翻。考異曰：歐史作「高牟翰」。按陷蕃記，前云延祚詐輸誠款，後云大軍至瀛州，偵知蕃將高模翰潛師而出。蓋延祚爲刺史，模翰乃戍將耳。今從陷蕃記。且云：「城中契丹兵不滿千人，乞朝廷發輕兵襲之，己爲內應。又，今秋多雨，自瓦橋以北，積水無際，契丹主已歸牙帳，雖聞關南有變，瀛、莫二州，晉割屬契丹，在瓦橋關南。地遠阻水，不能救也。」巒與天雄節度使兼中書令杜威屢奏瀛、莫乘此可取，深州刺史慕容遷獻瀛莫圖。馮玉、李崧信以爲然，欲發大兵迎趙延壽及延祚。先是趙延壽亦詐通款。

先是，侍衛馬步都指揮使、天平節度使李守貞數將兵過廣晉，先，昔薦翻。數，所角翻。過，音戈。魏州廣晉府。杜威厚待之，贈金帛甲兵，動以萬計；守貞由是與威親善。守貞入朝，帝勞之曰：勞，力到翻。「聞卿爲將，常費私財以賞戰士。」對曰：「此皆杜威盡忠於國，以金帛資臣，臣安敢掠有其美！」因言：「陛下若他日用兵，臣願與威戮力以清沙漠。」帝由是亦賢之。

及將北征，帝與馮玉、李崧議，以威爲元帥，守貞副之。趙瑩私謂馮、李曰：「杜令國戚，謂尚公主也。貴爲將相，而所欲未厭，心常慊慊，位兼將相，謂居大鎮兼中書令。未厭，未滿所欲也。慊慊，亦不滿之意。慊，苦簟翻。豈可復假以兵權！復，扶又翻。必若有事北方，不若止任守貞爲愈也。」杜威之心迹，雖趙瑩猶知之。不從。冬，十月，辛未，以威爲北面行營都指揮使，【章：十二行本作「招討使」；乙十一行本同；孔本同。】以守貞爲兵馬都監，監，古銜翻。泰寧節度使安審琦爲左右廂都指揮使，武寧節度使符彥卿爲馬軍左廂都指揮使，義成節度使皇甫遇爲馬軍右廂都指揮使，永清節度使梁漢璋爲馬軍都排陳使，前威勝節度使宋彥筠爲步軍左廂都指揮使，奉國左廂都指揮使王饒爲步軍右廂都指揮使，洺州團練使薛懷讓爲先鋒都指揮使。仍下敕牓曰：「專發大軍，往平黠虜。黠，下八翻。先取瀛、莫，安定關南；次復幽燕，盪平塞北。」又曰：「有擒獲虜主者，除上鎮節度使，賞錢萬緡，絹萬匹，銀萬兩。」談何容易！晉之君臣，恃陽城之捷，有輕視契丹之心。兵驕者敗，自古而然。時自六月積雨，至是未止，軍行及饋運者甚艱苦。

25 唐漳州將林贊堯作亂，殺監軍使周承義、劍州刺史陳誨。泉州刺史留從效舉兵逐贊堯，以泉州裨將董思安權知漳州。唐主以思安爲漳州刺史，思安辭以父名章，唐主改漳州爲南州，命思安及留從效將州兵會攻福州。庚辰，圍之。

福州使者至錢塘，乞師之使。錢塘，吳越國都。吳越王弘佐召諸將謀之，皆曰：「道險遠，難救。」惟內都監使臨安水丘昭券以爲當救。水丘，複姓也。何氏姓苑云：漢有司隸校尉水丘岑。今爲臨安著姓。弘佐曰：「脣亡齒寒，古語多有之。吾爲天下元帥，曾不能救鄰道，將安用之！諸君但樂飽身【章：十二行本「身」作「食」；乙十一行本同；張校同。】安坐邪！」樂，音洛。壬午，遣統軍【章：

十二行本「軍」下有「使」字；乙十一行本同；孔本同；張校同。】張筠、趙承泰將兵三萬，水陸救福州。吳越救福州，自婺、衢至建、劍，順流可至福州。是時劍、建已爲南唐守，此道不可由也。自溫州之平陽渡海浦至福州界，當由此道耳。

先是募兵，久無應者，弘佐命糾之，曰：「糾而爲兵者，糧賜減半。」明日，應募者雲集。弘佐命昭券專掌用兵，昭券憚程昭悅，以用兵事讓之。程昭悅時爲弘佐所寵任，故水丘昭券憚而讓之。弘佐命昭悅掌應援饋運事，而以軍謀委元德昭。德昭，危仔倡之子也。危仔倡見二百六十七卷梁太祖開平三年。

弘佐議鑄鐵錢以益將士祿賜，其弟牙內都虞候弘億諫曰：「鑄鐵錢有八害：新錢既行，舊錢皆流入鄰國，一也；舊錢，謂銅錢。可用於吾國而不可用於他國，則商賈不行，百貨不通，二也；賈，音古。銅禁至嚴，民猶盜鑄，況家有鐺釜，野有鏵犂，犯法必多，三也；鐺，楚耕翻。鏵，戶花翻。鏵鍪也。閩人鑄鐵錢而亂亡，不足爲法，四也；閩鑄鐵錢見二百八十三卷天福七年及上卷元年。國用幸豐而自示空乏，五也；言鄰國聞之，必將以爲國用空乏而鑄鐵錢。祿賜有常而無故益之以啓無厭之心，六也；厭，於鹽翻。法變而弊，不可遽復，七也；「錢」者國姓，易之不祥，八也。」弘佐乃止。

26 杜威、李守貞會兵於廣晉而北行。李守貞引兵會杜威於魏州，相與北行。威屢使公主入奏，請益兵，公主者，杜威妻宋國長公主，帝之姑也。曰：「今深入虜境，必資衆力。」由是禁軍皆在其麾下，杜威之計，即趙德鈞請併范延光軍之計也，德鈞不得請而威得請耳。其志圖非望而敗國亡身則一也。而宿衛空虛。

十一月，丁酉，以李守貞權知幽州行府事。

己亥，杜威等至瀛州，城門洞啓，寂若無人，威等不敢進。聞契丹將高謨翰先已引兵潛出，威遣梁漢璋將二千騎追之，遇契丹於南陽務，敗死。威等聞之，引兵而南。時束城等數縣請降，束城，漢束州縣，隋曰束城，唐屬瀛州。宋熙寧六年，省束城縣爲束城鎮，屬河間縣。威等焚其廬舍，掠其婦女而還。還，從宣翻，又如字。

27 己酉，吳越兵至福州，自罾浦南潛入州城。罾，作滕翻，魚網也。福州之人就此罾魚，因以得名。唐兵進據東武門，李達與吳越兵共禦之，不利。自是內外斷絕，城中益危。

唐主遣信州刺史王建封助攻福州。時王崇文雖爲元帥，而陳覺、馮延魯、魏岑爭用事，留從效、王建封倔強不用命，留從效起於泉州，斬黃紹頗，破李弘通，唐人憚其威名；王建封雖本唐將，恃建州先登之功；故皆倔強不用命。倔，其勿翻。強，其兩翻。各爭功，進退不相應。由是將士皆解體，故攻城不克。

唐主以江州觀察使杜昌業爲吏部尚書，判省事。先是昌業自兵部尚書判省事，出江州，判省事者，判尚書省事。及還，閱簿籍，撫案歎曰：「未數年，而所【章：十二行本「所」上有「府庫」二字；乙十一行本同；孔本同；張校同。】耗者半，言昌業出入之間，未及數年，而府庫之積，已耗其半。其能久乎！」言不能以支久也。史言唐之府庫，耗於用兵。

28 契丹主大舉入寇，自易、定趣恆州。趣，七喻翻。恆，戶登翻。杜威等至武強，九域志：武強縣在深州西四十五里。宋白曰：武強，六國時武隧，地屬趙，故城在今縣東北三十里，是爲漢武強縣。郡國縣道記云：古武強縣城，在今縣西南二十五里，是爲晉武強縣。高齊移縣於後魏武邑郡故城，今縣理是也。聞之，將自貝、冀而南。彰德節度使張彥澤時在恆州，去年九月，遣張彥澤戍恆州以備契丹。恆，戶登翻。引兵會之，言契丹可破之狀；威等復趣恆州，復，扶又翻。趣，七喻翻。以彥澤爲前鋒。考異曰：備史曰：「彥澤狼子，其心密已變矣，乃通款邪律氏，請爲前導，因促騎說威引軍沿滹沱水西援常山。及至眞定東垣渡，與威通謀，先遣步衆跨水，不之救，致敗，將沮人心以行詭計，因促監者高勳請降於虜。」按彥澤與威若已通款於契丹，則彥澤何故猶奪橋，契丹何故猶議回旋？今不取。甲寅，威等至中度橋，滹沱水逕恆州東南，恆州之人各隨便爲津渡之所。此爲中度者，明上下流各有度也。契丹已據橋，彥澤帥騎爭之，帥，讀曰率。契丹焚橋而退。晉兵與契丹夾滹沱而軍。

始，契丹見晉軍大至，又爭橋不勝，恐晉軍急渡滹沱，與恆州合勢擊之，議引兵還。還，從宣翻，又如字。及聞晉軍築壘爲持久之計，遂不去。知晉軍不敢戰也。

[29]蜀施州刺史田行皋叛，遣供奉官耿彥珣將兵討之。

[30]杜威雖以貴戚爲上將，性懦怯。偏裨皆節度使，自李守貞至宋彥筠，皆節度使也。但日相承迎，置酒作樂，罕議軍事。

磁州刺史兼北面轉運使李穀說威及李守貞曰：磁，牆之翻。說，式芮翻。「今大軍去恆州咫尺，煙火相望。若多以三股木置水中，積薪布土其上，橋可立成。三股木者，用木三條，交股縛之，其下撐開爲三足，以寘水中。密約城中舉火相應，夜募將士斫虜營而入，表裏合勢，虜必遁逃。」諸將皆以爲然，獨杜威不可，遣穀南至懷、孟督軍糧。

契丹以大軍當晉軍之前，潛遣其將蕭翰、通事劉重進將百騎及羸卒，並西山出晉軍之後，斷晉糧道及歸路。羸，倫爲翻。並，步浪翻。斷，音短。樵采者遇之，盡爲所掠；有逸歸者，皆稱虜衆之盛，軍中恟懼。翰等至欒城，恟，許勇翻。舊唐書地理志曰：欒城縣，漢常山郡之開縣也。後魏於開縣古城置欒城縣，屬趙州，唐屬恆州。九域志：欒城縣在恆州南六十三里。范成大北使錄曰：趙州三十里至欒城。金人改趙州爲沃州。城中戍兵千餘人，不覺其至，狼狽降之。契丹獲晉民，皆黥其面曰「奉敕不殺」，縱之南走；運夫在道遇之，皆棄車驚潰。翰，契丹主之舅也。契丹后族皆以蕭爲氏。歐史曰：翰，契丹之大族，其號阿鉢。翰之妹亦嫁契丹主德光。而阿鉢本無姓氏，契丹呼翰爲國舅。既入汴，將北歸，以爲宣武節度使，李崧爲製姓名曰蕭翰，於是始姓蕭。宋白曰：蕭翰，述律阿鉢之子。

十二月，丁巳朔，李穀自書密奏，具言大軍危急之勢，請車駕幸滑州，遣高行周、符彥卿扈從，及發兵守澶州、河陽以備虜之奔衝；遣軍將關勳走馬上之。高行周、符彥卿，一時名將也。滑、澶及河陽，河津之要也。使晉主能用李穀之言，安得有張彥澤輕騎入汴之禍乎！走馬上之，急報也。宋自寶元、康定以前，凡邊鎮率有走馬承受之官。從，才用翻。澶，時連翻。上，時兩翻。

己未，帝始聞大軍屯中度；甲寅，杜威等至中度；己未，大梁始聞之。強寇深入，諸軍孤危，而驛報七日始達，晉之爲兵可知矣。是夕，關勳至。庚申，杜威奏請益兵，詔悉發守宮禁者得數百人，赴之。自古以來，重戰輕防，未有不敗者也。發數百人，不足以增大軍之勢，而重閉之防闕矣。又詔發河北及滑、孟、澤、潞芻糧五十萬詣軍前；五十萬，合束、石之數言之。督迫嚴急，所在鼎沸。辛酉，威又遣從者張祚等來告急，從，才用翻。祚等還，還，從宣翻。爲契丹所獲。自是朝廷與軍前聲問兩不相通。

時宿衛兵皆在行營，人心懍懍，懍，力錦翻。莫知爲計。開封尹桑維翰，以國家危在旦夕，求見帝言事；見，賢遍翻。帝方在苑中調鷹，調鷹者，調習之也，使馴狎而附人。辭不見。又詣執政言之，執政不以爲然。執政，謂馮玉、李彥韜等。退，謂所親曰：「晉氏不血食矣！」言晉必亡，宗廟不祀。蓋晉氏之亡，不獨桑維翰知之，通國之人皆知之。

帝欲自將北征，李彥韜諫而止。將，卽亮翻。時符彥卿雖任行營職事，帝留之，使戍荊州口。壬戌，詔以歸德節度使高行周爲北面都部署，以彥卿副之，共戍澶州；以西京留守景延廣戍河陽，且張形勢。史言三將戍河津，雖張形勢而兵力甚弱。

奉國都指揮使王清言於杜威曰：「今大軍去恆州五里，守此何爲！營孤食盡，勢將自潰。請以步卒二千爲前鋒，奪橋開道，公帥諸軍繼之；得入恆州，則無憂矣。」帥，讀曰率，下同。威許諾，遣清與宋彥筠俱進。清戰甚銳，契丹不能支，勢小卻；諸將請以大軍繼之，威不許。彥筠爲契丹所敗，敗，補賣翻。浮水抵岸得免。【章：十二行本「免」下有「因退走」三字；乙十一行本同；孔本同。】清獨帥麾下陳於水北力戰，互有殺傷，屢請救於威，威竟不遣一騎助之。清謂其衆曰：「上將握兵，將，卽亮翻。坐觀吾輩困急而不救，此必有異志。吾輩當以死報國耳！」衆感其言，莫有退者，至暮，戰不息。契丹以新兵繼之，清及士衆盡死。李穀爲杜威畫計而不行，猶可曰言之易而行之難。至於王清力戰而不救，則其欲賣國以圖己利，心迹呈露，人皆知之矣。由是諸軍皆奪氣。清，洺州人也。

甲子，契丹遙以兵環晉營，環，音宦。內外斷絕，軍中食且盡。杜威與李守貞、宋彥筠謀降契丹，威潛遣腹心詣契丹牙帳，邀求重賞。契丹主紿之曰：「趙延壽威望素淺，恐不能帝中國。汝果降者，當以汝爲之。」威喜，遂定降計。趙延壽父子以是陷契丹。杜威之才智未足以企延壽，其墮契丹之計，無足怪者。覆轍相尋，豈天意邪！丙寅，伏甲召諸將，出降表示之，使署名。諸將駭愕，莫敢言者，但唯唯聽命。唯，于癸翻。威遣閤門使高勳齎詔契丹，契丹主賜詔慰納之。是日，威悉命軍士出陳於外，陳，讀曰陣。軍士皆踴躍，以爲且戰，威親諭之曰：「今食盡塗窮，當與汝曹共求生計。」因命釋甲。軍士皆慟哭，聲振原野。史言晉軍之心皆不欲降契丹，迫於其帥而從之耳。威、守貞仍於衆中揚言：「主上失德，信任奸邪，猜忌於己。」聞者無不切齒。契丹主遣趙延壽衣赭袍至晉營慰撫士卒，曰：「彼皆汝物也。」杜威以下，皆迎謁於馬前；亦以赭袍衣威以示晉軍，其實皆戲之耳。契丹主非特戲杜威、趙延壽也，亦以愚晉軍。彼其心知晉軍之不誠服也，駕言將以華人爲中國主，是二人者必居一於此。晉人謂喪君有君，皆華人也，夫是以不生心，其計巧矣。然契丹主巧於愚弄，而入汴之後，大不能制河東，小不能制羣盜，豈非挾數用術者有時而窮乎！衣，於既翻。以威爲太傅，李守貞爲司徒。

威引契丹主至恆州城下，諭順國節度使王周以己降之狀，周亦出降。戊辰，契丹主入恆州。遣兵襲代州，刺史王暉以城降之。契丹以勝勢脅降代州，而太原不爲之動，以劉知遠、郭威在也。九域志：恆州西北至代州三百四十里。

先是契丹屢攻易州，刺史郭璘固守拒之。先，悉薦翻。璘，離珍翻。契丹主每過城下，指而歎曰：「吾能吞併天下，而爲此人所扼！」及杜威既降，契丹主遣通事耿崇美至易州，誘諭其衆，誘，音酉。衆皆降；璘不能制，遂爲崇美所殺。史言大廈之顛，非一木所能支。璘，邢州人也。

義武節度使李殷，安國留後方太，皆降於契丹。契丹主以孫方簡爲義武節度使，麻荅爲安國節度使，宋白曰：麻荅，本名解里，阿保機之從子也。其父曰撒剌，歸梁，死於汴。以客省副使馬崇祚權知恆州事。

契丹翰林承旨、吏部尚書張礪言於契丹主曰：「今大遼已得天下，高祖天福二年，契丹改國號大遼，事見二百八十一卷。中國將相宜用中國人爲之，不宜用北人及左右近習。苟政令乖失，則人心不服，雖得之，猶將失之。」契丹主不從。使契丹主用張礪言，事未可知也。

引兵自邢、相而南，契丹之兵依山南下以臨晉。相，息亮翻。杜威將降兵以從。從，才用翻。或問：杜威不降契丹，晉可保乎？曰：設使杜威藉將士之力，擊退契丹，契丹主歸北完聚，必復南來，晉不能支也。使其間有英雄之才，奮然出力，擊破契丹，使之不敢南向，則負震主之威，挾不賞之功，將士又將扶立以成篡事，石氏必不能高枕大梁，劉知遠亦不可得而狙伺其旁也。遣張彥澤將二千騎先取大梁，且撫安吏民，以通事傅住兒爲都監。監，古銜翻。

杜威之降也，皇甫遇初不預謀。契丹主欲遣遇先將兵入大梁，遇辭；退，謂所親曰：「吾位爲將相，敗不能死，忍復圖其主乎！」復，扶又翻；下同。至平棘，平棘，漢古縣，唐帶趙州。九域志曰：平棘故城，春秋棘蒲邑。十三州志云：戰國時改爲平棘。謂從者曰：「吾不食累日矣，何面目復南行！」遂扼吭而死。從，才用翻。吭，古郎翻。

張彥澤倍道疾驅，夜渡白馬津。張彥澤以澶、孟有戍兵，故從白馬津渡。壬申，帝始聞杜威等降；是夕，又聞彥澤至滑州，召李崧、馮玉、李彥韜入禁中計事，欲詔劉知遠發兵入援。太原距洛陽一千二百里，洛陽至大梁又三百八十里，就使劉知遠聞命投袂而起，亦無及矣。癸酉，未明，彥澤自封丘門斬關而入，李彥韜帥禁兵五百赴之，不能遏。帥，讀曰率。彥澤頓兵明德門外，五代會要曰：明德門，大梁皇城南門。薛史：天福三年十月，改大寧宮門爲明德門。城中大擾。

帝於宮中起火，自攜劍驅後宮十餘人將赴火，爲親軍將薛超所持。俄而彥澤自寬仁門傳契丹主與太后書慰撫之，五代會要曰：大梁皇城之東門爲寬仁門。且召桑維翰、景延廣，帝乃命滅火，悉開宮城門。帝坐苑中，與后妃相聚而泣，召翰林學士范質草降表，自稱「孫男臣重貴，禍至神惑，運盡天亡。今與太后及妻馮氏，舉族於郊野面縛待罪次。遣男鎮寧節度使延煦，威信節度使延寶，奉國寶一、金印三出迎。」國寶，卽高祖天福三年所制受命寶也。煦，吁句翻。太后亦上表稱「新婦李氏妾」。臣妾之辱，惟晉、宋爲然。嗚呼，痛哉！上，時掌翻。傅住兒入宣契丹主命，帝脫黃袍，服素衫，再拜受宣，左右皆掩泣。帝使召張彥澤，欲與計事。彥澤曰：「臣無面目見陛下。」帝復召之，復，扶又翻。彥澤微笑不應。

或勸桑維翰逃去。維翰曰：「吾大臣，逃將安之！」坐而俟命。彥澤以帝命召維翰，維翰至天街，宮城正南門外之都街，謂之天街，經途也。遇李崧，駐馬語未畢，有軍吏於馬前揖維翰赴侍衞司。揖赴侍衞司，示將囚繫之也。一曰：時張彥澤處侍衞司署舍。維翰知不免，顧謂崧曰：「侍中當國，李崧官侍中。今日國亡，反令維翰死之，何也？」崧有愧色。彥澤踞坐見維翰，維翰責之曰：「去年拔公於罪人之中，復領大鎭，授以兵權，謂高祖時朝野皆請誅張彥澤，自涇州罷歸宿衞；去年桑維翰拔使同禦契丹，復領彰國節度使，帥兵戍常山。何乃負恩至此！」彥澤無以應，遣兵守之。

宣徽使孟承誨，素以佞巧有寵於帝，至是，帝召承誨，欲與之謀，承誨伏匿不至；張彥澤捕而殺之。

彥澤縱兵大掠，貧民乘之，亦爭入富室，殺人取其貨，二日方止，都城爲之一空。爲，于僞翻；下爲主同。彥澤所居山【章：十二行本「山」上有「寶貨」二字；乙十一行本同；孔本同；退齋校同。】積，自謂有功於契丹，張彥澤自以疾驅入汴爲功。晝夜以酒樂自娛，出入騎從常數百人，從，才用翻。其旗幟皆題「赤心爲主」，見者笑之。軍士擒罪人至前，彥澤不問所犯，但瞋目豎三指，卽驅出斷其腰領。瞋，昌眞翻。豎，而主翻。三指，中指也；示以中指，言中斷之，卽腰斬也。此蓋五代軍中虐帥相仍爲此以示其下，罪之輕重，決於一指屈伸之間。及漢史弘肇掌兵，有抵罪者，弘肇以三指示吏，卽腰斬之，正此類也。彥澤素與閤門使高勳不協，乘醉至其家，殺其叔父及弟，尸諸門首。士民不寒而慄。

中書舍人李濤謂人曰：「吾與其逃於溝瀆而不免，不若往見之。」乃投刺謁彥澤曰：「上書請殺太尉人李濤，謹來請死。」李濤請殺張彥澤事見二百八十三卷高祖天福七年。彥澤欣然接之，謂濤曰：「舍人今日懼乎？」濤曰：「濤今日之懼，亦猶足下昔年之懼也。曏使高祖用濤言，事安至此！」彥澤大笑，命酒飲之。飲，於禁翻。濤引滿而去，旁若無人。李濤者，回之族曾孫，明辯有膽氣，固自有種。

甲戌，張彥澤遷帝於開封府，頃刻不得留，宮中慟哭。帝與太后、皇后乘肩輿，宮人、宦者十餘人步從。從，才用翻。見者流涕。亡國之恥，言之者爲之痛心，矧見之者乎！此程正叔所謂眞知者也。天乎，人乎！帝悉以內庫金珠自隨。彥澤使人諷之曰：「契丹主至，此物不可匿也。」帝悉歸之，亦分以遺彥澤，遺，唯季翻。彥澤擇取其奇貨，而封其餘以待契丹。彥澤遣控鶴指揮使李筠以兵守帝，內外不通。帝姑烏氏公主賂守門者，入與帝訣，【章：十二行本「訣」下有「相持而泣」四字；乙十一行本同；孔本同。】歸第自經。氏，音支。按薛史，烏氏公主，高祖第十一妹也。帝與太后所上契丹主表章，上，時掌翻；下同。皆先示彥澤，然後敢發。

帝使取內庫帛數段，主者不與，曰：「此非帝物也。」又求酒於李崧，崧亦辭以他故不進。又欲見李彥韜，彥韜亦辭不往。帝惆悵久之。當是時，晉朝之臣，已視出帝爲路人，雖惆悵亦何及矣。惆，丑鳩翻。

馮玉佞張彥澤，求自送傳國寶，冀契丹復任用。亡國之臣，其識正如此耳。復，扶又翻。楚國夫人丁氏，延煦之母也，有美色。彥澤使人取之，太后遲迴未與；彥澤詬詈，立載之去。詬，苦候翻，又許候翻。詈，力智翻。

是夕，彥澤殺桑維翰。考異曰：薛史：「帝思維翰在相時，累貢謀畫，請與虜和，慮戎主到京則顯彰己過，欲殺維翰以滅口，因令張彥澤殺之。」按是時彥澤豈肯復從少帝之命！今不取。以帶加頸，白契丹主，云其自經。契丹主曰：「吾無意殺維翰，何爲如是！」命厚撫其家。

高行周、符彥卿皆詣契丹牙帳降。二人自澶州來降。契丹主以陽城之戰爲彥卿所敗，詰之。陽城之戰，見上卷上年。敗，補賣翻。詰，去吉翻。彥卿曰：「臣當時惟知爲晉主竭力，今日死生惟命。」契丹主笑而釋之。符彥卿言直，契丹主無以罪也。爲，于僞翻。

己卯，延煦、延寶自牙帳還，還，從宣翻，又如字。契丹主賜帝手詔，且遣解里謂帝曰：「孫勿憂，必使汝有噉飯之所。」噉，徒濫翻。帝心稍安，上表謝恩。

契丹以所獻傳國寶追琢非工，又不與前史相應，追，都回翻。其文不與前史相應也。疑其非眞，以詔書詰帝，使獻眞者。李心傳曰：秦璽者，李斯之蟲魚篆也，其圍四寸。按玉璽圖以此璽爲趙璧所刻，璧本卞和所獻之璞，藺相如所奪者是也。余嘗以禮制考之，璧五寸而有好，則不得復刻爲璽，此說謬矣。秦璽至漢謂之傳國璽，自是迄于漢，帝所寶用者，秦璽也；子嬰所封，元后所投，王憲所得，赤眉所上，皆是物也。董卓之亂失之。吳書謂孫堅得之洛陽甄官井中，復爲袁術所奪，徐璆得而上之，殆不然也。若然，則魏氏何不寶用而自刻璽乎！厥後歷世皆用其名。永嘉之亂没于劉石，永和之世復歸江左者，晉璽也。魏氏有國，刻傳國璽如秦之文，但秦璽讀自右，魏璽讀自左耳。晉有天下，又自刻璽，其文曰：「受命于天，皇帝壽昌。」本書輿服志乃以爲漢所傳秦璽，實甚誤矣。此璽更劉聰、石勒，逮石祗死，其臣蔣幹求援於謝尚，乃以璽送江南，王彪之辯之，亦不云秦璽也。太元之末，得自西燕，更涉六朝，至于隋代者，慕容燕璽也。晉孝武太元十九年，西燕主永求救於郗恢，併獻玉璽一紐，方闊六寸，高四寸六分，文如秦璽，自是歷宋、齊、梁皆寶之。侯景既死，北齊辛術得之廣陵，獻之高氏。後歷周、隋，皆誤指爲秦璽，後平江南，知其非是，乃更謂之神璽焉。劉裕北伐，得之關中，歷晉暨陳，復爲隋有者，姚秦璽也。晉義熙十三年，劉裕入關，得傳國璽上之，大四寸，文與秦同，然隱起而不深刻。隋滅陳得此，指爲眞璽，遂以宇文所傳神璽爲非是。識者又謂古璽深刻，以印泥，後人隱起，以印紙，則隱起者非秦璽也，姚氏取其文作之耳。開運之亂，没于耶律，女眞獲之以爲大寶者，石晉璽也。唐太宗貞觀十六年，刻受命璽，文曰：「皇帝景命，有德者昌。」後歸朱全忠，及從珂自焚，璽亦隨失。德光入汴，重貴以璽上之，云「先帝所刻」，蓋指敬瑭也。蓋在唐時皆誤以爲秦璽，而秦璽之亡則久矣。今按，「石祇死」，當作「冉閔死」。李心傳之說與唐六典異，今並存之，以俟知者。及周，又製二寶，有司所奏，其說亦祖六典，詳註于後。詰，其吉翻。帝奏：「頃王從珂自焚，事見二百八十卷高祖天福元年。舊傳國寶不知所在，必與之俱燼。此寶先帝所爲，事見二百八十一卷天福三年。羣臣備知。臣今日焉敢匿寶！」乃止。焉，於虔翻。

帝聞契丹主將渡河，欲與太后於前途奉迎；張彥澤先奏之，契丹主不許。有司又欲使帝銜璧牽羊，大臣輿櫬，迎於郊外，先具儀注白契丹主，契丹主曰：「吾遣奇兵直取大梁，非受降也。」亦不許。降，戶江翻。又詔晉文武羣官，一切如故；朝廷制度，並用漢禮。北方謂中國爲漢。有司欲備法駕迎契丹主，契丹主報曰：「吾方擐甲總戎，擐，音宦。太常儀衛，未暇施也。」皆卻之。用太常儀衛，則當改胡服而華服，故言未暇。

先是契丹主至相州，卽遣兵趣河陽捕景延廣。延廣蒼猝無所逃伏，不料其遽見捕也。先，昔薦翻。相，息亮翻。趣，七喻翻。往見契丹主於封丘。九域志：封丘縣在大梁北六十里。契丹主詰之曰：「致兩主失歡，皆汝所爲也。十萬橫磨劍安在！」召喬榮，使相辯證，事凡十條。延廣初不服，榮以紙所記語示之，景延廣記其所言以授喬榮，見二百八十三卷天福八年。乃服。每服一事，輒授一籌。至八籌，延廣但以面伏地請死，乃鎖之。

丙戌晦，百官宿於封禪寺。迎契丹主也。封禪寺在大梁城東。

資治通鑑卷第二百八十六

端明殿學士兼翰林侍讀學士太中大夫提舉西京嵩山崇福宮上柱國河内郡開國公食邑二千六百户食實封一千户臣　司馬光　奉敕編集

後　學　天　台　胡三省　音註

後漢紀一

起彊圉協洽（丁未）正月，盡四月，不滿一年。

高祖本沙陀部人，居于太原。及得中國，自以姓劉，遂言爲東漢顯宗第八子淮陽王昞之後，國號曰漢。通鑑以前已有漢紀，此以後漢紀書之。

高祖睿文聖武昭肅孝皇帝上

姓劉，名知遠；乾祐元年，更名暠；其先沙陀部人也。

天福十二年（丁未、九四七）漢復以天福紀年，詳見後。

1春，正月，丁亥朔，百官遥辭晉主於城北，大梁城之北。乃易素服紗帽，迎契丹主，伏路側請罪。契丹主貂帽、貂裘，衷甲，駐馬高阜，命起，改服，撫慰之。按歐史，時晉百官迎契丹主于赤岡。左衞上將軍安叔千獨出班胡語，按薛史，安叔千，沙陀三部落之種也，故習胡語。契丹主曰：「汝安没字邪？安叔千狀貌堂堂，而不通文字，所爲鄙陋，人謂之「没字碑」。汝昔鎮邢州，已累表輸誠，我不忘也。」叔千拜謝呼躍而退。呼躍蓋夷禮，猶華人舞蹈也。晉主與太后已下迎於封丘門外，契丹主辭不見。考異曰：漢高祖實錄：「少帝帥族候於野，邪律氏疏之。帝指陳前事，乃大臣同謀，皆歷歷能對，無撓屈色，邪律氏亦假以顏色。」陷蕃記、薛史帝紀、五代通錄云：「戎主不與帝相見。」少帝實錄：「帝舉族待罪於野，虜長面撫之，遣泊封禪寺。」今從陷蕃記。契丹主入門，民皆驚呼而走。呼，火故翻。契丹主登城樓，遣通事諭之曰：「我亦人也，汝曹勿懼！會當使汝曹蘇息。氣絕而復息曰蘇；氣一出入爲息。一曰，更息曰蘇。我無心南來，漢兵引我至此耳。」歸罪於杜威等。至明德門，下馬拜而後入宮。以其樞密副使劉密權開封尹事。先易置京尹以彈壓華人。日暮，契丹主復出，屯於赤岡。懼人心未一，未敢居城中。

2 戊子，執鄭州防禦使楊承勳至大梁，責以殺父叛契丹，楊承勳囚父以降晉，事見二百八十四卷齊王開運元年。命左右臠食之。未幾，臠，力兗翻。幾，居豈翻。以其弟右羽林將軍承信爲平盧節度使，悉以其父舊兵授之。既授之以其父舊鎮，復授之以其父舊兵。

3 高勳訴張彥澤殺其家人於契丹主，張彥澤殺高勳家見上卷上年。勳爲杜威奉降表者也，先已爲契丹主所親，故得訴其事。契丹主亦怒彥澤剽掠京城，并傅住兒鎖之。彥澤剽掠事亦見上卷上年。傅住兒，監彥澤軍者也。剽，匹妙翻。以彥澤之罪宣示百官，問：「應死否？」皆言「應死。」百姓亦投牒爭疏彥澤罪。己丑，斬彥澤、住兒於北市，仍命高勳監刑。彥澤前所殺士大夫子孫，皆絰杖號哭，隨而詬詈，以杖扑之。經，徒結翻。有親喪者，經杖。號，戶刀翻。詬，苦候翻，又許候翻。詈，力智翻。扑，普卜翻，擊也。勳命斷腕出鎖，斷，音短。腕，烏貫翻。剖其心以祭死者。市人爭破其腦取髓，髓，悉委翻。臠其肉而食之。

4 契丹送景延廣歸其國，庚寅，宿陳橋，九域志：開封府浚儀縣有陳橋鎮。夜，伺守者稍怠，扼吭而死。伺，相吏翻。吭，居郎翻；人頸曰吭。

5 辛卯，契丹以晉主爲負義侯，置於黃龍府。黃龍府，卽慕容氏和龍城也。歐史曰：自幽州行十餘日，過平州；出榆關，行沙磧中，七八日至錦州；又行五六日，過海北州；又行十餘日，渡遼水至勃海國鐵州；又行七八日，過南海府，遂至黃龍府。按契丹後改黃龍府爲隆州，北至混同江一百三十里。又按慕容氏之和龍城，若據晉書及酈道元水經註，當在漢遼西郡界。今晉主陷蕃，渡遼水而後至黃龍府，又其地近混同江，疑非慕容氏之和龍城。契丹主使謂李太后曰：「聞重貴不用母命以至於此，可求自便，勿與俱行。」太后曰：「重貴事妾甚謹。所失者，違先君之志，絕兩國之歡耳。今幸蒙大恩，全生保家，母不隨子，欲何所歸！」

癸巳，契丹遷晉主及其家人於封禪寺，遣大同節度使兼侍中此契丹所授官。河內崔廷勳以兵守之。宋白曰：崔廷勳本河內人，少陷虜。契丹主數遣使存問，數，所角翻。晉主每聞使至，舉家憂恐。恐見殺也。時雨雪連旬，外無供億，毛居正曰：供億，億有儲偫之意。供億，猶供儗也。億，度也；料度其所須之物，隨多少而供之，以待其乏也。上下凍餒。太后使人謂寺僧曰：「吾嘗於此飯僧數萬，飯，扶晚翻。今日獨無一人相念邪！」僧辭以「虜意難測，不敢獻食。」噫！孰知緇黃變色，其徒所爲，有甚於不敢獻食者耶！有國有家者，崇奉釋氏以求福田利益，可以監矣。晉主陰祈守者，乃稍得食。

是日，契丹主自赤岡引兵入宮，入晉宮。都城諸門及宮禁門，皆以契丹守衞，晝夜不釋兵仗。懼有變也。磔犬於門，以竿懸羊皮於庭爲厭勝。磔，陟格翻。厭，於葉翻。契丹主謂【章：十二行本「謂」下有「晉」字；乙十一行本同；孔本同；退齋校同。】羣臣曰：「自今不脩甲兵，不市戰馬，輕賦省役，天下太平矣。」談何容易！斯言甫脫口，而打草穀繼之矣，天下果太平乎！廢東京，降開封府爲汴州，尹爲防禦使。乙未，契丹主改服中國衣冠，百官起居皆如舊制。史言契丹主猶知用夏變夷。

趙延壽、張礪共薦李崧之才；會威勝節度使馮道自鄧州入朝，契丹主素聞二人名，皆禮重之。二人歷唐、晉，位極人臣，國亡不能死，視其君如路人，何足重哉！未幾，以崧爲太子太師，充樞密使；道守太傅，於樞密院祗候，以備顧問。

契丹主分遣使者，以詔書賜晉之藩鎮；晉之藩鎮爭上表稱臣，被召者無不奔馳而至。被，皮義翻。惟彰義節度使史匡威據涇州不受命。匡威，建瑭之子也。史建瑭事晉王克用以及莊宗，皆有戰功。雄武節度使何重建斬契丹使者，以秦、階、成三州降蜀。史匡威不降契丹，以其地遠，契丹兵威不能至也。何重建則以其鎮與蜀接境，遂棄遼而附蜀耳。

初，杜重威既以晉軍降契丹，杜重威初避晉主重貴名，去「重」，單名「威」。及晉既亡國，重威即復舊名；其忘恩背主，此特末節耳。契丹主悉收其鎧仗數百萬貯恆州，貯，丁呂翻。恆，戶登翻。驅馬數萬歸其國，遣重威將其衆從己而南。將，即亮翻。及河，契丹主以晉兵之衆，恐其爲變，欲悉以胡騎擁而納之河流。或諫曰：「晉兵在他所者尚多，彼聞降者盡死，必皆拒命。【章：十二行本「命」下有「爲患」二字；乙十一行本同。】不若且撫之，徐思其策。」契丹主乃使重威以其衆屯陳橋。陳橋在陳橋門外，有陳橋驛。會久雪，官無所給，士卒凍餒，咸怨重威，相聚而泣；重威每出，道旁人皆罵之。

契丹主猶欲誅晉兵。趙延壽言於契丹主曰：「皇帝親冒矢石以取晉國，欲自有之乎，將爲他人取之乎？」冒，莫北翻。爲，于僞翻；下同。趙延壽志在帝中國，以此言覘契丹主之意，不特爲晉兵發也。契丹主變色曰：「朕舉國南征，五年不解甲，天福八年，契丹始攻晉，至是五年。僅能得之，豈爲他人乎！」趙延壽聞契丹主此言，可以絕望矣。延壽曰：「晉國南有唐，西有蜀，常爲仇敵，皇帝亦知之乎？」曰：「知之。」延壽曰：「晉國東自沂、密，西及秦、鳳，延袤數千里，袤，音茂。邊於吳、蜀，常以兵戍之。南方暑濕，上國之人不能居也。時偏方割據者，謂中原爲上國。晉奉契丹，又稱契丹爲上國。他日車駕北歸，以晉國如此之大，無兵守之，吳、蜀必相與乘虛入寇，如此，豈非爲他人取之乎？」契丹主曰：「我不知也。然則柰何？」延壽曰：「陳橋降卒，可分以戍南邊，則吳、蜀不能爲患矣。」契丹主曰：「吾昔在上黨，失於斷割，悉以唐兵授晉。事見二百八十卷晉高祖天福元年。斷，丁亂翻。既而返爲寇讎，北向與吾戰，辛勤累年，僅能勝之。今幸入吾手，不因此時悉除之，豈可復留以爲後患乎？」復，扶又翻。延壽曰：「曏留晉兵於河南，不質其妻子，質，音致。故有此憂。今若悉徙其家於恆、定、雲、朔之間，每歲分番使戍南邊，何憂其爲變哉！此上策也。」契丹主悅曰：「善！惟大王所以處之。」契丹封趙延壽爲燕王，故稱之爲大王。處，昌呂翻。由是陳橋兵始得免，分遣還營。

6 契丹主殺右金吾衛大將軍李彥紳、宦者秦繼旻，以其爲唐潞王殺東丹王故也。殺東丹王見二百八十卷晉高祖天福元年，唐潞王之清泰三年也。爲，于僞翻。以其家族貲財賜東丹王之子永康王兀欲。兀欲眇一目，爲人雄健好施。兀欲始見於此，爲後得國張本。施，式豉翻。

7 癸卯，晉主與李太后、安太妃、馮后及弟睿、子延煦、延寶俱北遷，後宮左右從者百餘人。從，才用翻。契丹遣三百騎援送之；援送者，送其行以爲防援。又遣晉中書令趙瑩、樞密使馮玉、馬軍都指揮使李彥韜與之俱。

晉主在塗，供饋不繼，或時與太后俱絕食，舊臣無敢進謁者。獨磁州刺史李穀迎謁於路，相對泣下。穀曰：「臣無狀，負陛下。」因傾貲以獻。天下之士，苟有所負者，其所爲必有異於人。磁，牆之翻。

晉主至中度橋，見杜重威寨，歎曰：「天乎！我家何負，爲此賊所破！」慟哭而去。於晉之時，通國上下皆知杜重威之不可用，乃違衆用之以致亡國。詩云：「啜其泣矣，何嗟及矣。」今至於慟，庸有及乎！

8 癸丑，蜀主以左千牛衞上將軍李繼勳爲秦州宣慰使。蜀以何重建降，遣使宣慰之。

9 契丹主以前燕京留守劉晞爲西京留守，薛史曰：劉晞者，涿州人，陷虜，歷官至平章事兼侍中。考異曰：實錄作「禧」。或云名晞。今從陷蕃記。永康王兀欲之弟留珪爲義成節度使，兀【章：十二行本「兀」上有「族人郎五爲鎮寧節度使」十字；乙十一行本同；孔本同；張校同；退齋校同；熊校同。】欲姊壻潘聿撚爲橫海節度使，聿，以律翻。撚，乃殄翻。考異曰：周太祖實錄：「聿撚」作「聿涅」。今從陷蕃記。趙延壽之子匡贊爲護國節度使，爲趙匡贊後以河中歸漢張本。漢將張彥超爲雄武節度使，史佺爲彰義節度使，客省副使劉晏僧爲忠武節度使，前護國節度使侯益爲鳳翔節度使，權知鳳翔府事侯益後亦以鳳翔歸漢。焦繼勳爲保大節度使。晞，涿州人也。既而何重建附蜀，秦州附蜀，張彥超無所詣。史匡威不受代，史匡威據涇州以拒史佺。契丹勢稍沮。沮，在呂翻。

10 晉昌節度使趙在禮入朝，自長安入朝于大梁。其裨將留長安者作亂，節度副使建人李肅討誅之，軍府以安。

11晉主之絕契丹也，事見二百八十三卷晉高祖天福七年。匡國節度使劉繼勳爲宣徽北院使，頗豫其謀；契丹主入汴，繼勳入朝，契丹主責之。時馮道在殿上，繼勳急指道曰：「馮道爲首相，與景延廣實爲此謀。臣位卑，何敢發言！」契丹主曰：「此叟非多事者，勿妄引之！」馮道以依阿免禍；有國家者，焉用彼相哉！然歷事七姓，皆以德望待之，亦持身謹靜，有以動其敬心耳。命鎖繼勳，將送黃龍府。

趙在禮至洛陽，舊唐書地理志：自長安東至洛陽八百五十里。謂人曰：「契丹主嘗言莊宗之亂由我所致。謂皇甫暉之亂也。事見二百七十四卷唐明宗天成元年，莊宗之同光四年也。我此行良可憂。」契丹遣契丹將述軋、書契丹將，以別漢將與勃海將。奚王拽剌、拽，羊列翻。剌，盧達翻。勃海將高謨翰戍洛陽，在禮入謁，拜於庭下，拽剌等皆踞坐受之。乙卯，在禮至鄭州，九域志：自洛陽東至鄭州二百六十里。聞繼勳被鎖，大驚，夜，自經於馬櫪間。櫪，音歷，馬棧也。契丹主聞在禮死，乃釋繼勳，繼勳憂憤而卒。

劉晞在契丹嘗爲樞密使、同平章事，至洛陽，詬奚王曰：詬，苦候翻，又許候翻。「趙在禮漢家大臣，爾北方一酋長耳，酋，慈秋翻。長，知兩翻。安得慢之如此！」立於庭下以挫之。由是洛人稍安。

契丹主廣受四方貢獻，大縱酒作樂，每謂晉臣曰：「中國事，我皆知之，吾國事，汝曹不知也。」契丹主自謂周防之密以夸晉臣。然東丹之來，已胎兀欲奪國之禍，雖甚愚者知之，而契丹主不知也。善覘國者，不觀一時之強弱而觀其治亂之大致。

趙延壽請給上國兵廩食，契丹主曰：「吾國無此法。」乃縱胡騎四出，以牧馬爲名，分番剽掠，剽，妙匹翻。謂之「打草穀」。丁壯斃於鋒刃，老弱委於溝壑，自東、西兩畿大梁之屬縣爲東畿，洛陽之屬縣爲西畿，此唐制也。唐制，兩京除赤縣外，餘屬縣爲畿縣。及鄭、滑、曹、濮，數百里間，財畜殆盡。鄭、滑、曹、濮，皆大梁之旁郡，以及言之，明上文所謂東、西兩畿爲畿縣。濮，博木翻。

契丹主謂判三司劉昫曰：「契丹兵三十萬，既平晉國，應有優賜，速宜營辦。」時府庫空竭，昫不知所出，請括借都城士民錢帛，都城，大梁都城。自將相以下皆不免。又分遣使者數十人詣諸州括借，皆迫以嚴誅，人不聊生。其實無所頒給，皆蓄之內庫，欲輦歸其國。於是內外怨憤，始患苦契丹，皆思逐之矣。爲契丹北歸張本。

12 初，晉主與河東節度使、中書令、北平王劉知遠相猜忌，雖以爲北面行營都統，徒尊以虛名，而諸軍進止，實不得預聞。事見二百八十四卷晉齊王開運元年。知遠因之廣募士卒；天福八年，齊王與契丹搆隙之初，劉知遠已奏募兵矣，事見二百八十三卷。陽城之戰，諸軍散卒歸之者數千人，陽城之戰見二百八十四卷晉齊王開運二年。按陽城之戰，晉師大捷，無緣有散卒歸河東，此必杜重威降契丹時也。又得吐谷渾財畜，事亦見開運二年。畜，吁玉翻。由是河東富強冠諸鎮，冠，古玩翻。步騎至五萬人。晉主與契丹結怨，知遠知其必危，而未嘗論諫。契丹屢深入，知遠初無邀遮、入援之志。既不據險要以邀遮契丹之兵，又不遣兵入援也。及聞契丹入汴，知遠分兵守四境以防侵軼。軼，徒結翻。遣客將安陽王峻舊唐書地理志：相州，漢魏郡也，治安陽縣。安陽，漢侯國，故城在湯陰東。曹魏時，廢安陽，併入鄴。後周移鄴，置縣於安陽故城，仍爲鄴縣。隋又改爲安陽縣，州所治也。若漢魏郡城則在縣之西北七里。將，卽亮翻。奉三表詣契丹主：一，賀入汴；二，以太原夷、夏雜居，戍兵所聚，未敢離鎮；夏，戶雅翻。離，力智翻。三，以應有貢物，值契丹將劉九一軍自土門西入屯於南川，南川，謂晉陽城南之地。城中憂懼，俟召還此軍，道路始通，可以入貢。契丹主賜詔褒美，及進畫，親加「兒」字於知遠姓名之上，仍賜以木柺。胡法，優禮大臣則賜之，如漢賜几杖之比，惟偉王以叔父之尊得之。柺，乖買翻，老人拄杖也。歐史曰：王峻持柺歸，虜人望之皆避道。

知遠又遣北都副留守太原白文珂入獻奇繒名馬，繒，慈陵翻。契丹主知知遠觀望不至，及文珂還，還，從宣翻，又如字。使謂知遠曰：「汝不事南朝，又不事北朝，意欲何所俟邪？」朝，直遙翻。蕃漢孔目官郭威言於知遠曰：「虜恨我深矣！王峻言契丹貪殘失人心，必不能久有中國。」

或勸知遠舉兵進取。知遠曰：「用兵有緩有急，當隨時制宜。今契丹新降晉兵十萬，虎據京邑，未有他變，豈可輕動哉！且觀其所利止於貨財，貨財既足，必將北去。況冰雪已消，勢難久留，宜待其去，然後取之，可以萬全。」劉知遠料之審矣，所以舉兵南向，契丹不能與之爭。

昭義節度使張從恩，以地迫懷、洛，昭義治潞州。自潞州至澤州，又至懷州渡河，則洛州河南府。舊唐書地理志：潞州至洛州四百七十里。欲入朝於契丹，遣使謀於知遠，知遠曰：「我以一隅之地，安敢抗天下之大！君宜先行，我當繼往。」從恩以爲然。判官高防諫曰：「公晉室懿親，按五代會要，晉少帝前妃張氏，天福八年進册皇后。張從恩蓋后族也。不可輕變臣節。」從恩不從。左驍衞大將軍王守恩，與從恩姻家，時在上黨，從恩以副使趙行遷知留後，副使者，節度副使也。牒守恩權巡檢使，與高防佐之。【章：十二行本「之」下有「遂行」二字；乙十一行本同。】守恩，建立之子也。王建立事唐明宗見親任，及事晉高祖。

13 荆南節度使高從誨遣使入貢於契丹，契丹遣使以馬賜之。從誨亦遣使詣河東勸進。荆南高氏父子事大以保其國，爲謀大率如此。

14 唐主立齊王景遂爲皇太弟。徙燕王景達爲齊王，領諸道兵馬元帥；徙南昌王弘冀爲燕王，爲之副。燕，於堅翻。

景遂嘗與宮僚燕集，贊善大夫元城張易有所規諫，張易北人而仕江南。景遂方與客傳玩玉杯，弗之顧。易怒曰：「殿下重寶而輕士。」取玉杯抵地碎之，衆皆失色；景遂斂容謝之，待易益厚。景遂之遷善敬士，亦難能也。

景達性剛直，唐主與宗室近臣飲，馮延己、延魯、魏岑、陳覺輩，極傾諂之態，或乘酒喧笑；景達屢訶責之，復極言諫唐主，以不宜親近佞臣。屢，力主翻。復，扶又翻。近，巨靳翻。延己以二弟立非己意，欲以虛言德之；嘗宴東宮，陽醉，撫景達背曰：「爾不可忘我！」景達大怒，拂衣入禁中白唐主，請斬之；唐主諭解，乃止。按是時陳覺、馮延魯攻福州，史言其侍飲極傾諂之態，概言其常時，非必拘此時也。張易謂景達曰：「羣小交構，禍福所繫。殿下力未能去，數面折之，去，羌呂翻。數，所角翻。折，之舌翻。使彼懼而爲備，何所不至！」自是每遊宴，景達多辭疾不預。

唐主遣使賀契丹滅晉，且請詣長安脩復【章：十二行本「復」下有「唐室」二字；乙十一行本同。】諸陵；唐末喪亂，諸陵多遭發掘；南唐自謂纂唐之緒，故請脩復也。契丹不許，而遣使報之。

晉密州刺史皇甫暉，棣州刺史王建，皆避契丹，帥衆奔唐；帥，讀曰率。淮北賊帥多請命於唐。帥，所類翻。唐虞部員外郎韓【章：十二行本「韓」上有「史館脩撰」四字；乙十一行本同。】熙載上疏，以爲：「陛下恢復祖業，今也其時。若虜主北歸，中原有主，則未易圖也。」易，以豉翻。韓熙載以定中原自期，僅見此疏耳。自古以來，多大言少成事者，何可勝數！時方連兵福州，未暇北顧；唐人皆以爲恨，唐主亦悔之。使唐無福州之役，舉兵北向，亦喪師而已矣。

15 契丹主召晉百官悉集於庭，問曰：「吾國廣大，方數萬里，有君長二十七人；長，知兩翻。今中國之俗異於吾國，吾欲擇一人君之，如何？」皆曰：「天無二日。孟子引孔子之言。夷、夏之心，皆願推戴皇帝。」如是者再。契丹主乃曰：「汝曹既欲君我，今茲所行，何事爲先？」對曰：「王者初有天下，應大赦。」二月，丁巳朔，契丹主服通天冠、絳紗袍，登正殿，設樂懸、儀衞於庭。百官朝賀，華人皆法服，胡人仍胡服，立於文武班中間。文官班於東，武官班於西，胡人立於中間。下制稱大遼會同十年，大赦。仍云：「自今節度使、刺史，毋得置牙兵，市戰馬。」其心固虞諸鎮有與之作敵者。

趙延壽以契丹主負約，心怏怏，趙延壽之求爲帝，不得不止，此其所以終爲兀欲所鎖也。怏，於兩翻。令李崧言於契丹主曰：「漢天子所不敢望，乞爲皇太子。」崧不得已爲言之。爲言，于僞翻；下令爲同。契丹主曰：「我於燕王，雖割吾肉，有用於燕王，吾無所愛。然吾聞皇太子當以天子兒爲之，豈燕王所可爲也！」因令爲燕王遷官。時契丹以恆州爲中京，恆，戶登翻。翰林承旨張礪奏擬燕王中京留守、大丞相、錄尚書事、都督中外諸軍事，樞密使如故。契丹主取筆塗去「錄尚書事都督中外諸軍事」而行之。去，羌呂翻。孰謂契丹主起於塞北而不知中國之事體哉！

16 壬戌，蜀李繼勳與興州刺史劉景攻固鎮，拔之。【章：十二行本「之」下有「乙丑」二字；乙十一行本同；孔本同。】何重建請出蜀兵與階成兵共扼散關以取鳳州，扼散關，則北兵不能入，鳳州可坐取也。

丙寅，蜀主發山南兵三千七百赴之。山南兵，興元兵也。

17 劉知遠聞何重建降蜀，歎曰：「戎狄憑陵，中原無主，令藩鎮外附，吾爲方伯，良可愧也！」古者除王畿之外，八州八伯，所謂三十國而爲連，連有帥，二百一十國以爲州，州有伯者也。周分天下以爲二伯，自陝以西，召伯主之，自陝以東，周公主之。及其衰也，齊桓、晉文糾合諸侯以尊王室，亦以方伯之任自居，晉人所謂「我爲伯」者也。石晉以劉知遠爲北面都統，故亦自謂爲方伯。於是將佐勸知遠稱尊號，以號令四方，觀諸侯去就。諸侯，謂當時諸藩鎮。知遠不許。聞晉主北遷，聲言欲出兵井陘，迎歸晉陽。陘，音刑。丁卯，命武節都指揮使滎澤史弘肇武節軍，劉知遠所置，見二百八十三卷晉齊王天福八年。隋置滎澤縣，唐屬鄭州。九域志：滎澤縣在鄭州西北四十五里。集諸軍於毬場，告以出軍之期。軍士皆曰：「今契丹陷京城，執天子，天下無主。主天下者，非我王而誰！劉知遠封北平王，故稱之。宜先正位號，然後出師。」爭呼萬歲不已。知遠曰：「虜勢尚強，吾軍威未振，當且建功業。士卒何知！」命左右遏止之。

己巳，行軍司馬潞城張彥威等三上牋勸進，潞，古邑也。隋置潞城縣，唐屬潞州。九域志：潞城縣在潞州東北四十里。知遠疑未決。郭威與都押牙冠氏楊邠入說知遠曰：劉昫曰：冠氏，春秋邑名。隋分館陶東界置冠氏縣，唐屬魏州。九域志：在州東北六十里。說，音稅。「今遠近之心，不謀而同，此天意也。王不乘此際取之，謙讓不居，恐人心且移，移則反受其咎矣。」知遠從之。

18 契丹以其將劉愿爲保義節度副使，陝人苦其暴虐。陝，失冉翻。奉國都頭王晏與指揮使趙暉、都頭侯章謀曰：「今胡虜亂華，乃吾屬奮發之秋。河東劉公，威德遠著，劉知遠，河東帥，故稱之。吾輩若殺愿，舉陝城歸之，爲天下唱，取富貴如返掌耳。」「返」，當作「反」。暉等然之。晏與壯士數人，夜踰牙城入府，出庫兵以給衆；庚午旦，斬愿首，懸諸府門，又殺契丹監軍，奉暉爲留後。晏，徐州；暉，澶州；章，太原人也。澶，時連翻。

19 辛未，劉知遠卽皇帝位。自言未忍改晉，又惡開運之名，乃更稱天福十二年。惡，烏路翻。更，工衡翻。歐陽修曰：人君卽位稱元年，常事爾，古不以爲重也。孔子未脩春秋，其前固已如此，雖暴君昏主，妄庸之史，其紀事先後遠近，莫不以歲月一二數之，乃理之自然也。其謂一爲元，未嘗有法焉，古人之語爾。古謂歲之一月，亦不云一而曰正月，國語言六呂曰「元間大呂」，周易列六爻曰「初九」，大抵古人言數，多不云一，不獨謂年爲元也。及後世曲學之士，始謂孔子書元年爲春秋大法，遂以改元爲重事。自漢以後，又名年以建元，而正僞紛雜，稱號遂多，不勝其紀也。五代，亂世也，其事無法而不合於理者多矣。至其年號乖錯以惑後世，則不可以不明。梁太祖以乾化二年遇弒，明年，末帝誅友珪，黜其鳳曆之號，稱乾化三年，尚爲有說。至漢高祖建國，黜晉出帝開運四年，復稱天福十二年者，何哉？蓋以愛憎之私耳。方出帝時，漢高祖居太原，常憤憤下視晉，晉亦陽優禮之；幸而未見其隙。及契丹滅晉，漢未嘗有赴難之意。出帝已北遷，方陽以兵聲言追之，至土門而還。及其卽位改元，而黜開運之號，則其用心可知矣。蓋其於出帝，無復君臣之義，而幸禍以爲利者，其素志也，可勝嘆哉！

壬申，詔：「諸道爲契丹括率錢帛者，皆罷之。括率錢帛，見上正月。其晉臣被迫脅爲使者勿問，令詣行在。被，皮義翻。自餘契丹，所在誅之。」

20何重建遣宫苑使崔延琛將兵攻鳳州，不克，退保固鎮。何重建爲蜀圖取鳳州事始見上。

21甲戌，帝自將東迎晉主及太后。至壽陽，晉置壽陽縣，後魏改曰受陽。隋開皇十年，改幷州南受陽爲文水，分州東故壽陽置壽陽縣；唐屬太原府。聞已過恆州數日，乃留兵戍承天軍而還。還，從宣翻，又如字。承天軍在井陘縣娘子關西南太原府廣陽縣界。宋朝太平興國四年，改廣陽爲平定縣，置平定軍。縣有承天軍寨，在太原府南三百五十里。

晉主既出塞，契丹無復供給，從官、宫女，皆自采木實、草葉而食之。至錦州，契丹令晉主及后妃拜契丹主阿保機墓。從，才用翻。契丹置錦州，近木葉山。金人疆域圖：錦州南至燕京一千四百一十五里。陳元靚曰：大元於錦州置臨海節度，領永樂、安昌、興城、神水四縣，屬大定府路。晉主不勝屈辱，泣曰：「薛超誤我！」勝，音升，謂薛超持之不令赴火也。事見上卷開運三年。馮后陰令左右求毒藥，欲與晉主俱自殺，不果。

22契丹主聞帝即位，以通事耿崇美爲昭義節度使，高唐英爲彰德節度使，崔廷勳爲河陽節度使，以控扼要害。昭義軍，潞州；彰德軍，相州；河陽軍，孟州。帝自太原西南出兵，潞州，兵衝也；自潞州東下壺關，則至相州；南下太行，則至孟州；故皆命將控扼。

初，晉置鄉兵，號天威軍。見二百八十四卷晉出帝開運元年。教習歲餘，村民不閑軍旅，竟不可用；悉罷之，但令七戶輸錢十千，其鎧仗悉輸官。而無賴子弟，不復肯復農業，不復之復，扶又翻，再也。肯復之復，讀如字，反也。山林之盜，自是而繁。及契丹入汴，縱胡騎打草穀；事見上正月。又多以其子弟及親信左右爲節度使、刺史，不通政事，華人之狡獪者多往依其麾下，教之妄作威福，掊斂貨財，民不堪命。狡，古巧翻。獪，古外翻。掊，蒲侯翻。斂，力贍翻。於是所在相聚爲盜，多者數萬人，少者不減千百，攻陷州縣，殺掠吏民。滏陽賊帥梁暉，有衆數百，送款晉陽求效用，帝許之。磁州刺史李穀密通表於帝，令暉襲相州；舊唐書地理志：滏陽，漢武安縣地，隋置滏陽縣，唐屬磁州，爲州治所。九域志：滏陽南至相州六十里。帥，所類翻。暉偵知高唐英未至，偵，丑鄭翻。相州積兵器，無守備，丁丑夜，遣壯士踰城入，啓關納其衆，殺契丹數百，其守將突圍走。暉據州自稱留後，表言其狀。表言於晉陽。將，即亮翻。

23 戊寅，帝還至晉陽，自承天軍還晉陽。還，從宣翻，又如字。議率民財以賞將士，夫人李氏諫曰：「陛下因河東創大業，未有以惠澤其民而先奪其生生之資，殆非新天子所以救民之意也。今宮中所有，請悉出之以勞軍，雖復不厚，人無怨言。」勞，力到翻。帝曰：「善！」即罷率民，傾內府蓄積以賜將士，中外聞之，大悅。李氏，晉陽人也。婦人之智及此，異乎唐莊宗之劉后矣。鄙語有之：「福至心靈，禍來神昧。」二人者各居一焉。

24 吳越內都監程昭悅，多聚賓客，畜兵器，畜，讀曰蓄。與術士遊。吳越王弘佐欲誅之，謂水丘昭券曰：「汝今夕帥甲士千人圍昭悅第。」帥，讀曰率。昭券曰：「昭悅，家臣也，有罪當顯戮，不宜夜興兵。」弘佐曰：「善！」命內牙指揮使諸溫諸，姓；溫，名。漢書地理志，琅邪郡有諸縣，蓋以邑爲氏也。伺昭悅歸第，執送東府。伺，相吏翻。己卯，斬之。釋錢仁俊之囚。錢仁俊之囚見上卷開運二年。

25 武節都指揮使史弘肇攻代州，拔之，斬王暉。王暉降契丹見上卷上年。

26 建雄留後劉在明朝于契丹，以節度副使駱從朗知州事。帝遣使者張晏洪等如晉州，諭以己卽帝位，從朗皆囚之。大將藥可儔殺從朗，推晏洪權留後，庚辰，遣使以聞。

契丹主遣右諫議大夫趙熙使晉州，括率錢帛，徵督甚急。從朗既死，民相帥共殺熙。帥，讀曰率；下同。

契丹主賜趙暉詔，卽以爲保義留後。暉斬契丹使者，焚其詔，遣支使河間趙矩奉表詣晉陽。契丹遣其將高謨翰攻暉，不克。「謨」，一本作「模」。帝見矩，甚喜，曰：「子挈咽喉之地以歸我，天下不足定也。」陝州據河、潼之要，自河東入洛、汴，此其咽喉也。咽，因肩翻。矩因勸帝早引兵南向以副天下之望，帝善之。

辛巳，以暉爲保義節度使，侯章爲鎭國節度使、保義軍馬步都指揮使，王晏爲絳州防禦使、保義軍馬步副指揮使。按王晏先已爲保義軍馬步都指揮使，既賞其功，不應爲副指揮使，恐誤。

27高防與王守恩謀，遣指揮使李萬超白晝帥衆大譟入府，斬趙行遷，推守恩權知昭義留後。守恩殺契丹使者，舉鎭來降。帝既得陝，又得上黨，足以示契丹形制之勢，重以澶州梗其南北之路，虜氣奪而心搖矣。

28鎭寧節度使邪律郎五，性殘虐，契丹主阿保機以其所居橫帳地名爲姓曰世里。世里，譯者謂之邪律，史因之。澶州人苦之。賊帥王瓊帥其徒千餘人，夜襲據南城，北度浮航，浮航，卽德勝浮梁。賊帥，所類翻。瓊帥，讀曰率。航，戶剛翻。縱兵大掠，圍郎五於牙城。澶州牙城，蓋在北城。契丹主聞之，甚懼，始遣天平節度使李守貞、天雄節度使杜重威還鎭，李守貞、杜重威既降契丹，從契丹主南入汴，遂爲所留。由是無久留河南之意。遣兵救澶州；瓊退屯近郊，去城三十里爲近郊。遣弟超奉表來求救。癸未，帝厚賜超，遣還。還，從宣翻，又如字。瓊兵敗，爲契丹所殺。

29蜀主加雄武節度使何重建同平章事。

30延州錄事參軍高允權，萬金之子也。彰武節度使周密，闇音暗。而貪，將士作亂，攻之；密敗，保東城。衆以允權家世延帥，高萬金兄弟，自梁以來帥延州。帥，所類翻。推爲留後，考異曰：周太祖實錄，「允權爲膚施令。」陷蕃記云，「前錄事參軍，退居田里。」漢高祖實錄云，「允權爲延川令，周密以允權故將之子，恐與邊人締結，移爲州主簿。密後以闇而黨下，惟誅掠是務。允權乘其民怨，時以言間之，復遣親黨潛構諸部，衆心遂搖。」廣本云，「允權爲延川令，密從爲錄事參軍。」今從之。周太祖實錄又曰：「契丹犯闕，以周密爲延帥。」按晉少帝實錄：「開運三年八月辛未，以右龍武統軍周密爲彰武節度使」，非契丹所授。今從漢高祖實錄。據西城。薛史曰：延州有東、西二城，其中限以深澗。密，應州人也。

31 丹州都指揮使高彥珣殺契丹所署刺史，自領州事。

32 契丹述律太后遣使以其國中酒饌脯果賜契丹主，賀平晉國。饌，徂晥翻，又雛戀翻。契丹主與羣臣宴於永福殿，每舉酒，立而飲之，曰：「太后所賜，不敢坐飲。」

33 唐王淑妃與郇公從益居洛陽；趙延壽娶明宗女爲夫人，淑妃詣大梁會禮。趙延壽妻，唐明宗女燕國長公主也。晉高祖天福元年，契丹已遣使至洛陽取之入北矣。今復從延壽至大梁，故王淑妃詣之會禮。契丹主見而拜之曰：「吾嫂也。」契丹主以唐明宗年長，於齒爲兄，故拜王淑妃爲嫂。統軍劉遂凝因淑妃求節鉞，劉遂凝以劉鄩舊恩，因王淑妃以求節鉞。契丹主以從益爲許王、威信節度使，遂凝爲安遠節度使。淑妃以從益幼，辭不赴鎮，復歸于洛。

34 契丹主以張礪爲右僕射兼門下侍郎、同平章事，左僕射和凝兼中書侍郎、同平章事；司空兼門下侍郎、同平章事劉昫，以目疾辭位，罷爲太保。

35 東方羣盜大起，陷宋、亳、密三州。契丹主謂左右曰：「我不知中國之人難制如此！」中國之人，困於契丹之陵暴掊克，咸不聊生，起而爲盜，烏有難制者乎！盍亦反其本矣。亟遣泰寧節度使安審琦、武寧節度使符彥卿等歸鎮，澶州亂而遣李守貞、杜重威歸鎮，宋、亳、密三州陷而遣安審琦、符彥卿歸鎮，契丹主之北歸決矣。仍以契丹兵送之。

彥卿至埇橋，埇橋在宿州。埇，余隴翻。賊帥李仁恕帥衆數萬急攻徐州。賊帥，所類翻。恕帥，讀曰率；下同。彥卿與數十騎至城下，揚鞭欲招諭之，仁恕控彥卿馬，請從相公入城。欲劫符彥卿爲質以取徐州也。彥卿子昭序，自城中遣軍校陳守習縋而出，呼於賊中校，戶教翻。縋，馳僞翻。呼，火故翻。曰：「相公已陷虎口，聽相公助賊攻城，城不可得也。」賊知不可劫，乃相率羅拜於彥卿馬前，乞赦其罪。彥卿與之誓，乃解去。

36 三月，丙戌朔，契丹主服赭袍，坐崇元殿，百官行入閤禮。歐陽修曰：唐故事：天子日御殿見羣臣，曰常參。朔望薦食諸陵寢，有思慕之心，不能臨前殿，則御便殿見羣臣，曰入閤。宣政，前殿也，謂之衙，衙有仗。紫宸，便殿也，謂之閤。其不御前殿而御紫宸也，乃自正衙喚仗由閤門而入，百官俟朝于衙者，因隨而入見，故謂之入閤。然衙，朝也，其禮尊；閤，宴見也，其事殺。自乾符以後，因亂禮缺，天子不能日見羣臣而見朔望，故正衙常日廢仗，而朔望入閤有仗。其後習見，遂以入閤爲重，至出御前殿，猶謂之入閤。五代之時，羣臣五日一入見中興殿，便殿也，此入閤之遺制，而謂之起居。朔望一出御文明殿，前殿也，反謂之入閤。今按五代會要有入閤儀：司天進時刻牌，閤門進班齊牌，皇帝自內著袍衫穿靴，乘輦至常朝殿門駐輦，受樞密使已下起居訖，引駕至正朝殿。皇帝坐定，卷簾，殿上添香，喝「控鶴官拜」，次雞叫，次閤門勘契，次閤門承旨喚仗，次閤門使引金吾將軍南班拜訖，分引至位對揖，次細仗相次入，次執文武班簿至位對揖，次宰臣南班拜訖、分引至位對揖，次金吾將軍奏「平安」，次文武百官入。通事舍人揖殿，靸靴入沙墀，兩拜立定，次引宰臣及兩省官、金吾將軍合班立定，閤門使喝「拜」，搢笏舞蹈，三拜，奏「聖躬萬福」；又引宰臣班首一人至近前，又兩拜，舞，跪，三拜，引至位對揖。通事舍人引宰臣於東西踏道下立，次文武百官出，次兩省官南班揖殿出，次翰林學士南班揖殿出，次執文武班簿南班揖殿出，次金吾將軍南班揖殿出，次細仗出；次引宰臣香案前奏事訖，宣徽使喝「好去」，南班揖殿出；次閤門使引待制官到位兩拜，引近前奏事訖，卻歸位罄折，宣徽使宣「所奏知」，又兩拜，舞，跪，三拜，舍人喝「好去」，南班揖殿出；次刑法官奏事准上，次監奏御史南班揖殿出，次閤門承旨放仗，次閤門使奏衙內無事，次喝「控鶴官門外祇候」，次下簾，皇帝上輦歸內。又按歐史：梁太祖乾化元年九月辛巳朔，御文明殿入閤。則入閤儀梁所定也。視唐之正牙朝會，其儀略而野，而五代謂之行禮。會要又詳載而爲書，則其儀爲一時之上儀矣。姑備錄之，以志朝儀之變。文明殿，洛陽宮之正衙殿也。崇元殿，汴宮之正衙殿也。薛史曰：梁制：每月初入閤，望日延英聽政。後唐之制，朔望皆入閤。

37 戊子，帝遣使以詔書安集農民保聚山谷避契丹之患者。此時務之所當急先者。

38 辛卯，高允權奉表來降。帝諭允權聽周密詣行在，密遂棄東城來奔。

39 壬辰，高彥詢【章：十二行本「詢」作「珣」；乙十一行本同。】以丹州來降。丹、延亦歸於漢矣。

40 蜀翰林承旨李昊謂王【章：十二行本「王」上有「樞密使」三字；乙十一行本同；退齋校同。】處回曰：「敵復據固鎮，則興州道絕，不復能救秦州矣。復，扶又翻。請遣山南西道節度使孫漢韶將兵急攻鳳州。」癸巳，蜀主命漢韶詣鳳州行營。

41 契丹主復召晉百官，復，扶又翻。諭之曰：「天時向熱，吾難久留，欲暫至上國省太后。契丹自謂其國爲上國，中國之人亦以稱之。契丹既畏暑，又畏四方羣起而攻之，故急欲北歸，果如劉知遠所料。當留親信一人於此爲節度使。」百官請迎太后。契丹主曰：「太后族大，如古柏根，不可移也。」契丹主欲盡以晉之百官自隨。或曰：「舉國北遷，恐搖人心，不如稍稍遷之。」乃詔有職事者從行，餘留大梁。

復以汴州爲宣武軍，契丹之入大梁也，降開封府爲汴州防禦使；今復盛唐之舊，以爲節鎮，欲兼華、夷而撫制之也。以蕭翰爲節度使。翰，述律太后之兄子，其妹復爲契丹主后。翰始以蕭爲姓，自是契丹后族皆稱蕭氏。

42 吳越復發水軍，遣其將余安將之，自海道救福州。己亥，至白蝦浦。將，即亮翻。「蝦」，當作「鰕」。海岸泥淖，須布竹簣乃可行，唐之諸軍在城南者，聚而射之，簣不得施。淖，奴教翻。簣，測革翻。射，而亦翻。馮延魯曰：「城所以不降者，恃此救也。今相持不戰，徒老我師，不若縱其登岸盡殺之，則城不攻自降矣。」裨將孟堅曰：「浙兵至此，【章：十二行本「此」下有「已久」二字；乙十一行本同；張校同。】不能進退，吳越國本唐兩浙地，故謂之浙兵。求一戰而死不可得。若縱其登岸，彼必致死於我，其鋒不可當，安能盡殺乎！」延魯不聽，曰：「吾自擊之。」吳越兵既登岸，大呼奮擊，呼，火故翻。延魯不能禦，棄衆而走，孟堅戰死。吳越兵乘勝而進，城中兵亦出，夾擊唐兵，大破之。唐城南諸軍皆遁，吳越兵追之；王崇文以牙兵三百拒之，諸軍陳於崇文之後，追者乃還。陳，讀曰陣。還，從宣翻。

或言浙兵欲棄福州，拔李達之衆歸錢唐，東南守將劉洪進等白王建封，請縱其盡出而取其城。唐兵攻福州，劉洪進當東南面，故書爲東南守將。留從效不欲福州之平，泉、福相爲脣齒，福州平則泉州爲之次矣，此留從效之所不欲也。建封亦忿陳覺等專横，横，戶孟翻。乃曰：「吾軍敗矣，安能與人爭城！」是夕，燒營而遁，城北諸軍亦相顧而潰；馮延魯引佩刀自刺，刺，七亦翻。親吏救之，不死。唐兵死者二萬餘人，委棄軍資器械數十萬，府庫爲之耗竭。謂唐之府庫罄於奉軍。爲，于僞翻。

余安引兵入福州，李達舉所部授之。何承天姓苑：余姓，戎由余之後。

43 留從效引兵還泉州，自福州還也。謂唐戍將曰：「泉州與福州世爲仇敵，唐末，王潮兄弟自泉州攻福州，留從效先是以泉州兵擊破福州兵，又會南唐兵圍福州，故云然。南接嶺海瘴癘之鄉，漳、泉之地，東南際海，西南接潮州，嶺南之境也。地險土瘠。比年軍旅屢興，農桑廢業，冬徵夏斂，僅能自贍，秋穀成熟，徵租至冬，春蠶畢收，斂帛於夏，卽謂二稅也。比，毗至翻。斂，力贍翻。贍，時斂翻。豈勞大軍久戍於此！」置酒餞之，戍將不得已引兵歸。唐主不能制，加從效檢校太傅。唐兵新敗，自知無以制留從效，遂加其官以安之。留從效自此據有漳、泉。

44 壬寅，契丹主發大梁，晉文武諸司從者數千人，從，才用翻。諸軍吏卒又數千人，宮女、宦官數百人，盡載府庫之實以行，所留樂器儀仗而已。夕，宿赤岡，契丹主見村落皆空，命有司發牓數百通，所在招撫百姓，然竟不禁胡騎剽掠。呼雞而縱狸奴，雞其敢前乎！剽，匹妙翻。丙午，契丹自白馬渡河，謂宣徽使高勳曰：「吾在上國，以射獵爲樂，至此令人悒悒。「契丹」之下，當逸「主」字。樂，音洛。悒，於及翻。悒悒，憂愁不得志也。今得歸，死無恨矣。」契丹主不惟土思，亦見諸鎮及羣盜舉兵者皆歸心河東，恐不得正丘首也。獨不見涉珪與徒河相持於中山之時乎！以此言之，其才識相去遠矣。

45 蜀孫漢韶將兵二萬攻鳳州，軍于固鎮，分兵扼散關以絕援路。何重建請扼散關，猶慮契丹威令行於關西，能發援兵也。至是，契丹歸北，中國無主，雖出兵取岐、雍可也，何必扼散關乎！

46 張筠、余安皆還錢唐，吳越王弘佐遣東南安撫使鮑脩讓將兵戍福州，以東府安撫使錢弘倧爲丞相。吳越以越州爲東府。爲弘倧嗣國張本。倧，作冬翻。

47 庚戌，以皇弟北京馬步都指揮使崇行太原尹，知府事。劉崇有太原始此。考異曰：薛史云「崇，高祖從弟。」王保衡晉陽見聞錄云「仲弟」，歐陽史云「母弟」。今從實錄。

48 辛亥，契丹主將攻相州，梁暉請降；契丹主赦之，許以爲防禦使，暉疑其詐，復乘城拒守。夏，四月，己未，未明，契丹主命蕃、漢諸軍急攻相州，食時克之，相，悉亮翻。悉殺城中男子，驅其婦女而北，胡人擲嬰孩於空中，舉刃接之以爲樂。觀佛貍之飲江，侯景之亂江南，其肆毒類如此。不嗜殺人，然後能一天下，孟子之言，豈欺我哉！樂，音洛。留高唐英守相州。唐英閱城中，遺民男女得七百餘人。其後節度使王繼弘斂城中髑髏瘞之，髑，徒木翻。髏，音婁。瘞，於計翻。凡得十餘萬。

或告磁州刺史李穀謀舉州應漢，契丹主執而詰之，詰，其吉翻。穀不服，契丹主引手於車中，若取所獲文書者。穀知其詐，因請曰：「必有其驗，乞顯示之。」凡六詰，穀辭氣不屈，乃釋之。史言李穀有膽氣。

49 帝以從弟北京馬軍都指揮使信領義成節度使，充侍衛馬軍都指揮使，武節都指揮使史弘肇領忠武節度使，充步軍都指揮使，右都押牙楊邠權樞密使，蕃漢兵馬都孔目官郭威權副樞密使，兩使都孔目官南樂王章權三司使。兩使，節度、觀察也。樂，音洛。

50 癸亥，立魏國夫人李氏爲皇后。

51 契丹主見所過城邑丘墟，謂蕃、漢羣臣曰：「致中國如此，皆燕王之罪也。」燕王，謂趙延壽。顧張礪曰：「爾亦有力焉。」張礪隨趙延壽入北，又與趙延壽俱南，以殘中國。契丹主猶知其罪，況中國之人乎！

52 甲子，帝以河東節度判官長安蘇逢吉、觀察判官蘇禹珪爲中書侍郎、同平章事。禹珪，密州人也。

振武節度使、府州團練使折從遠入朝，更名從阮，避帝名，更「遠」名「阮」。更，工衡翻。置永安軍於府州，以從阮爲節度使。折從阮本領振武節，又就府州置節鎮以寵之。薛史曰：升府州爲永安軍，析振武之勝州并沿河五鎮以隸之。又以河東左都押牙劉銖爲河陽節度使。銖，陝人也。陝，失冉翻。

53 契丹昭義節度使耿崇美屯澤州，將攻潞州；乙丑，詔史弘肇將步騎萬人救之。

54 丙寅，以王守恩爲昭義節度使，高允權爲彰武節度使，又以岢嵐軍使鄭謙爲忻州刺史、領彰國節度使彰國軍應州，時屬契丹。岢，枯我翻。兼忻、代二州義軍都部署。丁卯，以緣河巡檢使閻萬進爲嵐州刺史，領振武節度使兼嵐、憲二州義軍都制置使。憲州本樓煩監，嵐州刺史領之；唐貞元十五年，別置監牧使；昭宗龍紀元年，李克用表置憲州。九域志：憲州治靜樂縣。靜樂古汾陽縣地。嵐、憲二州相去五十里而已。嵐，盧含翻。帝聞契丹北歸，欲經略河南，故以弘肇爲前驅，又遣閻【章：十二行本「閻」作「謙」；乙十一行本同；孔本同；張校同。】萬進出北方以分契丹兵勢。萬進，并州人也。

55 契丹主以船數十艘載晉鎧仗，將自汴泝河歸其國，自汴泝河，自河陽取太行路以歸其國也。艘，蘇遭翻。命寧國都虞候榆次武行德將士卒千餘人部送之。至河陰，河陰在河陽東南，相去百六十二里。行德與將士謀曰：「今爲虜所制，將遠去鄉里。人生會有死，安能爲異域之鬼乎！虜勢不能久留中國，不若共逐其黨，堅守河陽，以俟天命之所歸者而臣之，豈非長策乎！」衆以爲然。行德卽以鎧仗授之，相與殺契丹監軍使。會契丹河陽節度使崔廷勳以兵送耿崇美之潞州，行德遂乘虛入據河陽，衆推行德爲河陽都部署。行德遣弟行友奉蠟表間道詣晉陽。作表置之蠟丸中，故謂之蠟表。間，古莧翻。

契丹遣武定節度使方太詣洛陽巡檢，至鄭州；州有戍兵，共迫太爲鄭王。去年方太以安國留後降契丹，契丹主蓋命之領武定節度使。武定軍洋州，時屬蜀。梁嗣密王朱乙逃禍爲僧，梁太祖兄存之子友倫封密王，乙蓋梁亡之後避禍爲僧也。嵩山賊帥張遇得之，立以爲天子，取嵩岳神衮冕以衣之，帥，所類翻；下賊帥同。衣，於既翻。帥衆萬餘襲鄭州，太擊走之。太以契丹尚強，恐事不濟，說諭戍兵，欲與俱西；帥，讀曰率。說，式芮翻。欲與戍兵俱西至洛陽。衆不從，太自西門逃奔洛陽。戍兵既失太，反譖太於契丹，云脅我爲亂；太遣子師朗自訴於契丹，契丹將麻荅殺之，將，卽亮翻。太無以自明。會羣盜攻洛陽，契丹留守劉晞棄城奔許州，太乃入府行留守事，與巡檢使潘環擊羣盜卻之，張遇殺朱乙請降。伊闕賊帥自稱天子，誓衆於南郊壇，後唐郊天壇在洛陽城南。將入洛陽，太逆擊，走之。考異曰：實錄方太傳云：「劉禧走許田，復有潁陽妖巫，姓朱，號嗣密王，誓衆於洛南郊天壇，號萬餘人。太帥部曲與朝士輩虛張旗幟，一舉而逐之，洛師遂安。」今從陷蕃記。太欲自歸於晉陽，武行德使人誘太曰：「我裨校也。公舊鎭此地，由此觀之，契丹嘗命方太鎭河陽，史逸之也。校，戶教翻。今虛位相待。」太信之，至河陽，爲行德所殺。

蕭翰遣高謨翰援送劉晞自許還洛陽，蕭翰時鎭大梁。晞疑潘環構其衆逐己，使謨翰殺之。

戊辰，武行友至晉陽。

庚午，史弘肇奏遣先鋒將馬誨擊契丹，斬首千餘級。時耿崇美、崔廷勳至澤州，聞弘肇兵已入潞州，不敢進，引兵而南；弘肇遣誨追擊，破之，崇美、廷勳與奚王拽剌退保懷州。崔廷勳欲歸河陽，河陽已爲武行德所據，故保懷州以逼河陽。九域志：懷州南至河陽七十里。

辛未，以武行德爲河陽節度使。

契丹主聞河陽亂，歎曰：「我有三失，宜天下之叛我也！諸道括錢，一失也；令上國人打草穀，二失也；不早遣諸節度使還鎭，三失也。」三失並見上。

56 唐主以矯詔敗軍，皆陳覺、馮延魯之罪，陳覺矯詔事見上卷晉出帝開運三年，唐主之保大四年也。覺、延魯敗軍之罪，其事見上。壬申，詔赦諸將，議斬二人以謝中外。御史中丞江文蔚對仗彈馮延己、魏岑曰：「陛下踐阼以來，所信任者，延己、延魯、岑、覺四人而已，皆陰狡弄權，壅蔽聰明，排斥忠良，引用羣小，諫爭者逐，蔚，於勿翻。爭，讀曰諍。竊議者刑，上下相蒙，道路以目。言道路相遇，但以目相視而不敢言。今覺、延魯雖伏辜，而延己、岑猶在，本根未殄，枝幹復生。同罪異誅，復，扶又翻。左傳：宋子罕曰：「同罪異罰，非刑也。」人心疑惑。」又曰：「上之視聽，惟在數人，雖日接羣臣，終成孤立。」又曰：「在外者握兵，居中者當國。」又曰：「岑、覺、延魯，更相違戾。更，工衡翻。彼前則我卻，彼東則我西。天生五材，國之利器，「天生五材，民並用之，」

出左傳。杜預曰：五材，謂金、木、水、火、土也。一旦爲小人忿爭妄動之具。」又曰：「征討之柄，在岑折簡，帑藏取與，繫岑一言。」折，之舌翻。帑，他朗翻。藏，徂浪翻。唐主以文蔚所言爲太過，怒，貶江州司士參軍。械送覺、延魯至金陵。宋齊丘以嘗薦覺使福州，事見上卷晉齊王開運三年。上表待罪。上，時掌翻；下同。

詔流覺於蘄州，延魯於舒州。知制誥會稽徐鉉、史館脩撰韓熙載上疏曰：「覺、延魯罪不容誅，但齊丘、延已爲之陳請，蘄，渠希翻。會，工外翻。爲，于僞翻。故陛下赦之。擅興者不罪，則疆場有生事者矣；喪師者獲存，則行陳無效死者矣。無詔旨而擅發兵，謂之擅興，厥罪死。場，音亦。喪，息浪翻。行，戶剛翻。陳，讀曰陣。請行顯戮以重軍威。」不從。

中書侍郎、同平章事馮延已罷爲太弟少保，貶魏岑爲太子洗馬。洗，昔薦翻。

韓熙載屢言宋齊丘黨與必爲禍亂。齊丘奏熙載嗜酒猖狂，猖，齒良翻。貶和州司士參軍。

57 乙亥，鳳州防禦使石奉頵舉州降蜀。蜀自是盡有秦、鳳、階、成之地。頵，於倫翻。奉頵，晉之宗屬也。

58 契丹主至臨城，得疾；及欒城，病甚，臨城縣屬趙州，本房子縣，唐天寶元年，改爲臨城縣。宋白曰：欒城縣，本漢開縣，後魏太和十一年，於開縣故城置欒城縣。九域志：古欒城，晉欒氏別邑。臨城縣在趙州西南一百三里。欒城縣在鎮州南六十三里。苦熱，聚冰於胸腹手足，且啖之。啖，徒濫翻。丙子，至殺胡林而卒。殺胡林，蓋以契丹主死於此，時人遂以爲地名。宋白曰：殺胡林，唐天后時襲突厥，羣胡死於此，故名。考異曰：實錄云，「二十日乙亥卒。」今從陷蕃記。國人剖其腹，實鹽數斗，載之北去，晉人謂之「帝羓」。羓，邦加翻。

趙延壽恨契丹主負約，謂人曰：「我不復入龍沙矣。」盧龍山後卽大漠，故謂之龍沙。復，扶又翻。卽日，先引兵入恒州，契丹永康王兀欲及南北二王，各以所部兵相繼而入。范成大北使錄：自欒城至恒州六十里。恒，戶登翻。延壽欲拒之，恐失大援，乃納之。

時契丹諸將已密議奉兀欲爲主，兀欲登鼓角樓受叔兄拜；而延壽不之知，自稱受契丹皇帝遺詔，權知南朝軍國事，仍下教布告諸道，所以供給兀欲與諸將同，兀欲銜之。恒州諸門管鑰及倉庫出納，兀欲皆自主之。延壽使人請之，不與。兀欲不與諸門管鍵，事可知矣；趙延壽殊不知陰爲之備，其鎖固當。

契丹主喪至國，述律太后不哭，曰：「待諸部寧壹如故，則葬汝矣。」咎其傾國南伐，至於秏竭，部落不安也。

[59]帝之自壽陽還也，見上二月。留兵千人戍承天軍。戍兵聞契丹北還，不爲備；契丹襲擊之，戍兵驚潰。契丹焚其市邑，一日狼煙百餘舉。陸佃埤雅曰：古之烽火用狼糞，取其煙直而聚，雖

風吹之不斜。余謂今之烽燧，豈必皆用狼糞哉！帝曰：「此虜將遁，張虛勢也。」遣親將葉仁魯將步騎三千赴之。親將，即亮翻。會契丹出剽掠，剽，匹妙翻。仁魯乘虛大破之，丁丑，復取承天軍。

60冀州人殺契丹刺史何行通，推牢城指揮使張廷翰知州事。廷翰，冀州人，符習之甥也。符習，成德將，歷事唐莊宗及明宗。

61或說趙延壽曰：說，式芮翻。「契丹諸大人數日聚謀，此必有變。今漢兵不下萬人，不若先事圖之。」先，悉薦翻。延壽猶豫不決。壬午，延壽下令，以來月朔日於待賢館上事，上事者，言欲禮上以領權知南朝軍國事。上，時掌翻。受文武官賀。其儀：宰相、樞密使拜於階上，節度使以下拜於階下。李崧以虜意不同，事理難測，固請趙延壽未行此禮，乃止。

章錫琛標點聶崇岐覆校

資治通鑑卷第二百八十七

端明殿學士兼翰林侍讀學士太中大夫提舉西京嵩山崇福宮上柱國河內郡開國公食邑二千六百戶食實封一千戶臣　司馬光　奉敕編集

後學天台胡三省　音註

後漢紀二 起強圉協洽（丁未）五月，盡著雍涒灘（戊申）二月，不滿一年。

高祖睿文聖武昭肅孝皇帝中

天福十二年（丁未、九四七）

1 五月，乙酉朔，永康王兀欲召延壽及張礪、和凝、李崧、馮道於所館飲酒。所館者，兀欲所館之地。兀欲妻素以兄事延壽，兀欲從容謂延壽曰：從，千容翻。「妹自上國來，言其妻方自契丹中來。寧欲見之乎？」延壽欣然與之俱入。良久，兀欲出，謂礪等曰：「燕王謀反，適已鎖之矣。」又曰：「先帝在汴時，遺我一籌，遺，唯季翻。許我知南朝軍國。朝，直遙翻。近者臨崩，別無遺詔。而燕王擅自知南朝軍國，豈理邪！」下令：「延壽親黨，皆釋不問。」間一日，兀欲至待賢館受蕃、漢官謁賀，笑謂張礪等曰：「燕王果於此禮上，上，時掌翻。吾以鐵騎圍之，諸公亦不免矣。」

後數日，集蕃、漢之臣於府署，恆州府署也。宣契丹主遺制。遺制，兀欲自爲之也。其略曰：「永康王，大聖皇帝之嫡孫，人皇王之長子，太后鍾愛，羣情允歸，可於中京卽皇帝位。」契丹主阿保機謚大聖皇帝，其長子東丹王突欲號人皇王。突欲奔唐，其子兀欲留本國不從，契丹主耶律德光封之爲永康王。又，德光取中國，以恆州爲中京。於是始舉哀成服。既而易吉服見羣臣，不復行喪，復，扶又翻。歌吹之聲不絕於內。

2辛巳，【嚴：「巳」改「卯」。】以絳州防禦使王晏爲建雄節度使。王晏守絳州見上卷是年二月。

3帝集羣臣庭議進取，庭議者，議之於庭。諸將咸請出師井陘，攻取鎮、魏，鎮州時爲恆州，契丹諸酋聚焉。魏帥，杜重威。陘，音刑。先定河北，則河南拱手自服。帝欲自石會趨上黨，趨，七喩翻。郭威曰：「虜主雖死，黨衆猶盛，各據堅城。我出河北，兵少路迂，少，詩沼翻；下同。迂，音于，又音紆，曲也，回遠也。旁無應援，若羣虜合勢，共擊我軍，進則遮前，退則邀後，糧餉路絕，此危道也。上黨山路險澁，澁，色入翻。粟少民殘，無以供億，亦不可由。近者陝、晉二鎭，相繼款附，陝、晉歸附事見上卷上年。陝，失冉翻。引兵從之，萬無一失，不出兩旬，洛、汴定矣。」帝曰：「卿言是也。」蘇逢吉等曰：「史弘肇大軍已屯上黨，羣虜繼遁，不若出天井，抵孟津爲便。」司天奏：「太歲在午，不利南行。陰陽家所謂逆太歲。宜由晉、絳抵陝。」九域志：自晉州南至絳州一百二十五里，自絳州南至陝州二百五十里，自陝而東，則至洛矣。帝從之。辛卯，詔以十二日發北京，自後唐以來，以太原爲北京。是月乙酉朔，十二日丙申。告諭諸道。

4 甲申，【章：十二行本「申」作「午」；乙十一行本同；孔本同。】以太原尹崇爲北京留守，以趙州刺史李存瓌爲副留守，河東幕僚眞定李驤爲少尹，牙將太原蔚進爲馬步指揮使以佐之。李存瓌等後遂爲北漢佐命。瓌，古回翻。蔚，紆勿翻，姓也。存瓌，唐莊宗之從弟也。從，才用翻。

5 是日，劉晞棄洛陽，奔大梁。以人心歸漢，知不可守也。

6 武安節度副使、天策府都尉、領鎭南節度使馬希廣，鎭南軍洪州，時屬唐。楚文昭王希範之母弟也，性謹順，希範愛之，使判內外諸司事。壬辰夜，希範卒，將佐議所立。都指揮使張少敵，少，詩沼翻。都押牙袁友恭，以武平節度使知永州事希萼，楚置武平節度於朗州。朗、永之疑，註詳於後。於希範諸弟爲最長，請立之；長，知兩翻；下同；下齒長、居長同。長直都指揮使劉彥瑫、瑫，他牢翻。天策府學士李弘皐、鄧懿文、小門使楊滌小門使，諸鎭皆置之，掌門戶之事；府有宴集，則執兵在門外。皆欲立希廣。張少敵曰：「永州齒長而性剛，必不爲都尉之下明矣。必立都尉，當思長策以制永州，使帖然不動則可；不然，社稷危矣。」兄弟爭國，社稷必危。彥瑫等不從。天策府學士拓跋恆曰：「三十五郎雖判軍府之政，然三十郎居長，請遣使以禮讓之；不然，必起爭端。」希廣第三十五，希萼第三十。藩府將吏，稱府主之子爲郎君。彥瑫等皆曰：「今日軍政在手，天與不取，使他人得之，異日吾輩安所自容乎！」希廣懦弱，不能自決；乙未，彥瑫等稱希範遺命，共立之。史言劉彥瑫等爲身謀，以亂馬氏兄弟傳國長幼之序。考異曰：十國紀年：「五月，己丑，希範得疾，集國官告以傳位希廣。」湖湘故事：「希廣又不能強弱，猶豫之間，羣輔明日衆口勸上，乃受，軍府排衙賀之，以其事奏聞朝廷，託以希範臨終之日遺言，以付希廣。」按希範存時，若已集國官傳位希廣，則沒後將佐誰敢更有異議！必彥瑫等假託希範遺令也。今從湖湘故事。張少敵退而歎曰：「禍其始此乎！」與拓跋恆皆稱疾不出。爲馬希萼攻殺希廣張本。

7丙申，帝發太原，自陰地關出晉、絳。

丁酉，史弘肇奏克澤州。始，弘肇攻澤州，刺史翟令奇固守不下。翟，萇伯翻。帝以弘肇兵少，欲召還。還，從宣翻。蘇逢吉、楊邠曰：「今陝、晉、河陽皆已向化，崔廷勳、耿崇美朝夕遁去；時契丹之兵大勢已北還，故知懷州之兵必不能久留。若召弘肇還，則河南人心動搖，虜勢復壯矣。」帝未決，使人諭指於弘肇；句斷。【章：乙十一行本重「弘肇」二字。】曰：「兵已及此，勢如破竹，可進不可退。」與逢吉等議合，帝乃從之。觀此，則知帝猶憚契丹，有未敢輕進之心。弘肇遣部將李萬超說令奇，說，式芮翻。令奇乃降；降，戶江翻。弘肇以萬超權知澤州。

8崔廷勳、耿崇美、奚王拽剌合兵逼河陽，張遇帥衆數千救之，戰於南阪，敗死。太行南阪也。帥，讀曰率。武行德出戰，亦敗，閉城自守。拽剌欲攻之，廷勳曰：「今北軍已去，北軍，謂契丹聚於恆州之軍，崔廷勳等在南，故謂屯恆之軍爲北。得此城何用！且殺一夫猶可惜，況一城乎！」聞弘肇已得澤州，乃釋河陽，還保懷州。弘肇將至，廷勳等擁衆北遁，澤州南至懷州一百二十里耳，漢兵又進而逼之，故遁。過衞州，大掠而去。九域志：懷州東北至衞州二百九十三里。契丹在河南者相繼北去，弘肇引兵與武行德合。

弘肇爲人，沈毅寡言，御衆嚴整，將校小不從命，立撾殺之；沈，持林翻。將，卽亮翻。校，戶教翻。撾，側瓜翻。士卒所過，犯民田及繫馬於樹者，皆斬之；軍中惕息，惕，他歷翻。莫敢犯令，故所向必克。帝自晉陽安行入洛及汴，兵不血刃，皆弘肇之力也。帝由是倚愛之。

辛丑，帝至霍邑，霍邑，漢彘縣，後漢改曰永安，隋改曰霍邑，唐屬晉州。九域志：在州西北一百三十五里。遣使諭河中節度使趙匡贊，仍以契丹囚其父【章：十二行本「父」下有「延壽」二字；乙十一行本同；孔本同；張校同。】告之。所以絕趙匡贊北顧之心。

9 滋德宮有宮人五十餘人，五代會要：晉天福四年，改明德殿爲滋德殿。薛史曰：以宮城南門同名故也。蕭翰欲取之，宦者張環不與。翰破鎖奪宮人，執環，燒鐵灼之，腹爛而死。

初，翰聞帝擁兵而南，欲北歸，恐中國無主，必大亂，己不得從容而去。從，千容翻。從容，不急遽之貌。時唐明宗子許王從益與王淑妃在洛陽，王淑妃母子自晉入洛以後，常居洛陽。是年二月至大梁，尋還洛陽。翰遣高謨翰迎之，矯稱契丹主命，以從益知南朝軍國事，召已赴恆州。此矯契丹主兀欲之命也。兀欲時尚在恆州。恆，戶登翻。淑妃、從益匿於徽陵下宮，徽陵，唐明宗陵。梓宮所窆之所，謂之下宮。不得已而出。至大梁，翰立以爲帝，帥諸酋長拜之。帥，讀曰率。酋，慈秋翻。長，知兩翻。又以禮部尚書王松、御史中丞趙遠爲宰相，前宣徽使甄城翟光鄴爲樞密使，甄，當作鄄，音吉掾翻。甄城，漢古縣也，自唐以來帶濮州。左金吾大將軍王景崇爲宣徽使，以北來指揮使劉祚權侍衞親軍都指揮使，充在京巡檢。北來，謂先從契丹主自北而來者。松，徽之子也。王徽相唐僖宗。

百官謁見淑妃，見，賢遍翻。淑妃泣曰：「吾母子單弱如此，而爲諸公所推，是禍吾家也。」翰留燕兵千人守諸門，爲從益宿衞。燕，於賢翻；下同。壬寅，翰及劉晞辭行，先是劉晞棄洛陽奔大梁。從益餞於北郊。遣使召高行周於宋州，高行周，唐明宗親將，時帥歸德，王淑妃欲以舊恩召之爲衞。武行德於河陽，武行德，并人，必亦少在唐明宗麾下。皆不至，淑妃懼，召大臣謀之曰：「吾母子爲蕭翰所逼，分當滅亡。分，扶問翻；下處分同。諸公無罪，宜早迎新主，以帝新舉大號，擁兵南來，將有中國，故謂之新主。自求多福，勿以吾母子爲意！」衆感其言，皆未忍叛去。或曰：「今集諸營，不減五千，與燕兵併力堅守一月，北救必至。」北救，謂契丹之救也。淑妃曰：「吾母子亡國之餘，後唐既亡，惟王淑妃母子在耳，故自謂然。安敢與人爭天下！不幸至此，死生惟人所裁。若新主見察，當知我無所負。今更爲計畫，則禍及他人，闔城塗炭，終何益乎！」衆猶欲拒守，三司使文安劉審交曰：「余燕人，豈不爲燕兵計！文安，漢縣，唐屬莫州。以戰國七雄有國之大界言，則唐之瀛、莫，皆燕之南界；以唐諸道節度言之，則瀛、莫，盧龍巡屬也。故劉審交家於文安，自謂燕人。顧事有不可如何者。今城中大亂之餘，公私窮竭，遺民無幾，汴城經張彥澤剽掠，契丹又席卷而北，故云然。幾，居豈翻。若復受圍一月，無噍類矣。願諸公勿復言，一從太妃處分。」復，扶又翻。噍，才笑翻。處，昌呂翻。乃用趙遠、翟光鄴策，稱梁王，知軍國事。從益本爵許王，以稱號於大梁，自稱梁王，是已建國更號矣。今既奉表迎漢，何爲又更國號！是當時議者禍之也。遣使奉表稱臣迎帝，請早赴京師，仍出居私第。

10 甲辰，帝至晉州。

11 契丹主兀欲以契丹主德光有子在國，己以兄子襲位，又無述律太后之命，述律太后，兀欲祖母也。擅自立，內不自安。

初，契丹主阿保機卒於勃海，述律太后殺酋長及諸將凡數百人。事見二百七十五卷唐明宗天成元年二月。契丹主德光復卒於境外，復，扶又翻。酋長諸將懼死，乃謀奉契丹主兀欲勒兵北歸。

契丹主以安國節度使麻荅爲中京留守，薛史曰：麻荅，耶律德光之從弟；其父曰薩刺，阿保機時，自蕃中奔唐莊宗，尋奔梁，莊宗平梁，獲之，磔於市。以前武州刺史高奉明爲安國節度使。晉文武官及士卒悉留於恆州，獨以翰林學士徐台符、李澣及後宮、宦者、教坊人自隨。留文武官而以宮女、宦官、聲樂自隨，史言兀欲無遠略。乙巳，發眞定。恆州建眞定府。

12帝之卽位也，絳州刺史李從朗與契丹將成霸卿等拒命，成，姓也。何氏姓苑：本自周文王子成伯之後，周有成肅公。又，楚令尹子玉封於成，是爲成得臣，其後亦以成爲氏。帝遣西南面招討使、護國節度使白文珂攻之，未下。護國軍河中府；時未得河中，白文珂領節也。珂，丘何翻。帝至城下，命諸軍四布而勿攻，以利害諭之。戊申，從朗舉城降。帝命親將分護諸門，士卒一人毋得入。恐其入城剽掠。以偏將薛瓊爲防禦使。

13辛亥，帝至陝州，趙暉自御帝馬而入。壬子，至石壕，九域志：陝州陝縣有石壕鎭。汴人有來迎者。汴人越鄭、洛而來迎，可以見其苦契丹之虐政，徯漢氏之來蘇，惜乎卒無以副其望也！

14六月，甲寅朔，蕭翰至恆州，與麻荅以鐵騎圍張礪之第。礪方臥病，出見之，翰數之曰：「汝何故言於先帝，云胡人不可以爲節度使？張礪言，見二百八十五卷晉齊王開運三年。數，所具翻。又，吾爲宣武節度使，且國舅也；汝在中書乃帖我！又，先帝留我守汴州，見上卷是年三月。令我處宮中，處，昌呂翻。汝以爲不可。又，譖我及解里於先帝，云解里好掠人財，我好掠人子女。好，呼到翻。今我必殺汝！」命鎖之。礪抗聲曰：「此皆國家大體，吾實言之。欲殺卽殺，奚以鎖爲！」麻荅以大臣不可專殺，力救止之，翰乃釋之。是夕，礪憤恚而卒。恚，於避翻。

崔廷勳見麻荅，趨走拜，起，跪而獻酒，麻荅踞而受之。史言張礪抗直而蕭翰不敢殺，崔廷勳過恭而麻荅不爲禮。

15 乙卯，帝至新安，新安縣屬西京河南府。九域志：在京西七十里。西京留司官悉來迎。

16 吳越忠獻王弘佐卒。年二十。遺令以丞相弘倧爲鎮海、鎮東節度使兼侍中。倧，徂冬翻。

17 丙辰，帝至洛陽，入居宮中；汴州百官奉表來迎。詔諭以受契丹補署者皆勿自疑，聚其告牒而焚之。趙遠更名上交。避帝名也。更，工衡翻。

命鄭州防禦使郭從義先入大梁清宮，密令殺李從益及王淑妃。淑妃且死，曰：「吾兒爲契丹所立，何罪而死！何不留之，使每歲寒食，以一盂麥飯灑明宗陵乎！」五代會要曰：人君奉先之道，無寒食野祭。近代莊宗每年寒食出祭，謂之破散，故襲而行之。歐陽修曰：寒食野祭而焚紙錢，中國幾何其不爲夷狄矣！按唐開元敕：「寒食上墓，禮經無文。近世相傳，寖以成俗。宜許上墓同拜掃禮。」蓋唐許士庶之家行之，而人君無此禮也。聞者泣下。爲漢祖者，待李從益以不死可也，殺之過矣。

18 戊午，帝發洛陽。樞密院吏魏仁浦自契丹逃歸，見於鞏；見，賢遍翻。九域志：鞏縣屬西京，在京東一百一十里。郭威問以兵數及故事，仁浦強記精敏，威由是親任之。仁浦，衛州人也。

19 辛酉，汴州百官竇貞固等迎於滎陽。滎陽縣屬鄭州，自鞏縣東至滎陽一百九十里。甲子，帝至大梁，晉之藩鎮相繼來降。

20 丙寅，吳越王弘倧襲位。

21 戊辰，帝下詔大赦。凡契丹所除節度使，下至將吏，各安職任，不復變更。復，扶又翻。復以汴州爲東京，契丹廢東京爲汴州，見上卷是年正月。改國號曰漢，仍稱天福年，曰：「余未忍忘晉也。」復青、襄、汝三節度。晉蓋以楊光遠反廢平盧軍、以安從進反廢山南東道也。汝州未嘗爲節鎮，恐是安州，以李金全反廢安遠軍也。然契丹入汴之後，嘗以楊光遠子承信爲平盧節度使，蓋漢自以繼晉而興，革契丹之政，不以爲著令也。壬申，以北京留守崇爲河東節度使，同平章事。

22 契丹述律太后聞契丹主自立，大怒，發兵拒之。契丹主以偉王爲前鋒，相遇於石橋。胡嶠入遼錄曰：兀欲及述律戰于沙河石橋。蓋沙河之橋也。南則姚家洲，北則宣化館至西樓。初，晉侍衞馬軍都指揮使李彥韜從晉主北遷，見上卷本年正月。隸述律太后麾下，太后以爲排陳使。陳，讀曰陣。彥韜迎降於偉王，太后兵由是大敗。契丹主幽太后於阿保機墓。胡嶠入遼錄曰：兀欲囚述律后於撲馬山，又行三日，始至西樓。歐史曰：契丹於阿保機墓置祖州。匈奴須知：祖州東至上京五十里；上京西樓也。今並錄之。若其地名之同異，道里之遠近，必親歷然後能審其是。改元天祿，自稱天授皇帝，以高勳爲樞密使。契丹主慕中華風俗，多用晉臣，而荒于酒色，輕慢諸酋長，由是國人不附，諸部數叛，數，所角翻。興兵誅討，故數年之間，不暇南寇。史言中國經喪亂之後，由此得稍自安集。

23初，契丹主德光命奉國都指揮使南宮王繼弘、南宮縣屬冀州。九域志：在州西南六十二里。都虞候樊暉以所部兵戍相州，彰德節度使高唐英善待之。高唐英，契丹所署也，見上卷是年四月。相，息亮翻。戍兵無鎧仗，唐英以鎧仗給之，倚信如親戚。唐英聞帝南下，舉鎮請降；使者未返，繼弘、暉殺唐英。繼弘自稱留後，遣使告云唐英反覆，詔以繼弘爲彰德留後。庚辰，以暉爲磁州刺史。磁，牆之翻。

安國節度使高奉明聞唐英死，心不自安，請於麻荅，署馬步都指揮使劉鐸爲節度副使，知軍府事，身歸恆州。邢、相既不能守，恆州安能孤立哉！爲諸將逐麻荅張本。

24帝遣使告諭荆南。高從誨上表賀，且求郢州，帝不許；及加恩使至，拒而不受。自唐以來，新君踐阼，則遣使加恩於諸鎮。使，疏吏翻。

25唐主聞契丹主德光卒，蕭翰棄大梁去，下詔曰：「乃眷中原，本朝故地。」唐主自謂出於吳王恪，故云然。朝，直遙翻。以左右衞聖統軍、忠武節度使李【章：十二行本「李」上有「同平章事」四字；乙十一行本同；孔本同。】金全爲北面行營招討使，李金全，晉將也，奔唐見二百八十二卷晉高祖天福五年。議經略北方。聞帝已入大梁，遂不敢出兵。

26秋，七月，甲午，以馬希廣爲天策上將軍、武安節度使、江南諸道都統，兼中書令，封楚王。因即位加恩，遂命馬希廣以其父兄官爵。

27 或傳趙延壽已死。郭威言於帝曰：「趙匡贊，契丹所署，見上卷本年正月。今猶在河中，宜遣使弔祭，因起復移鎮。彼既家國無歸，父死虜中，無可歸之家；契丹北去，無可歸之國。必感恩承命。」從之。會鄴都留守、天雄節度使兼中書令杜重威、天平節度使兼侍中李守貞皆奉表歸命。重威仍請移他鎮。歸德節度使兼中書令高行周入朝，丙申，徙重威爲歸德節度使，以行周代之；杜重威尋不受代，遂命高行周攻之。守貞爲護國節度使，加兼中書令；爲李守貞據河中張本。徙護國節度使趙匡贊爲晉昌節度使。後二年，延壽始卒於契丹。史明傳者之妄。

28 吳越王弘倧以其弟台州刺史弘俶同參相府事。俶，昌六翻。

29 李達以其弟通知福州留後，李仁達降唐，唐賜名弘義，編之屬籍。及其叛唐，爲唐所攻，求救於吳越，而弘字犯吳越諱，改名爲達。其弟先名弘通，亦止名通。自詣錢唐見吳越王弘倧，弘倧承制加達兼侍中，更其名曰孺贇。更，工衡翻。既而孺贇悔懼，悔其來，且懼死也。以金筍二十株及雜寶賂內牙統軍使胡進思，求歸福州；進思爲之請，弘倧從之。爲，于僞翻。爲李孺贇叛誅、胡進思不自安張本。

30 杜重威自以附契丹，負中國，事見二百八十五卷晉齊王開運三年。內常疑懼；及移鎮制下，復拒而不受，遣其子弘璲質於麻荅以求援。璲，音遂。質，音致。趙延壽有幽州親兵二千在恆州，趙延壽爲契丹主兀欲鎖之北去，其親兵留恆州。恆，戶登翻。指揮使張璉將之，重威請以守魏；爲張璉助杜重威堅守張本。將，卽亮翻。麻荅遣其將楊袞將契丹千五百人及幽州兵赴之。閏月，庚午，詔削奪重威官爵，以高行周爲招討使，鎮寧節度使慕容彥超副之，以討重威。爲慕容彥超挾勢陵轢高行周、將帥不和張本。

31 辛未，楊邠、郭威、王章皆爲正使。帝卽位於太原，以楊邠權樞密使，郭威權樞密副使，王章權三司使，今皆爲正使。時兵荒之餘，公私匱竭，北來兵與朝廷兵合，頓增數倍。北來兵，謂從帝及史弘肇自太原來者。朝廷兵，謂晉朝舊兵。章白帝罷不急之務，省無益之費以奉軍，用度克贍。

32 庚辰，制建宗廟。太祖高皇帝，世祖光武皇帝，皆百世不遷。又立四親廟，追尊謚號。五代會要：追尊高祖湍明元皇帝，廟號文祖；曾祖昂恭僖皇帝，廟號德祖；祖僎昭獻皇帝，廟號翼祖；考琠章聖皇帝，廟號顯祖。凡六廟。

33 麻荅貪猾殘忍，民間有珍貨、美婦女，必奪取之。又捕村民，誣以爲盜，披面，抉目，斷腕，抉，於決翻。斷，音短；下卽斷同。腕，烏貫翻。焚炙而殺之，欲以威衆。常以其具自隨，具，謂披面、抉目、斷腕、焚炙之具。左右【章：十二行本「右」下有「前後」二字；乙十一行本同。】懸人肝、膽、手、足，飲食起居於其間，語笑自若。出入或被黃衣，用乘輿，服御物，被，皮義翻。乘，繩證翻。曰：「茲事漢人以爲不可，吾國無忌也。」又以宰相員不足，乃牒馮道判弘文館，李崧判史館，和凝判集賢，劉昫判中書，其僭妄如此。宰相分判，須降制敕，而麻荅以牒行之，史言其僭妄。然契丹或犯法，無所容貸，故市肆不擾。常恐漢人妄【章：十二行本「妄」作「亡」；乙十一行本同；孔本同；張校同；退齋校同。】去，謂門者曰：「漢有窺門者，卽斷其首以來。」

麻荅遣使督運於洺州，洺州防禦使薛懷讓聞帝入大梁，殺其使者，舉州降。帝遣郭從義將兵萬人會懷讓攻劉鐸於邢州，不克。劉鐸爲契丹守。九域志：洺州西北至邢州九十里。鐸請兵於麻荅，麻荅遣其將楊安及前義武節度使李殷將千騎攻懷讓於洺州。懷讓嬰城自守，安等縱兵大掠於邢、洺之境。

契丹所留兵不滿二千，謂留恆州之兵也。麻荅令所司給萬四千人食，收其餘以自入。麻荅常疑漢兵，且以爲無用，稍稍廢省，又損其食以飼胡兵；飼，祥吏翻。衆心怨憤，聞帝入大梁，皆有南歸之志。前潁州防禦使何福進，控鶴指揮使太原李榮，潛結軍中壯士數十人謀攻契丹，然畏契丹尙強，猶豫未發。會楊袞、楊安等軍出，楊袞赴魏州，楊安攻洺州。契丹留恆州者纔八百人，福進等遂決計，約以擊佛寺鍾爲號。約漢兵聞佛寺擊鍾，則齊出攻契丹。然佛寺晨昏擊鍾，食時擊鍾，日日然也；此必以未發前預相戒約，以次日食時聞佛寺鍾聲而俱發耳。

辛巳，契丹主兀欲遣騎至恆州，召前威勝節度使兼中書令馮道、樞密使李崧、左僕射和凝等，會葬契丹主德光於木葉山。道等未行，食時，鍾聲發。漢兵奪契丹守門者兵擊契丹，殺十餘人，因突入府中。李榮先據甲庫，悉召漢兵及市人，以鎧仗授之，焚牙門，與契丹戰。榮召諸將幷力，護聖左廂都指揮使、恩州團練使白再榮恩州時屬南漢境，白再榮遙領也。狐疑，匿於別室，軍吏以佩刀決幕，引其臂，白再榮以幕自蔽，軍吏決幕引出之。再榮不得已而行。諸將繼至，煙火四起，鼓譟震地。麻荅等大驚，載寶貨家屬，走保北城。而漢兵無所統壹，貪狡者乘亂剽掠，懦者竄匿。剽，匹妙翻。八月，壬午朔，契丹自北門入，恆州牙城北門也。勢復振，漢民死者二千餘人。前磁州刺史李穀恐事不濟，請馮道、李崧、和凝至戰所慰勉士卒，士卒見道等至，爭自奮。微李穀之謀，漢兵殆矣。會日暮，有村民數千譟於城外，欲奪契丹寶貨、婦女，契丹懼而北遁，麻荅、劉晞、崔廷勳皆奔定州，恆州東北至定州一百二十里。與義武節度使邪律忠合。忠，即郎五也。郎五初鎮澶州而兵亂，契丹又使鎮定州。

馮道等四出安撫兵民，衆推道爲節度使。道曰：「我書生也，當奏事而已，宜擇諸將爲留後。」時李榮功最多，李榮先據甲庫，授兵與契丹戰，諸將皆繼其後，故論功最多。而白再榮位在上，乃以再榮權知留後，具以狀聞，且請援兵，帝遣左飛龍使李彥從將兵赴之。唐有飛龍使及小馬坊使；梁改小馬坊爲天驥，後唐復舊；長興元年，改飛龍院爲左飛龍院，小馬坊爲右飛龍院；宋太平興國二年，改左、右天廄坊，雍熙二年，又改左、右騏驥院使。

白再榮貪昧，猜忌諸將。奉國軍【章：十二行本「軍」作「廂」；乙十一行本同。】主華池王饒晉氏南渡以後，南北兵爭，各置軍主、隊主之官，隋、唐以下無是也。此書「奉國軍主」，通鑑蓋因舊史成文，猶言軍帥耳，非官名也。慶州華池縣，隋所置；宋熙寧中，省華池縣爲寨鎮，屬合水縣，其地在慶州之東南。宋白曰：華池本漢歸德縣地，卽洛源縣。隋仁壽二年，於今縣東北二里庫多汗故城又置華池縣，南有華池水，故名。恐爲再榮所併，詐稱足疾，據東門樓，嚴兵自衞。司天監趙延乂善於二人，往來諭釋，始得解。

再榮以李崧、和凝久爲相，家富，晉高祖入洛，卽以李崧爲相；天福五年，和凝爲相。遣軍士圍其第求賞給，崧、凝各以家財與之，又欲殺崧、凝以滅口。李穀往見再榮，責之曰：「國亡主辱，公輩握兵不救。今僅能逐一虜將，鎭民死者幾三千人，虜將，謂麻荅。恆，舊鎭州也。豈獨公之力邪！纔得脫死，遽欲殺宰相，新天子若詰公專殺之罪，詰，去吉翻。公何辭以對？」再榮懼而止。又欲率民財以給軍，穀力爭之，乃止。漢人嘗事麻荅者，再榮皆拘之以取其財，恆人以其貪虐，謂之「白麻荅」。言其貪虐似麻荅，特姓白耳。然再榮以貪虐殖財，郭威入汴，竟以多財殞其身。天道好還，蓋昭昭矣。

楊袞至邢州，聞麻荅被逐，卽日北還，楊安亦遁去；李殷以其衆來降。

34 庚寅，以薛懷讓爲安國節度使。劉鐸聞麻荅遁去，舉邢州降；懷讓詐云巡檢，引兵向邢州，鐸開門納之，懷讓殺鐸，以克復聞。朝廷知而不問。

35 辛卯，復以恆州順國軍爲鎭州成德軍。改恆州及順國軍見二百八十卷晉高祖天福七年。

36 乙未，以白再榮爲成德留後。踰年，始以何福進爲曹州防禦使，李榮爲博州刺史。踰年之後，乃知逐麻荅者二人之功，始賞之。此事與晉高祖天福二年馬萬、盧順密之事同。

37敕：「盜賊毋問贓多少皆抵死。」時四方盜賊多，朝廷患之，故重其法，仍分命使者逐捕。蘇逢吉自草詔，意云：「應賊盜，并四鄰同保，皆全族處斬。」處，昌呂翻。衆以爲：「盜猶不可族，況鄰保乎！」逢吉固爭，不得已，但省去「全族」字。去，羌呂翻。由是捕賊使者張令柔殺平陰十七村民。劉昫曰：平陰，漢肥冢縣，隋爲平陰縣，屬濟州，唐屬鄆州。九域志：平陰縣在鄆州東北一百二十里。項安世家說曰：古無村名，今之村，卽古之鄙野也。凡地在國中、邑中，則名之爲都。都，美也，言其人物衣制皆雅麗也。凡言美者曰都，曰「子都」、「都人士」、「車騎甚都」是也。郊外則名之爲野，爲鄙，言其樸拙無文也。曰鄙者，如列子所謂「鄭之鄙人」是也。故古語謂美好爲都，粗陋爲鄙，本此爲義也。隋世已有村名。唐令，在田野者爲村，置村正一人，則村之爲義明矣。

逢吉爲人，文深好殺。好，呼到翻。在河東幕府，謂爲河東節度判官時也。帝嘗令靜獄以祈福，逢吉盡殺獄囚還報。靜獄者，使之決遣繫囚，而蘇逢吉盡殺之以爲靜。及爲相，朝廷草創，帝悉以軍旅之事委楊邠、郭威，百司庶務委逢吉及蘇禹珪。二相決事，皆出胸臆，不拘舊制；雖事無留滯，而用捨黜陟，惟其所欲。帝方倚信之，無敢言者。逢吉尤貪詐，公求貨財，無所顧避。繼母死，不爲服；庶兄自外至，不白逢吉而見諸子，逢吉怒，密語郭威，以他事杖殺之。語，牛倨翻。蘇逢吉之好殺，固天道所不容，況怙勢而殺其兄乎！

38楚王希廣庶弟天策左司馬希崇，性狡險，陰遺兄希萼書，遺，唯季翻。言劉彥瑫違先王之命，先王，謂楚王殷也。殷遺命見二百七十七卷唐明宗長興元年。廢長立少，以激怒之。希萼，兄也；希廣，弟也。捨兄立弟，故云然。長，知兩翻。少，詩詔翻。希萼自永州來奔喪，歐史曰：希萼自朗州來奔喪。通鑑於是年正月楚王希範之卒，將佐議所立，亦言希萼知永州事。但希萼爲武平節度使，武平軍置於朗州。下文言希萼求還朗州，又希廣欲分潭、朗而治。則朗州爲是，前此作永州誤也。乙巳，至趺石。趺，甫無翻。彥瑫白希廣遣侍從都指揮使周廷誨等將水軍逆之，從，才用翻。命永州將士皆釋甲而入，館希萼於碧湘宮，館，古玩翻。今潭州西北出有碧湘門，馬氏蓋立宮於是門之側。成服於其次，不聽入與希廣相見。希萼求還朗州，還，從宣翻，又如字。周廷誨勸希廣殺之。希廣曰：「吾何忍殺兄，馬希廣其後唐閔帝之儔乎！寧分潭、朗而治之。」治，直之翻。乃厚贈希萼，遣還朗州。希崇常爲希萼詷希廣，爲，于僞翻。詷，古永翻，又翾正翻。語言動作，悉以告之，約爲內應。史言希萼之攻潭州，希崇啓之也。

39 契丹之滅晉也，驅戰馬二萬歸其國。事見上卷是年正月。至是漢兵乏馬，詔市士民馬於河南諸道不經剽掠者。剽，匹妙翻。

40 制以錢弘倧爲東南兵馬都元帥、鎭海·鎭東節度使兼中書令、吳越王。

41 高從誨聞杜重威叛，發水軍數千襲襄州，以漢兵方北討魏州，未暇南救也。山南東道節度使安審琦擊卻之。又寇郢州，刺史尹實大破之。九域志：荊南府北至襄州四百四十里，東至郢州三百二十里。乃絕漢，附于唐、蜀。高從誨求郢州不許，見上六月。

初，荊南介居湖南、嶺南、福建之間，此語專爲三道入貢過荊南發。地狹兵弱，自武信王季興時，諸道入貢過其境者，多掠奪其貨幣。過，音戈。及諸道移書詰讓，或加以兵，不得已復歸之，詰，去吉翻。復，扶又翻。曾不爲愧。及從誨立，唐、晉、契丹、漢更據中原，更，工衡翻。南漢、閩、吳、蜀皆稱帝，從誨利其賜予，予，讀曰與。所向稱臣。諸國賤之，謂之「高無賴」。俚俗語謂奪攘苟得無愧恥者爲無賴。

42 唐主以太傅兼中書令宋齊丘爲鎮南節度使。

43 南漢主恐諸弟與其子爭國，殺齊王弘弼、貴王弘道、定王弘益、辨王弘濟、同王弘簡、益王弘建、恩王弘偉、宜王弘照，盡殺其男，納其女充後宮。劉晟殘同氣而瀆天倫，桀、紂之虐，不如是之甚也。作離宮千餘間，飾以珠寶，設鑊湯、鐵牀、刳剔等刑，號「生地獄」。嘗醉，戲以瓜置樂工之頸試劍，遂斷其頭。歐史，伶人謂之尚玉樓，卽被斬之樂工也。斷，音短。

44 初，帝與吏部尚書竇貞固俱事晉高祖，雅相知重，及卽位，欲以爲相，問蘇逢吉：「其次誰可相者？」逢吉與翰林學士李濤善，因薦之，曰：「昔濤乞斬張彥澤，事見二百八十三卷晉高祖天福七年。陛下在太原，嘗重之，此可相也。」

會高行周、慕容彥超共討杜重威於鄴都，遣二將討杜重威事始上閏七月。彥超欲急攻城，行周欲緩之以待其弊。行周女爲重威子婦，彥超揚言：「行周以女故，愛賊不攻。」由是二將不協。慕容彦超既以帝同産之親而陵高行周，又誣行周以婚姻之故而緩賊，故不協。帝恐生他變，欲自將擊重威，意未決。濤上疏請親征。帝大悦，以濤有宰相器。九月，甲戌，加逢吉左僕射兼門下侍郎，蘇禹珪右僕射兼中書侍郎，竇貞固司空兼門下侍郎，濤戶部尚書兼中書侍郎，並同平章事。竇貞固以司空拜相，而書於二僕射之次者，二蘇舊相，貞固則新相也。

戊寅，詔幸澶、魏勞軍，澶，時連翻。勞，力到翻。以皇子承訓爲東京留守。

45 馮道、李崧、和凝自鎮州還，白再榮等既逐契丹，馮道等乃得免而還。還，從宣翻，又如字。己卯，以崧爲太子太傅，凝爲太子太保。

46 庚辰，帝發大梁。

47 晉昌節度使趙匡贊是年秋七月，趙匡贊自河中徙長安。恐終不爲朝廷所容，冬，十月，遣使降蜀，請自終南山路出兵應援。終南山路，子午谷路也。

48 戊戌，帝至鄴都城下，舍於高行周營。人主親戎，不爲御營而舍於元帥之營，有入韓信壁奪軍之意。高行周心迹無他，故不發。行周言於帝曰：「城中食未盡，急攻，徒殺士卒，未易克也。易，以豉翻。不若緩之，彼食盡自潰。」帝然之。慕容彦超數因事陵轢行周，數，所角翻。轢，郎擊翻。行周泣訴於執政，掬糞壤實其口，示受陵辱而不敢言也。蘇逢吉、楊邠密以白帝。帝深知彦超之曲，猶命二臣和解之；又召彦超於帳中責之，不明底彦超之罪，牽於愛也。且使詣行周謝。

杜重威聲言車駕至卽降，帝遣給事中陳觀往諭指，重威復閉門拒之。復，扶又翻；下同。城中食浸竭，將士多出降者。慕容彥超固請攻城，帝從之。丙午，親督諸將攻城，自寅至辰，士卒傷者萬餘人，死者千餘人，不克而止。彥超乃不敢復言。死傷者衆而城不克，則高行周持久以弊之之說爲是，慕容彥超之語遂塞。

初，契丹留幽州兵千五百戍大梁。卽蕭翰所留也，見上五月。帝入大梁，或告幽州兵將爲變，帝盡殺之於繁臺之下。繁臺在大梁。丁度曰：繁臺本師曠吹臺，梁孝王增築，曰繁臺。薛史曰：繁臺，卽梁王吹臺，其後有繁氏居其側，里人乃以姓呼之。及圍鄴都，張璉將幽州兵二千助重威拒守，張璉入鄴都助重威事始上七月。帝屢遣人招諭，許以不死；璉曰：「繁臺之卒，何罪而戮？今守此，以死爲期耳。」由是城久不下。十一月，丙辰，內殿直韓訓獻攻城之具，帝曰：「城之所恃者，衆心耳。衆心茍離，城無所保，用此何爲！」始用高行周之言。

杜重威之叛，觀察判官金鄉王敏屢泣諫，不聽。金鄉縣，唐初屬濟州，後屬兗州。九域志：屬濟州，在州東南九十里。及食竭力盡，甲戌，遣敏奉表出降。乙亥，重威子弘璉來見；見，賢遍翻；下同。丙子，妻石氏來見，石氏，卽晉之宋國長公主也，長，知兩翻。帝復遣入城。丁丑，重威開門出降，城中餒死者什七八，存者皆尪瘠無人狀。尪，烏黃翻。瘠，秦昔翻。張璉先邀朝廷信誓，詔許以歸鄉里，及出降，殺璉等將校數十人；縱其士卒北歸，將出境，大掠而去。幽州兵將出魏州之境，去漢兵既遠，心無所憚，遂大掠，逞其忿而去。將，卽亮翻。校，戶教翻。郭威請殺重威牙將百餘人，并重威家貲籍之以賞戰士，從之。以重威爲太傅兼中書令、楚國公。重威每出入，路人往往擲瓦礫詬之。以其歷藩鎭則貪黷無厭，爲將則賣國殄民也。爲殺杜重威，市人噉其肉張本。詬，苦候翻，又許候翻。

臣光曰：漢高祖殺幽州無辜千五百人，非仁也；誘張璉而誅之，非信也；杜重威罪大而赦之，非刑也。仁以合衆，信以行令，刑以懲奸；失此三者，何以守國！其祚運之不延也，宜哉！

49 高行周以慕容彥超在澶州，固辭鄴都；澶、魏相去百五十里。行周、彥超既交惡，接境而處，必不相安，故力辭。己卯，以忠武節度使史弘肇領歸德節度使，兼侍衞馬步都指揮使，義成節度使劉信領忠武節度使兼侍衞馬步副都指揮使，徙彥超爲天平節度使，並加同平章事。

50 吳越王弘倧大閱水軍，賞賜倍於舊；胡進思固諫，弘倧怒，投筆水中，曰：「吾之財與士卒共之，奚多少之限邪！」爲胡進思廢弘倧張本。

51 十二月，丙戌，帝發鄴都。發自鄴都而歸大梁。

52 蜀主遣雄武都押牙吳崇惲，雄武都押牙，秦州都押牙也。惲，於粉翻。以樞密使王處回書招鳳翔節度使侯益。處，昌呂翻。庚寅，以山南西道節度使兼中書令張虔釗爲北面行營招討安撫使，雄武節度使何重建副之，張虔釗以潞王之亂，攻鳳翔而敗，降蜀。何重建以契丹入中國降蜀，故蜀主用之以經略岐、雍。重，直龍翻。宣徽使韓保貞爲都虞候，共將兵五萬，虔釗出散關，重建出隴州，以擊鳳翔；既遣使招侯益，又隨之以兵臨脅之。奉鑾肅衞都虞候李廷珪將兵二萬出子午谷，以援長安。從趙匡贊之請也。諸軍發成都，旌旗數十里。

53 辛卯，皇子開封尹承訓卒。承訓孝友忠厚，達於從政，人皆惜之。史言承訓死而漢祚蹙。

54 癸巳，帝至大梁。

55 威武節度使李孺贇與吳越戍將鮑脩讓不協，謀襲殺脩讓，復以福州降唐；脩讓覺之，引兵攻府第，復，扶又翻。府第，福州府署也。是日，殺孺贇，夷其族。李仁達據福州事始見二百八十五卷晉齊王開運二年。史言狂狡反覆者終死於人手。

56 乙未，追立皇子承訓爲魏王。

57 侯益請降於蜀，使吳崇惲持兵籍、糧帳西還，還，從宣翻，又如字。與趙匡贊同上表請出兵平定關中。

58 己酉，鮑脩讓傳李孺贇首至錢塘，吳越王弘倧以丞相山陰吳程知威武節度事。

59 吳越王弘倧，性剛嚴，憤忠獻王弘佐時容養諸將，政非己出，按歐史：吳越王錢鏐以徐綰之亂，使子元瓘質於宣州，以胡進思、戴惲等自隨。元瓘嗣立，用進思爲大將。元瓘卒而弘佐立，進思以舊將自待，甚見尊禮。及倧立，頗卑侮之，進思不能平。及襲位，誅杭、越侮法吏三人。「侮」，當作「舞」。內牙統軍使胡進思恃迎立功，干預政事；弘倧惡之，惡，烏路翻。欲授以一州，欲奪其兵權而遠之。進思不可。進思有所謀議，弘倧數面折之。進思還家，設忠獻王位，被髮慟哭。數，所角翻。折，之舌翻。被，皮義翻。民有殺牛者，吏按之，引人所市肉近千斤。近，其靳翻。弘倧問進思：「牛大者肉幾何？」對曰：「不過三百斤。」弘倧曰：「然則吏妄也。」命按其罪。進思拜賀其明。弘倧曰：「公何能知其詳？」進思踧踖對曰：踧，子六翻。踖，子昔翻。「臣昔未從軍，亦嘗從事於此。」進思以弘倧爲知其素業，故辱之，益恨怒。此褚遂良所以戒唐太宗窮張玄素也。進思建議遣李孺贇歸福州，見上七月。及孺贇叛，謂復欲降唐也。弘倧責之，進思愈不自安。

弘倧與內牙指揮使何承訓謀逐進思，又謀於內都監使水丘昭券，按薛史：吳越王鏐，母水丘氏，昭券蓋外戚也。昭券以爲進思黨盛難制，不如容之，弘倧猶豫未決。承訓恐事洩，反以謀告進思。古人有言，「需者事之賊。」弘倧猶豫不決，故何承訓懼而生心。洩，息列翻。

庚戌晦，弘倧夜宴將吏，進思疑其圖己，與其黨謀作亂，帥親兵百人帥，讀曰率；下同。戎服執兵入見於天策堂，曰：「老奴無罪，王何故圖之？」弘倧叱之不退，左右持兵者皆憤怒。弘倧猝愕不暇發言，乘左右之憤怒而用之，以順討逆，何畏乎胡進思！是以人貴於有膽決。趨入義和院。進思鎖其門，矯稱王命，告中外云：「猝得風疾，傳位於同參相府事弘俶。」進思因帥諸將迎弘俶于私第，且召丞相元德昭。德昭至，立於簾外不拜，曰：「俟見新君。」進思亟出褰簾，褰，起虔翻。德昭乃拜。進思稱弘倧之命，承制授弘俶鎮海、鎮東節度使兼侍中。弘俶曰：「能全吾兄，乃敢承命。不然，當避賢路。」進思許之。弘俶始視事。

進思殺水丘昭券及進侍鹿光鉉。進侍，吳越所置官在王左右者也。光鉉，弘倧之舅也。進思之妻曰：「他人猶可殺；昭券，君子也，奈何害之！」史言婦人智識有過於丈夫者。

60 是歲，唐主以羽林大將軍王延政爲安化節度使鄱陽王，鎮饒州。唐蓋置安化軍於饒州。王延政降唐見二百八十四卷晉齊王開運二年，南唐之保大三年也。

乾祐元年（戊申、九四八）

1 春，正月，乙卯，大赦，改元。

2 帝以趙匡贊、侯益與蜀兵共爲寇，患之。會回鶻入貢，訴稱爲党項所阻，自唐長興以來，西路党項部族劫掠使臣及外域進奉，唐雖遣兵討之，莫能遏止。党，底朗翻。乞兵應接。詔左衛大將軍王景崇、將軍齊藏珍將禁軍數千赴之，因使之經略關西。因應接回鶻使者之名以出師，實則經略關右。

晉昌節度判官李恕，久在趙延壽幕下，延壽使之佐匡贊。匡贊將入蜀，恕諫曰：「燕王入朝，【章：十二行本「朝」作「胡」；乙十一行本同；孔本同。】豈所願哉！言趙延壽受囚鎖於契丹而入北。

今漢家新得天下，方務招懷，若謝罪歸朝，必保富貴。入蜀非全計也，『蹄涔不容尺鯉』，劉曜之言。涔，耡針翻。蹄涔，謂牛馬所踐之跡，因而渟水處也，非盈尺之鯉所可容身；以喻蜀小國，勢不能容趙匡贊。公必悔之。」匡贊乃遣恕奉表請入朝。景崇等未行而恕至，帝問恕：「匡贊何爲附蜀？」對曰：「匡贊自以身受虜官，謂先受契丹主耶律德光之命鎮河中府。父在虜庭，父，謂趙延壽。恐陛下未之察，故附蜀求苟免耳。臣以爲國家必應存撫，故遣臣來祈哀。」帝曰：「匡贊父子，本吾人也，不幸陷虜。今延壽方墜檻穽，趙延壽爲契丹所鎖，事見去年五月。吾何忍更害匡贊乎！」即聽其入朝。侯益亦請赴二月四日聖壽節上壽。五代會要：帝生於唐乾寧二年二月四日。景崇等將行，帝召入臥內，敕之曰：「匡贊、益之心，皆未可知。汝至彼，彼已入朝，則勿問；若尚遷延顧望，當以便宜從事。」

3 己未，帝更名暠。更，工衡翻。暠，古老翻。

4 以前威勝節度使馮道爲太師。

5 壬戌，吳越王弘俶遷故王弘倧於衣錦軍私第，遷於臨安私第也。遣匡武都頭薛溫將親兵衞之。潛戒之曰：「若有非常處分，皆非吾意，當以死拒之。」處，昌呂翻。分，扶問翻。弘俶知胡進思必謀殺弘倧，故密約敕薛溫使知所備。爲進思害弘倧而不克張本。

6 帝自魏王承訓卒，悲痛過甚。甲子，始不豫。

7 趙匡贊不俟李恕返命，已離長安，丙子，入見。離，力智翻。見，賢遍翻。王景崇等至長安，聞蜀兵已入秦川，自大散關以北達于岐、雍，夾渭川南北岸，沃野千里，謂之秦川。以兵少，發本道及趙匡贊牙兵千餘人同拒之。本道，謂晉昌一道。景崇恐匡贊牙兵亡逸，欲文其面，微露風旨；軍校趙思綰，首請自文其面以帥下，文其面以軍號，則亡逸無所至。校，戶教翻。帥，讀曰率。景崇悅。齊藏珍竊言曰：「思綰凶暴難制，不如殺之。」景崇不聽。思綰，魏州人也。爲趙思綰據長安反張本。

蜀李廷珪將至長安，聞趙匡贊已入朝，欲引歸，王景崇邀之，敗廷珪於子午谷。敗，補邁翻；下追敗同。張虔釗至寶雞，諸將議不協，按兵未進；侯益聞廷珪西還，因閉壁拒蜀兵，虔釗勢孤，引兵夜遁。景崇帥鳳翔、隴、邠、涇、鄜、坊之兵追敗蜀兵於散關，俘將卒四百人。李廷珪、張虔釗二軍，皆蜀主去年十二月所遣。帥，讀曰率。鄜，音夫。敗，補邁翻。

8 丁丑，帝大漸。楊邠忌侍衞馬軍都指揮使、忠武節度使劉信，立遣之鎮。劉信以從弟之親典侍衞，故楊邠忌之，遣就鎮許州。信不得奉辭，雨泣而去。涕泣如雨，謂之雨泣。

帝召蘇逢吉、楊邠、史弘肇、郭威入受顧命，曰：「余氣息微，不能多言。承祐幼弱，後事託在卿輩。」又曰：「善防重威。」諭以誅杜重威也。是日，殂于萬歲殿，年五十四。薛史：梁受禪，以大梁萬歲堂爲萬歲殿。逢吉等祕不發喪。

庚辰，下詔，稱：「重威父子，因朕小疾，謗議搖衆，幷其子弘璋、弘璉、弘璨皆斬之。晉公主及內外親族，一切不問。」晉公主，石氏，杜重威之妻。磔重威尸於市，磔，陟格翻。市人爭啖其肉，啖，徒濫翻。怨杜重威賣國，引虜入汴，而都人被其毒也。吏不能禁，斯須而盡。二月，辛巳朔，立皇子左衞大將軍、大內都點檢承祐爲周王，同平章事。有頃，發喪，宣遺制，令周王卽皇帝位。時年十八。

9 蜀韓保貞、龐福誠引兵自隴州還，韓保貞亦蜀主去年十二月所遣。還，從宣翻，又如字。要何重建俱西。是日，保貞等至秦州，分兵守諸門及衢路，重建遂入于蜀。要，一遙翻。天福十二年，何重建附蜀，至是蜀兵劫與俱西。

10 丁亥，尊皇后曰皇太后。

11 朝廷知成德留後白再榮非將帥才，庚寅，以前建雄留後劉在明代之。

12 癸巳，大赦。卽位十三日而肆赦。

13 吳越內牙指揮使何承訓復請誅胡進思及其黨。復，扶又翻。吳越王弘俶惡其反覆，且懼召禍，乙未，執承訓，斬之。惡，烏路翻。何承訓泄弘倧之謀以陷君於幽廢，而又請弘俶誅胡進思，誰敢復與之謀乎！

進思屢請殺廢王弘倧以絕後患，弘俶不許。進思詐以王命密令薛溫害之，溫曰：「僕受命之日，不聞此言，不敢妄發。」進思乃夜遣其黨方安二人踰垣而入，弘倧闔戶拒之，大呼求救；呼，火故翻。溫聞之，率衆而入，斃安等于庭中。入告弘俶，自臨安入錢唐告其事。弘俶大驚，曰：「全吾兄，汝之力也。」

弘俶畏忌進思，曲意下之。下，戶嫁翻。進思亦內憂懼，未幾，疽發背卒。幾，居豈翻。弘倧由是獲全。

14詔以王景崇兼鳳翔巡檢使。景崇引兵至鳳翔，侯益尚未行，景崇以禁兵分守諸門。或勸景崇殺益，景崇以受先朝密旨，密旨，謂高祖臥內便宜從事之命也，見上。朝，直遙翻；下同。嗣主未之知，或疑於專殺，猶豫未決。益聞之，不告景崇而去，景崇悔，自詬。詬，古候翻，又許候翻。戊戌，益入朝，隱帝問：「何故召蜀軍？」對曰：「臣欲誘致而殺之。」帝哂之。誘，音酉。哂，矢忍翻。笑不壞顏爲哂。

15蜀張虔釗自恨無功，癸卯，至興州，慙忿而卒。自散關還至興州也。張虔釗蓋不知可否，不度利鈍，而急於求功之人，觀其攻王都於定州，攻潞王於鳳翔，皆急於求勝而敗可知已。恚，於避翻。

16侍衛馬步都指揮使、同平章事史弘肇遭母喪，不數日，復出朝參。復，扶又翻。居喪而經營起復，已得罪於名教；未起復而自出朝參，雖史弘肇武人無識，亦可見朝章之紊。朝，直遙翻。

資治通鑑卷第二百八十八

端明殿學士兼翰林侍讀學士太中大夫提舉西京嵩山崇福宮上柱國河內郡開國公食邑二千六百戶食實封一千戶臣　司馬光　奉敕編集
後　學　天　台　胡三省　音　註

後漢紀三

起著雍涒灘（戊申）三月，盡屠維作噩（己酉），凡一年有奇。

高祖睿文聖武昭肅孝皇帝下

乾祐元年（戊申、九四八）

1 三月，丙辰，史弘肇起復，加兼侍中。

2 侯益家富於財，厚賂執政及史弘肇等，由是大臣爭譽之。執政，謂蘇逢吉、楊邠等，皆當時大臣也。譽，音余。丙寅，以益兼中書令，行開封尹。行者，行尹事，未正除也。

3 改廣晉【章：十二行本「晉」下有「府」字；乙十一行本同。】爲大名府，左傳：晉卜偃曰：「魏，大名也。」取以名府。晉昌軍爲永興軍。以革晉命，故改廣晉與晉昌。

4 侯益盛毀王景崇於朝，言其恣橫。侯益以王景崇欲殺己，幸免而歸朝，故毀之。橫，戶孟翻。景崇聞益尹開封，知事已變，內不自安，且怨朝廷。怨朝廷不能體先帝遺旨，反聽侯益之讒也。會詔遣供奉官王益如鳳翔，徵趙匡贊牙兵詣闕，趙思綰等甚懼，趙思綰，趙匡贊牙校也，見上卷。景崇因以言激之。思綰途中謂其黨常彥卿曰：「小太尉已落其手，趙思綰等本趙延壽部曲，故呼匡贊爲小太尉，言匡贊入朝爲已落漢人之手也。吾屬至京師，幷死矣，柰何？」彥卿曰：「臨機制變，子勿復言！」復，扶又翻。

癸酉，至長安，永興節度副使安友規、巡檢喬守溫出迎王益，置酒於客亭。諸州鎮皆有客亭，以爲迎送宴餞之所。思綰前白曰：「壕寨使已定舍館於城東。壕寨使，掌營造浚築及次舍下寨。今將士家屬皆在城中，趙思綰部兵先從趙匡贊鎮長安，故家屬在城中。欲各入城挈家詣城東宿。」友規等然之。時思綰等皆無鎧仗，既入西門，有州校坐門側，思綰遽奪其劍斬之。其徒因大譟，持白梃，校，戶教翻。梃，徒鼎翻。殺守門者十餘人，分遣其黨守諸門。思綰入府，開庫取鎧仗給之，友規等皆逃去。思綰遂據城，集城中少年，得四千餘人，繕城隍，葺樓堞，旬日間，戰守之具皆備。少，詩照翻。葺，七入翻。堞，達協翻。

王景崇諷鳳翔吏民表景崇知軍府事，朝廷患之，甲戌，徙靜難節度使王守恩爲永興節度使，欲以制趙思綰。難，乃旦翻。徙保義節度使趙暉爲鳳翔節度使，欲以制王景崇。並同平章事。以景崇爲邠州留後，令便道之官。

虢州伶人靖邊庭殺團練使田令方，驅掠州民，奔趙思綰。靖，姓也。優伶之名與姓通取一義，所以爲諱也。何氏姓苑曰：靖姓，齊靖郭君之後。風俗通曰：靖姓，單靖公之後也。至潼關，虢州西北至潼關百有餘里。潼關守將出擊之，其衆皆潰。

初，契丹主北歸，至定州，契丹主德光北歸，死於殺胡林。此謂兀欲北歸至定州也。以義武節度副使邪律忠爲節度使，徙故節度使孫方簡爲大同節度使。晉齊王開運三年，契丹主德光以孫方簡爲義武節度使。考異曰：實錄，「方簡」作「方諫」。按方簡避周諱，改名方諫；實錄誤也。方簡怨恚，且懼入朝爲契丹所留，遷延不受命，恚，於避翻。朝，直遥翻。帥其黨三千人保狼山故寨，孫方簡兄弟保狼山，見二百八十五卷晉開運三年。帥，讀曰率；下同。控守要害。契丹攻之，不克。未幾，遣使請降，幾，居豈翻。帝復其舊官，以扞契丹。復以爲義武節度使。

邪律忠聞鄴都既平，去年十一月，杜重威降，鄴都平。事見上卷。常懼華人爲變。詔以成德留後劉在明爲幽州道馬步都部署，使出兵經略定州。未行，忠與麻荅等焚掠定州，悉驅其人棄城北去。定州東至鎮州，止隔祁州耳。契丹聞鎮州將出兵，故棄城而去。孫方簡自狼山帥其衆數百，還據定州，又奏以弟行友爲易州刺史，方遇爲泰州刺史。每契丹入寇，兄弟奔命，奔命者，奔走以救急也。契丹頗畏之。於是晉末州縣陷契丹者，皆復爲漢有矣。

丙子，以劉在明爲成德節度使。

麻荅至其國，契丹主責以失守。麻荅不服，曰：「因朝廷徵漢官致亂耳。」謂徵馮道等也。事見上卷上年。契丹主鴆殺之。

6蘇逢吉等爲相，多遷補官吏；楊邠以爲虛費國用，所奏多抑之，逢吉等不悅。

中書侍郎兼戶部尚書、同平章事李濤上疏言：「今關西紛擾，外禦爲急。上，時掌翻。二樞密皆佐命功臣，官雖貴而家未富，宜授以要害大鎮。李濤之疏，承蘇逢吉之意也。二樞密，謂楊邠、郭威。樞機之務在陛下目前，易以裁決，易，以豉翻。逢吉、禹珪自先帝時任事，皆可委也。」楊邠、郭威聞之，見太后泣訴，稱：「臣等從先帝起艱難中，今天子取人言，欲棄之於外。況關西方有事，謂岐、雍舉兵反。臣等何忍自取安逸，不顧社稷。若臣等必不任職，乞留過山陵。」太后怒，以讓帝，曰：「國家勳舊之臣，柰何聽人言而逐之！」帝曰：「此宰相所言也。」因詰責宰相。詰，去吉翻。濤曰：「此疏臣獨爲之，他人無預。」丁丑，罷濤政事，勒歸私第。爲將相交惡張本。

7是日，邠、涇、同、華四鎮邠帥王守恩，涇帥史匡威，同帥張彥威，華帥扈從珂。華，戶化翻。俱上言護國節度使兼中書令李守貞與永興、鳳翔同反。趙思綰據永興，王景崇據鳳翔。

始，守貞聞杜重威死而懼，杜重威死見上卷是年正月。陰有異志。自以晉世嘗爲上將，有戰功，李守貞破契丹於馬家口而克青州，又破契丹於陽城，其功不細。素好施，得士卒心。好，呼到翻。施，式豉翻。漢室新造，天子年少初立，少，詩照翻。執政皆後進，有輕朝廷之志。乃招納亡命，養死士，治城塹，繕甲兵，晝夜不息。遣人間道齎蠟丸結契丹，屢爲邊吏所獲。治，直之翻。間，古莧翻。浚儀人趙修己，素善術數，舊唐書地理志：浚儀故縣，隋置，在今縣北三十里；唐武德四年，移縣於州北羅城內；貞觀元年，移於州西一里；後治郭下。自守貞鎮滑州，署司戶參軍，累從移鎮，晉開運初，李守貞鎮義成，後徙鎮泰寧、天平、歸德，至是鎮護國爲亂。爲守貞言：「時命不可，勿妄動！」爲，于僞翻。前後切諫非一，守貞不聽，乃稱疾歸鄉里。僧總倫，以術媚守貞，言其必爲天子，守貞信之。又嘗會將佐置酒，引弓指舐掌虎圖曰：「吾有非常之福，當中其舌。」一發中之，舐，直氏翻。中，竹仲翻。左右皆賀。守貞益自負。

會趙思綰據長安，奉表獻御衣於守貞，守貞自謂天人協契，乃自稱秦王。遣其驍將平陸王繼勳【章：十二行本「勳」下有「將兵」二字；乙十一行本同。】據潼關，舊唐書地理志：陝州平陸縣，隋之河北縣也。唐天寶三載，陝郡太守李齊物開三門，石下得戟，大刃有「平陸」篆字，因改爲平陸縣。九域志：平陸縣在陝州北五里。以思綰爲晉昌節度使。

同州距河中最近，河中府西至同州六十里耳。匡國節度使張彥威，考異曰：周太祖實錄作「彥成」，蓋避周祖諱；薛史因之。今從廣本。常詗守貞所爲，詗，古永翻，又翾正翻。奏請先爲之備，詔滑州馬軍都指揮使羅金山將部兵戍同州；故守貞起兵，同州不爲所併。金山，雲州人也。

8定難節度使李彝殷發兵屯境上，奏稱：「去三載前難，乃旦翻。去，已往也。羌族㕵毋龍龕手鏡：㕵，音夜。毋，讀如謨。殺綏州刺史李仁裕叛去，請討之。」慶州上言：「請益兵爲備。」以備羌也。詔以司天言，今歲不利先舉兵，諭止之。

9夏，四月，辛巳，陝州都監王玉奏克復潼關。監，古銜翻。

10帝與左右謀，以太后怒李濤離間，間，古莧翻。欲更進用二樞密，以明非帝意。左右亦疾二蘇之專，欲奪其權，共勸之。二樞密，楊邠、郭威。二蘇，逢吉、禹珪。壬午，制以樞密使楊邠爲中書侍郎兼吏部尚書、同平章事，樞密使如故；以副樞密使郭威爲樞密使；又加三司使王章同平章事。

凡中書除官，諸司奏事，帝皆委邠斟酌。自是三相拱手，三相，竇貞固、蘇逢吉、蘇禹珪。政事盡決於邠。事有未更邠所可否者，更，工衡翻，經也。莫敢施行，遂成凝滯。三相每進擬用人，苟不出邠意，雖簿、尉亦不之與。邠素不喜書生，喜，許記翻。常言：「國家府廩實，甲兵強，乃爲急務。至於文章禮樂，何足介意！」既恨二蘇排己，以其使李濤上疏，請出二樞密爲外鎮也。又以其除官太濫，爲衆所非，欲矯其弊，由是艱於除拜，士大夫往往有自漢興至亡不霑一命者；此所謂士大夫，指言內外在官之人。命，言漢朝之命。凡門蔭及百司入仕者悉罷之。門蔭，謂任子也。百司入仕，所謂流外也。雖由邠之愚蔽，時人亦咎二蘇之不公所致云。

11 以鎮寧節度使郭從義充永興行營都部署，將侍衛兵討趙思綰。戊子，以保義節度使白文珂爲河中行營都部署，內客省使王峻爲都監。辛卯，削奪李守貞官爵，命文珂等會兵討之。乙未，以寧江節度使、侍衛步軍都指揮使尚洪遷爲西面行營都虞候。寧江軍夔州，時屬蜀境，尚洪遷遙領也。

12 王景崇遷延不之邠州，閱集鳳翔丁壯，詐言討趙思綰，仍牒邠州會兵。王景崇欲幷岐、邠之兵以舉事。

13 契丹主如遼陽，漢遼東郡有遼陽縣，大梁水與遼水會處也，契丹於此置遼陽府。歐史：自黃龍府西北行一千三百里至遼陽府。按，遼陽府，契丹之東京，舊勃海地，距燕京二千五百一十里。故晉主與太后、皇后皆謁見。見，賢遍翻。有禪奴利者，契丹主之妻兄也，聞晉主有女未嫁，詣晉主求之；晉主辭以幼。後數日，契丹主使人馳取其女而去，以賜禪奴。

14 王景崇遺蜀鳳州刺史徐彥書，求通互市。遺，唯季翻。壬戌，蜀主使彥復書招之。

15 契丹主留晉翰林學士徐台符於幽州，徐台符從契丹主北去見上卷上年。台符逃歸。

16 五月，乙亥，滑州言河決魚池。魚池，地名，河決之後，謂之魚池口。

17 六月，戊寅朔，日有食之。

18 辛巳，以奉國左廂都虞候劉詞充河中行營馬步都虞候。

19 乙酉，王景崇遣使請降于蜀，亦受李守貞官爵。

20 高從誨既與漢絕，見上卷天福十二年。北方商旅不至，境内貧乏，乃遣使上表謝罪，乞脩職貢；詔遣使慰撫之。

21 西面行營都虞候尚洪遷攻長安，傷重而卒。卒，子恤翻。

22 秋，七月，以工部侍郎李穀充西南面行營都轉運使。爲李穀見親任於周朝張本。

23 庚申，加樞密使郭威同平章事。

24 蜀司空兼中書侍郎、同平章事張業，性豪侈，強市人田宅，以威力臨人，人畏其威力，不得已而就與爲市，是爲強市。藏匿亡命於私第，置獄，繫負債者，或歷年至有瘐死者。蘇林曰：瘐，病也。囚徒病，律名爲瘐。如淳曰：律：囚以飢寒死曰瘐。音勇主翻。其子檢校左僕射繼昭，好擊劍，好，呼到翻。嘗與僧歸信訪善劍者，右匡聖都指揮使孫漢韶與業有隙，密告業、繼昭謀反；翰林承旨李昊、奉聖控鶴馬步都指揮使安思謙復從而譖之。復，扶又翻。甲子，業入朝，蜀主命壯士就都堂擊殺之，下詔暴其罪惡，籍沒其家。

樞密使、保寧節度使兼侍中王處回，亦專權貪縱，王處回以節兼侍中，不在閬州。賣官鬻獄，四方饋獻，皆先輸處回，次及内府，此所謂四方，止以蜀之境上言之。家貲巨萬。子德鈞，亦驕橫。橫，戶孟翻。張業既死，蜀主不忍殺處回，聽歸私第；處回惶恐辭位，以爲武德節度使兼中書令。王處回亦不得至梓州。

蜀主欲以普豐庫使高延昭、茶酒庫使王昭遠爲樞密使，普豐、茶酒二庫使，皆蜀所置。以其名位素輕，乃授通奏使，知樞密院事。通奏使，亦蜀所置。昭遠，成都人，幼以僧童從其師入府，蜀高祖愛其敏慧，令給事蜀主左右；至是，委以機務，府庫金帛，恣其取與，不復會計。復，扶又翻。會，古外翻。至于宋興，蜀主遂以用王昭遠亡國。

25 戊辰，以郭從義爲永興節度使，白文珂兼知河中行府事。時郭從義討長安，就以永興節授之；白文珂討河中，因使之知行府事。

26 蜀主以翰林承旨、尚書左丞李昊爲門下侍郎兼戶部尚書，翰林學士、兵部侍郎徐光溥爲中書侍郎兼禮部尚書，並同平章事。

27 蜀安思謙謀盡去舊將，去，羌呂翻。又譖衞聖都指揮使兼中書令趙廷隱謀反，欲代其位，夜，發兵圍其第。會山南西道節度使李廷珪入朝，極言廷隱無罪，乃得免。廷隱因稱疾，固請解軍職；甲戌，蜀主許之。史言蜀主以新間舊。

28 鳳翔節度使趙暉至長安；乙亥，表王景崇反狀益明，請進兵擊之。

29 初，高祖鎭河東，皇弟崇爲馬步都指揮使，與蕃漢都孔目官郭威爭權，有隙。及威執政，崇憂之。節度判官鄭珙，勸崇爲自全計，崇從之。珙，青州人也。珙，居竦翻。八月，庚辰，崇表募兵四指揮，自是選募勇士，招納亡命，繕甲兵，實府庫，罷上供財賦，皆以備契丹爲名。朝廷詔令，多不稟承。於是之時，劉崇則爲跋扈；然郭威既立，天下爲周，河東非素有備，殆不能守也。

30 自河中、永興、鳳翔三鎮拒命以來，朝廷繼遣諸將討之。昭義節度使常思屯潼關，白文珂屯同州，趙暉屯咸陽。常思、白文珂不敢逼河中，趙暉不敢逼鳳翔。惟郭從義、王峻置柵近長安，而二人相惡如水火，近，其靳翻。惡，如字，又烏路翻。自春徂秋，皆相仗莫肯攻戰。帝患之，欲遣重臣臨督，壬午，以郭威爲西面軍前招慰安撫使，考異曰：薛史周太祖紀：「七月十三日，授同平章事，即遣西征，以安慰招撫爲名。八月六日發，離京師。」按漢隱帝、周太祖實錄，七月，加平章事制詞無西征之言；至八月壬午，方受命出征。蓋薛史之誤。諸軍皆受威節度。

威將行，問策於太師馮道。道曰：「守貞自謂舊將，爲士卒所附，願公勿愛官物，以賜士卒，則奪其所恃矣。」威從之。郭威以卒伍之雄，而問策於馮道之老腐者，觀其所以答與威所以從，則人之材識，不合乎道者則有之，若其量勢應物，未可妄議。由是衆心始附於威。爲郭威得天下張本。

詔白文珂趣河中，趙暉趣鳳翔。趣，七喻翻。

31 甲申，蜀主以趙廷隱爲太傅，賜爵宋王，國有大事，就第問之。

32 戊子，蜀改鳳翔曰岐陽軍，以鳳翔之地在岐山之陽也。己丑，以王景崇爲岐陽節度使、同平章事。

33 乙未，以錢弘俶爲東南兵馬都元帥、鎮海・鎮東節度使兼中書令、吳越國王。

34 郭威與諸將議攻討，諸將欲先取長安、鳳翔。鎮國節度使扈從【章：十二行本「從」作「彥」；乙十一行本同；下同。】珂曰：「今三叛連衡，推守貞爲主，守貞亡，則兩鎮自破矣。若捨近而攻遠，萬一王、趙拒吾前，守貞掎吾後，掎，居蟻翻。此危道也。」威善之。於是威自陝州，白文珂及寧江節度使、侍衞步軍都指揮使劉詞自同州，常思自潼關，三道攻河中。九域志：陝州北至河中二百三十七里。同州東至河中六十里。潼關渡河至河中一百餘里。陝，失冉翻。威撫養士卒，與同苦樂，小有功輒賞之，微有傷常親視之；士無賢不肖，有所陳啓，皆溫辭色而受之；違忤不怒，小過不責。樂，音洛。忤，五故翻。由是將卒咸歸心於威。

始，李守貞以禁軍皆嘗在麾下，受其恩施，施，式豉翻；下好施同。又士卒素驕，苦漢法之嚴，謂其至則叩城奉迎，可以坐而待之。李守貞習見鳳翔、太原之事，以楊思權期漢兵耳。既而士卒新受賜於郭威，皆忘守貞舊恩，己亥，至城下，揚旗伐鼓，踊躍詬譟；詬，古候翻，又許候翻。守貞視之失色。

白文珂克西關城，柵於河西，河中西關城在河西，所以護蒲津浮梁者也。常思柵於城南，威柵於城西。常思、郭威，蓋近城立柵。未幾，威以常思無將領才，先遣歸鎮。幾，居豈翻。將，卽亮翻；下同。遣常思歸潞州，史言郭威能審人之能否。

諸將欲急攻城，威曰：「守貞前朝宿將，健鬭好施，施，式豉翻。屢立戰功。況城臨大河，樓堞完固，未易輕也。易，以豉翻。且彼馮城而鬭，馮，讀曰憑。吾仰而攻之，何異帥士卒投湯火乎！帥，讀曰率。夫勇有盛衰，攻有緩急，時有可否，事有後先；不若且設長圍而守之，使飛走路絕。吾洗兵牧馬，坐食轉輸，輸，舂遇翻。溫飽有餘。俟城中無食，公帑家財皆竭，帑，他朗翻。然後進梯衝以逼之，飛羽檄以招之。彼之將士，脫身逃死，父子且不相保，況烏合之衆乎！思綰、景崇，但分兵縻之，不足慮也。」縻，忙皮翻，繫也。史言郭威方略，亦因周之史官潤色已成之文。乃發諸州民夫二萬餘人，使白文珂等帥之，刳長壕，築連城，列隊伍而圍之。威又謂諸將曰：「守貞曏畏高祖，不敢鴟張；曏，謂昔時也。鴟張，言如鴟之張翼，欲高舉遠飛也。以我輩崛起太原，事功未著，有輕我心，故敢反耳。正宜靜以制之。」乃偃旗臥鼓，但循河設火鋪，連延數十里，番步卒以守之。遣水軍艤舟於岸，寇有潛往來者，無不擒之。於是守貞如坐網中矣。鋪，普故翻。艤，魚倚翻。番步卒者，使步卒分番迭守。張敬達之圍晉陽，郭威之圍河中，皆欲以持久制之。然敬達以敗，郭威以勝者，晉陽有援而河中無援也。司馬仲達急攻孟達而緩攻公孫淵，亦以有援無援而爲緩急耳。

35 蜀武德節度使兼中書令王處回請老，辛丑，以太子太傅致仕。

36 南漢主中國既國號曰漢，故嶺南之漢，書南漢以別之。遣知制誥宣化鍾允章宣化，漢領方縣地，晉置晉興郡，隋廢郡，置宣化縣及晉興縣。唐以宣化爲邕州治所，晉興亦屬邕州。求婚於楚，楚王希廣不許。南漢主怒，問允章：「馬公復能經略南土乎？」復，扶又翻。對曰：「馬氏兄弟，方爭亡於不暇，安能害我！」南漢主曰：「然。希廣懦而吝嗇，其士卒忘戰日久，此乃吾進取之秋也。」爲南漢舉兵攻楚張本。

37 武平節度使馬希萼請與楚王希廣各脩職貢，求朝廷別加官爵，欲使潭、朗如二國然。希廣用天策府內都押牙歐弘練、進奏官張仲荀謀，厚賂執政，使拒其請。九月，壬子，賜希萼及楚王希廣詔書，諭以「兄弟宜相輯睦，凡希萼所貢，當附希廣以聞。」希萼不從。

38 蜀兵援王景崇，軍于散關，趙暉遣都監李彥從襲擊，破之，考異曰：實錄，「戊辰，樞密使郭諱上言：『都監李彥從將兵掩襲川賊，至大散關，殺賊三千餘，其餘棄甲而遁。』」漢隱帝實錄，「九月，李彥從敗蜀兵於散關。」而蜀後主實錄無之。蜀實錄，「十月，安思謙敗漢兵於時家竹林，遂焚蕩寶雞。十二月，又敗漢兵于玉女潭。」而漢實錄無之。蓋兩國各舉其勝而諱其敗耳。然漢實錄言官軍不滿萬人，而蜀兵數倍，是二三萬人，非小役也，豈得全不書！殺三千人，非小敗也，豈十月遽能再舉！蓋九月止是蜀邊將小出兵，爲漢所敗，漢將因張大而奏之耳。又蜀實錄，十月但云「思謙退次鳳州」，不云「歸興元」，十二月云「思謙自興元進次鳳州」，蓋十月脫略耳。蜀兵遁去。

39 蜀主以張業、王處回執政，事多壅蔽，己未，始置匭函，匭，居洧翻。後改爲獻納函。

40 王景崇盡殺侯益家屬七十餘人，怨侯益之毁己於朝也。益子前天平行軍司馬仁矩先在外，得免。庚申，以仁矩爲隰州刺史。仁矩子延廣，尙在襁褓，乳母劉氏以己子易之，凡擇乳母，必取新生子者，許之攜子，故得以易。抱延廣而逃，乞食至于大梁，歸于益家。

41 李守貞屢出兵欲突長圍，皆敗而返；遣人齎蠟丸求救於唐、蜀、契丹，皆爲邏者所獲。邏，郎佐翻。城中食且盡，殍死者日衆。殍，被表翻。守貞憂形於色，召總倫詰之，總倫媢守貞見上三月。詰，去吉翻。總倫曰：「大王當爲天子，人不能奪。但此分野有災，分，扶問翻。待磨滅將盡，只餘一人一騎，乃大王鵲起之時也。」莊子曰：鵲上高城，乘危而巢於高枝之巔，城壞巢折，淩風而起。故君子之居世也，得時則義行，失時則鵲起。守貞猶以爲然。

冬，十月，王景崇遣其子德讓，趙思綰遣其子懷乂，見蜀主于成都。

戊寅，景崇遣兵出西門，趙暉擊破之，遂取西關城。景崇退守大城；塹【章：十二行本「塹」上有「暉」字；乙十一行本同；張校同，云無註本亦無。】而圍之，數挑戰，不出。數，所角翻。挑，徒了翻。暉潛遣千餘人擐甲執兵，擐，音宦。效蜀旗幟，循南山而下，幟，昌志翻。令諸軍聲言：「蜀兵至矣。」景崇果遣兵數千出迎之，暉設伏掩擊，盡殪之。殪，壹計翻。自是景崇不復敢出。復，扶又翻。

蜀主遣山南西道節度使安思謙將兵救鳳翔，左僕射兼門下侍郎、同平章事毋昭裔上疏諫曰：「臣竊見莊宗皇帝志貪西顧，前蜀主意欲北行，志貪西顧，言後唐莊宗利蜀之富而伐之也。前蜀主，謂王衍；意欲北行，言其銳意幸秦州也；事並見莊宗紀。上，時掌翻。凡在庭臣，皆貢諫疏，殊無聽納，有何所成！只此兩朝，可爲鑒誡。」不聽，又遣雄武節度使韓保貞引兵出汧陽以分漢兵之勢。汧陽縣屬隴州。九域志：在州東六十七里。汧，苦堅翻。

王景崇遣前義成節度使酸棗李彥舜等逆蜀兵；酸棗，古縣，唐屬汴州。九域志：在州東北九十里。丙申，安思謙屯右界，右界，蓋寶雞西界，漢、蜀分疆處也。漢兵屯寶雞。思謙遣眉州刺史申貴將兵二千趣模壁，趣，七喻翻。設伏於竹林；丁酉旦，貴以兵數百壓寶雞而陳，陳，讀曰陣。漢兵逐之，遇伏而敗，蜀兵逐北，破寶雞寨。蜀兵去，漢兵復入寶雞。復，扶又翻。己亥，思謙進屯渭水，渭水過寶雞縣北。漢益兵五千戍寶雞；思謙畏之，謂衆曰：「糧少敵強，宜更爲後圖。」辛丑，退屯鳳州，尋歸興元。興元，安思謙本鎮也。貴，潞州人也。

42 荆南節度使【章：十二行本「使」下有「兼中書令」四字；乙十一行本同；張校同，云無註本亦無。】南平文獻王高從誨寢疾，以其子節度副使保融判內外兵馬事。癸卯，從誨卒；年五十八。保融知留後。保融，從誨第三子；史不言其得立之因。

43 彰武節度使高允權與定難節度使李彝殷有隙，延州北至夏州三百八十里。二鎮接境，違言易生。難，乃旦翻。李守貞密求援於彝殷，發兵屯延、丹境上，聞官軍圍河中，乃退。甲辰，允權以狀聞，彝殷亦自訴，朝廷和解之。

44 初，高祖入大梁，太師馮道、太子太傅李崧皆在眞定，事見上卷天福十三年。高祖以道第賜蘇禹珪，崧第賜蘇逢吉。崧第中瘞藏之物及洛陽別業，瘞，於計翻。別置田園於他所，謂之別業，亦謂之莊。逢吉盡有之。及崧歸朝，自以形迹孤危，石晉之時，漢高祖夙有憾於李崧；即位後，崧始歸朝，故內懼。事漢權臣，常惕惕謙謹，多稱疾杜門。而二弟嶼、嶬，嶼，以與翻。嶬，宜崎翻。與逢吉子弟俱爲朝士，時乘酒出怨言，云「奪我居第、家貲」。逢吉由是惡之。未幾，惡，烏路翻。幾，居豈翻。崧以兩京宅券獻於逢吉，逢吉愈不悅；翰林學士陶穀，先爲崧所引用，復從而譖之。復，扶又翻。

漢法既嚴，而侍衛都指揮使史弘肇尤殘忍，寵任孔目官解暉，解，戶買翻，姓也。鄭樵姓氏略曰：自唐叔虞食邑於解，今解縣也。至春秋之時，晉有解狐、解揚。凡入軍獄者，使之隨意鍛鍊，無不自誣。及三叛連兵，三叛，謂李守貞、王景崇、趙思綰。羣情震動，民間或訛言相驚駭。弘肇掌部禁兵，巡邏京城，部者，部分之也。邏，郎佐翻。得罪人，不問輕重，於法何如，皆專殺不請，或決口，【章：十二行本「口」下有「斷舌」二字；乙十一行本同。】斮筋，折脛，無虛日；雖姦盜屛跡，而冤死者甚衆，莫敢辯訴。斷，音短。斮，側略翻。折，而設翻。脛，戶定翻。屛，卑郢翻，又卑正翻。

李嶼僕夫葛延遇，爲嶼販鬻，多所欺匿，嶼抶之，抶，丑栗翻。督其負甚急，延遇與蘇逢吉之僕李澄，謀上變告嶼謀反。孔子有言：治家者不敢失於臣妾，而況居昏暴之朝乎！上，時掌翻。逢吉聞而誘致之，誘，音酉。因召崧至第，收送侍衞獄。侍衞獄，即侍衞司獄，所謂軍獄也。嶼自誣云：「與兄崧、弟嶬、甥王凝及家僮合二十人，謀因山陵發引，引，羊晉翻。縱火焚京城作亂；又遣人以蠟書入河中城，結李守貞；又遣人召契丹兵。」及具獄上，上，時掌翻。逢吉取筆改「二十」爲「五十」字。十一月，甲寅，下詔誅崧兄弟、家屬及辭所連及者，皆陳尸於市，蘇逢吉取李崧之家貲，又從而夷其家；曾未期年，逢吉亦身死而家破。天道不遠，人猶冒貨而不顧，可哀也哉！仍厚賞葛延遇等，時人無不冤之。自是士民家皆畏懼僕隸，往往爲所脅制。

他日，祕書郎眞定李昉詣陶穀，昉，甫兩翻。穀曰：「君於李侍中近遠？」昉曰：「族叔父。」穀曰：「李氏之禍，穀有力焉。」昉聞之，汗出。穀，邠州人也，本姓唐，避晉高祖諱改焉。姓譜、姓苑皆謂陶姓，唐姓並出陶唐氏之後；唐穀之改姓陶，據此也。

史弘肇尤惡文士，惡，烏路翻。常曰：「此屬輕人難耐，每謂吾輩爲卒。」此事亦誠有之；但以此而例惡文士，則過矣。弘肇領歸德節度使，委親吏楊乙收屬府公利，乙依勢驕橫，史弘肇領宋州節，而掌侍衞，留京師，使節度副使治府事，副使其屬也，故謂之屬府。公利，言公取所當得者。橫，戶孟翻。合境畏之如弘肇；副使以下，望風展敬，乙皆下視之，月率錢萬緡以輸弘肇，士民不勝其苦。史言史弘肇所謂公利，其實皆虐民而取之。輸，春遇翻。勝，音升。

45 初，沈丘人舒元，沈丘，古寢丘也，唐神龍二年，改曰沈丘，屬潁州。九域志：在州西一百一十里。沈，式萑翻。嵩山道士楊訥，俱以遊客干李守貞；守貞爲漢所攻，遣元更姓朱，訥更姓李，名平，間道奉表求救於唐，朱元遂留爲南唐用。間，古莧翻。唐諫議大夫查文徽、查，鉏加翻。兵部侍郎魏岑請出兵應之。

唐主命北面行營招討使李金全將兵救河中，以清淮節度使劉彥貞副之，唐置清淮軍於壽州。文徽爲監軍使，岑爲沿淮巡檢使，軍于沂州之境。金全與諸將方會食，候騎白有漢兵數百在澗北，皆羸弱，羸，倫爲翻。請掩之，金全令曰：「敢言過澗者斬！」過，音戈。及暮，伏兵四起，金鼓聞十餘里，聞，音問。金全曰：「曏可與之戰乎？」時唐士卒厭兵，莫有鬭志，又河中道遠，勢不相及，丙寅，唐兵退保海州。是時沂州屬漢，海州屬唐。九域志：沂州之界，東南至海州一百里。

唐主遺帝書謝，請復通商旅，與中國絕和，故商旅不通。今遺書謝前過，請復通商旅。遺，唯季翻。復，扶又翻。且請赦守貞，朝廷不報。

46 壬申，葬睿文聖武昭肅孝皇帝于睿陵，睿陵在河南府告成縣。廟號高祖。

47 十二月，丁丑，以高保融爲荆南節度使、同平章事。

48 辛巳，南漢主以內常侍吳懷恩爲開府儀同三司、西北面招討使，將兵擊楚，攻賀州，楚王希廣遣決勝指揮使徐知新等將兵五千救之。未至，南漢人已拔賀州，鑿大穽於城外，覆以竹箔，加土，以竹箔覆穽，而加土於竹箔之上。穽，才性翻。覆，敷又翻。箔，白各翻。下施機軸，自塹中穿穴通穽中。知新等至，引兵攻城，南漢遣人自穴中發機，楚兵悉陷，南漢出兵從而擊之，楚兵死者以千數；知新等遁歸，希廣斬之。南漢兵復陷昭州。復，扶又翻。九域志：賀州西至昭州三百餘里。

49 王景崇累表告急於蜀，蜀主命安思謙再出兵救之。壬午，思謙自興元引兵屯鳳州，請先運糧四十萬斛，乃可出境。蜀主曰：「觀思謙之意，安肯爲朕進取！」爲，于僞翻。然亦發興州、興元米數萬斛以饋之。

戊子，思謙進屯散關，遣馬步使高彥儔、眉州刺史申貴擊漢箭筈安都寨，破之。筈，音括。箭筈，嶺名，有箭筈關。庚寅，思謙敗漢兵於玉女潭，敗，補邁翻。漢兵退屯寶雞，思謙進屯模壁。「模壁」，一作「摸壁」。韓保貞出新關，新關在隴州汧源縣西，唐大中六年，隴州防禦使薛逵徙築，謂之安戎關。汧、隴之人謂大震爲故關，安戎爲新關。九域志：隴州汧源縣有新關鎮。壬辰，軍于隴州神前，漢兵不出，保貞亦不敢進。

趙暉告急於郭威，威自往赴之。時李守貞遣副使周光遜、裨將王繼勳、聶知遇守城西，聶，尼輒翻，姓也。姓苑：楚大夫食采於聶，因以爲氏。威戒白文珂、劉詞曰：「賊苟不能突圍，終爲我禽；萬一得出，則吾不得復留於此。成敗之機，於是乎在。賊之驍鋭，盡在城西，我去必來突圍，爾曹謹備之！」威至華州，聞蜀兵食盡引去，考異曰：十國紀年：「蜀廣政十二年正月甲寅，思謙以軍食匱竭，自模壁退次鳳州，上表待罪。」蓋去年冬末已退軍，明年正月表始到成都耳。今從周太祖實錄。威乃還。還，從宣翻。韓保貞聞安思謙去，亦退保弓川寨。九域志：秦州東一百六十五里有弓門寨。

50 蜀中書侍郎兼禮部尚書、同平章事徐光溥坐以豔辭挑前蜀安康長公主，挑，徒了翻。長，知兩翻。丁酉，罷守本官。

隱皇帝上諱承祐，高祖第二子也。

乾祐二年（己酉、九四九）

1 春，正月，乙巳朔，大赦。

2 郭威將至河中，自華州還也。白文珂出迎之。戊申夜，李守貞遣王繼勳等引精兵千餘人循河而南，襲漢柵，坎岸而登，遂入之，此漢兵柵於河西者也。王繼勳知漢兵據河之西以臨河東，守備必厚，故循河而南，坎岸而上以攻之。縱火大譟，軍中狼狽不知所爲。劉詞神色自若，下令曰：「小盜不足驚也。」帥衆擊之。帥，讀曰率。客省使閻晉卿曰：梁有客省使副，宋因之，掌四方進奉及四夷朝貢、牧伯朝覲，賜酒饌饔餼，宰相、近臣、禁軍將校、節級、諸州進奉使賜物，回詔之事。「賊甲皆黃紙，爲火所照，易辨耳；易，以豉翻。柰衆無鬭志何！」裨將李韜曰：「安有無事食君祿，有急不死鬭者邪！」援稍先進，援，于元翻。稍，音槊。衆從之。

河中兵退走，死者七百人，繼勳重傷，僅以身免。己酉，郭威至，劉詞迎馬首請罪。威厚賞之，曰：「吾所憂正在於此。微兄健鬭，微，無也。幾爲虜嗤。用漢光武語，幾，居依翻。嗤，丑之翻。然虜伎殫於此矣。」伎，渠綺翻。晉卿，忻州人也。

守貞之欲攻河西栅也，先遣人出酤酒於村墅，或貰與，不責其直，邏騎多醉，酤，音沽。墅，承與翻。貰，始制翻。邏，郎佐翻。由是河中兵得潛行入寨，幾至不守。郭威乃下令：「將士非犒宴，毋得私飲！」犒，苦到翻。愛將李審，晨飲少酒，少酒，言所飲不多也。少，詩紹翻。威怒曰：「汝爲吾帳下，首違軍令，何以齊衆！」立斬以徇。

3 甲寅，蜀安思謙退屯鳳州，上表待罪，蜀主釋不問。軍行逗橈者必誅，釋而不問爲失刑。

4 詔以靜州隸定難軍，唐置靜邊州都督於銀州界，以處党項降者。難，乃旦翻。二月，辛未，李彝殷上表謝。彝殷以中原多故，有輕傲之志，每藩鎮有叛者，常陰助之，邀其重賂。朝廷知其事，亦以恩澤羈縻之。史言拓跋據銀、夏，漸以驁桀，遂成宋朝繼遷之叛。

5 淮北羣盜多請命於唐，唐主遣神衛都虞候皇甫暉等將兵萬人出海、泗以招納之。皇甫暉，卽與趙在禮作亂以成後唐莊宗之禍者也；奔南唐見二百八十六卷高祖天福十二年。海、泗，二州名。蒙城鎭將咸師朗等降於暉；蒙城，隋之山桑縣；唐天寶元年，更名蒙城，屬亳州。九域志：在州南一百六十里。徐州將成德欽敗唐兵於峒峿鎭，峒，達貢翻，又蓯董翻。峿，五乎翻。俘斬六百級，暉等引歸。

6 晉李太后詣契丹主，請依漢人城寨之側，給田以耕桑自贍，契丹主許之，并晉主遷於建州；歐史曰：自遼陽府東南行千二百里至建州。今按建州在遼陽之西北，其南則義州，其北則土河，土河之北則契丹之中京大定府。大定府南至燕京一千一百五十里，北至上京臨潢府七百里。金人疆域圖：建州南至燕京一千二百四十五里。遼陽府治遼陽縣，至燕京二千二百一十里。薛史曰：自遼陽行十數日，過儀州、霸州至建州。陳元靚曰：大元建州領建平、永霸二縣，屬大定府路。未至，安太妃卒於路。遺令：「必焚我骨，南向颺之，颺，余章翻。庶幾魂魄歸達於漢。」白虎通曰：魂者，沄也，沄沄行不休也。魄者，迫也，迫迫然著於人也。既至建州，得田五十餘頃，晉主令從者耕其中以給食。從，才用翻。頃之，述律王遣騎取晉主寵姬趙氏、聶氏而去。述律王者，契丹主德光之子也。

7 三月，己未，以歸德牙內指揮使史德珫領忠州刺史。珫，昌中翻。忠州時屬蜀。德珫，弘肇之子也，頗讀書，常不樂父之所爲。樂，音洛。有舉人呼譟于貢院門，蘇逢吉命執送侍衞司，欲其痛箠而黥之。呼，火故翻。箠，止橤翻。貢院門，禮部貢院門也。五季自梁以來，雖皆右武之時，而諸州取解、禮部試進士未嘗廢。唐明宗天成二年，敕：「新及第進士有聞喜宴，今後逐年賜錢四百貫。」其進士試詩、賦、文、策、帖經、對義。蓋朝廷猶重科舉之士，故史德珫雖將家子，亦愛護士流。德珫言於父曰：「書生無禮，自有臺府治之，非軍務也。此乃公卿欲彰大人之過耳。」謂蘇逢吉知史弘肇不喜書，假手以逞；若墮其術，是自彰己過。治，直之翻。弘肇大然之，卽破械遣之。

8 楚將徐進敗蠻于風陽山，斬首五千級。敗，補邁翻。

9 夏，四月，壬午，太白晝見；見，賢遍翻。民有仰視之者，爲邏卒所執，邏，郎佐翻。史弘肇腰斬之。

10 河中城中食且盡，民餓死者什五六。癸卯，李守貞出兵五千餘人，齎梯橋，分五道以攻長圍之西北隅；郭威遣都監吳虔裕引兵横擊之，河中兵敗走，殺傷太半，奪其攻具。五月，丙午，守貞復出兵，又敗之；復，扶又翻。擒其將魏延朗、鄭賓。壬子，周光遜、王繼勳、聶知遇帥其衆千餘人來降。周光遜、王繼勳，李守貞之驍將也。帥，讀曰率。守貞將士降者相繼，威乘其離散，庚申，督諸軍百道攻之。此司馬文王取諸葛誕之故智。

11 趙思綰好食人肝，嘗面剖而膾之，好，呼到翻。按禮記內則，聶而細切之者爲膾。盜跖膾人肝而餔之，莊子寓言耳，豈知後世眞有趙思綰者乎！膾盡，人猶未死。又好以酒吞人膽，謂人曰：「吞此千枚，則膽無敵矣。」及長安城中食盡，取婦女、幼稚爲軍糧，稚，直利翻。日計數而給之，每犒軍，輒屠數百人，如羊豕法。思綰計窮，不知所出。郭從義使人誘之。

初，思綰少時，犒，苦到翻。誘，音酉。少，詩照翻。求爲左驍衞上將軍致仕李肅僕，肅不納，曰：「是人目亂而語誕，誕，徒旱翻。大言謂之誕。他日必爲叛臣。」肅妻張氏，全義之女也，張全義鎭洛，著功名於梁、唐之間。曰：「君今拒之，後且爲患。」乃厚以金帛遺之。遺，唯季翻。及思綰據長安，肅閒居在城中，思綰數就見之，拜伏如故禮。天福十二年，趙在禮自長安朝契丹，其裨將留長安者作亂，李肅討誅之，是其威望必重。趙思綰又懷其疇昔之惠，故雖竊據，其見肅也猶如奴事主之禮。數，所角翻。肅曰：「是子亟來，且汙我。」欲自殺。亟，去吏翻。汙，烏故翻。妻曰：「曷若勸之歸國！」史言李肅之妻有智。會思綰問自全之計，肅乃與判官程讓能說思綰曰：說，式芮翻。「公本與國家無嫌，但懼罪耳。今國家三道用兵，俱未有功，三道用兵，謂郭威攻河中，趙暉攻鳳翔，郭從義攻思綰也。若以此時翻然改圖，朝廷必喜，自可不失富貴。孰與坐而待斃乎！」思綰從之，遣使詣闕請降。乙丑，以思綰爲華州留後，以爲鎭國軍留後。都指揮使常彥卿爲虢州刺史，令便道之官。不使入朝，所以安其反側之心。

12 吳越內牙都指揮使鈄滔，胡進思之黨也，考異曰：吳越備史、十國紀年，滔姓皆「金」旁「斗」，按何氏姓苑、元和姓纂，皆無此姓。今據字書：鈄，音他口、徒口二切，皆云姓也。余按廣韻云鈄姓出姓苑也。或告其謀叛，辭連丞相弘億。吳越王弘俶不欲窮治，貶滔于處州。治，直之翻。

13 六月，癸酉朔，日有食之。

14 秋，七月，甲辰，趙思綰釋甲出城受詔，郭從義以兵守其南門，復遣還城。復，扶又翻。還，從宣翻，又如字。思綰求其牙兵及鎧仗，從義亦給之；思綰遷延，收斂財賄，三改行期。從義等疑之，密白郭威，請圖之，威許之。壬子，從義與都監、南院宣徽使王峻當作「宣徽南院使」。

按蠻入城，處于府舍，處，昌呂翻。召思綰酌別，因執之，并常彥卿及其父兄部曲三百人，皆斬於市。

15甲寅，郭威攻河中，克其外郭。李守貞收餘衆，退保子城。諸將請急攻之，威曰：「夫鳥窮則啄，況一軍乎！涸水取魚，安用急爲！」

壬戌，李守貞與妻及子崇勳等自焚，威入城，獲其子崇玉等及所署丞【章：十二行本「丞」作「宰」；乙十一行本同。】相靖峹、孫愿、樞密使劉芮、國師總倫等，送大梁，磔於市。靖，姓也；峹，其名。峹，同都翻，與嵞同。說文，禹會諸侯于塗山之「塗」作「嵞」。磔，音竹格翻。徵趙脩己爲翰林天文。以趙脩己數諫李守貞也。盛唐有天文博士、天文生，皆屬司天監，其待詔於翰林院者曰翰林天文。威閱守貞文書，得朝廷權臣及藩鎮與守貞交通書，詞意悖逆，欲奏之，悖，蒲妹翻，又蒲沒翻。祕書郎榆次王溥諫曰：「魑魅乘夜爭出，見日自消。魑，丑知翻。魅，明祕翻。魑魅，野鬼、山精之屬。願一切焚之，以安反側。」威從之。王溥之進用於周，由此言也。郭威西征，於外則得李穀、王溥，於內則得范質，此豈一時倔強武人之所能及哉！

16三叛既平，是時鳳翔猶未平也，因帝驕縱而概言之。帝浸驕縱，與左右狎暱。暱，尼質翻。飛龍使瑕丘後匡贊、後，讀如字，姓也。鄭樵氏族略云：後姓望出東海，開封有此姓。茶酒使太原郭允明以諂媚得幸，帝好與之爲廋辭、醜語，廋辭，隱語也。好，呼到翻。廋，所鳩翻。太后屢戒之，帝不以爲意。癸亥，太常卿張昭上言：「宜親近儒臣，講習經訓。」不聽。近，其靳翻。昭，卽昭遠，避高祖諱改之。

17 戊辰，加永興節度使郭從義同平章事，徙鎮國節度使扈從珂爲護國節度使，以河中行營馬步都虞候劉詞爲鎮國節度使。

18 唐主復進用魏岑；魏岑以罪黜見二百八十六卷高祖天福十二年，唐主之保大五年也。吏部郎中會稽鍾謨、尚書員外郎李德明始以辯慧得幸，參預國政；會，古外翻。二人皆恃恩輕躁，雖不與岑爲黨，而國人皆惡之。戶部員外郎范沖敏，性狷介，惡，烏路翻。狷，吉掾翻。乃教天威都虞候王建封上書，歷詆用事者，請進用正人；唐主謂建封武臣典兵，不當干預國政，大怒，流建封於池州，未至，殺之，沖敏棄市。

唐主聞河中破，以朱元爲駕部員外郎，待詔文理院李平爲尚書員外郎。李守貞遣朱元、李平至唐見去年十一月。文理院，南唐所置。尚書員外郎無曹局，蓋於二十四司郎員外置也。

19 吳越王弘俶以丞相弘億判明州。以斜滔事出弘億。

20 西京留守、同平章事王守恩，性貪鄙，專事聚斂。斂，力贍翻。喪車非輸錢不得出城，下至抒廁、行乞之人，不免課率，抒，敍呂翻。抒廁，取人家虎子，寫去穢惡，渫水洗之者也。或縱麾下令盜人財。有富室娶婦，守恩與俳優數人往爲賓客，得銀數鋌而返。「賓」，一作「賀」。鋌，徒鼎翻。

八月，甲申，郭威自河中還，過洛陽；守恩自恃位兼將相，留守、節度使、同平章事，所謂位兼將相也。肩輿出迎。威怒，以爲慢己，辭以浴，不見，卽以頭子命保義節度使、同平章事白文珂代守恩爲留守，沈括曰：後唐莊宗復樞密使，郭崇韜、安重誨相繼爲之，始分領政事。不關由中書直行下者謂之宣，如中書之敕；小事則發頭子，擬堂帖也。文珂不敢違。守恩猶坐客次，客次，猶今言客位也。坐於客次以俟見。吏白：「新留守已視事於府矣。」守恩大驚，狼狽而歸，見家屬數百已逐出府，在通衢矣。朝廷不之問，以文珂兼侍中，充西京留守。

歐陽修論曰：自古亂亡之國，必先壞其法制，壞，音怪。而後亂從之，此勢之然也，五代之際是已。文珂、守恩皆漢大臣，而周太祖以一樞密使頭子而易置之，如更戍卒。更，工衡翻。是時太祖未有無君之志，而所爲如此者，蓋習爲常事，故文珂不敢違，守恩不敢拒。太祖既處之不疑，處，昌呂翻。而漢廷君臣亦置而不問，豈非綱紀壞亂之極而至於此歟！余按唐閔帝之初，朱弘昭、馮贇以樞密院宣易置諸鎮，以致潞王之亂，雖成敗不同，而樞密權重則有自來矣。是以善爲天下慮者，不敢忽於微而常杜其漸也，可不戒哉！

21 守恩至大梁，恐獲罪，廣爲貢獻，重賂權貴。朝廷亦以守恩首舉潞州歸漢，事見二百八十六卷天福十二年。故宥之，但誅其用事者數人而已。

22 馬希萼悉調朗州丁壯爲鄉兵，調，徒釣翻。造號靜江軍，造號，言創立軍號也。作戰艦七百艘，艦，戶黯翻。艘，蘇遭翻。將攻潭州，其妻苑氏諫曰：姓苑：商武丁子子文受封於苑，因以爲氏。左傳，齊有大夫苑何忌。趙明誠金石錄有漢荆州從事苑鎮碑，曰：其先出苑柏何，爲晉樂正，世掌朝禮之制。又有苑子園，實能掌陰陽之理。按姓氏志，皆云苑氏出苑何忌之後。今此碑所謂苑柏何與子園，左傳、國語皆無其人，故錄之以傳知者。「兄弟相攻，勝負皆爲人笑。」不聽，引兵趣長沙。趣，七喻翻。

馬希廣聞之曰：「朗州，吾兄也，不可與爭，當以國讓之而已。」劉彥瑫、李弘臯固爭以爲不可，乃以岳州刺史王贇爲都部署戰棹指揮使，以彥瑫監其軍。己丑，大破希萼於僕射洲，獲其戰艦三百艘。贇追希萼，將及之，希廣遣使召之曰：「勿傷吾兄！」贇引兵還。贇，環之子也。還，從宣翻，又如字。王環，馬氏之良將也。

希萼自赤沙湖乘輕舟遁歸，赤沙湖在洞庭湖西，與洞庭湖通。水經註云：澧水與赤沙湖水會，湖水北通江而南注澧。苑氏泣曰：「禍將至矣，余不忍見也。」赴井而死。

23 戊戌，郭威至大梁，入見，帝勞之，見，賢遍翻。勞，力到翻。賜金帛、衣服、玉帶、鞍馬，辭曰：「臣受命期年，去年七月，命郭威西征，至是踰一期矣。期，讀曰朞。僅克一城，何功之有！且臣將兵在外，凡鎮安京師、供億所須、使兵食不乏，皆諸大臣居中者之力也，臣安敢獨膺此賜！請徧賞之。」又議加【章：十二行本「加」下有「領」字；乙十一行本同；孔本同；張校同；退齋校同。】方鎮，辭曰：「楊邠位在臣上，未有茅土；時楊邠爲樞密使，位在郭威上，未嘗領節鎮。且帷幄之臣，不可以弘肇爲比。」郭威自言職居近密，乃帷幄之臣，史弘肇掌侍衞兵，所以領節，不可以爲比。九月，壬寅，徧賜宰相、樞密、宣徽、三司、侍衞使九人，與威如一。時宰相三人，竇貞固、蘇逢吉、蘇禹珪；樞密使，楊邠；宣徽使，王峻，吳虔裕；三司使，王章；侍衞使，史弘肇；凡八人。餘一人則未之知也，或者併郭威爲九人歟？帝欲特賞威，辭曰：「運籌建畫，出於廟堂；發兵饋糧，資於藩鎭；暴露戰鬬，在於將士；而功獨歸臣，臣何以堪之！」

乙巳，加威兼侍中，史弘肇兼中書令。辛亥，加竇貞固司徒，蘇逢吉司空，蘇禹珪左僕射，楊邠右僕射。諸大臣議，以朝廷執政溥加恩，恐藩鎭觖望。觖，窺瑞翻，又古穴翻，怨望也。乙卯，加天雄節度使高行周守太師，山南東道節度使安審琦守太傅，泰寧節度使符彥卿守太保，河東節度使劉崇兼中書令；己未，加忠武節度使劉信、天平節度使慕容彥超、平盧節度使劉銖並兼侍中；辛酉，加朔方節度使馮暉、定難節度使李彝殷難，乃旦翻。兼中書令；冬，十月，壬申，加義武節度使孫方簡、武寧節度使劉贇同平章事；壬午，加吳越王弘俶尚書令，楚王希廣太尉；丙戌，加荆南節度使高保融兼侍中。議者以爲：「郭威不專有其功，推以分人，推，吐雷翻，又如字。信爲美矣；而國家爵位，以一人立功而覃及天下，覃，徒含翻，布也，廣也。不亦濫乎！」

24 吳越王弘俶募民能墾荒田者，勿收其稅，由是境內無棄田。或請糾民遺丁以增賦，丁，謂民年已成丁而戶籍遺漏，未嘗當賦役者。仍自掌其事；弘俶杖之國門。國人皆悅。

25楚靜江節度使馬希瞻以兄希萼、希廣交爭，屢遣使諫止，不從；知終覆族，疽發于背，丁亥，卒。

26契丹寇河北，所過殺掠；節度使、刺史各嬰城自守。遊騎至貝州及鄴都之北境，按九域志：貝州之南三十里，即鄴都北界。帝憂之。己丑，遣樞密使郭威督諸將禦之，以宣徽使王峻監其軍。為王峻佐郭威舉兵向闕張本。

十一月，契丹聞漢兵渡河，乃引去。辛亥，郭威軍至鄴都，令王峻分軍趣鎮、定。趣，七喻翻。戊午，威至邢州。

27唐兵渡淮，攻正陽。九域志：潁州潁上縣有正陽鎮，臨淮津。十二月，潁州將白福進擊敗之。敗，補邁翻。

28楊邠為政苛細。初，邢州人周璨為諸衛將軍，罷秩無依，從王景崇西征，景崇叛，遂為之謀主；邠奏：「諸前資官，喜搖動藩臣，前資官，謂官資皆前朝所授者也。喜，許記翻。宜悉遣詣京師。」既而四方雲集，日遮宰相馬求官；辛卯，邠復奏：「前資官宜分居兩京，以俟有闕而補之。」漂泊失所者甚衆；復，扶又翻。邠又奏：「行道往來者，皆給過所。」盛唐之制，天下關二十六，度關者從司門郎中給過所，猶漢時度關用傳也。宋白曰：古書之帛為繻，刻木為契，二物通謂過所也。既而官司塡咽，民情大擾，乃止。

29 趙暉急攻鳳翔，周璨謂王景崇曰：「公鄉與蒲、雍相表裏；蒲，謂李守貞。雍，謂趙思綰。雍，於用翻。今二鎭已平，蜀兒不足恃，王景崇求援於蜀，而蜀兵不至，故言不足恃。不如降也。」景崇曰：「善，吾更思之。」

後數日，外攻轉急。景崇謂其黨曰：「事窮矣，吾欲爲急計。」乃謂其將公孫輦、張思練曰：「趙暉精兵，多在城北，來日五鼓前，爾二人燒城東門詐降，勿令寇入，吾與周璨以牙兵出北門突暉軍，縱無成而死，猶勝束手。」皆曰：「善。」癸巳，未明，輦、思練燒東門請降，府牙火亦發；二將遣人詗之，詗，古永翻，又翾正翻。景崇已與家人自焚矣。璨亦降。

30 丁酉，密州刺史王萬敢擊唐海州荻水鎭，殘之。金人疆域圖：荻水鎭在海州贛榆縣。

31 是月，南漢主如英州。南漢以唐廣州湞陽縣之地置英州。九域志：廣州北至英州四百二十里。

32 是歲，唐泉州刺史留從效兄南州副使從願，酖刺史董思安而代之；晉齊王開運二年，唐改漳州爲南州，以董思安爲刺史，唐之保大三年也，事見二百八十四卷。唐主不能制，置淸源軍於泉州，以從效爲節度使。

資治通鑑卷第二百八十九

端明殿學士兼翰林侍讀學士太中大夫提舉西京嵩山崇福宮上柱國河内郡開國公食邑二千六百户食實封一千户臣司馬光奉敕編集
後學天台胡三省音註

後漢紀四上章閹茂（庚戌），一年。

隱皇帝下

乾祐三年（庚戌、九五〇）

1 春，正月，丁未，加鳳翔節度使趙暉兼侍中。

2 密州刺史王萬敢請益兵以攻唐；王萬敢去年已殘荻水鎮，今請益兵攻之。詔以前沂州刺史郭瓊爲東路行營都部署，帥禁軍及齊州兵赴之。因王萬敢請兵，使郭瓊將以赴之，道過青州，因以易置劉銖。帥，讀曰率。

3 郭威請勒兵北臨契丹之境，詔止之。

4 丙寅，遣使詣河中、鳳翔收瘞戰死及餓殍遺骸，時有僧已聚二十萬矣。瘞，於計翻。殍，被表翻。已聚者二十萬，史言其未聚者尚多，大兵攻圍積久，其禍如此！

5唐主聞漢兵盡平三叛，始罷李金全北面行營招討使。唐命李金全見二百八十七卷元年。

6唐清淮節度使劉彥貞多斂民財以賂權貴，權貴爭譽之；在壽州積年，譽，音余。晉開運元年，唐徙劉彥貞鎮濠州，劉崇俊鎮壽州。漢乾祐元年，清淮節度使劉彥貞副李金全北伐。未知彥貞以何年徙鎮壽州。恐被代，欲以警急自固，妄奏稱漢兵將大舉南伐。被，皮義翻。二月，唐主以東都留守燕王弘冀爲潤、宣二州大都督，鎮潤州；寧國節度使周宗爲東都留守。以漢兵大舉，弘冀年少，恐不能調用扞禦；周宗爲唐祖佐命，宿望也，故徙鎮揚州。

7朝廷欲移易藩鎮，因其請赴嘉慶節上壽，五代會要：帝以三月九日爲嘉慶節。洪邁隨筆曰：唐穆宗卽位之初年，詔曰：「七月六日，是朕載誕之辰，其日百寮、命婦宜於光順門進名參賀，朕於門內與百寮相見。」明日，又敕受賀儀宜停。先是，左丞韋綬奏行之，宰臣以爲古無降誕受賀之禮，奏罷之。然次年復行賀禮。誕節之制，始於明皇，令天下宴集，休假三日。受賀之事，蓋自長慶至今用之也。上，時掌翻。許之。

8甲申，郭威行北邊還。去年冬十月郭威北征，今還。行，下孟翻。還，從宣翻，又如字。

9福州人或詣建州告唐永安留後查文徽，云吳越兵已棄城去，請文徽爲帥。查，鉏加翻。帥，所類翻。文徽信之，遣劍州刺史陳誨將水軍下閩江，薛史曰：李景保大三年，以延平爲劍州，析建州之劍浦、汀州之沙縣隸焉。劍溪上接建溪，下達福唐，亦謂之閩江。下，戶嫁翻。將，卽亮翻。文徽自以步騎繼之。會大雨，水漲，誨一夕行七百里，至城下，敗福州兵，敗，補邁翻。執其將馬先進等。庚寅，文徽至福州，吳越知威武軍吳程詐遣數百人出迎。吳越未命吳程爲威武節度使，先令知威武軍事。誨曰：「閩人多詐，未可信也，宜立寨徐圖。」文徽曰：「疑則變生，不若乘機據其城。」因引兵徑進。誨整衆鳴鼓，止于江湄，湄，旻悲翻。水草之交曰湄。詩巧言：居河之麋。註云：本作「湄」，水草交也。文徽不爲備，程勒兵出擊之，唐兵大敗，文徽墜馬，爲福人所執，士卒死者萬人。誨全軍歸劍州。程送文徽於錢唐，吳越王弘俶獻于五廟而釋之。俶，昌六翻。吳越用諸侯之制，立五廟。

10 丁亥，汝州奏防禦使劉審交卒。吏民詣闕上書，以審交有仁政，乞留葬汝州，得奉事其丘壟，詔許之。上，時掌翻。州人相與聚哭而葬之，爲立祠，歲時享之。爲，于僞翻。太師馮道曰：「吾嘗爲劉君僚佐，按歐史，劉審交，燕人。劉守光之僭號，以審交爲兵部尚書。馮道事守光爲參軍，嘗爲僚佐，必是時也。觀其爲政，無以踰人，非能減其租賦，除其繇役也，繇，讀曰傜。但推公廉慈愛之心以行之耳。此亦衆人所能爲，但他人不爲而劉君獨爲之，故汝人愛之如此。使天下二千石皆效其所爲，何患得民不如劉君哉！」五代之諸州防禦使曾未足以當漢郡守二千石，後人特以專城分守，故稱之。

11 甲午，吳越丞相、昭化節度使、同平章事杜建徽卒。

12 乙未，以前永興節度使趙匡贊爲左驍衞上將軍。趙匡贊自長安入朝，見二百八十七卷高祖乾祐元年。

13 三月，丙午，鄴都留守高行周、天平節度使慕容彦超、泰寧節度使符彦卿、昭義節度使常思、安遠節度使楊信、安國節度使薛懷讓、成德節度使武行德、彰德節度使郭謹、保大留後王饒皆入朝。許之赴嘉慶節上壽，故皆入朝。

14 甲寅，詔營寢廟於高祖長陵、世祖原陵，以時致祭。有司以費多，寢其事，以至國亡，二陵竟不霑一奠。是年十一月，郭威入大梁；十二月，將士扶立。以時致祭之詔，有司既停寢不行，六七月之間，宜乎不霑一奠也。

15 壬戌，徙高行周爲天平節度使，符彦卿爲平盧節度使；甲子，徙慕容彦超爲泰寧節度使。

16 永安節度使折從阮舉族入朝。折從阮自府州入朝。

17 夏，四月，戊辰朔，徙薛懷讓爲匡國節度使，庚午，徙折從阮爲武勝節度使，按五代會要，周廣順二年三月，始改鄧州威勝軍爲武勝軍，避周太祖名也。史以後來所改軍名而書之耳。壬申，徙楊信爲保大節度使，徙鎭國節度使劉詞爲安國節度使，永清節度使王令溫爲安遠節度使。李守貞之亂，王饒潛與之通，王饒潛以鄜州與河中通。守貞平，衆謂饒必居散地；宂散之官爲散地。散，悉但翻。及入朝，厚結史弘肇，遷護國節度使，聞者駭之。駭其不惟免罪，又得大鎭。

18 楊邠求解樞密使，帝遣中使諭止之。宣徽北院使吳虔裕在旁曰：吳虔裕時蓋在楊邠旁。「樞密重地，難以久居，當使後來者迭爲之，相公辭之是也。」帝聞之，不悅，辛巳，以虔裕爲鄭州防禦使。

19 朝廷以契丹近入寇，橫行河北，諸藩鎮各自守，無捍禦之者，事見上卷上年十月。議以郭威鎮鄴都，使督諸將以備契丹。史弘肇欲威仍領樞密使，蘇逢吉以爲故事無之，言故事無帶樞密使出鎮者。弘肇曰：「領樞密使則可以便宜從事，諸軍畏服，號令行矣。」帝卒從弘肇議。卒，子恤翻。弘肇怨逢吉異議，逢吉曰：「以內制外，順也；今反以外制內，其可乎！」壬午，制以威爲鄴都留守、天雄節度使，樞密使如故。仍詔河北，兵甲錢穀，但見郭威文書立皆稟應。明日，朝貴會飲於竇貞固之第，弘肇舉大觴屬威，屬，之欲翻。厲聲曰：「昨日廷議，一何同異！今日爲弟飲之。」史弘肇呼郭威爲弟。爲，于僞翻。逢吉、楊邠亦舉觴曰：「是國家之事，何足介意！」弘肇又厲聲曰：「安定國家，在長槍大劍，安用毛錐！」王章曰：「無毛錐，則財賦何從可出？」毛錐，謂筆也，以束毛爲筆，其形如錐也。王章爲三司使，實掌財賦，故云然。自是將相始有隙。

20 癸未，罷永安軍。復以府州隸河東也。

21 壬辰，以左監門衛將軍郭榮爲貴州刺史、天雄牙內都指揮使。貴州時屬南漢。宋白曰：貴州，故西甌、駱越之地，秦雖立桂林郡，仍有甌、駱之名，漢武帝改桂林爲鬱林郡，梁武帝以鬱林郡爲桂州，後割桂州之鬱林、寧浦立定州，尋改爲南定州，隋改南定州爲尹州，唐改貴州。漢以郭榮遙領刺史，而其職則天雄牙將也。榮本姓柴，考異曰：世宗實錄曰：「太祖皇帝之長子也，母曰聖穆皇后柴氏，以唐天祐十八年九月二十四日丙午生於邢臺之別墅。」薛史世宗紀云：「太祖之養子，蓋聖穆皇后之姪也，本姓柴氏。父守禮，太子少保，致仕。帝年未童冠，因侍聖穆皇后，在太祖左右，時太祖無子，乃養爲己子。」按今舉世皆知世宗爲柴氏子，謂之柴世宗；而世宗實錄云太祖長子，誣亦甚矣。父守禮，郭威之妻兄也，威未有子時養以爲子。郭榮始見於此。

22 五月，己亥，以府州蕃漢馬步都指揮使折德扆爲本州團練使。前此置永安軍於府州，以寵折從阮也。今從阮移鎮，其子德扆守府州，資序未至，而府州被邊一城之地耳，故降爲團練使。其後復以爲節鎮，以寵折氏。德扆，從阮之子也。

23 庚子，郭威辭行，言於帝曰：「太后從先帝久，多歷天下事，陛下富於春秋，有事宜稟其教而行之。親近忠直，放遠讒邪，近，其靳翻。遠，于願翻。善惡之間，所宜明審。蘇逢吉、楊邠、史弘肇皆先帝舊臣，盡忠徇國，願陛下推心任之，必無敗失。郭威言及此，蓋已知帝之信近習而間勳舊也。至於疆埸之事，臣願竭其愚駑，駑，音奴。庶不負驅策。」帝斂容謝之。威至鄴都，以河北困弊，戒邊將謹守疆埸，嚴守備，無得出侵掠，契丹入寇，則堅壁清野以待之。兵法所謂先爲不可勝以待敵之可勝也。

[24]辛丑，敕：「防禦、團練使，自非軍期，無得專奏事，皆先申觀察使斟酌以聞。」言軍期事須朝廷應副，則不及聞於廉使，許得專達朝廷；如尋常公事，須先申本管斟酌以聞。

[25]丙午，以皇弟山南西道節度使承勳爲開封尹，加兼中書令，實未出閤。年尚幼，且有羸疾也。山南西道時爲蜀境。

[26]平盧節度使劉銖，貪虐恣横；横，戶孟翻。朝廷欲徵之，恐其拒命，因沂、密用兵於唐，遣沂州刺史郭瓊將兵屯青州。歐史作郭淮攻南唐還，以兵屯青州。銖不自安，置酒召瓊，伏兵幕下，欲害之；瓊知其謀，悉屏左右，從容如會，了無懼色，屏，必郢翻，又卑正翻。從，千容翻。銖不敢發。瓊因諭以禍福，銖感服，詔至即行。庚戌，銖入朝。辛亥，以瓊爲潁州團練使。

[27]癸丑，王章置酒會諸朝貴，酒酣，爲手勢令，會飲而行酒令以佐歡，唐末之俗也。類説曰：「亞其虎膺」，謂手掌。「曲其松根」，謂指節。「以蹲鴟間虎膺之下」，蹲鴟，大指也。「以鉤戟差玉柱之旁」，鉤戟，頭指；玉柱，中指也。「潛虬闊玉柱三分」，潛虬，無名指也。「奇兵闊潛虬一寸」，奇兵，小指也。「死其三洛」，謂彈其腕也。「生其五峯」，五峯，通呼五指也。謂之招手令。蓋亦手勢令之類也乎哉！史弘肇不閑其事，言不素習其事。客省使閻晉卿坐次弘肇，屢教之。蘇逢吉戲之曰：「旁有姓閻人，何憂罰爵！」壺射之事，不勝者罰爵，自古有之，行令則末世之爲耳。弘肇妻閻氏，本酒家倡也，倡，音昌。酒家倡善爲酒令。意逢吉譏之，大怒，以醜語詬逢吉，詬，古候翻，又許候翻。逢吉不應。弘肇欲毆之，逢吉起去。弘肇索

劍欲追之，毆，烏口翻。索，山客翻。楊邠泣止之曰：「蘇公宰相，公若殺之，置天子何地，願孰思之！」孰，與熟同。弘肇卽上馬去，邠與之聯鑣，送至其第而還。上，時掌翻。鑣，悲驕翻，馬銜也。還，從宣翻，又如字。於是將相如水火矣。帝使宣徽使王峻置酒和解之，不能得。逢吉欲求出鎭以避之，既而中止，曰：「吾去朝廷，止煩史公一處分，吾齏粉矣！」王章亦忽忽不樂，處，昌呂翻。分，扶問翻。齏，牋西翻。樂，音洛。欲求外官，楊、史固止之。

28 閏月，宮中數有怪。癸巳，大風，【章：十二行本「風」下有「雨」字；乙十一行本同；孔本同；張校同。】發屋拔木，吹鄭門扉起，十餘步而落，震死者六七人，水深平地尺餘。數，所角翻。鄭門，大梁城西面南來第一門也，梁改爲開明門，晉改爲金義門，周改爲迎秋門；汴人只以舊門名呼之。深，式禁翻。帝召司天監趙延乂，問以禳祈之術，對曰：「臣之業在天文時日，禳祈非所習也。然王者欲弭災異，莫如脩德。」延乂歸，帝遣中使問：「如何爲脩德？」延乂對：「請讀貞觀政要而法之。」觀，古玩翻。

29 六月，河決鄭州。歐史曰：六月，癸卯，河決原武。按原武縣屬鄭州。九域志云：原武縣在鄭州之北六十里。

30 馬希萼既敗歸，僕射洲之敗也，事見上卷上年八月。乃以書誘辰、溆州及梅山蠻，誘，音酉。溆，音敘。宋白曰：潭州西有梅山洞，爲草寇之窟穴。欲與共擊湖南。蠻素聞長沙帑藏之富，帑，他朗翻。

藏，徂浪翻。大喜，爭出兵赴之，遂攻益陽。益陽縣，屬潭州，漢古縣城在唐縣東八十里。九域志：益陽在潭州西北一百八十二里。宋白曰：以其地在益水之陽，故名。其城魯肅所築。楚王希廣遣指揮使陳璠拒之，戰于淹溪，璠敗死。璠，音翻。

31 秋，七月，唐歸馬先進等於吳越以易查文徽。馬先進等被擒見上二月。查文徽亦以是月爲吳越所禽。

32 馬希蕚又遣羣蠻攻迪田，八月，戊戌，破之，殺其鎮將張延嗣。楚王希廣遣指揮使黃處超救之，處超敗死；處，昌呂翻。潭人震恐，復遣牙內指揮使崔洪璉將兵七千屯玉潭。九域志：潭州湘鄉縣有玉潭鎮，在潭州西。復，扶又翻。

33 庚子，蜀主立其弟仁毅爲夔王，仁贇爲雅王，仁裕爲彭王，仁操爲嘉王。己酉，立子玄喆爲秦王，喆，音哲。玄珏爲褒王。

34 晉李太后在建州，契丹遷晉主及其家于建州見上卷上年三月。臥病，無醫藥，惟與晉主仰天號泣，號，戶刀翻。戟手罵杜重威、李守貞曰：「吾死不置汝！」以其降契丹而亡晉也，事見二百八十六卷開運二年。戊午，卒。周顯德中，有自契丹來者云：「晉主及馮后尙無恙，其從者亡歸及物故則過半矣。」恙，余亮翻。從，才用翻。過，音戈。

35 馬希蕚表請別置進奏務於京師。九月，辛巳，詔以湖南已有進奏務，不許。亦賜楚王希廣詔，勸以敦睦。

[36]馬希萼以朝廷意佑楚王希廣，怒，遣使稱藩于唐，乞師攻楚。唐加希萼同平章事，以鄂州今年租稅賜之，命楚州刺史何敬洙將兵助希萼。冬，十月，丙午，希廣遣使上表告急，言：「荆南、嶺南、江南連謀，欲分湖南之地，荆南，高氏；嶺南，劉氏；江南，李氏。乞發兵屯澧州，以扼江南、荆南援朗州之路。」江南遣兵援朗，道出岳州；岳州西至澧州三百餘里。荆南遣兵援朗，徑渡江，南趨澧州亦三百里。自澧州東南至朗州三百五十九里。

[37]丁未，以吴越王弘俶爲諸道兵馬元帥。

[38]楚王希廣以朗州與山蠻入寇，諸將屢敗，憂形于色。劉彦瑫言於希廣曰：「朗州兵不滿萬，馬不滿千，都府精兵十萬，朗、桂以潭州爲都府。何憂不勝！願假臣兵萬餘人，戰艦百五十艘，艦，戶黯翻。艘，蘇遭翻。徑入朗州縛取希萼，以解大王之憂。」王悦，以彦瑫爲戰棹都指揮使、朗州行營都統。彦瑫入朗州境，九域志：潭州北至朗州界二百一十七里。父老爭以牛酒犒軍，曰：「百姓不願從亂，望都府之兵久矣！」彦瑫厚賞之；戰艦過，則運竹木以斷其後。斷，音短。是日，馬希萼遣朗兵及蠻兵六千、戰艦百艘逆戰於湄州，歐史作「湄洲」。彦瑫乘風縱火以焚其艦，頃之，風回，反自焚。彦瑫還走，江路已斷，自斷歸路，則當死戰，還走何爲！士卒戰及溺死者數千人。考異曰：湖湘故事，彦瑫敗在九月十三日。今從十國紀年。希廣聞之，涕泣不知所

爲。希廣平日罕頒賜，至是，大出金帛以取悅於士卒。或告天策左司馬希崇流言惑衆，反狀已明，請殺之。希廣曰：「吾自害其弟，何以見先王於地下！」希崇與希萼通謀者也。當斷不斷，反受其亂，希廣之亡宜矣。

馬軍指揮使張暉將兵自他道擊朗州，至龍陽，龍陽縣屬朗州，隋所置也，取龍陽洲以名縣。九域志：在朗州東南八十五里。宋白曰：龍陽，故漢索縣地，吴分其地立龍陽縣。聞彥瑫敗，退屯益陽。希萼又遣指揮使朱進忠等將兵三千急攻益陽，張暉紿其衆曰：「我以麾下出賊後，汝輩留城中待我，相與合勢擊之。」既出，遂自竹頭市遁歸長沙。朗兵知城中無主，急擊之，士卒九千餘人皆死。

39 吴越王弘俶歸查文徽於唐，文徽得痟疾，以工部尚書致仕。史言唐不能正查文徽敗軍之罪。痟，於今翻。

40 十一月，甲子朔，日有食之。

41 蜀太師、中書令宋忠武王趙廷隱卒。

42 楚王希廣遣其僚屬孟駢說馬希萼曰：「公忘父兄之讎，北面事唐，自馬殷以來，與楊、徐世爲仇讎。說，式芮翻。何異袁譚求救於曹公邪！」事見六十四卷漢獻帝建安八年。希萼將斬之，駢曰：「古者兵交，使在其間，春秋左氏傳之言。使，疏吏翻。駢若愛死，安肯此來！駢之言非私於潭人，實爲公謀也。」爲，于僞翻。乃釋之，使還報曰：「大義絕矣，非地下不相見也！」朱進忠請希萼自將兵取潭州，辛未，希萼留其子光贊守朗州，悉發境內之兵趣長沙，趣，七喻翻。考異曰：湖湘故事，希萼以十月二十一日直往湖南。今從十國紀年。自稱順天王。

43詔侍衞步軍都指揮使、寧江節度使王殷將兵屯澶州以備契丹。侍衞親軍都指揮使之下，又有侍衞馬軍、步軍二都指揮，此皆梁、唐所置。寧江軍，夔州，時屬蜀，王殷遙領也。殷，瀛州人也。

44朝廷議發兵，以安遠節度使王令溫爲都部署，以救潭州，會內難作，不果。內難，謂殺楊邠等以召郭威之禍。難，乃旦翻。

45帝自卽位以來，樞密使、右僕射、同平章事楊邠總機政，樞密使兼侍中郭威主征伐，歸德節度使、侍衞親軍都指揮使兼中書令史弘肇典宿衞，三司使、同平章事王章掌財賦。邠頗公忠，退朝，門無私謁，雖不卻四方饋遺，有餘輒獻之。遺，唯季翻。弘肇督察京城，道不拾遺。是時承契丹蕩覆之餘，契丹入汴，中原蕩覆。契丹北歸，漢承其後。公私困竭，章捃摭遺利，吝於出納，以實府庫。捃，居運翻。摭，之石翻。屬，之欲翻。屬三叛連衡，三叛，謂李守貞、王景崇、趙思綰。衡，讀曰橫。宿兵累年而供饋不乏；及事平，賜予之外，尚有餘積，予，讀曰與。積，子賜翻。以是國家粗安。粗，坐五翻。章聚斂刻急。斂，力贍翻。舊制，田稅每斛更輸二升，謂之「雀鼠耗」，章始令更輸二斗，謂之「省耗」；按唐明宗天成元年四月赦文：「應納夏秋稅子，先有省耗，每斗一升；今後祇納正稅數，不量省耗。」如此，則天成已前已有省耗，每斛更輸一斗，天成罷輸之。後至漢興，王章復令輸省耗，而又倍舊數取之也。舊錢出入皆以八十爲陌，章始令入者八十，出者七十七，謂之「省陌」；沈括曰：今之數錢百錢謂之「陌」者，借「陌」字用之，其實只是「百」字，如「什」與「伍」耳。唐自皇甫鎛爲墊錢法，至昭宗時，乃定八十爲陌。有犯鹽、礬、酒麴之禁者，錙銖涓滴，罪皆死；鹽禁之設久矣；酒之爲禁，或罷或榷，歷代不常。自唐中世始申榷酒之禁，及其末也又禁造麴。至於礬禁，新、舊唐書食貨志皆未著言其事，是必起於五代之初。本草圖經曰：礬石，生河西山谷及隴西武都、石門。今白礬則晉州、慈州、拱州、無爲軍，綠礬則隰州溫泉縣、池州銅陵縣並煎礬，處處出焉。初生皆石也，採得碎之，煎煉乃成礬。凡有五種，其色各異，謂白礬、綠礬、黃礬、黑礬、絳礬也。自岐伯至陶隱居之書皆言之。由是百姓愁怨。章尤不喜文臣，嘗曰：「此輩授之握算，不知縱横，喜，許記翻。縱，子容翻。何益於用！」俸祿皆以不堪資軍者給之，吏已高其估，章更增之。估，價也。

帝左右嬖倖浸用事，嬖，卑義翻，又博計翻。太后親戚亦干預朝政，朝，直遙翻。邠等屢裁抑之。太后有故人子求補軍職，弘肇怒而斬之。武德使李業，太后之弟也，太后昆弟七人，業最幼，故尤憐之。高祖使掌內帑，帑，底朗翻。帝即位，尤蒙寵任。會宣徽使闕，業意欲之，吳虔裕出鄭州，闕宣徽北院使。帝及太后亦諷執政；邠、弘肇以爲內使遷補有次，不可以外戚超居，乃止。內客省使閻晉卿次當爲宣徽使，久而不補；樞密承旨聶文進、飛龍使後匡贊、翰林茶酒使郭允明皆有寵於帝，久不遷官，共怨執政。姓譜：後姓，望出東海、開封。文進，幷州人也。劉銖罷青州歸，久奉朝請，未除官，常戟手於執政。是年夏五月，劉銖自青州召歸。戟手者，戟其手而詬怨之。

帝初除三年喪，聽樂，賜伶人錦袍、玉帶。伶人詣弘肇謝，弘肇怒曰：「士卒守邊苦戰，猶未有以賜之，汝曹何功而得此！」皆奪以還官。帝欲立所幸耿夫人爲后，邠以爲太速；夫人卒，帝欲以后禮葬之，邠復以爲不可。復，扶又翻。帝年益壯，厭爲大臣所制。邠、弘肇嘗議事於帝前，帝曰：「審圖之，勿令人有言！」邠曰：「陛下但禁聲，禁聲者，謂禁口勿言，使不出聲也。有臣等在。」帝積不能平，左右因乘間譖之於帝間，古莧翻。云：「邠等專恣，終當爲亂。」帝信之。嘗夜聞作坊鍛聲，作坊，造兵甲之所，作坊使領之。鍛，都玩翻。鍛鐵以爲兵甲。疑有急兵，達旦不寐。司空、同平章事蘇逢吉既與弘肇有隙，知李業等怨弘肇，屢以言激之。帝遂與業、文進、匡贊、允明謀誅邠等，議既定，入白太后。太后曰：「茲事何可輕發！更宜與宰相議之。」業時在旁，曰：「先帝嘗言，朝廷大事不可謀及書生，懦怯誤人。」太后復以爲言，史言殺邠等非太后之意。復，扶又翻。帝忿曰：「國家之事，非閨門所知！」拂衣而出。乙亥，業等以其謀告閻晉卿，晉卿恐事不成，詣弘肇第欲告之，弘肇以他故辭不見。使閻晉卿得見史弘肇，則李業等之死，不待郭威之入也。天方授郭威，故史弘肇等先死以除其偪，豈特人事哉！

丙子旦，邠等入朝，有甲士數十自廣政殿出，殺邠、弘肇、章於東廡下。廡，罔甫翻。按薛史，晉天福四年二月辛卯，改東京玉華殿爲永福殿。周顯德四年，新脩永福殿改爲廣政殿。此蓋以後來殿名書之。文進亟召宰相、朝臣班於崇元殿，宣云：「邠等謀反，已伏誅，與卿等同慶。」又召諸軍將校至萬歲殿庭，五代會要：梁開平元年，改汴京正衙殿爲崇元殿，東殿爲玄德殿，萬歲堂爲萬歲殿。晉天福二年八月，改玄德殿爲廣政殿。將，即亮翻。校，戶教翻。帝親諭之，且曰：「邠等以稺子視朕，朕今始得爲汝主，汝輩免橫憂矣！」皆拜謝而退。稺，直利翻。橫，戶孟翻。又召前節度使、刺史等升殿諭之，分遣使者帥騎收捕邠等親戚、黨與、傔從，盡殺之。帥，讀曰率。騎，奇寄翻。傔，苦念翻。從，才用翻。

弘肇待侍衞步軍都指揮使王殷尤厚，邠等死，帝遣供奉官孟業齎密詔詣澶州及鄴都，令鎭寧節度使李洪義殺殷，又令鄴都行營馬軍都指揮使郭崇威、步軍都指揮使眞定曹威殺郭威及監軍、宣徽使王峻。洪義，太后之弟也。又急詔徵天平節度使高行周、平盧節度使符彥卿、永興節度使郭從義、泰寧節度使慕容彥超、匡國節度使薛懷讓、鄭州防禦使吳虔裕、陳州刺史李穀入朝。急徵諸帥，欲其以從兵衞宮闕。李穀一刺史耳，而亦預徵入朝之數，必其智略聞於時也。以蘇逢吉權知樞密院事，前平盧節度使劉銖權知開封府，侍衞馬軍都指揮使李洪建權判侍衞司事，內侍省使閻晉卿權侍衞馬軍都指揮使。「內侍省」，當作「內客省」。洪建，業之兇也。

時中外人情憂駭，駭其變起於倉猝而憂禍至之無日也。蘇逢吉雖惡弘肇，以弘肇詬怒逢吉，欲殺之，故惡之也。惡，烏路翻。而不預李業等謀，聞變驚愕，私謂人曰：「事太忽忽，忽忽，急遽不審諦之意。主上儻以一言見問，不至於此！」業等命劉銖誅郭威、王峻之家，銖極其慘毒，嬰孺無免者。嬰，嬰兒。鄭玄曰：嬰，猶繄彌也。孺，乳子，飲乳之子也。命李洪建誅王殷之家，洪建但使人守視，仍飲食之。飲，於禁翻。食，祥吏翻。

丁丑，使者至澶州，李洪義畏懦，慮王殷已知其事，不敢發，乃引孟業見殷；殷囚業，遣副使陳光穗以密詔示郭威。威召樞密吏魏仁浦，示以詔書曰：「奈何？」仁浦曰：「公，國之大臣，功名素著，加之握強兵，據重鎮，一旦爲羣小所構，禍出非意，此非辭說之所能解。佳買翻，釋也，說也。時事如此，不可坐而待之。」勸之舉兵也。歐史曰：威匿詔書，召樞密院吏魏仁浦謀於臥內。仁浦勸威反，倒用留守印，更爲詔書，詔威誅諸將校以激怒之，將校皆憤然效用。竊意歐史必有所本。通鑑所書，必本於周史，周臣爲其君諱，復爲魏仁浦緣飾耳。威乃召郭崇威、曹威及諸將，告以楊邠等冤死及有密詔之狀，且曰：「吾與諸公，披荆棘，從先帝取天下，受託孤之任，竭力以衞國家，今諸公已死，吾何心獨生！君輩當奉行詔書，取吾首以報天子，庶不相累。」累，力瑞翻。郭崇威等皆泣曰：「天子幼沖，此必左右羣小所爲，若使此輩得志，國家其得安乎！崇威願從公入朝自訴，盪滌鼠輩以清朝廷，不可爲單使所殺，受千載惡名。」翰林天文趙脩己謂郭威曰：「公徒死何益！不若順衆心，擁兵而南，此天啓也。」趙脩己諫李守貞而勸郭威，自信其術也。郭威乃留其養子榮鎭鄴都，命郭崇威將騎兵前驅，戊寅，自將大軍繼之。將，卽亮翻。

慕容彦超方食，得詔，捨匕筯入朝；帝悉以軍事委之。九域志：兗州至大梁六百里。慕容彦超三日而至，自以於先帝同產之親，急於赴闕，而不知其才智之不足以濟也。己卯，吳虔裕入朝。九域志：鄭州至大梁一百四十里。

帝聞郭威舉兵南向，議發兵拒之。前開封尹侯益曰：「鄴都戍兵家屬皆在京師，官軍不可輕出，不若閉城以挫其鋒，使其母妻登城招之，可不戰而下也。」慕容彦超曰：「侯益衰老，爲懦夫計耳。」帝乃遣益及閻晉卿、吳虔裕、前保大節度使張彦超將禁軍趣澶州。趣，七喻翻。

是日，郭威已至澶州，魏州南至澶州一百五十里；兩日而至，欲掩漢之未備。李洪義納之；王殷迎謁慟哭，以所部兵從郭威涉河。帝遣內養鸗脫覘郭威，威獲之，鸗，力鍾翻，又盧紅翻。歐史作「鸗」，亦音龍。考異曰：隱帝實錄：「丁丑，孟業至澶州。戊寅，鄴兵至河上。己卯，吳虔裕入朝。庚辰，詔侯益等赴澶州守捉。鄴軍獲鸗脫。」又云：「庚辰，郭諱次滑州，宋延渥納軍。辛巳，鸗脫還宮。」薛史隱帝紀：「丁丑，李洪義得密詔，遣陳光穗至鄴都。翌日，郭威以衆南行；戊寅，至澶州；庚辰，至滑州。是日，詔侯益等赴澶州守捉。」餘與實錄同。周太祖實錄：「十四日，陳光穗至，翌日，遵路。明日，遇鸗脫，云見召侯益等，令守澶州。十六日，趨滑臺。十七日，賞諸軍，令奉行前詔。十八日，自滑而南。」薛史周太祖紀：「十六日，至澶州，獲鸗脫。十七日，至滑州。」餘與實錄同。按丁丑，十四日也。若十七日始詔侯益赴澶州，則十六日郭威獲鸗脫，何故已見之也！蓋帝遣侯益赴澶州必在十六日，鸗脫行在遣益之後。今從薛史周太祖紀。以表置鸗脫衣領中，使歸白帝曰：「臣昨得詔書，延頸俟死。郭崇威等不忍殺臣，云此皆陛下左右貪權無厭者譖臣耳，厭，於鹽翻。逼臣南行，詣闕請罪。臣求死不獲，力不能制。臣數日當至闕庭。陛下若以臣爲有罪，安敢逃刑！若實有譖臣者，願執付軍前以快衆心，臣敢不撫諭諸軍，退歸鄴都！」

庚辰，郭威趣滑州。澶州西南至滑州一百餘里。趣，七喻翻。辛巳，義成節度使宋延渥迎降。考異曰：隱帝實錄：「十一月，丙子，誅楊、史。丁丑，孟業至澶州，王殷錮業送郭威，卽日首塗。戊寅，至河上，見王殷。庚辰，次滑州。」周太祖實錄云：「十三日，夜，太祖夢入朝見，至詰旦，以夢示峻。是日，陳洪穗至鄴都。」是十四日丁丑也。翌日，爲衆所迫遵路，十五日戊寅也。明日，行次，遇鸗脫，欲往澶州，十六日己卯也。下文又云：「十六日趣滑臺。」按大梁至澶州二百七十里，澶州至鄴都一百四十里，至滑州一百二十里，不應往還如是之速。漢、周實錄首塗與至滑州日不同，蓋十六日趣滑州，十七日至滑州也。今從周太祖實錄。延渥，洛陽人，其妻晉高祖女永寧公主也。郭威取滑州庫物以勞將士，勞，力到翻。且諭之曰：「聞侯令公已督諸軍自南來，侯益兼中書令，故稱之爲令公。今遇之，交戰則非入朝之義，不戰則爲其所屠。吾欲全汝曹功名，不若奉行前詔，吾死不恨！」郭威以此觀衆心向背耳。皆曰：「國家負公，公不負國，所以萬人爭奮，如報私讎，侯益輩何能爲乎！」王峻徇於衆曰：「我得公處分，俟克京城，聽旬日剽掠。」衆皆踊躍。處，昌呂翻。分，扶問翻。剽，匹妙翻。許士卒以剽掠之利以濟其私，可以得而不可長守也。

辛巳，鷰脱至大梁。前此帝議欲自往澶州，聞郭威已至河上而止。帝甚有悔懼之色，私謂竇貞固曰：「屬者亦太草草。」屬，之欲翻。屬者，猶言頃者也。草草，亦言率爾，欠審諦商量之意。李業等請空府庫以賜諸軍，蘇禹珪以爲未可，業拜禹珪於帝前，曰：「相公且爲天子勿惜府庫！」爲，于僞翻；下當爲同。乃賜禁軍人二十緡，下軍半之，將士在北者給其家，使通家信以誘之。誘，音酉。

壬午，郭威軍至封丘，人情忷懼。太后泣曰：「不用李濤之言，宜其亡也！」李濤之言，見上卷元年。慕容彦超恃其驍勇，言於帝曰：「臣視北軍猶蠛蠓耳，爾雅註：蠛蠓，翳蒙之所生，一名醯雞。孫炎曰：此蟲微細羣飛。列子曰：蠛蠓生朽壤之上，因雨而生，覩陽而死。莊子謂之醯雞。蠛，莫結翻。蠓，莫孔翻。當爲陛下生致其魁！」爲，于僞翻。退，見聶文進，問北來兵數及將校姓名，頗懼，曰：「是亦劇賊，未易輕也！」將，卽亮翻。校，戶教翻。易，以豉翻。帝復遣左神武統軍袁嶬、前威勝節度使劉重進等帥禁軍與侯益等會屯赤岡。嶬，象先之子也。復，扶又翻。嶬，宜崎翻。帥，讀曰率。袁象先，梁將也，事見梁紀。彦超以大軍屯七里店。

癸未，南、北軍遇於劉子陂。劉子陂在封丘之南，汴郊之北。帝欲自出勞軍，勞，力到翻。太后曰：「郭威吾家故舊，非死亡切身，何以至此！但按兵守城，飛詔諭之，觀其志趣，必有辭理，則君臣之禮尚全，慎勿輕出。」帝不從。使帝從太后之言，雖不能保其往，猶未至於野死也。時扈從軍甚盛，從，才用翻；下從官同。太后遣使戒聶文進曰：「大須在意！」對曰：「有臣在，雖郭威百人，可擒也！」至暮，兩軍不戰，帝還宮。慕容彥超大言曰：「陛下來日宮中無事，幸再出觀臣破賊。臣不必與之戰，但叱散使歸營耳！」

甲申，帝欲再出，太后力止之，不可。既陳，陳，讀曰陣。郭威戒其衆曰：「吾來誅羣小，非敢敵天子也，慎勿先動。」久之，慕容彥超引輕騎直前奮擊，郭崇威與前博州刺史李榮帥騎兵拒之。騎，奇寄翻。帥，讀曰率。彥超馬倒，幾獲之。幾，居依翻。彥超引兵退，麾下死者百餘人，於是諸軍奪氣，稍稍降於北軍。侯益、吳虔裕、張彥超、袁嶬、劉重進皆潛往見郭威，威各遣還營，又謂宋延渥曰：「天子方危，公近親，宜以牙兵往衞乘輿，且附奏陛下，願乘間早幸臣營。」宋延渥，主壻，故云近親。牙兵，謂延渥所領義成牙兵也。衞乘，繩證翻。間，古莧翻。延渥未至御營，亂兵雲擾，不敢進而還。還，從宣翻，又如字。比暮，南軍多歸於北。比，必利翻，及也。慕容彥超與麾下十餘騎奔還兗州。

是夕，帝獨與三相及從官數十人宿於七里寨，餘皆逃潰。三相，竇貞固、蘇逢吉、禹珪。七里寨，卽慕容彥超所屯七里店寨。乙酉旦，郭威望見天子旌旗在高阪上，下馬免胄往從之，至則帝已去矣。帝策馬將還宮，至玄化門，玄化門，大梁城北面東來第一門也，本酸棗門，梁開平元年改曰興和門，晉天福三年改曰玄化門。劉銖在門上，問帝左右：「兵馬何在？」因射左右。劉銖之射左右，其意何爲！射，而亦翻。帝回轡，西北至趙村，追兵已至，帝下馬入民家，爲亂兵所弒。考異曰：實錄：「帝至玄化門，劉銖射帝左右，帝迴詣西北，郭允明露刃隨後，西北至趙村，前鋒已及，亂兵騰沸，上懼，下馬入於民室。郭允明知事不濟，乃抽刃犯蹕而崩。」薛史隱帝紀：「郭允明知事不濟，乃剸刃於帝而崩，允明自殺。」周太祖紀云：「允明弒漢帝於北郊。」劉恕曰：「允明帝所親信，何由弒逆！蓋郭威兵殺帝，事成之後諱之，因允明自殺歸罪耳。」按弒帝者未必是允明，但莫知爲誰，故止云亂兵。蘇逢吉、閻晉卿、郭允明皆自殺；聶文進挺身走，軍士追斬之。李業奔陝州，九域志：大梁至陝州六百五十九里。李業欲依其兄耳。陝，失冉翻。後匡贊奔兗州。欲依慕容彥超也。郭威聞帝遇弒，號慟曰：「老夫之罪也！」號，戶刀翻。

威至玄化門，劉銖雨射城外。雨射者，射矢如雨也。威自迎春門入，歸私第，迎春門，汴城東面北來第一門也，本名曹門，梁開平元年改曰建陽門，晉天福三年改曰迎春門。遣前曹州防禦使何福進將兵守明德門。諸軍大掠，通夕煙火四發。

軍士入前義成節度使白再榮之第，執再榮，盡掠其財，既而進曰：「某等昔嘗趨走麾下，一旦無禮至此，何面目復見公！」復，扶又翻。遂刎其首而去。以白再榮眞定之虐，今罹此禍，抑天道也。刎，武粉翻。

吏部侍郎張允，家貲以萬計，而性吝，雖妻亦不之委，常自繫衆鑰於衣下，行如環珮。

是夕，匿於佛殿藻井之上，風俗通云：殿堂象東井，刻爲荷菱；荷菱水物，所以厭火。杜佑曰：漢宮殿率號屋仰爲井，皆畫水藻蓮菱之屬以厭火。何晏景福殿賦：「繚以藻井，編以綷疏。」又王文考靈光殿賦：「圓淵方井，反植荷蕖。」蓋爲方井而畫藻其上也。陸佃埤雅曰：屋上覆橑，謂之藻井。登者浸多，板壞而墜，軍士掠其衣，遂以凍卒。卒，子恤翻。

初，作坊使賈延徽有寵於帝，與魏仁浦爲鄰，欲併仁浦所居以自廣，屢譖仁浦於帝，幾至不測。言幾至於死也。幾，居依翻。至是，有擒延徽以授仁浦者，仁浦謝曰：「因亂而報怨，吾所不爲也！」郭威聞之，待仁浦益厚。

右千牛衞大將軍棗強趙鳳曰：「郭侍中舉兵，欲誅君側之惡以安國家耳；而鼠輩敢爾，乃賊也，豈侍中意邪！」執弓矢，踞胡床，坐於巷首，掠者至，輒射殺之，里中皆賴以全。射，而亦翻。

丙戌，獲劉銖、李洪建，囚之。考異曰：五代史闕文：「周祖自鄴起兵，銖盡誅周祖之家子孫、婦女十數人，極其慘毒。及隱帝遇害，周祖以漢太后令收銖下獄，使人責銖殺其家，對曰：『銖爲漢家戮叛族耳，不知其他。』威怒，殺之。」王禹偁曰：「周世宗朝，史官脩漢隱帝實錄，銖之忠言諱而不載。銖今有子孝和，擢進士第。」按銖所至貪婪酷虐，在青州謀不受代，賴郭瓊諭之，始入朝。私怨楊、史，快其就戮。隱帝敗歸，射而不納，使至野死。其屠滅周祖之家，出於殘忍之性耳，豈忠義之士邪！王禹偁所記，蓋憑孝和之言耳。今不取。銖謂其妻曰：「我死，汝且爲人婢乎？」妻曰：「以公所爲，雅當然耳！」

王殷、郭崇威言於郭威曰：「不止剽掠，剽，匹妙翻。今夕止有空城耳。」威乃命諸將分部禁止掠者，不從則斬之；分，扶問翻。至晡，乃定。

竇貞固、蘇禹珪自七里寨逃歸，郭威使人訪求得之，尋復其位。貞固爲相，值楊、史弄權，楊邠、史弘肇。李業等作亂，但以凝重處其間，自全而已。處，昌呂翻；下處分同。

郭威命有司遷隱帝梓宮於西宮。或請如魏高貴鄉公故事，葬以公禮，高貴鄉公事見六十七卷魏元帝景元元年。威不許，曰：「倉猝之際，吾不能保衞乘輿，乘，繩證翻。罪已大矣，況敢貶君乎！」

太師馮道帥百官謁見郭威，帥，讀曰率；下同。威見，猶拜之，道受拜如平時，考異曰：五代史闕文：「周祖入京師，百官謁之。周祖見道猶設拜，意道便行推戴；道受拜如平時，徐曰：『侍中此行不易！』周祖氣沮，故禪代之謀稍緩。」按周祖舉兵既克京城，所以不即爲帝者，蓋以漢之宗室崇在河東，信在許州，贇在徐州，若遽代漢，慮三鎮舉兵以興復爲辭，則中外必有響應者，故陽稱輔立宗子。信素庸愚，不足畏忌；贇乃崇子，故迎贇而立之，使兩鎮息謀，俟其離徐已遠，去京稍近，然後併信除之，則三鎮去其二矣，然後自立，則所與爲敵者唯崇而已。此其謀也，豈馮道受拜之所能沮乎！道之所以受拜如平時者，正欲示器宇凝重耳。徐曰：「侍中此行不易！」易，以豉翻。

丁亥，郭威帥百官詣明德門起居太后，且奏稱：「軍國事殷，請早立嗣君。」太后誥稱：

「郭允明弑逆，太后之誥云然，郭威之志也。此事考異已辯之於前。神器不可無主；河東節度使崇，忠武節度使信，皆高祖之弟，武寧節度使贇，開封尹勳，高祖之子，其令百官議擇所宜。」贇，崇之子也，高祖愛之，養視如子。路振九國志：劉崇之長子曰贇，少慧黠，高祖憐之，録爲己子。贇，於倫翻。郭威、王峻入見太后於萬歲宮，按薛史，唐莊宗同光二年，以太后宮爲長壽宮，晉、漢蓋以爲萬歲宮也。或曰：因萬歲殿爲名。見，賢遍翻。請以勳爲嗣。太后曰：「勳久羸疾不能起。」羸，倫爲翻。威出諭諸將，諸將請見之，太后令左右以臥榻舉之示諸將，諸將乃信之。於是郭威與峻議立贇。己丑，郭威帥百官表請以贇承大統。太后誥所司，擇日，備法駕迎贇卽皇帝位。郭威奏遣太師馮道及樞密直學士王度、祕書監趙上交詣徐州奉迎。考異曰：周太祖實録：「己丑，太祖奏遣前太師馮道往彼諭旨。太祖將奉表於徐州，未知所遣，樞密直學士王度請行，許之。宰臣、百寮表祕書監趙上交齎詔同日首塗。」五代史闕文：「周祖請道詣徐州，册湘陰公爲漢嗣。道曰：『侍中由衷乎？』周祖設誓。道曰：『莫教老夫爲謬語人。』及行，謂人曰：『平生不謬語，今爲謬語人矣。』」王禹偁曰：「周世宗朝，詔史臣脩周祖實録，故道之事迹，所宜諱矣。」按道廉智自將，陽愚遠禍，恐不肯觸周祖未發之機，其後欲歸美而云耳。又隱帝實録云：「初議立徐帥，太后遣中使馳諭劉崇，請崇入纘大位。崇知立其子，上章謙遜。」恐無此事。今不取。郭威之討三叛也，事見上卷元年、二年。每見朝廷詔書，處分軍事皆合機宜，問使者：「誰爲此詔？」使者以翰林學士范質對。威曰：「宰相器也。」入城，訪求得之，甚喜。時大雪，威解所服紫袍衣之，衣，於旣翻。令草太后誥令，迎新君儀注。蒼黃之中，討論撰定，皆得其宜。蒼黃者，猝遽之狀。論，盧昆翻。撰，士免翻。

初，隱帝遣供奉官押班陽曲張永德賜昭義節度使常思生辰物，供奉官押班，供奉官之長也。生辰物，謂聖節回賜。永德，郭威之壻也，會楊邠等誅，密詔思殺永德；思素聞郭威多奇異，囚永德以觀變，及威克大梁，思乃釋永德而謝之。

庚寅，郭威帥百官上言：「比皇帝到闕，動涉浹旬，比，必利翻。十日爲浹旬。徐州至大梁七百里，郭威計程言之也。請太后臨朝聽政。」考異曰：周太祖實錄云：「太后自臨朝，令稱制。」隱帝實錄：「自是至國亡，止稱誥。」今從之。朝，直遙翻。

46 先是，馬希萼遣蠻兵圍玉潭，朱進忠引兵會之；崔洪璉兵敗，奔還長沙。馬希廣遣崔洪璉屯玉潭，事始見上六月。希萼引兵繼進，攻岳州，刺史王贇拒之，五日不克。希萼使人謂贇曰：「公非馬氏之臣乎？不事我，欲事異國乎？爲人臣而懷貳心，豈不辱其先人！」贇曰：「贇父環【章：十二行本「贇」作「亡」，無「環」字；乙十一行本同；張校云：「環」作「環」，無註本與吳本同。按「環」字與今見胡刻本異。】爲先王將，六破淮南兵。王贇父環，馬氏之良將也。將，卽亮翻。今大王兄弟不相容，贇常恐淮南坐收其弊，一旦以遺體臣淮南，誠辱先人耳！大王苟能釋憾罷兵，兄弟雍睦如初，贇敢不盡死以事大王兄弟，豈有二心乎！」希萼慚，引兵去。辛卯，至湘陰，焚掠而過。湘陰，古羅縣之地，唐屬岳州，宋屬潭州。九域志：湘陰縣，在潭州東北一百五十五里。宋白曰：湘陰縣，本羅子國，秦爲羅縣，宋元徽二年，分益陽、羅、〔湘西〕三縣界，處巴峽流人，因立湘陰縣；以地在湘江之陰，故名。至長沙，軍于湘西，步兵及蠻兵軍于嶽麓，盛弘之荆州記：長沙西岸有麓山，蓋衡山之足，又名靈麓峯，乃嶽山七十二峯之數。自湘西古渡登岸，夾徑喬松，泉澗盤繞，諸峯疊秀，下瞰湘江，道林、嶽麓等寺皆在焉。朱進忠自玉潭引兵會之。

馬希廣遣劉彦瑫召水軍指揮使許可瓊帥戰艦五百艘屯城北津，屬于南津，帥，讀曰率。屬，之欲翻。以馬希崇爲監軍；馬希崇在長沙，常爲希萼詗希廣。希萼又以利啖許可瓊。希廣使可瓊爲將，希崇監軍，所謂藉寇兵也。又遣馬軍指揮使李彦溫將騎兵屯駝口，扼湘陰路，瀏江口有駱駝觜，因謂之駝口。步軍指揮使韓禮將二千人屯楊柳橋，扼柵路。朗兵柵于湘西，以兵扼其路。可瓊，德勳之子也。許德勳亦楚之良將。

47 壬辰，太后始臨朝，以王峻爲樞密使，袁義爲宣徽南院使，王殷爲侍衛馬步軍都指揮使，郭崇威爲侍衛馬軍都指揮使，曹威爲侍衛步軍都指揮使，陳州刺史李穀權判三司。

48 劉銖、李洪建及其黨皆梟首於市，而赦其家。考異曰：實錄：「國子博士、司天監洛陽王處訥素與周祖善，因言劉氏祚短事，處訥曰：『漢曆未盡，但以即位後讎殺人，夷人之族，怨結天下，所以社稷不得久長耳！』時周祖方以兵圍蘇逢吉、劉銖之第，俟旦而族之；聞其言，蹶然遽命釋之。」按周祖時方迎湘陰公立之，豈得遽言劉氏祚短乎！今不取。郭威謂公卿曰：「劉銖屠吾家，吾復屠其家，怨讎反覆，庸有極乎！」

由是數家獲免。王殷屢爲洪建請免死，王殷先與李洪建分掌侍衛馬步軍，以同僚故爲之請。爲，于僞翻。郭威不許。

後匡贊至兗州，慕容彥超執而獻之。李業至陝州，陝，失冉翻。其兄保義節度使洪信不敢匿於家；業懷金將奔晉陽，至絳州，盜殺之而取其金。

49 蜀施州刺史田行皋奔荆南。高保融曰：「彼貳於蜀，安肯盡忠于我！」執之，歸于蜀，伏誅。

50 鎮州、邢州奏：「契丹主將數萬騎入寇，攻內丘，內丘，本漢中丘縣，隋避武元帝諱，改爲內丘，唐屬邢州。九域志：在州北四十七里。范成大北使錄：邢州三十五里至內丘縣。五日不克，死傷甚衆。有戍兵五百叛應契丹，引契丹入城，屠之，又陷饒陽。」九域志：饒陽縣，在深州北九十里。太后敕郭威將大軍擊之，國事權委竇貞固、蘇禹珪、王峻，軍事委王殷。十二月，甲午朔，郭威發大梁。

51 丁酉，以翰林學士、戶部侍郎范質爲樞密副使。

52 初，蠻酋彭師暠降於楚，見二百八十二卷晉天福五年。酋，慈由翻。暠，古老翻。楚人惡其獷直；惡，烏路翻。獷，古猛翻。楚王希廣獨憐之，以爲強弩指揮使，領辰州刺史，師暠常欲爲希廣死。爲，于僞翻。及朱進忠與蠻兵合七千餘人至長沙，營於江西，湘江之西。師暠登城望之，言於希廣曰：「朗人驟勝而驕，雜以蠻兵，攻之易破也。願假臣步卒三千，自巴溪渡江，出嶽麓之後，至水西，令許可瓊以戰艦渡江，腹背合擊，必破之。前軍敗，則其大軍自不敢輕進矣。」希廣將從之。時馬希萼已遣間使以厚利啖許可瓊，間，古莧翻。啖，吐濫翻。許分湖南而治，可瓊有貳心，乃謂希廣曰：「師暠與梅山諸蠻皆族類，安可信也！可瓊世爲楚將，許可瓊，德勳之子，故自言爾。必不負大王，希萼竟何能爲！」希廣乃止。

希萼尋以戰艦四百餘艘泊江西。希廣命諸將皆受可瓊節度，日賜可瓊銀五百兩，希廣屢造其營計事。造，七到翻。可瓊常閉壘，不使士卒知朗軍進退，希廣歎曰：「眞將軍也，吾何憂哉！」臨亂之君，各賢其臣，斯言信矣。可瓊或夜乘單舸詐稱巡江，與希萼會水西，約爲內應。舸，苦我翻。一旦，彭師暠見可瓊，瞋目叱之，瞋，昌眞翻。拂衣入見希廣曰：「可瓊將叛國，人皆知之，請速除之，無貽後患。」希廣曰：「可瓊，許侍中之子，豈有是邪！」楚加許德勳侍中，故希廣稱之。師暠退，歎曰：「王仁而不斷，斷，丁亂翻。敗亡可翹足俟也！」

潭州大雪，平地四尺，潭、朗兩軍久不得戰。希廣信巫覡及僧語，塑鬼於江上，覡，刑狄翻。塑，桑故翻。摶埴爲神鬼之形曰塑。舉手以卻朗兵，又作大像于高樓，手指水西，怒目視之，怒，奴古翻。命衆僧日夜誦經，希廣自衣僧服膜拜求福。衣，於既翻；下暉衣同。膜，莫乎翻。

甲辰，朗州步軍指揮使武陵何敬眞等考異曰：湖湘故事作「何景眞」。今從十國紀年。以蠻兵三千陳于楊柳橋，敬眞望韓禮營旌旗紛錯，先是希廣命韓禮營于楊柳橋。紛，亂也。錯，雜也。陳，讀曰陳。

曰：「彼衆已懼，擊之易破也。」朗人雷暉衣潭卒之服潛入禮寨，手劍擊禮，不中，手，式又翻。中，竹仲翻。軍中驚擾；敬眞等乘其亂擊之，禮軍大潰，禮被創走，至家而卒。創，初良翻。於是朗兵水陸急攻長沙，步軍指揮使吳宏、小門使楊滌相謂曰：「以死報國，此其時矣！」各引兵出戰。宏出清泰門，戰不利；滌出長樂，戰自辰至午，朗兵小卻；「長樂」之下當有「門」字。許可瓊、劉彥瑫按兵不救。滌士卒飢疲，退就食；彭師暠戰於城東北隅。蠻兵自城東縱火，城上人招許可瓊軍使救城，可瓊舉全軍降希萼，長沙遂陷。朗兵及蠻兵大掠三日，殺吏民，焚廬舍，自武穆王以來所營宮室，皆爲灰燼，楚王馬殷，諡武穆。所積寶貨，皆入蠻落。李彥溫望見城中火起，自駝口引兵救之，朗人已據城拒戰。彥溫攻清泰門，不克，與劉彥瑫各將千餘人奉文昭王及希廣諸子趣袁州，遂奔唐。楚王希範，諡文昭。九域志：潭州東南至袁州六百三十四里。趣，七喻翻。張暉降於希萼。張暉先是自益陽遁歸長沙，長沙既陷，遂降於希萼。左司馬希崇帥將吏詣希萼勸進。馬希崇通希萼事始二百八十七卷天福十二年。帥，讀曰率。吳宏戰血滿袖，見希萼曰：「不幸爲許可瓊所誤，今日死，不愧先王矣！」彭師暠投槊於地，大呼請死。呼，火故翻。希萼歎曰：「鐵石人也！」皆不殺。

乙巳，希崇迎希萼入府視事，閉城，分捕希廣及掌書記李弘皋、弟弘節、都軍判官唐昭胤及鄧懿文、楊滌等，皆獲之。希萼謂希廣曰：「承父兄之業，豈無長幼乎？」希廣曰：「將吏見推，朝廷見命耳。」希蕚皆囚之。卒如張少敵、拓跋恆之言。丙午，希蕚命內外巡檢侍衛指揮使劉賓禁止焚掠。

丁未，希蕚自稱天策上將軍、武安・武平・靜江・寧遠等軍節度使、馬氏舊有此四鎮之地，是時寧遠巡屬已屬南漢。此皆父兄官爵，希蕚未稟命於中國而自稱之。以希崇爲節度副使、判軍府事；爲希崇殺希蕚張本。湖南要職，悉以朗人爲之。臠食李弘皋、弘節、唐昭胤、楊滌，斬鄧懿文於市。戊申，希蕚謂將吏曰：「希廣懦夫，爲左右所制耳，吾欲生之，可乎？」諸將皆不對。朱進忠嘗爲希廣所笞，對曰：「大王三年血戰，始得長沙，天福十二年，希蕚、希廣始爭國，次年交兵，至是三年矣。一國不容二主，他日必悔之。」戊申，賜希廣死。希廣臨刑，猶誦佛書；彭師暠葬之於瀏陽門外。瀏陽門，潭州城東門。瀏，音劉。

53武寧節度使贇留右都押牙鞏延美、元從都教練使楊溫守徐州，爲二人以徐州拒周張本。「鞏延美」，據下卷及歐史當作「鞏廷美」。鞏，以邑爲姓，周有卿士鞏簡公，晉有大夫鞏朔。從，才用翻。與馮道等西來，自彭城而西來大梁。在道仗衛，皆如王者，左右呼萬歲。郭威至滑州，留數日，贇遣使慰勞。諸將勞，力到翻。受命之際，相顧不拜，私相謂曰：「我輩屠陷京城，其罪大矣；若劉氏復立，我輩尚有種乎！」種，章勇翻。己酉，威聞之，卽引兵行，趣澶州。趣，七喻翻。辛亥，遣蘇禹珪如宋州迎嗣君。

54楚王希萼以子光贊爲武平留後，以何敬眞爲朗州牙內都指揮使，將兵戍之。希萼召拓跋恒，欲用之，恒稱疾不起。自希廣之立，拓跋恒已杜門矣，事見二百八十七卷天福十二年。

55壬子，郭威渡河，館于澶州。館，古玩翻。澶，時連翻。癸丑旦，將發，將士數千人忽大譟，威命閉門，將士踰垣登屋而入曰：「天子須侍中自爲之，將士已與劉氏爲仇，不可立也！」或裂黄旗以被威體，被，皮義翻。共扶抱之，呼萬歲震地，因擁威南行。威乃上太后牋，請奉宗【章：十二行本「宗」上有「漢」字；乙十一行本同。】廟，事太后爲母。丙辰，至韋城，隋分白馬置韋城縣，治韋氏國城。屬滑州。九域志：在州東南五十里。丁度曰：韋城縣，古豕韋國也。上，時掌翻。下書撫諭大梁士民，以昨離河上，在道秋毫不犯，勿有憂疑。恐京城士民懲前者剽掠之禍，奔迸四出，故撫安之。離，力智翻。戊午，威至七里店，竇貞固帥百官出迎拜謁，因勸進。威營於臯門村。臯門村，蓋在臯門之外。按大梁城無臯門。詩大雅綿之篇曰：乃立臯門，臯門有伉。毛氏傳曰：王之郭門曰臯門。鄭氏箋曰：諸侯之宮，外門曰臯門，朝門曰應門，內有路門。天子之宮，加之庫、雉。至禮記明堂位記周賜魯公以天子之制，其言曰：庫門，天子臯門；雉門，天子應門。鄭註又云：天子五門，臯、庫、雉、應、路。魯有庫、雉、路，則諸侯三門歟？詳而味之，詩箋、記註，微有不同。而五代之時，汴城之外所謂臯門村，蓋以郭門之外有村，遂呼曰臯門村，合於毛氏詩傳。臯門村屬開封縣。薛史云：王檀葬于開封縣之臯門原，以是知之。

武寧節度使贇已至宋州，王峻、王殷聞澶州軍變，遣侍衛馬軍都指揮使郭崇威將七百騎往拒之，又遣前申州刺史馬鐸將兵詣許州巡檢。崇威忽至宋州，陳于府門外，贇大驚，闔門登樓詰之。詣許州巡檢，備劉信也。汴京至宋州二百八十五里耳，贇不意其至，故驚而詰之。詰，去吉翻。對曰：「澶州軍變，郭公慮陛下未察，故遣崇威來宿衞，無他也。」贇召崇威，崇威不敢進。馮道出與崇威語，先是使馮道迎贇，故道在贇所。崇威乃登樓，贇執崇威手而泣。崇威以郭威意安諭之。

少頃，崇威出，時護聖指揮使張令超帥部兵爲贇宿衞，按薛史，護聖，漢侍衞馬軍也。帥，讀曰率；下同。徐州判官董裔說贇曰：說，式芮翻。「觀崇威視瞻舉措，必有異謀。道路皆言郭威已爲帝，而陛下深入不止，禍其至哉！請急召張令超，諭以禍福，使夜以兵劫崇威，奪其兵。明日，掠睢陽金帛，募士卒，北走晉陽。宋州，睢陽郡。贇父崇鎮晉陽。睢，音雖。走，音奏。彼新定京邑，未暇追我，此策之上也！」贇猶豫未決。是夕，崇威密誘令超，令超帥衆歸之。誘，音酉。贇大懼。

郭威遺贇書，云爲諸軍所迫；召馮道先歸，留趙上交、王度奉侍。道辭行，贇曰：「寡人此來所恃者，以公三十年舊相，故無疑耳。馮道，唐明宗天成二年爲相，至是二十四年。曰三十年，舉成數也。遺，于季翻。今崇威奪吾衞兵，事危矣，公何以爲計？」道默然。無以答贇，故默。馮道自謂癡頑老子，良不妄也。客將賈貞數目道，欲殺之。將，卽亮翻。數，所角翻。贇曰：「汝輩勿草草，此無預馮公事。」契丹主入汴，責劉繼勳，繼勳歸罪於道，道幾死矣。宋州之事，使劉贇從賈貞之意，道亦必死矣。

而契丹主謂道非多事者，劉贇謂無預馮公事，豈非以其在位素懷沖澹，與物無競，人皆敬其名德而然邪！道之全身，固爲得矣，有國者焉用彼相哉！然自後唐同光以來，樞密使任事，丞相取充位而已。責人斯無難，惟受責俾如流；以此而言，道未肯受責也。

崇威遷贇於外館，殺其腹心董裔、賈貞等數人。

己未，太后誥，廢贇爲湘陰公。

馬鐸引兵入許州，劉信惶惑自殺。

庚申，太后誥，以侍中監國。太后兩誥，皆郭威之志也。侍中，稱郭威官。百官藩鎮相繼上表勸進。

壬戌夜，監國營有步兵將校醉，揚言歸者澶州騎兵扶立，今步兵亦欲扶立，監國斬之。

56 南漢主以宮人盧瓊仙、黃瓊芝爲女侍中，朝服冠帶，參決政事。朝，直遙翻。宗室勳舊，誅戮殆盡，惟宦官林延遇等用事。史言南漢終以宦官、女寵亡國，而南漢主所以能終其世者，以僻處海隅，而中國未有眞主耳。

容肇祖標點聶崇岐覆校

資治通鑑卷第二百九十

端明殿學士兼翰林侍讀學士太中大夫提舉西京嵩山崇福宮上柱國河内郡開國公食邑二千六百户食實封一千户臣　司馬光　奉敕編集

後學天台　胡三省　音註

後周紀一

起重光大淵獻（辛亥），盡玄黓困敦（壬子）八月，凡一年有奇。

周自以爲周虢叔之後。春秋、戰國之世，傳記謂虢叔之後有國者爲虢公，後謂之郭公。虢、郭音相近也。虞大夫宫之奇曰：虢仲、虢叔，王季之穆也。郭之得姓本於周，故建國號曰周，通鑑因謂之後周。

太祖聖神恭肅文孝皇帝上姓郭氏，諱威，邢州堯山人。父簡，事晉，爲順州刺史。

廣順元年（辛亥、九五一）

1春，正月，丁卯，漢太后下誥，授監國符寶，即皇帝位。監國自皋門入宫，皋門，大梁城外村名。即位於崇元殿，制曰：「朕周室之裔，虢叔之後，國號宜曰周。」改元，大赦。楊邠、史弘肇、王章等皆贈官，官爲斂葬，楊邠等死見上卷上年。爲，于僞翻。斂，力贍翻。仍訪其子孫敍用之。凡倉場、庫務掌納官吏，無得收斗餘、稱耗；斗餘，概量之外，又取其餘也。稱耗，稱計斤鈞石之外，又多取之以備耗折。今悉除之，矯王章苛斂之弊也。稱，尺證翻。舊所進羨餘物，悉罷之。羨，弋戰翻。羨餘，唐之流弊也，至五季而愈甚。犯竊盜及姦者，並依晉天福元年以前刑名，罪人非反逆，無得誅及親族，籍沒家貲。矯史弘肇虐刑之弊也。唐莊宗、明宗、晉高祖各置守陵十戶，漢高祖陵職員、宮人，時月薦享及守陵戶並如故。初，唐衰，多盜，不用律文，更定峻法，竊盜贓三匹者死；晉天福中，加至五匹。姦有夫婦人，無問強、和，男女並死。強，謂男以威力加女，女不得已而與之通姦者。和，謂男女相慕，欲動情生而通姦者。漢法，竊盜一錢以上皆死；又罪非反逆，往往族誅、籍沒。故帝卽位，首革其弊。

初，楊邠以功臣、國戚爲方鎭者多不閑吏事，閑，習也。乃以三司軍將補都押牙、孔目官、內知客，其人自恃敕補，多專橫，橫，下孟翻。節度使不能制；至是悉罷之。

帝命史弘肇親吏上黨李崇矩訪弘肇親族，崇矩言：「弘肇弟弘福今存。」初，弘肇使崇矩掌其家貲之籍，由是盡得其產，皆以授弘福；帝賢之，使隸皇子榮帳下。

2 戊辰，以前復州防禦使王彥超權武寧節度使。時劉贇將鞏延美等守徐州。

3 漢李太后遷居西宮，按薛史，漢太平宮蓋卽西宮。己巳，上尊號曰昭聖皇太后。上，時掌翻。

4 開封尹兼中書令劉勳卒。

5 癸酉，加王峻同平章事。

6 以衛尉卿劉皞主漢隱帝之喪。劉勳既卒，他無親屬故也。

7 初，河東節度使兼中書令劉崇聞隱帝遇害，欲舉兵南向，聞迎立湘陰公，乃止，曰：「吾兒爲帝，吾又何求！」太原少尹李驤陰說崇曰：說，式芮翻。「觀郭公之心，終欲自取，公不如疾引兵逾太行，據孟津，行，戶剛翻。俟徐州相公卽位，湘陰公本鎭徐州，故稱之。然後還鎭，則郭公不敢動矣；不然，且爲所賣。」崇怒曰：「腐儒，欲離間吾父子！」命左右曳出斬之。間，古莧翻。曳，讀曰拽，音羊列翻。驤呼曰：「吾負經濟之才而爲愚人謀事，呼，火故翻。爲，于僞翻。死固甘心！家有老妻，願與之同死。」崇幷其妻殺之，且奏於朝廷，示無二心。及贇廢，崇乃遣使請贇歸晉陽。詔報以「湘陰公比在宋州，比，毗至翻。今方取歸京師，必令得所，公勿以爲憂。公能同力相輔，當加王爵，永鎭河東。」

鞏廷美、楊溫聞湘陰公失位，奉贇妃董氏據徐州拒守，以俟河東援兵，劉贇令鞏廷美等守徐州，事始見上卷上年。帝使贇以書諭之。廷美、溫欲降而懼死，降，戶江翻。帝復遺贇書曰：「爰念斯人盡心於主，復，扶又翻。遺，唯季翻。主，謂劉贇。足以賞其忠義，何由責以悔尤，俟新節度使入城，新節度使，謂王彥超。當各除刺史，公可更以委曲示之。」唐末主帥以手書諭示將佐，率謂之委曲。

8 契丹之攻內丘也，事見上卷上年。死傷頗多，又値月食，軍中多妖異，契丹主懼，不敢深入，引兵還，胡人用兵，以月爲候，月食，又多妖異，故懼而不敢進。妖，一遙翻。還，從宣翻，又如字。遣使請和於漢。會漢亡，安國節度使劉詞送其使者詣大梁，帝遣左千牛衛將軍朱憲報聘，且敍革命之由，以金器、玉帶贈之。

9 帝以鄴都鎮撫河北，控制契丹，欲以腹心處之。處，昌呂翻。乙亥，以寧江節度使、侍衛親軍都指揮使王殷爲鄴都留守、天雄節度使、同平章事，領軍如故，仍領侍衛親軍也。仍以侍衛司從赴鎮。

10 丙子，帝帥百官詣西宮，爲漢隱帝舉哀成服，皆如天子禮。去年，遷隱帝梓宮於西宮，事見上卷。帥，讀曰率。爲，于僞翻。

11 慕容彥超遣使入貢，帝慮其疑懼，賜詔慰安之，曰：「今兄事已至此，言不欲繁，望弟扶持，同安億兆。」漢祖，慕容彥超之兄也。「今兄」，薛史作「令兄」，當從之。

12 戊寅，殺湘陰公於宋州。

13 是日，劉崇卽皇帝位於晉陽，劉崇，漢祖母弟也。仍用乾祐年號，所有者并、汾、忻、代、嵐、憲、隆、蔚、沁、遼、麟、石十二州之地。宋白曰：憲州，故樓煩監牧，唐昭宗龍紀元年，李克用奏置憲州。宋太宗之平太原，折御卿自府州會兵攻劉繼元，先克岢嵐軍，次克隆州，次克嵐州，則隆州蓋晉、漢間所置，其地在岢嵐、嵐谷之間。沁，千鴆翻。以節度判官鄭珙爲中書侍郎，珙，居勇翻。觀察判官滎陽趙華爲戶部侍郎，並同平章事。以次子承鈞爲侍衛親軍都指揮使、太原尹，以節度副使李存瓌爲代州防禦使，裨將武安張元徽爲馬步軍都指揮使，九域志：武安縣屬洺州，在州西九十五里。陳光裕爲宣徽使。

北漢主謂李存瓌、張元徽曰：通鑑書嶺南之漢爲南漢，河東之漢爲北漢。「朕以高祖之業一朝墜地，今日位號，不得已而稱之；顧我是何天子，汝曹是何節度使邪！」由是不建宗廟，祭祀如家人，宰相月俸止百緡，節度使止三十緡，按唐世百官俸錢，自會昌以後，不復增減，三師二百萬，三公百六十萬，侍中百五十萬，中書令、兩省侍郎、兩僕射、東宮三師百四十萬，尚書、御史大夫、東宮三少百萬，節度使三十萬。至梁開平五年，宰臣俸二百千。後唐同光四年，定節度副使每月料錢四十千，則節度使當又多。今北漢主皆減其數。俸，扶用翻。自餘薄有資給而已，故其國中少廉吏。少，詩沼翻。

客省使河南李光美嘗爲直省官，三省有直省官，凡百官詣宰相，皆差直省官引接，其職則外鎮客司通引之職也。頗諳故事，諳，烏含翻。北漢朝廷制度，皆出於光美。

北漢主聞湘陰公死，哭曰：「吾不用忠臣之言，以至於此！」爲李驤立祠，爲，于僞翻。歲時祭之。

14 己卯，以太師馮道爲中書令，加竇貞固侍中，蘇禹珪司空。

15 王彥超奏遣使齎敕詣徐州，鞏廷美等猶豫不肯啓關，詔進兵攻之。

16 帝謂王峻曰：「朕起於寒微，備嘗艱苦，遭時喪亂，喪，息浪翻。一旦爲帝王，豈敢厚自奉養以病下民乎！」命峻疏四方貢獻珍美食物，庚辰，下詔悉罷之。按薛史本紀：詔：「應天下州府舊貢滋味食饌之物，所宜除減。其兩浙進細酒、海味、薑瓜，湖南枕子茶、乳糖、白沙糖、橄欖子，鎮州高公米、水梨，易定栗子，河東白杜梨、米粉、菉豆粉、玉屑粆子麪，永興御田紅秔米、新大麥麪，興平蘇栗子，華州麝香、羚羊角、熊膽、獺肝、朱柿、熊白，河中樹紅棗、五味子、輕餳，同州石鏊餅，晉、絳蒲萄、黃消梨，陝府鳳栖梨，襄州紫薑、新笋、橘子，安州折粳米、糟味，青州水梨，河陽諸雜果子，許州御李子，鄭州新笋、鵝梨，懷州寒食杏仁，申州蘘荷，亳州萆薢，沿淮州郡淮白魚，今後不須進奉。」其詔略曰：「所奉止於朕躬，所損被於甿庶。」被，皮義翻。甿，謨耕翻。又曰：「積於有司之中，甚爲無用之物。」又詔曰：「朕生長軍旅，長，知兩翻。不親學問，未知治天下之道，治，直之翻。文武官有益國利民之術，各具封事以聞，咸宜直書其事，勿事辭藻。」帝以蘇逢吉之第賜王峻，峻曰：「是逢吉所以族李崧也！」事見二百八十八卷漢乾祐元年。辭而不處。使王峻處權勢之間，皆以是心處之，必不至有商州之禍矣。處，昌呂翻。

17 初，契丹主北歸，見二百八十七卷漢高祖天福十二年。橫海節度使潘聿撚棄鎮隨之，契丹主以聿撚爲西南路招討使。撚，乃殄翻。及北漢主立，契丹主使聿撚遺劉承鈞書；北漢主使承鈞復書，稱：「本朝淪亡，紹襲帝位，欲循晉室故事，求援北朝。」遺，唯季翻。晉室故事，謂晉祖事契丹以求援故事也。朝，直遙翻；下同。契丹主大喜。北漢主發兵屯陰地、黃澤、團柏；屯陰地者，欲窺晉、隰；屯黃澤者，欲窺邢、趙；屯團柏者，欲窺鎮、定。丁亥，以承鈞爲招討使，與副招討使白從暉、都監李存瓌將步騎萬人寇晉州。從暉，吐谷渾人也。

18 郭崇威更名崇，曹威更名英。皆避帝名也。更，工衡翻。

19 二月，丁酉，以皇子天雄牙內都指揮使榮爲鎮寧節度使，選朝士爲之僚佐，以侍御史王敏爲節度判官，右補闕崔頌爲觀察判官，校書郎王朴爲掌書記。爲王朴見任於世宗張本。頌，協之子；崔協相後唐明宗。朴，東平人也。

20 戊戌，北漢兵五道攻晉州，節度使王晏閉城不出。劉承鈞以爲怯，蟻附登城；晏伏兵奮擊，北漢兵死傷者千餘人。承鈞遣副兵馬使安元寶焚晉州西城，元寶來降。承鈞乃移軍攻隰州，九域志：晉州西北至隰州二百五十里。癸卯，隰州刺史許遷遣步軍都指揮使孫繼業迎擊北漢兵於長壽村，唐武德二年，分隰州石樓置長壽縣，貞觀元年省入石樓。執其將程筠等，殺之。未幾，北漢兵攻州城，幾，居豈翻。數日不克，死傷甚衆，乃引去。遷，鄆州人也。

21 甲辰，楚王希萼遣掌書記劉光輔入貢于唐。考異曰：湖湘故事，「光輔」作「光瀚」。今從十國紀年。

22 帝悉出漢宮中寶玉器數十，碎之於庭，曰：「凡爲帝王，安用此物！聞漢隱帝日與嬖寵於禁中嬉戲，珍玩不離側，嬖，卑義翻，又必計翻。離，力智翻。茲事不遠，宜以爲鑑。」仍戒左右，自今珍華悅目之物，無得入宮。

23丁未，契丹主遣其臣裊骨支與朱憲偕來，裊，奴鳥翻。歐史作「褭」。朱憲使契丹，見上正月。賀即位。

24戊申，敕前資官各聽自便居外州。漢隱帝乾祐二年冬，楊邠奏前資官分居兩京，事見二百八十八卷。

25陳思讓未至湖南，馬希萼已克長沙；思讓留屯郢州，敕召令還。去年十一月，漢朝議發兵救潭州，內難作而不果。劉、郭易姓之際，必未暇遣將南略，未知陳思讓爲誰朝所遣，當考。按薛史，周太祖登極，遣陳思讓帥偏師至安、郢，以圖進取，長沙陷，乃班師。則帝所遣也。

26丁巳，遣尚書左丞田敏使契丹。北漢主遣通事舍人李䛒使于契丹，「䛒」，俗「辯」字，從「巩」從「言」。宋景文手記曰：北齊時，里俗多作僞字，始以「巧言」爲「辯」。至隋有柳䛒，其字又以「巩」易「巧」矣。乞兵爲援。

27詔加泰寧節度使慕容彥超中書令，遣翰林學士魚崇諒詣兗州諭指。崇諒，即崇遠也。魚崇諒，先因避漢祖諱改名。彥超上表謝。三月，壬戌朔，詔報之曰：「向以前朝失德，少主用讒，少，詩照翻。倉猝之間，召卿赴闕，卿即奔馳應命，信宿至京，救國難而不顧身，聞君召而不俟駕；難，乃旦翻。以至天亡漢祚，兵散梁郊，降將敗軍，相繼而至，卿即便回馬首，徑反龜陰；兗州在龜山之陰。慕容彥超赴大梁，還兗州，事並見上卷上年。爲主爲時，爲，于僞翻。有終有始。所謂危亂見忠臣之節，疾風知勁草之心，若使爲臣者皆能如茲，則有國者誰不欲用！所言朕潛龍河朔之際，平難浚郊之時，難，乃旦翻。浚郊，謂大梁之郊。大梁有浚水，詩云：孑孑干旄，在浚之郊。韓愈從董晉於汴州，賦曰：非夫子之洵美兮，吾何爲乎浚之都！緣不奉示喻之言，亦不得差人至行闕。且事主之道，何必如斯！若或二三於漢朝，朝，直遙翻。又安肯忠信於周室！以此爲懼，不亦過乎！卿但悉力推心，安民體國，事朕之節，如事故君，不惟黎庶獲安，抑亦社稷是賴。但堅表率，未議替移。由衷之誠，言盡於此。」以慕容彥超不自安，故以此詔撫諭之。

28 唐以楚王希萼爲天策上將軍、武安・武平・靜江・寧遠節度使兼中書令、楚王；以右僕射孫忌、孫忌即孫晟。歐史曰：晟一名忌，又名鳳。客省使姚鳳爲册禮使。

29 丙寅，遣前淄州刺史陳思讓將兵戍磁州，扼黄澤路。磁州西北當黄澤關路口。磁，牆之翻。

30 楚王希萼既得志，多思舊怨，殺戮無度，晝夜縱酒荒淫，悉以軍府事委馬希崇。希崇復多私曲，政刑紊亂。復，扶又翻。紊，音問。府庫既盡於亂兵，籍民財以賞賚士卒，或封其門而取之，士卒猶以不均怨望；雖朗州舊將佐從希萼來者，亦皆不悦，有離心。

劉光輔之入貢于唐也，入貢見上月。唐主待之厚，光輔密言：「湖南民疲主驕，可取也。」唐主乃以營屯都虞候邊鎬爲信州刺史，將兵屯袁州，潛謀進取。

小門使謝彥顒，顒，魚容翻。考異曰：湖湘故事作「謝彥敍」，周羽沖三楚新錄作「謝延澤」，今從十國紀年。本希萼家奴，以首面有寵於希萼，首面，龍陽之色也。至與妻妾雜坐，恃恩專横。横，戶孟翻。常肩隨希崇，或拊其背；記曲禮：年長以倍，則父事之；十年以長，則兄事之；五年以長，則肩隨之。註云：肩隨者，與之並行差退。若拊背，則狎之矣。希崇銜之。故事，府宴，小門使執兵在門外；希萼使彥顒預坐，或居諸將之上，諸將皆恥之。

希萼以府舍焚蕩，命朗州靜江指揮使王逵、副使周行逢帥所部兵千餘人治之，帥，讀曰率；下同。治，直之翻。執役甚勞，又無犒賜，犒，苦到翻。士卒皆怨，竊言曰：「囚免死則役作之。我輩從大王出萬死取湖南，何罪而囚役之！且大王終日酣歌，豈知我輩之勞苦乎！」逵、行逢聞之，相謂曰：「衆怨深矣，不早爲計，禍及吾曹。」壬申旦，帥其衆各執長柯斧、白梃，逃歸朗州。柯，斧柄也。梃，徒鼎翻。時希萼醉未醒，左右不敢白；癸酉，始白之。希萼遣湖南指揮使唐師翥將千餘人追之，不及，直抵朗州；逵等乘其疲乏，伏兵縱擊，士卒死傷殆盡，師翥脫歸。翥，章恕翻。

逵等黜留後馬光贊，去年，馬希萼以子光贊鎮朗州。更以希萼兄子光惠知州事。更，工衡翻。光惠，希振之子也。希振，馬殷之嫡長子也。尋奉光惠爲節度使，逵等與何敬眞及諸軍指揮使張倣參決軍府事。希萼具以狀言於唐，唐主遣使以厚賞招諭之；逵等納其賞，縱其使，不答其詔，唐亦不敢詰也。使，疏吏翻。詰，去吉翻。爲王逵等以朗州攻潭州張本。

31 王彥超奏克徐州，殺鞏廷美等。鞏廷美等以無援敗死。

32 北漢李𧦬至契丹，契丹主使拽剌梅里報之。拽，羊列翻。剌，來達翻。

33 丙子，敕：「朝廷與唐本無仇怨，緣淮軍鎮，各守疆域，無得縱兵民擅入唐境；商旅往來，無得禁止。」

34 己卯，潞州送涉縣所獲北漢將卒二百六十餘人，各賜衫袴巾履遣還。涉，漢縣，唐屬潞州。九域志：在州東北一百九十八里。

35 加吳越王弘俶諸道兵馬都元帥。

36 夏，四月，壬辰朔，濱淮州鎮上言：「淮南飢民過淮糴穀，未敢禁止。」詔曰：「彼之生民，與此何異，宜令州縣津鋪無得禁止。」鋪，普故翻。

37 蜀通奏使高延昭固辭知樞密院，丁未，以前雲安榷鹽使太原伊審徵爲通奏使，知樞密院事。雲安，漢巴郡之朐肕縣地，周武帝置雲安縣，唐屬夔州，以其產鹽，置雲安監。審徵，蜀高祖妹褒國公主之子也，少與蜀主相親狎，少，詩照翻。及知樞密，政之大小悉以咨之。審徵亦以經濟爲己任，而貪侈回邪，與王昭遠相表裏，蜀政由是浸衰。

38 吳越王弘俶徙廢王弘倧居東府，自衣錦軍徙居東府。吳越以越州爲東府。爲築宮室，治園圃，娛悅之，爲，于僞翻。治，直之翻。歲時供饋甚厚。

39 契丹主遣使如北漢，告以周使田敏來，約歲輸錢十萬緡。輸，舂遇翻。北漢主使鄭珙以厚賂謝契丹，珙，居勇翻。自稱「姪皇帝致書於叔天授皇帝」，請行册禮。

40 五月，己巳，遣左金吾將軍姚漢英等使于契丹，契丹留之。契丹以北漢交之厚，遂留周使。

41 辛未，北漢禮部侍郎、同平章事鄭珙卒于契丹。考異曰：晉陽見聞錄：「鄭珙旣達虜庭，虜君恩禮周厚。虜俗以酒池肉林爲名，雖不飲酒如韋曜輩者，亦加灌注，縱成疾，無復信之。珙魁岸善飲，羅無量之逼，宴罷，載歸，一夕腐脇於穹廬之氈堵間，輿尸而復命。」九國志：「契丹宴犒漢使，必厚具酒肉，以示夸大。高祖鎮河東，嘗命韋曜北使，曜羸瘠不能飲酒，虜人強之，遂卒。」按韋曜，孫晧時人韋昭也，不能飲酒。王保衡引以爲文章，而路振云高祖時人，誤也。

42 甲戌，義武節度使孫方簡避皇考諱，更名方諫。更，工衡翻。

43 定難節度李彝殷遣使奉表于北漢。「節度」之下，當有「使」字。難，乃旦翻。

44 六月，辛亥，以樞密使、同平章事王峻爲左僕射兼門下侍郎，樞密副使·兵部侍郎范質、判【章：十二行本「判」上有「戶部侍郎」四字；乙十一行本同；孔本同；張校同；退齋校同。】三司李穀爲中書侍郎，並同平章事，穀仍判三司。司徒兼侍中竇貞固、司空兼中書侍郎·同平章事蘇禹珪並罷守本官。癸丑，范質參知樞密院事。丁巳，以宣徽北院使翟光鄴兼樞密副使。翟，萇伯翻，又徒歷翻。

初，帝討河中，已爲人望所屬；帝討河中見二百八十八卷漢乾祐元年。屬，之欲翻。李穀時爲轉運使，帝數以微言動之，穀但以人臣盡節爲對，帝以是賢之，即位，首用爲相。時國家新造，四方多故，王峻夙夜盡心，知無不爲，軍旅之謀，多所裨益。范質明敏強記，謹守法度。李穀沈毅有器略，在帝前議論，辭氣忼慨，善譬諭以開主意。數，所角翻。沈，持林翻。忼，苦廣翻。史言周朝新造，輔相者能盡心營職，以濟多艱。

45武平節度使馬光惠，愚懦嗜酒，不能服諸將；王逵、周行逢、何敬眞謀以辰州刺史廬陵劉言驍勇得蠻夷心，劉言從彭玕奔楚，因爲楚將。欲迎以爲副使。言知逵等難制，曰：「不往，將攻我。」乃單騎赴之。九域志：辰州東至朗州五百六十六里。既至，衆廢光惠，送于唐，推言權武平留後，爲王逵等殺劉言張本。表求旄節於唐，唐人未許；亦稱藩于周。

46吳越王弘俶以前內外馬步都統軍使仁俊無罪，復其官爵。錢仁俊被幽見二百八十五卷晉齊王開運二年。

47契丹遣燕王述軋等册命北漢主爲大漢神武皇帝，妃爲皇后。北漢主更名旻。更，工衡翻。

48秋，七月，按五代會要，是月，周追尊四廟。北漢主遣翰林學士博興衞融等詣契丹謝册禮，博興，即唐青州之博昌縣，後唐避獻祖諱，改曰博興。九域志：縣在州西北一百二十里。且請兵。請兵以攻周。

49八月，壬戌，葬漢隱帝于潁陵。潁陵，在許州陽翟縣。

50 義武節度使孫方諫入朝，壬子，徙鎮國節度使，以其弟易州刺史行友爲義武留後。又徙建雄節度使王晏鎮徐州，以武寧節度使王彥超代之。王晏與王彥超兩易所鎮。

51 戊午，追立故夫人柴氏爲皇后。柴氏先卒，去年不死於劉銖之手。

52 九月，北漢主遣招討使李存瓌將兵自團柏入寇。契丹欲引兵會之，「契丹」之下，當有「主」字。與酋長議於九十九泉。魏土地記曰：沮陽城東八十里有牧牛山，山下有九十九泉，卽滄河之上源也。按魏收魏書：天賜三年，八月，魏主登武要北原，觀九十九泉。武要縣，漢屬定襄郡東部都尉治所。宋白曰：九十九泉，在幽州西北一千餘里。諸部皆不欲南寇，契丹主強之，癸亥，行至新州之【章：十二行本「之」下有「西」字；乙十一行本同；孔本同；張校同。】火神淀，契丹雖破晉，其力亦疲，諸部瘡痍未瘳，羸耗未復，故不欲南寇。宋白曰：火神淀在新州西。強，其兩翻。淀，徒練翻。淺水曰淀。燕王述軋及偉王之子太寧王漚僧作亂，漚，烏侯翻。弒契丹主而立述軋。契丹主德光之子【章：十二行本「子」下有「齊王」二字；乙十一行本同；孔本同；張校同。】述律逃入南山，諸部奉述律以攻述軋、漚僧，殺之，幷其族黨。立述律爲帝，改元應曆。自火神淀入幽州，遣使告于北漢，北漢主遣樞密直學士上黨王得中如契丹，賀卽位，復以叔父事之，請兵以擊晉州。

契丹主年少，好遊戲，不親國事；每夜酣飲，達旦乃寐，日中方起，國人謂之睡王。後更名明。少，詩照翻。好，呼到翻。更，工衡翻。

53 壬申，蜀以吏部尚書、御史中丞范仁恕爲中書侍郎兼吏部尚書、同平章事。

54 楚王希萼既克長沙，不賞許可瓊，許可瓊降希萼見上卷漢隱帝乾祐三年。疑可瓊怨望，出爲蒙州刺史。唐武德五年，析荔州之隋化縣置南恭州，貞觀八年，更名蒙州，宋朝熙寧五年，廢蒙州，以立山縣隸昭州。宋白曰：蒙州，漢荔浦縣地，唐置蒙州，以州東面有蒙山，山下有泉源，流爲蒙水，山下人皆姓蒙，故名。遣馬步都指揮使徐威、左右軍馬步使陳敬遷、水軍都指揮使魯公綰、牙內侍衞指揮使陸孟俊帥部兵立寨于城西北隅，以備朗兵，帥，讀曰率；下同。不存撫役者，將卒皆怨怒，謀作亂。希崇知其謀，戊寅，希萼宴將吏，徐威等不預，希崇亦辭疾不至。威等使人先驅踶齧馬十餘入府，自帥其徒執斧斤、白梃，聲言縶馬，奄至座上，縱橫擊人，顛踣滿地。踶，大計翻。齧，魚結翻。縶，陟立翻。縱，子容翻。踣，蒲北翻。希萼踰垣走，威等執囚之；考異曰：十國紀年作「丁丑」。按湖湘故事在十九日，今從之。執謝彥顒，自頂及踵剉之。立希崇爲武安留後，縱兵大掠。幽希萼於衡山縣。三國時，吳分湘南縣置衡山縣，唐屬衡州，宋朝淳化四年分屬潭州。九域志：衡山縣在潭州西南三百二十里。

劉言聞希崇立，遣兵趣潭州，趣，七喻翻。聲言討其篡奪之罪，壬午，軍于益陽之西。希崇懼，癸未，發兵二千拒之，又遣使如朗州求和，請爲鄰藩。掌書記桂林李觀象說言曰：時人謂桂州爲桂林。說，式芮翻。「希萼舊將佐猶在長沙，此必不欲與公爲鄰；不若先檄希崇取其首，然後圖湖南，可兼有也。」言從之。希崇畏言，卽斷都軍判官楊仲敏、掌書記劉光輔、牙內指揮使魏師進、都押牙黃勍等十餘人首，斷，丁管翻。勍，渠京翻。遣前辰陽縣令李翊齎送朗州；辰陽，地名，馬氏置縣，屬辰州。宋白曰：辰溪縣，本漢辰陵縣，後漢曰辰陽，以縣在辰水之陽也，隋改曰辰溪。如此，則馬氏用後漢縣名也。至則腐敗，言與王逵等皆以爲非仲敏等首，怒責翊，翊惶恐自殺。

希崇既襲位，亦縱酒荒淫，爲政不公，語多矯妄，國人不附。

初，馬希萼入長沙，事見上卷上年十二月。彭師暠雖免死，猶杖背黜爲民；希崇以爲師暠必怨之，使送希萼于衡山，實欲師暠殺之，師暠曰：「欲使我爲弑君之人乎！」奉事逾謹。暠，古老翻。丙戌，至衡山，衡山指揮使廖偃，匡圖之子也，晉天福四年，廖匡圖與蠻戰死。與其季父節度巡官匡凝謀曰：「吾家世受馬氏恩，今希萼長而被黜，必不免禍，長，知兩翻。被，皮義翻。盍相與輔之！」於是帥莊戶及鄉人悉爲兵，佃豪家之田而納其租，謂之莊戶。帥，讀曰率。與師暠共立希萼爲衡山王，以縣爲行府，斷江爲柵，斷，丁管翻。江，卽謂湘江也。編竹爲戰艦，以師暠爲武清節度使，武清節度使，廖偃等自相署置耳。召募徒衆，數日，至萬餘人，州縣多應之。遣判官劉虛己求援于唐。

徐威等見希崇所爲，知必無成，又畏朗州、衡山之逼，恐一朝喪敗，俱及禍，喪，息浪翻。欲殺希崇以自解。希崇微覺之，大懼，密遣客將范守牧奉表請兵于唐，唐主命邊鎬自袁州將兵萬人西趣長沙。將，卽亮翻。趣，七喻翻。

55 冬，十月，辛卯，潞州巡檢陳思讓敗北漢兵於虒亭。敗，補邁翻。虒亭，在潞州銅鞮縣。九域志：潞州襄垣縣有虒亭鎮。虒，音斯。

56 唐邊鎬引兵入醴陵。舊唐書地理志曰：漢臨湘縣界有醴陵，後漢立爲縣，隋廢，唐武德四年分長沙縣置醴陵縣，並屬潭州。九域志：醴陵縣在潭州東一百六十里。范成大行程記：袁州萍鄉縣至潭州醴陵縣，兩日程耳。癸巳，楚王希崇遣使犒軍。壬寅，遣天策府學士拓跋恒奉牋詣鎬請降。恒歎曰：「吾久不死，乃爲小兒送降狀！」癸卯，希崇帥弟姪迎鎬，望塵而拜，鎬下馬稱詔勞之。犒，苦到翻。帥，讀曰率；下同。勞，力到翻。甲辰，希崇等從鎬入城，鎬舍於瀏陽門樓，瀏，音留。湖南將吏畢賀，鎬皆厚賜之。時湖南饑饉，鎬大發馬氏倉粟賑之，楚人大悅。馬殷據潭、朗，傳子希聲、希範、希廣、希萼、希崇，至是而亡。唐明宗天成三年，楚歸吳敗將苗璘、許德勳謂之曰：「待衆駒爭皁棧而後湖、湘可圖。」今果如其言。

57 契丹遣彰國節度使蕭禹厥將奚、契丹五萬會北漢兵入寇；北漢主自將兵二萬自陰地關寇晉州，丁未，軍于城北，三面置寨，晝夜攻之，遊兵至絳州。時王晏已離鎮，離，力智翻。王彥超未至，巡檢使王萬敢權知晉州，與龍捷都指揮使史彥超、虎捷指揮使何徽共拒之。薛史本紀：廣順元年，改侍衛馬步軍額，馬軍舊稱護聖，改爲龍捷；步軍舊稱奉國，改爲虎捷。史彥超，雲州人也。

58癸丑，唐武昌節度使劉仁贍帥戰艦二百取岳州，撫納降附，人忘其亡。劉仁贍善將，故能爲唐堅守壽州。仁贍，金之子也。劉金爲楊氏將。

唐百官共賀湖南平，起居郎高遠曰：「我乘楚亂，取之甚易。易，以豉翻。觀諸將之才，但恐守之難耳！」遠，幽州人也。司徒致仕李建勳曰：「禍其始於此乎！」唐之禍敗，後果如二臣所料。

唐主自卽位以來，未嘗親祠郊廟，禮官以爲請，唐主曰：「俟天下一家，然後告謝。」及一舉取楚，謂諸國指麾可定。魏岑侍宴言：「臣少遊元城，樂其風土，少，詩照翻。樂，音洛。俟陛下定中原，乞魏博節度使。」唐主許之，岑趨下拜謝。其主驕臣佞如此。

馬希蕚望唐人立己爲潭帥，而潭人惡希蕚，惡，烏路翻。共請邊鎬爲帥，帥，所類翻；下同。唐主乃以鎬爲武安節度使。爲邊鎬爲朗兵所逐張本。

59王峻有故人曰申師厚，嘗爲兗州牙將，失職飢寒，望峻馬拜謁於道。會涼州留後折逋嘉施上表請帥於朝廷，折逋，羌族也，因以爲姓。帝以絕域非人所欲，募率府供奉官願行者，率府，謂東宫十率府也。月餘，無人應募，峻薦師厚於帝，丁巳，以師厚爲河西節度使。

60唐邊鎬趣馬希崇帥其族入朝，趣，讀曰促。帥，讀曰率。朝，直遥翻。馬氏聚族相泣，欲重賂鎬，奏乞留居長沙，鎬微哂曰：「國家與公家世爲仇敵，殆六十年，哂，矢忍翻。唐昭宗光啓三年，馬殷從孫儒攻楊行密，乾寧三年，得湖南，自此與江淮爲敵國。自光啓三年至是年，適六十年。然未嘗敢有意窺公之國。今公兄弟鬭鬩，困窮自歸，若復二三，復，扶又翻。恐有不測之憂。」希崇無以應，十一月，辛酉，與宗族及將佐千餘人號慟登舟，鬩，馨激翻，鬭也，很也，戾也。詩云：兄弟鬩于牆。復，扶又翻。號，戶刀翻。送者皆哭，響振川谷。

61 帝以北漢、契丹之兵猶在晉州，甲子，以王峻爲行營都部署，將兵救之，詔諸軍皆受峻節度，聽以便宜從事，得自選擇將吏。乙丑，峻行，帝自至城西餞之。大梁城西也。

62 楚靜江節度副使、知桂州馬希隱，武穆王殷之少子也。楚王希廣、希萼兄弟爭國，南漢主以內侍吳懷恩爲西北招討使，將兵屯境上，伺間密謀進取，少，詩照翻。伺，相吏翻。間，古莧翻。希廣遣指揮使彭彥暉將兵屯龍峒以備之。桂州溪南有白龍洞，在平地半山上。希萼自衡山遣使以彥暉爲桂州都監，在城外內巡檢使、判軍府事，希隱惡之，惡，烏路翻。潛遣人告蒙州刺史許可瓊。可瓊方畏南漢之逼，卽棄蒙州，引兵趣桂州，蒙、桂相去四百餘里。趣，七喻翻。與彥暉戰於城中，彥暉敗，奔衡山，可瓊留屯桂州。吳懷恩據蒙州，進兵侵掠，桂管大擾，希隱、可瓊不知所爲，但相與飲酒對泣。

南漢主遺希隱書，遺，唯季翻。言：「武穆王奄有全楚，富強安靖五十餘年。正由三十五舅、三十舅兄弟尋戈，自相魚肉，三十五舅，謂希廣。三十舅，謂希萼。漢主龑娶楚王殷女，故呼希廣等爲舅。舉先人基業，北面仇讎。言舉國臣唐也。今聞唐兵已據長沙，竊計桂林繼爲所取。當朝世爲與國，重以婚姻，朝，直遥翻。重，直用翻。覩茲傾危，忍不赴救！已發大軍水陸俱進，當令相公舅永擁節旄，常居方面。」希隱得書，與僚佐議降之，支使潘玄珪以爲不可。丙寅，吴懷恩引兵奄至城下，希隱、可瓊帥其衆，夜斬關奔全州，九域志：桂州北至全州一百六十三里。晉高祖時，馬氏改永州之湘源縣爲清湘縣，置全州，本漢洮陽縣地也，有洮水在清湘縣北。帥，讀曰率。桂州遂潰。

懷恩因以兵略定宜、連、梧、嚴、富、昭、柳、龔、象等州，唐乾封二年，招致生獠，以秦故桂林郡地置嚴州。富州當是置於賀州富川縣。南漢始盡有嶺南之地。

63 辛未，唐邊鎬遣先鋒指揮使李承戩將兵如衡山，趣馬希萼入朝。戩，子踐翻。趣，讀曰促。庚辰，希萼與將佐士卒萬餘人自潭州東下。

64 王峻留陝州旬日，帝以北漢攻晉州急，憂其不守，議自將由澤州路與峻會兵救之，帝欲自澤州而西，王峻自陝渡河而北，取絳州而會于晉州。陝，失冉翻。將，即亮翻。且遣使諭峻。十二月，戊子朔，下詔以三日西征。使者至陝，峻因使者言於帝曰：「晉州城堅，未易可拔，易，以豉翻。劉崇兵鋒方鋭，不可力爭。所以駐兵，待其氣衰耳，非臣怯也。陛下新即位，不宜輕動。若車駕出汜水，則慕容彦超引兵入汴，大事去矣！」帝聞之，自以手提耳曰：「幾敗吾事！」王峻之言，出於帝防虞之所不及，而犂然有當於心，故不覺自提其耳。幾，居依翻。敗，補邁翻。庚寅，敕罷親征。

初，泰寧節度使兼中書令慕容彥超聞徐州平，謂鞏廷美等死。疑懼愈甚，乃招納亡命，畜聚薪糧，潛以書結北漢，吏獲其書以聞。又遣人詐爲商人求援於唐。帝遣通事舍人鄭好謙就申慰諭，與之爲誓。彥超益不自安，屢遣都押牙鄭麟詣闕，僞輸誠款，實覘機事。覘，丑廉翻，又丑豔翻。又獻天平節度使高行周書，其言皆謗毀朝廷與彥超相結之意，帝笑曰：「此彥超之詐也！」以書示行周，行周上表謝恩。漢初，彥超與行周同攻魏，因而結隙。且兗、鄆鄰藩，彥超舉兵，恐行周擬其後，故僞爲其書，欲以間之；帝反以其書示行周以結其心。既而彥超反跡益露，丙申，遣閤門使張凝將兵赴鄆州巡檢以備之。職官分紀：閤門使、副，掌供奉乘輿，朝會、游幸、大宴及贊引親王、宰相、百寮、蕃客朝見、辭，糾彈失儀。五代以來，多以處武臣，出將使命及總戎旅。

65 庚子，王峻至絳州；乙巳，引兵趣晉州。趣，七喻翻。晉州南有蒙阬，最爲險要，峻憂北漢兵據之，是日，聞前鋒已度蒙阬，喜曰：「吾事濟矣！」

66 慕容彥超奏請入朝，帝知其詐，卽許之；既而復稱境內多盜，未敢離鎮。復，扶又翻。離，力智翻。

67 北漢主攻晉州，久不克。是年十月庚子攻晉州，至是五十餘日。會大雪，民相聚保山寨，野無所掠，軍乏食。契丹思歸，聞王峻至蒙阬，燒營夜遁。峻入晉州，諸將請亟追之，峻猶豫未決；明日，乃遣行營馬軍都指揮使仇弘超、都排陳使藥元福、左廂排陳使陳思讓、康延沼將騎兵追之，及於霍邑，九域志：霍邑，在晉州北一百三十五里。縱兵奮擊，北漢兵墜崖谷死者甚衆。霍邑道隘，延沼畏懦不急追，由是北漢兵得渡。藥元福曰：「劉崇悉發其衆，挾胡騎而來，志吞晉、絳，今氣衰力憊，狼狽而遁，不乘此翦撲，必爲後患。」憊，蒲拜翻。撲，普卜翻。諸將不欲進，王峻復遣使止之，復，扶又翻。王峻自晉州遣使。遂還。契丹比至晉陽，士馬什喪三四；還，從宣翻，又如字。比，必利翻。喪，息浪翻。蕭禹厥恥無功，釘大酋長一人於市，旬餘而斬之。釘，丁定翻。酋，慈秋翻。長，知兩翻。北漢主始息意於進取。北漢土瘠民貧，內供軍國，外奉契丹，賦繁役重，民不聊生，逃入周境者甚衆。

68 唐主以鎮南節度使兼中書令宋齊丘爲太傅；以馬希萼爲江南西道觀察使，鎮【章：十二行本「鎮」上有「守中書令」四字；乙十一行本同；孔本同；張校同。】洪州，仍賜爵楚王；以馬希崇爲永泰節度使，鎮【章：十二行本「鎮」上有「兼侍中」三字；乙十一行本同；孔本同；張校同。】舒州。唐蓋置永泰軍於舒州。湖南將吏，位高者拜刺史、將軍、卿監，卑者以次拜官。唐主嘉廖偃、彭師暠之忠，以偃爲左殿直軍使、萊州刺史，萊州屬周境，廖偃遙領耳。師暠爲殿直都虞候，賜予甚厚。予，讀曰與。湖南刺史皆入朝于唐，永州刺史王贇獨後至，唐主毒殺之。

69 南漢主遣內侍省丞潘崇徹、唐內侍省有監，有少監，未嘗有丞，此南漢創置也。將軍謝貫將兵攻郴州，唐邊鎬發兵救之；崇徹敗唐兵於義章，郴，丑林翻。宋白曰：郴州，漢郴縣，隋置郴州。敗，補邁翻。隋末，蕭銑分郴置義章縣，唐屬郴州。九域志：在州南八十五里。宋朝避太宗潛藩舊名，改曰宜章。宋白曰：縣北臨章水。遂取郴州。邊鎬請除全、道二州刺史以備南漢。丙辰，唐主以廖偃爲道州刺史，以黑雲指揮使張巒知全州。全、道二州與南漢賀、昭、桂三州接界。

70 是歲，唐主以安化節度使鄱陽王王延政爲山南西道節度使，興元，山南西道，屬蜀，唐使王延政遙領耳。更賜爵光山王。更，工衡翻。王延政之先本光山人，故以爵之。

初，蒙城鎮將咸師朗將部兵降唐，見二百八十八卷漢乾祐二年。將，即亮翻。唐主以其兵爲奉節都，從邊鎬平湖南。唐悉收湖南金帛、珍玩、倉粟乃至舟艦、亭館、花果之美者，皆徙於金陵，遣都官郎中楊繼勳等收湖南租賦以贍戍兵。繼勳等務爲苛刻，湖南人失望。行營糧料使王紹顏減士卒糧賜，奉節指揮使孫朗、曹進怒曰：「昔吾從咸公降唐，唐待我豈如今日湖南將士之厚哉！今有功不增祿賜，又減之，不如殺紹顏及鎬，據湖南，歸中原，富貴可圖也！」

二年（壬子、九五二）

1 春，正月，庚申，夜，孫朗、曹進帥其徒作亂，帥，讀曰率。束藁潛燒府門，火不然；邊鎬覺之，出兵格鬬，且命鳴鼓角，朗、進等以爲將曉，斬關奔朗州。王逵問朗曰：「吾昔從武穆王，與淮南戰屢捷，馬殷謚武穆王。淮南兵易與耳。易，以豉翻。今欲以朗州之衆復取湖南，可乎？」朗曰：「朗在金陵數年，備見其政事，朝無賢臣，軍無良將，忠佞無別，賞罰不當，朝，直遙翻。將，卽亮翻。別，彼列翻。當，丁浪翻。如此，得國存幸矣，何暇兼人！朗請爲公前驅，取湖南如拾芥耳！」逵悅，厚遇之。爲，于僞翻。王逵等本有圖湖南之志，於此遂決。

2 壬戌，發開封府民夫五萬脩大梁城，旬日而罷。

3 慕容彥超發鄉兵入城，引泗水注壕中，爲戰守之備；又多以旗幟授諸鎮將，令募羣盜，剽掠鄰境，幟，昌志翻。剽，匹妙翻。所在奏其反狀。甲子，敕沂、密二州不復隸泰寧軍。先收其巡屬以弱慕容彥超。復，扶又翻。以侍衞步軍都指揮使、昭武節度使曹英爲都部署，討彥超，昭武軍，利州，屬蜀，曹英遙領耳。齊州防禦使史延超爲副部署，皇城使河內向訓爲都監，向，姓也，本自有殷宋文公支子向文旰，旰孫戌以王父字爲氏。余按春秋左氏傳，向戌，宋桓公之後。向，式亮翻。監，古銜翻。陳州防禦使藥元福爲行營馬步都虞候。帝以元福宿將，藥元福歷事唐、漢、晉，爲將有功。將，卽亮翻。命英、訓無得以軍禮見之，二人皆父事之。

唐主發兵五千，軍于下邳，以援彥超；聞周兵將至，退屯沭陽。下邳縣，屬徐州，東南至沭陽縣百里。劉昫曰：沭陽，漢廩丘縣，後魏改曰沭陽，唐屬海州。九域志：在海州西南一百八十里。杜佑曰：海州沭陽縣，漢原丘縣地，梁置潼陽郡。沭，食聿翻。徐州巡檢使張令彬擊之，大破唐兵，殺、溺死者千餘人，獲其將燕敬權。燕，於賢翻。

初，彥超以周室新造，謂其易搖，易，以豉翻。故北召北漢及契丹，南誘唐人，使侵邊鄙，冀朝廷奔命不暇，然後乘間而動。誘，音酉。間，古莧翻。及北漢、契丹自晉州北走，唐兵敗於沭陽，彥超之勢遂沮。沮，在呂翻。

永興節度使李洪信，自以漢室近親，心不自安，李洪信，漢李太后之羣從也。城中兵不滿千人，王峻在陝，以救晉州爲名，發其數百。及北漢兵遁去，遣禁兵千餘人戍長安；洪信懼，遂入朝。

4 壬申，王峻自晉州還，入見。還，從宣翻，又如字。見，賢遍翻。

5 曹英等至兗州，設長圍。慕容彥超屢出戰，藥元福皆擊敗之，敗，補邁翻。彥超不敢出。十餘日，長圍合，遂進攻。

初，彥超將反，判官崔周度諫曰：「魯，詩書之國，自伯禽以來不能霸諸侯，然以禮義守之，可以長世。公於國家非有私憾，胡爲自疑！況主上開諭勤至，苟撤備歸誠，則坐享太山之安矣。獨不見杜中令、安襄陽、李河中竟何所成乎！」杜中令，謂杜重威，安襄陽，謂安從進，李河中，謂李守貞，皆以反而敗死，事並見前紀。彥超怒。及官軍圍城，彥超括士民之財以贍軍，坐匿財死者甚衆。前陝州司馬閻弘魯，寶之子也，閻寶背梁歸唐，歷節鎮。畏彥超之暴，傾家爲獻，彥超猶以爲有所匿，命周度索其家，索，山客翻。周度謂弘魯曰：「君之死生，繫財之豐約，宜無所愛。」弘魯泣拜其妻妾曰：「悉出所有以救吾死。」皆曰：「竭矣！」周度以白彥超，彥超不信，收弘魯夫妻繫獄。有乳母於泥中掊得金纏臂，獻之，冀以贖其主。掊，蒲溝翻，以手爬土也。彥超曰：「所【章：十二行本「所」上有「果然」二字；乙十一行本同；孔本同；張校同。】匿必猶多。」榜掠弘魯夫妻，肉潰而死。以周度爲阿庇，斬於市。

6北漢遣兵寇府州，防禦使折德扆敗之，敗，補邁翻。殺二千餘人。二月，庚子，德扆奏攻拔北漢岢嵐軍，以兵戍之。舊唐書地理志曰：嵐州嵐谷縣，舊岢嵐軍也，在嵐州宜芳縣北界；長安二年，分宜芳，於岢嵐舊軍置嵐谷縣；神龍二年，廢縣，置軍；開元十二年復置縣。此蓋後唐復置軍也。九域志：岢嵐軍治嵐谷縣，南至嵐州九十里。岢，枯我翻。

7甲辰，帝釋燕敬權等使歸唐，謂唐主曰：「叛臣，天下所共疾也，不意唐主助之，得無非計乎！」唐主大慙，先所得中國人，皆禮而歸之。唐之言事者猶獻取中原之策，中書舍人韓熙載曰：「郭氏有國雖淺，爲治已固，治，直吏翻。我兵輕動，必有害無益。」

唐自烈祖以來，唐主昪，廟號烈祖。常遣使泛海與契丹相結，欲與之共制中國，更相饋遺，更，工衡翻。遺，唯季翻。約爲兄弟。然契丹利其貨，徒以虛語往來，實不爲唐用也。

唐主好文學，好，呼到翻。故熙載與馮延己、延魯、江文蔚、潘佑、徐鉉之徒皆至美官。佑，幽州人也。蔚，紆勿翻。當時唐之文雅於諸國爲盛，然未嘗設科舉，多因上書言事拜官，至是，始命翰林學士江文蔚知貢舉，進士廬陵王克貞等三人及第。廬陵，漢縣，唐帶吉州。蔚，紆勿翻。唐主問文蔚：「卿取士何如前朝？」對曰：「前朝公舉、私謁相半，臣專任至公耳！」唐主悅。中書舍人張緯，前朝登第，聞而銜之。時執政皆不由科第，相與沮毀，竟罷貢舉。南唐罷貢舉時，中國未嘗罷貢舉也。

8 三月，戊辰，以內客省使、恩州團練使晉陽鄭仁誨爲樞密副使。按是時中國無恩州，此卽南漢之恩州也，鄭仁誨遙領團練使耳。宋慶曆八年，平王則，改貝州爲恩州，始以嶺南之恩州爲南恩州以別之。

9 甲戌，改威勝軍曰武勝軍。舊以鄧州爲威勝軍，今避上名而改之。

10 唐主以太弟太保、昭義節度使馮延己爲左僕射，前鎮海節度使徐景運爲中書侍郎，及右僕射孫晟皆同平章事。既宣制，戶部尚書常夢錫衆中大言曰：「白麻甚佳，但不及江文蔚疏耳！」江文蔚疏見二百八十六卷漢天福十二年。晟素輕延己，謂人曰：「金盃玉盌，乃貯狗矢乎！」盌，烏管翻。貯，丁呂翻。

延己言於唐主曰：「陛下躬親庶務，故宰相不得盡其才，此治道所以未成也！」治，直吏翻。唐主乃悉以政事委之，奏可而已。既而延己不能勤事，文書皆仰成胥吏，仰，牛向翻。軍旅則委之邊將，頃之，事益不治，唐主乃復自覽之。復，扶又翻。

大理卿蕭儼惡延己爲人，數上疏攻之，會儼坐失入人死罪，惡，烏路翻。數，所角翻。上，時掌翻。誤入人死罪，謂之失入。鍾謨、李德明輩必欲殺之，延巳曰：「儼誤殺一婦人，諸君以爲當死。儼九卿也，可誤殺乎？」獨上言：「儼素有直聲，今所坐已會赦，宜從寬宥。」儼由是得免；人亦以此多之。

景運尋罷爲太子少傅。按唐既置太弟官屬，不應復有太子少傅，當考。

11 夏，四月，丙戌朔，日有食之。

12 帝以曹英等攻兗州久未克，乙卯，下詔親征，以李穀權東京留守兼判開封府，鄭仁誨權大內都巡【章：十二行本「巡」作「點」；乙十一行本同；孔本同；張校同。】檢，又以侍衞馬軍都指揮使郭崇充在京都巡檢。

13 唐主既克湖南，遣其將李建期屯益陽以圖朗州，以知全州張巒兼桂州招討使以圖桂州，久之，未有功。唐主謂馮延巳、孫晟曰：「楚人求息肩於我，言湖南之人，苦其主之虐政暴斂而求息肩於唐。我未有撫其瘡痍而虐用其力，非所以副來蘇之望；書曰：后來其蘇。言楚人望唐之休息而唐又興兵役以疲之，非所以副其望。使唐主言而能行，不搖於衆口，烏有他日之敗乎！吾欲罷桂林之役，斂益陽之戍，以旌節授劉言，何如？」晟以爲宜然。宜然，猶言宜如此也。延巳曰：「吾出偏將舉湖南，遠近震驚；一旦三分喪二，得潭而失朗、桂，故謂之三分喪二。喪，息浪翻。人將輕我。請委邊將察其形勢。」唐主乃遣統軍使侯訓將兵五千自吉州路趣全州，趣，七喻翻。與張巒合兵攻桂州。南漢伏兵於山谷，繼等始至城下，罷乏，罷，讀曰疲。伏兵四起，城中出兵夾擊之，唐兵大敗，訓死，繼收散卒數百奔歸全州。

14 五月，庚申，帝發大梁；戊辰，至兗州。己巳，帝使人招諭慕容彥超，城上人語不遜；庚午，命諸軍進攻。

先是，術者紿彥超云：「鎭星行至角、亢，角、亢兗州之分，先，悉薦翻。鎭星，土星也。亢，苦郎翻。分，扶問翻。其下有福。」彥超乃立祠而禱之，令民間皆立黃幡。土色黃；彥超令立幡以從其色。人心悅則天意得；人有離心，厭勝何益！彥超性貪吝，官軍攻城急，猶瘞藏珍寶，瘞，於計翻。由是人無鬬志，將卒相繼有出降者。乙亥，官軍克城，彥超方禱鎭星祠，帥衆力戰，帥，讀曰率。不勝，乃焚鎭星祠，與妻赴井死；子繼勳出走，追獲，殺之。官軍大掠，城中死者近萬人。近，其靳翻。初，彥超將反，募羣盜置帳下，至者二千餘人，皆山林獷悍，獷，古猛翻。悍，侯旰翻，又下罕翻。竟不爲用。

帝欲悉誅兗州將吏，翰林學士竇儀見馮道、范質，與之共白帝曰：「彼皆脅從耳。」乃赦之。丁丑，以端明殿學士顏衎權知兗州事。衎，苦旱翻，又苦旰翻。赦【章：十二行本「赦」上有「壬午」二字；乙十一行本同；孔本同；張校同；退齋校同。】兗州管内，彥超黨逃匿者期一月聽自首，首，式又翻。前已伏誅者赦其親戚。癸未，降泰寧軍爲防禦州。以慕容彥超據兗州拒命，降節鎭爲防禦州。

15 唐司徒致仕李建勳卒，且死，戒其家人曰：「時事如此，吾得良死幸矣！勿封土立碑，聽人耕種於其上，免爲他日開發之標。」及江南之亡也，謂宋平金陵時。諸貴人高大之家無不發者，惟建勳冢莫知其處。李建勳知國事之日非而骸骨得保其藏，可不謂智乎！

16 六月，乙酉朔，帝如曲阜，謁孔子祠。昔少皞氏自窮桑而徙曲阜；魯侯伯禽所宅，少皞氏之墟也。應劭曰：曲阜在魯城中，委曲長七八里。劉昭曰：曲阜有闕里，孔子所居，後人立孔子祠。自唐以來，兖州治瑕丘，而曲阜爲屬縣。九域志：在州東四十里。宋大中祥符五年，改曲阜爲仙源縣。既奠，將拜，左右曰：「孔子，陪臣也，不當以天子拜之。」帝曰：「孔子百世帝王之師，敢不敬乎！」遂拜之。又拜孔子墓，命葺孔子祠，禁孔林樵採。孔子廟在曲阜城西南隅闕里。孔子墓在曲阜城北泗水上，去城一里，葬地蓋一頃，墳南北十步，東西十三步，高一丈二尺。前有瓴甋，爲祠壇，方六尺，與地平。塋中異木以百數，皆諸弟子自四方致之，植於塋中，魯人莫之識也。訪孔子、顏淵之後，以爲曲阜令及主簿。丙戌，帝發兖州。

17 乙未，吳越順德太夫人吳氏卒。

18 丁酉，蜀大水入成都，秦時，蜀守李冰穿二江成都中，皆可行舟。郡縣志曰：李冰鑿離堆，又開二渠，由永康過新繁入成都，謂之外江；又一渠，由永康過郫入成都，謂之內江。高駢未築羅城，內、外江皆從城西入。自駢築城，遂從西北作縻棗堰，外江遶城北而東注於合江，內江循城南而與外水俱注江。江自西來，其地勢高，所以有水患。漂沒千餘家，溺死五千餘人，壞太廟四室。壞，音怪。戊戌，蜀大赦，賑水災之家。

19 己亥，帝至大梁。自兗州還至大梁。

20 朔方節度使兼中書令陳留王馮暉卒，其子牙內都虞候繼業殺其兄繼勳，自知軍府事。

21 太子賓客李濤之弟澣，在契丹爲勤政殿學士，與幽州節度使蕭海眞善。海眞，契丹主兀欲之妻弟也。澣說海眞內附，海眞欣然許之。澣因定州諜者田重霸齎絹表以聞，說，式芮翻。諜，達協翻。重，直龍翻。且與濤書，言：「契丹主童騃，騃，五駭翻，癡也。專事宴遊，無遠志，非前人之比，前人，謂阿保機、德光等。朝廷若能用兵，必克；不然，與和，必得。二者皆利於速，度其情勢，他日終不能力助河東者也。」度，徒洛翻。河東，謂北漢。壬寅，重霸至大梁，會中國多事，不果從。北不得燕、雲，西不得河、鄯、靈、夏，宋人以爲千古之恨。觀溫公書此事，則元祐初棄米脂等四寨，知中國之力不足也。

22 辛亥，以馮繼業爲朔方留後。

23 樞密使王峻，性輕躁，多計數，好權利，喜人附己。躁，則到翻。好，呼到翻。喜，許記翻。自以天下爲己任。每言事，帝從之則喜，或時未允，輒慍懟，慍，於運翻。懟，直類翻。往往發不遜語；帝以其故舊，且有佐命功，帝自鄴都入汴以至卽位，王峻之功爲多。又素知其爲人，每優容之。峻年長於帝，帝卽位，猶以兄呼之，或稱其字，峻以是益驕。副使鄭仁誨、皇城使向訓、恩州團練使李重進，皆帝在藩鎮時腹心將佐也，重，直龍翻。將，卽亮翻。帝卽位，稍稍進用。峻心嫉之，累表稱疾，求解機務，以詗帝意，詗，古永翻，又翾正翻。帝屢遣左右敦諭，峻對使者辭氣亢厲，亢，苦浪翻。又遣諸道節度使書求保證；遺，唯季翻。諸道各獻其書，帝驚駭久之，復遣左右慰勉，令視事，復，扶又翻。且曰：「卿儻不來，朕且自往。」猶不至。帝知樞密直學士陳觀與峻親善，令往諭指，觀曰：「陛下但聲言臨幸其第，【章：十二行本「第」下有「嚴駕以待之」五字；乙十一行本同；孔本同。】峻必不敢不來。」【章：十二行本「來」下有「從之」二字；乙十一行本同；孔本同。】秋，七月，戊子，峻入朝，帝慰勞令視事。勞，力到翻。爲貶王峻張本。重進，滄州人，其母卽帝妹福慶長公主也。長，知兩翻。

24 李穀足跌，傷右臂，跌，徒結翻。在告月餘；帝以穀職業繁劇，趣令入朝，在告，在假也。趣，讀曰促。朝，直遙翻；下同。辭以未任趨拜。任，音壬。癸巳，詔免朝參，但令視事。

25 蜀工部尚書、判武德軍郭延鈞不禮於監押王承丕，承丕謀作亂。辛丑，左奉聖都指揮使安次孫欽安次縣，屬幽州。孫欽本燕人而仕於蜀。當以部兵戍邊，往辭承丕，承丕邀與俱見府公；府公，謂郭延鈞也。公者，人之尊稱；一府所尊，故謂之府公。欽不知其謀，從之。承丕至，則令左右擊殺延鈞，屠其家，稱奉詔處置軍府，處，昌呂翻。卽開府庫賞士卒，出繫囚，發屯戍。將吏畢集，欽謂承丕曰：「今延鈞已伏辜，公宜出詔書以示衆。」承丕曰：「我能致公富貴，勿問詔書。」欽始知承丕反，因紿曰：「今內外未安，我請以部兵爲公巡察。」爲，于僞翻。卽躍馬而出，承丕連呼之，不止。欽至營，曉諭其衆，帥以入府，攻承丕，帥，讀曰率。承丕左右欲拒戰，欽叱之，皆棄兵走，遂執承丕，斬之，并其親黨，傳首成都。

26 天平節度使、守中書令高行周卒。行周有勇而知義，功高而不矜，策馬臨敵，叱咤風生，平居與賓僚宴集，侃侃和易，人以是重之。咤，陟駕翻。易，以豉翻。史言高行周所以能以功名終。

27 癸卯，蜀主遣客省使趙季札如梓州，慰撫吏民。以新經王承丕之亂也。

28 漢法，犯私鹽、麴，無問多少抵死。鄭州民有以屋稅受鹽於官，過州城，吏以爲私鹽，執而殺之；其妻訟冤。癸丑，始詔犯鹽、麴者以斤兩定刑有差。時敕諸色犯鹽、麴，所犯一斤已下至一兩，杖八十，配役；五斤已下、一斤已上，徒三年；五斤已上，重杖一頓，處死。

資治通鑑卷第二百九十一

端明殿學士兼翰林侍讀學士太中大夫提舉西京嵩山崇福宮上柱國河内郡開國公食邑二千六百户食實封一千户臣　司馬光　奉敕編集

後　學　天　台　胡三省　音　註

後周紀二起玄黓困敦（壬子）九月，盡閼逢攝提格（甲寅）四月，凡一年有奇。

太祖聖神恭肅文武孝皇帝中

廣順二年（壬子、九五二）

1 九月，甲寅朔，吴越丞相裴堅卒。以台州刺史吴延福同參相府事。

2 庚午，敕北邊吏民毋得入契丹境俘掠。

3 契丹將高謨翰以葦筏渡胡盧河入寇，胡盧河，在深、冀之間，横亙數百里。丁度曰：胡盧河，卽衡漳之别名。至冀州，成德節度使何福進遣龍捷都指揮使劉誠誨等屯貝州以拒之。九域志：貝州，北至冀州一百二十里。契丹聞之，遽引兵北渡；所掠冀州丁壯數百人，望見官軍，爭鼓譟，欲攻契丹，官軍不敢應，契丹盡殺之。

4 蜀山南西道節度使李廷珪奏周人聚兵關中，請益兵爲備。蜀主遣奉鑾肅衛都虞候趙進將兵趣利州；趣，七喻翻。既而聞周人聚兵以備北漢，乃引還。還，從宣翻，又如字。

5 唐武安節度使邊鎬，昏懦無斷，斷，丁亂翻。在湖南，政出多門，不合衆心。吉水人歐陽廣上書，吉水，古吉陽縣地，久廢，唐置吉水縣，屬吉州。九域志：在州東北四十里。宋白曰：隋開皇十年廢吉陽縣入廬陵縣。大業分廬陵縣水東十一鄉爲吉水縣。言：「鎬非將帥才，必喪湖南，將，卽亮翻。帥，所類翻。喪，息浪翻。宜別擇良帥，益兵以救其敗。」不報。

唐主使鎬經略朗州，有自朗州來者，多言劉言忠順，鎬由是不爲備。唐主召劉言入朝，朝，直遥翻。言不行，謂王逵曰：「唐必伐我，柰何？」逵曰：「武陵負江湖之險，朗州，武陵郡。帶甲數萬，安能拱手受制於人！邊鎬撫御無方，士民不附，可一戰擒也。」言猶豫未決，周行逢曰：「機事貴速，緩則彼爲之備，不可圖也。」言乃以逵、行逢及牙將何敬眞、張倣、蒲公益、朱全琇、琇，音秀。宇文瓊、彭萬和、潘叔嗣、張文表十人皆爲指揮使，部分發兵。分，扶問翻。叔嗣、文表，皆朗州人也。行逢能謀，文表善戰，叔嗣果敢，三人多相須成功，情款甚昵。昵，尼質翻。

諸將欲召溆州酋長苻彥通爲援，溆，音敘。苻，讀曰蒲。酋，慈由翻。長，知兩翻。苻彥通自謂苻秦苗裔。行逢曰：「蠻貪而無義，前年從馬希萼入潭州，焚掠無遺。事見二百八十九卷漢隱帝乾祐三年。吾兵以義舉，往無不克，烏用此物，使暴殄百姓哉！」乃止。然亦畏彥通爲後患，以蠻酋土團都指揮使劉瑫爲羣蠻所憚，瑫，他牢翻。補西境鎮遏使以備之。

冬，十月，逵等將兵分道趣長沙，趣，七喻翻。以孫朗、曹進爲先鋒使，孫朗、曹進奔朗州，見上卷是年正月。邊鎬遣指揮使郭再誠等將兵屯益陽以拒之。戊子，逵等克沅江，沅，音元。沅江，漢益陽縣地，隋改爲安樂，又改爲沅江，乾寧中改爲橋江，楚復爲沅江，屬朗州。九域志：在岳州西南一百二十六里。執都監劉承遇，裨將李師德帥衆五百降之。帥，讀曰率。降，戶江翻。壬辰，逵等命軍士舉小舟自蔽，直造益陽，造，七到翻。四面斧寨而入，遂克之，殺戍兵二千人。邊鎬告急於唐。甲午，逵等克橋口及湘陰，九域志：潭州長沙縣有橋口鎭。乙未，至潭州，邊鎬嬰城自守；救兵未至，城中兵少，丙申夜，鎬棄城走，吏民俱潰。醴陵門橋折，醴陵門，潭州城東門。折，而設翻。死者萬餘人，道州刺史廖偃爲亂兵所殺。丁酉旦，王逵入城，自稱武平節度副使、權知軍府事，「武平」當作「武安」。軍府，謂潭州軍府也。以何敬眞爲行軍司馬。遣敬眞等追鎬，不及，斬首五百級。

蒲公益攻岳州，風俗通：漢有詹事蒲昌。又晉書載記：氐酋蒲洪之先，其家池中蒲生，長五丈，如竹形，時咸謂之「蒲家」，因以爲氏，其後改姓苻。則蒲之所自出有二焉。唐岳州刺史宋德權走，劉言以公益權知岳州。唐將守湖南諸州者，聞長沙陷，相繼遁去。劉言盡復馬氏嶺北故地，惟郴、連入于南漢。郴，丑林翻。

6契丹瀛、莫、幽州大水，流民入塞散居河北者數十萬口，契丹州縣亦不之禁。詔所在賑給存處之，賑，津忍翻。處，昌呂翻。中國民先爲所掠，得歸者什五六。

7丁未，穀以病臂久未愈，李穀病臂始上卷是年六月。「穀」上須有「李」字，文乃明。【章：十二行本正有「李」字；孔本同；熊校云宋本無「李」字，不知所據何宋本。】三表辭位，帝遣中使諭指曰：「卿所掌至重，謂李穀掌三司金穀也。朕難其人，苟事功克集，何必朝禮！朝，直遙翻。朕今於便殿待卿，可暫入相見。」穀入見于金祥殿，見，賢遍翻。面陳悃款；悃，苦本翻，誠也。帝不許。穀不得已復視事。復，扶又翻。穀未能執筆，詔以三司務繁，令刻名印用之。

8辛亥，敕：「民有訴訟，必先歷縣州及觀察使處決，不直，處，昌呂翻。乃聽訟於【章：十二行本「訟」作「詣」，無「於」字；乙十一行本同；孔本同；張校同。】臺省，或自不能書牒，倩人書者，必書所倩姓名、居處。若無可倩，聽執素紙。所訴必須己事，毋得挾私客訴。」倩，七政翻，假倩也。事不干己，妄興詞訴，謂之客訴。

9慶州刺史郭彥欽性貪，野雞族多羊馬，五代會要：党項野雞族，居慶州北。彥欽故擾之以求賂，野雞族遂反，剽掠綱商；剽，匹妙翻。綱商，往沿邊販易者。薛史：慶州北十五里寡婦山，有蕃部曰野雞族。刺史郭彥欽擅加糴鹽錢，民夷流怨。蕃族獷悍，好爲不法，彥欽乃奏野雞族掠奪綱商。帝命寧、環二州合兵討之。唐於古嗚沙之地置威州，周改曰環州。九域志：寧州北至慶州一百二十里；環州南至慶州一百八十里。

10 劉言遣使來告，稱：「湖南世事朝廷，不幸爲鄰寇所陷，鄰寇，謂唐也。臣雖不奉詔，輒糾合義兵，削平舊國。」言削平湖南舊楚之地。

唐主削邊鎬官爵，流饒州。初，鎬以都虞候從查文徽克建州，事見二百八十五卷晉齊王開運二年，唐主之保大三年也。凡所俘獲皆全之，建人謂之「邊佛子」；及克潭州，市不易肆，事見上卷元年，唐之保大九年也。潭人謂之「邊菩薩」；菩，薄乎翻。薩，桑葛翻。釋典：菩，普也；薩，濟也；言能普濟衆生也。既而爲節度使，政無綱紀，惟日設齋供，供，居用翻。盛脩佛事，潭人失望，謂之「邊和尚」矣。

左僕射同平章事馮延己、右僕射同平章事孫晟上表請罪；皆釋之。晟陳請不已，乃與延己皆罷守本官。

唐主以比年出師無功，比，毗至翻。乃議休兵息民。或曰：「願陛下數十年不用兵，可小康矣！」唐主曰：「將終身不用，何數十年之有！」人非金石，唐主自謂眞能享無疆之壽乎！然欲終身不用兵，而周兵已至淮上矣。唐主思歐陽廣之言，拜本縣令。以歐陽廣言邊鎬必敗，其言驗也。

11 十一月，辛未，徙保義節度使折從阮爲靜難節度使，折從阮自陝州徙邠州。難，乃旦翻；下同。討野雞族。

12 癸酉，敕：「約每歲民間所輸牛皮，三分減二；計田十頃，稅取一皮，餘聽民自用及賣買，惟禁賣於敵國。」先是，兵興以來，先，悉薦翻。禁民私賣買牛皮，悉令輸官受直。唐明宗之世，有司止償以鹽；晉天福中，并鹽不給。漢法，犯私牛皮一寸抵死，然民間日用實不可無。帝素知其弊，至是，李穀建議，均於田畝，公私便之。

13 十二月，丙戌，河決鄭、滑，遣使行視脩塞。行，下孟翻。塞，悉則翻。

14 甲午，前靜難節度使侯章獻買宴絹千匹，銀五百兩；帝不受，曰：「諸侯入覲，天子宜有宴犒，豈待買邪！五代之時，不特方鎮入朝買宴，唐明宗天成二年三月，幸會節園，羣臣買宴，則在朝之臣亦買宴矣。犒，苦到翻。自今如此比者，皆不受。」

15 王逵將兵及洞蠻五萬攻郴州，郴，丑林翻。南漢將潘崇徹救之，遇于蠔石。蠔石，在郴州義章縣。蠔，音豪。崇徹登高望湖南兵，曰：「疲而不整，可破也。」縱擊，大破之，伏尸八十里。

16 翰林學士徐台符請誅誣告李崧者葛延遇及李澄，誣李崧事見二百八十八卷漢乾祐元年。徐台符素與李崧善，故爲請誅誣告者。馮道以爲屢更赦，不許。更，工衡翻。王峻嘉台符之義，白於帝，癸卯，收延遇、澄，誅之。

17 劉言表稱潭州殘破，乞移使府治朗州，使，疏吏翻。且請貢獻、賣茶，悉如馬氏故事；許之。

18 唐江西觀察使楚王馬希萼入朝，唐主留之，後數年，卒於金陵，謚曰恭孝。

19 初，麟州土豪楊信自爲刺史，受命于周。信卒，子重訓嗣，考異曰：「崇訓」或作「崇勳」。世宗實録作「崇訓」，後蓋避梁王宗訓改名也。按考異則「重訓」當作「崇訓」。以州降北漢；至是，爲羣羌所圍，復歸款，復，扶又翻。求救於夏、府二州。夏州，李彝殷；府州，折德扆。九域志：麟州，西北至夏州一百二十里，東北至府州一百二十里。

三年（癸丑、九五三）

1 春，正月，丙辰，以武平留後劉言爲武平節度使，制置武安・靜江等軍事、同平章事；以王逵爲武安節度使，何敬眞爲靜江節度使，周行逢爲武安行軍司馬。王逵既得潭州，則殺何敬眞；既殺何敬眞，則攻劉言而并朗州。

2 詔折從阮：「野雞族能改過者，拜官賜金帛，不則進兵討之。」壬戌，從阮奏：「酋長李萬全等受詔立誓外，酋，慈秋翻。長，知兩翻。自餘猶不服，方討之。」

3 前世屯田皆在邊地，使戍兵佃之。佃，亭年翻。唐末，中原宿兵，所在皆置營田以耕曠土；其後又募高貲戶使輸課佃之，輸，春遇翻；下歲輸同。戶部別置官司總領，不隸州縣，或丁多無役，或容庇奸盜，州縣不能詰。詰，去吉翻。梁太祖擊淮南，掠得牛以千萬計，朱全忠大掠淮南見二百六十五卷唐昭宗天祐元年。給東南諸州農民，使歲輸租。自是歷數十年，牛死而租不除，民甚苦之。帝素知其弊，會閤門使、知青州張凝上便宜，請罷營田務，李穀亦以爲言，乙丑，敕：「悉罷戶部營田務，以其民隸州縣；其田、廬、牛、農器，並賜見佃者爲永業，見，賢遍翻。悉除租牛課。」是歲，戶部增三萬餘戶。民既得爲永業，始敢葺屋植木，獲地利數倍。或言：「營田有肥饒者，不若鬻之，可得錢數十萬緡以資國。」帝曰：「利在於民，猶在國也，朕用此錢何爲！」

4 萊州刺史葉仁魯，帝之故吏也，按葉仁魯，漢高祖之親將也，天福十二年，嘗破契丹于承天軍；今曰帝之故吏，必嘗事帝於樞密院，或討河中、鎮鄴都時也。坐贓絹萬五千匹，錢千緡，庚午，賜死；帝遣中使賜以酒食曰：「汝自抵國法，吾無如之何！當存恤汝母。」仁魯感泣。

5 帝以河決爲憂，王峻自請往行視，許之。行，下孟翻。鎮寧節度使榮屢求入朝，峻忌其英烈，每沮止之。沮，在呂翻。閏月，榮復求入朝，復，扶又翻。會峻在河上，帝乃許之。

6 契丹寇定州，圍義豐軍，時置義豐軍於定州義豐縣。定和都指揮使楊弘裕夜擊其營，大獲，契丹遁去。又寇鎮州，本道兵擊走之。

7 丙申，鎮寧節度使榮入朝。故李守貞騎士馬全乂從榮入朝，帝召見，補殿前指揮使，謂左右曰：「全乂忠於所事，昔在河中，屢挫吾軍，謂漢乾祐間，帝討李守貞時也。汝輩宜效之。」王峻聞榮入朝，遽自河上歸，戊戌，至大梁。

8彰武節度使高允權卒，其子牙內指揮使紹基謀襲父位，詐稱允權疾病，表己知軍府事。觀察判官李彬切諫，紹基怒，斬之，辛巳，以彬謀反聞。

9王峻固求領藩鎮，帝不得已，以【章：十二行本「以」上有「壬寅」二字；乙十一行本同；孔本同；張校同；退齋校同。】峻兼平盧節度使。

10高紹基屢奏雜虜犯邊，冀得承襲，帝遣六宅使張仁謙詣延州巡檢，職官分紀曰：唐置十宅、六宅使，以諸王所屬爲名，或總云十六宅，後止曰六宅。紹基不能匿，始發父喪。

11戊申，折從阮奏降野雞二十一族。

12唐草澤邵棠上言：布衣未有朝命者，謂之草澤。上，時掌翻。「近游淮上，聞周主恭儉，增脩德政。吾兵新破於潭、朗，謂邊鎬潭州之敗也。恐其有南征之志，宜爲之備。」智識之士，何國無之！顧用與不用耳。

13初，王逵既得潭州，事見上卷十月。以指揮使何敬真爲靜江節度副使，朱全琇爲武安節度副使，張文表爲武平節度副使，周行逢爲武安行軍司馬。敬真、全琇各置牙兵，與逵分廳視事，吏民莫知所從。每宴集，諸將使酒，紛拏如市，無復上下之分，拏，奴加翻。分，扶問翻。唯行逢、文表事逵盡禮，逵親愛之。敬真與逵不協，辭歸朗州，又不能事劉言，與全琇謀作亂。言素忌逵之強，疑逵使敬真伺己，將討之，逵聞之，甚懼。伺，相吏翻。行逢曰：「劉言素不與吾輩同心，何敬眞、朱全琇恥在公下，公宜早圖之。」逵喜曰：「與公共除凶黨，同治潭、朗，周行逢之據有潭、朗，自此造端矣。治，直之翻。夫復何憂！」夫，音扶。復，扶又翻。會南漢寇全、道、永州，行逢請：「身至朗州說言，說，式芮翻。遣敬眞、全琇南討，南討者，拒南漢之兵。俟至長沙，以計取之，如掌中物耳。」逵從之。行逢至朗州，言以敬眞爲南面行營招討使，全琇爲先鋒使，將牙兵百餘人會潭州兵以禦南漢。二人至長沙，逵出郊迎，相見甚歡，宴飲連日，多以美妓餌之，妓，渠綺翻。敬眞因淹留不進。朗州指揮使李仲遷部兵三千人久戍潭州，敬眞使之先發，趣嶺北，全、道、永三州皆在大庾嶺之北。趣，七喩翻。都頭符會等因士卒思歸，劫仲遷擅還朗州。逵乘敬眞醉，使人詐爲言使者，責敬眞以「南寇深侵，不亟捍禦而專務荒宴，太師命械公歸西府。」太師，謂劉言。朗府在潭州之西，故謂之西府。因收繫獄。全琇逃去，遣兵追捕之。二月，辛亥朔，斬敬眞以徇。未幾，幾，居豈翻。獲全琇及其黨十餘人，皆斬之。

14 癸丑，鎭寧節度使榮歸澶州。澶，時連翻。

15 初，契丹主德光北還，見二百八十六卷天福十二年。以晉傳國寶自隨。至是，更以玉作二寶。傳國寶及受命寶也。五代會要曰：時製寶兩座，用白玉，方六寸，螭虎紐，馮道書寶文，其一以「皇帝承天受命之寶」爲文，其一以「皇帝神寶」爲文。宋白曰：時內司製二寶，詔太常具制度以聞。有司言：唐六典：符寶郎掌天子八璽，其一曰神寶，二曰受命寶。其神寶方六寸，高四寸六分，厚一寸七分，蟠龍紐，文與傳國璽同。傳國璽，秦皇以藍田玉刻之，李斯篆，方四寸，面文曰「受命于天，既壽永昌」。紐盤五龍。二寶歷代相傳，以爲神器。別有六寶：一曰皇帝行璽，二曰皇帝之璽，三曰皇帝信璽，四曰天子行璽，五曰天子之璽，六曰天子信璽。此六璽，因文爲名，並白玉，螭虎紐，歷代傳受，或亡失則補之。北朝鑄之以金。貞觀十六年，別製玄璽一座，文曰「皇天景命，有德者昌」。白玉，螭虎紐。同光中製寶一座，文曰：「皇帝受命之寶」。天福三年製寶一座，文曰「皇帝神寶」。其同光、天福二寶，內司製造，不見紐、篆、分寸制度。敕今製國寶兩座，其一宜以「皇帝承天受命之寶」爲文，其一以「皇帝神寶」爲文，命中書令馮道書寶。議者曰：國以玉璽爲傳授神器，邃古無聞。運斗樞曰：舜、禹天子，黃龍負璽。世本曰：魯昭公始作璽。秦兼六國，稱皇帝，禮取藍田之玉，玉工孫壽刻之，方四寸，李斯爲大篆書之，形制如龍魚鳳鳥之狀，希世之至寶也。秦亡，子嬰以璽降漢，漢世世傳寶之。王莽之篡，求璽於元后，后投之於階，一角微缺。莽誅，歸之更始。更始敗，歸之盆子。及熊耳之敗，盆子以璽降光武。漢末，黃巾亂，投璽於井。孫堅入洛，見井有五色氣，取得之，以歸袁術。術敗，荆州刺史徐璆得之，詣許，以進獻帝。魏受漢，得之以傳于晉。洛陽之陷，劉聰得之。劉曜爲石勒所禽，璽歸于鄴。石氏之亂，冉閔得之。閔敗，晉將戴施入鄴得之，送江東，傳之宋、齊、梁。臺城之破，侯景得之。景敗，其將侯子鑒以璽走，爲追兵所迫，投於栖霞寺井中，僧永杼得而匿之。陳永定二年，永弟子普智以璽上陳文帝。隋平陳，始得秦眞傳國璽。煬帝江都之禍，宇文化及得之。化及敗，璽歸竇建德。建德敗，其妻曹氏以璽獻于唐。唐禪，楊涉送寶于大梁。莊宗滅梁得之。同光末，內難作，寶爲火灼，文字訛缺，明宗得之。清泰敗，以寶隨身，自焚而死，寶遂亡失。其神寶者，方六寸，厚一寸七分，高四寸六分，蟠龍隱起，文與秦璽同，但玉色不及，形制高大耳，不知何代製造。東晉孝武十九年，雍州刺史郗恢得之。慕容永送於金陵，傳之宋、齊、梁，臺城之破，侯景得之。景敗，侍中趙思齊攜走江北，獻之齊文宣帝。宇文滅齊得之。宇文亡，入隋。隋文帝改號傳國璽，又改爲受命璽，及平陳，始得秦眞傳國璽。仍以秦璽後出，得於亡陳，以北朝所傳神璽爲第一，秦璽次之。隋亡，竇建德妻與神璽俱獻長安。唐末，不知所在。其說頗有源委，因載于此。更，工衡翻。

16 王逵遣使以斬何敬眞告劉言，言不得已，庚申，斬符會等數人。以符會等擅歸召變也。

17 樞密使、平盧節度使、同平章事王峻，晚節益狂躁，奏請以端明殿學士顏衎、衎，苦旱翻，又苦旦翻。樞密直學士陳觀代范質、李穀爲相，帝曰：「進退宰輔，不可倉猝，俟朕更思之。」峻力論列，語浸不遜，日向中，帝尚未食，峻爭之不已，帝曰：「今方寒食，俟假開，如卿所奏。」峻乃退。舊制，寒食節休假前後共五日。假，居訝翻。

癸亥，帝亟召宰相、樞密使入，幽峻於別所。帝見馮道等，泣曰：「王峻陵朕太甚，欲盡逐大臣，翦朕羽翼。朕惟一子，專務間阻，暫令詣闕，已懷怨望。間，古莧翻。令詣闕，謂聽皇子榮自澶州入朝也。豈有身典樞機，復兼宰相，又求重鎮！復，扶又翻。峻求領藩鎮見上月。觀其志趣，殊未盈厭。厭，於豔翻，又於鹽翻。無君如此，誰則堪之！」甲子，貶峻商州司馬，制辭略曰：「肉視羣后，孩撫朕躬。」言視朝臣如机上肉，撫天子如嬰孩。帝慮鄴都留守王殷不自安，王峻、王殷佐命有功一體之人，峻得罪，故慮殷猜懼。命殷子尚食使承誨詣殷，尚食使，唐尚食奉御之職。諭以峻得罪之狀。峻至商州，得腹疾，帝猶愍之，命其妻往視之，未幾而卒。幾，居豈翻。

18 帝命折從阮分兵屯延州，折從阮時爲靜難帥，帥兵討野雞族而還師。高紹基始懼，屢有貢獻。

又命供奉官張懷貞將禁兵兩指揮屯鄜、延，鄜，方無翻。紹基乃悉以軍府事授副使張匡圖。甲戌，以客省使向訓權知延州。

19 三月，甲申，以鎮寧節度使榮爲開封尹、晉王。王峻既貶，始召榮。丙戌，以樞密副使鄭仁誨爲鎮寧節度使。

20 初，殺牛族與野雞族有隙，聞官軍討野雞，饋餉迎奉，官軍利其財畜而掠之；殺牛族反，與野雞合，敗寧州刺史張建武于包山。敗，補邁翻。帝以郭彥欽擾羣胡，致其作亂，事見上年十月。黜廢於家。

21 初，解州刺史浚儀郭元昭與榷鹽使李溫玉有隙，漢隱帝分河中之解、安邑、聞喜爲解州。解，戶買翻。榷，古岳翻。溫玉壻魏仁浦爲樞密主事，晉有尚書都令史八人，秩二百石，與左、右丞總知都臺事；梁五人，謂之五都令史。隋開皇初，改都令史爲都事，置八人。後魏於尚書諸司置主事令史，隋於諸省又各置主事令史；煬帝並去令史之名，更曰主事；初雜用士人，至唐並用流外，至五代樞密院亦置主事。元昭疑仁浦庇之；會李守貞反，溫玉有子在河中，元昭收繫溫玉，奏言其叛，事連仁浦。帝時爲樞密使，知其誣，釋不問。至是，仁浦爲樞密承旨，元昭代歸，甚懼，過洛陽，以告仁浦弟仁滌，仁滌曰：「吾兄平生不與人爲怨，況肯以私害公乎！」既至，丁亥，仁浦白帝，以元昭爲慶州刺史。

22 己丑，以棣州團練使太原王仁鎬爲宣徽北院使兼樞密副使。

23 唐主復以左僕射馮延已同平章事。去年十月，唐失潭州，馮延已罷相。

24 周行逢惡武平節度副使張倣，惡，烏路翻。言於王逵曰：「何敬眞，倣之親戚，臨刑以後事屬倣，公宜備之。」屬，之欲翻。夏，四月，庚申，逵召倣飲，醉而殺之。

25 丙寅，歸德節度使兼侍中常思入朝；戊辰，徙平盧節度使。將行，奏曰：「臣在宋州，舉絲四萬餘兩在民間，謹以上進，請徵之。」舉絲者，以貨物貸與民，至絲熟而徵其絲。上，時掌翻。帝頷之。五月，丁亥，敕牓宋州，凡常思所舉悉蠲之，思【章：十二行本「思」上有「已輸者復歸之」六字；乙十一行本同；孔本同；退齋校同。】亦無怍色。怍，疾各翻。

26 自唐末以來，所在學校廢絕，蜀毋昭裔出私財百萬營學館，校，戶教翻。毋，音無，姓也。齊宣王封母弟於毋鄉，其後因以爲氏。且請刻板印九經；蜀主從之。由是蜀中文學復盛。自漢司馬相如、揚雄以來，蜀中號爲多士，而斯文之盛衰則繫乎上之人。

27 六月，壬子，滄州奏契丹知盧臺軍事范陽張藏英來降。

28 初，唐明宗之世，宰相馮道、李愚請令判國子監田敏校正九經，刻板印賣，朝廷從之。丁巳，板成，獻之。雕印九經始二百七十七卷唐明宗長興三年，至是而成，凡涉二十八年。由是，雖亂世，九經傳布甚廣。史言聖人之道所以不墜者，以其有方策之傳也。

29 王逵以周行逢知潭州，自將兵襲朗州，克之，殺指揮使鄭玧，玧，古孝翻。執武安節度使、同平章事劉言，幽于別館。劉言爲武平節度使、鎮朗州，非武安也。「安」當作「平」。言以元年七月得朗州，至是而敗。

30 秋，七月，王殷三表請入朝，帝疑其不誠，遣使止之。

31 唐大旱，井泉涸，淮水可涉，飢民渡淮而北者相繼，濠、壽發兵禦之，民與兵鬬而北來。帝聞之曰：「彼我之民一也，聽糴米過淮。」唐人遂築倉，多糴以供軍。八月，己未，詔唐民以人畜負米者聽之，以舟車運載者勿予。予，讀曰與。觀民心之向背，唐之君臣可以岌岌矣。

32 王逵遣使上表，誣「劉言謀以朗州降唐，又欲攻潭州，其衆不從，廢而囚之，臣已至朗州撫安軍府訖。」且請復移使府治潭州。去年，劉言表移使府於朗州。甲戌，遣通事舍人翟光裔詣湖南宣撫，從其所請。翟，萇伯翻，又徒歷翻。逵還長沙，以周行逢知朗州事，又遣潘叔嗣殺劉言於朗州。爲潘叔嗣殺王逵、周行逢殺叔嗣張本。

33 九月，己亥，武成節度使白重贊奏塞決河。滑州自唐以來，置義成節度；宋朝太平興國元年，以太宗舊名，始改爲武成軍。於此時「武」當作「義」。塞，悉則翻。

34 契丹寇樂壽，齊州戍兵右保寧都頭劉漢章殺都監杜延熙，謀應契丹，不克，并其黨伏誅。

35 南漢主立其子繼興爲衞王，璇興爲桂王，慶興爲荆王，保興爲禎王，崇興爲梅王。

36 東自青、徐，南至安、復，西至丹、慈，丹州在龍門河之西，慈州在龍門河之東。宋朝熙寧五年廢慈州，以吉鄉縣屬隰州。九域志：吉鄉縣在隰州西南一百六十里。北至貝、鎮，皆大水。

37 帝自入秋得風痹疾，痹，必至翻，又毗至翻。害於食飲及步趨，術者言宜散財以禳之。帝欲祀南郊，又以自梁以來，郊祀常在洛陽，疑之。執政曰：「天子所都則可以祀百神，何必洛陽！」於是，始築圜丘、社稷壇，作太廟於大梁。自梁都大梁以來，建立郊廟皆所未遑。晉天福四年，太常禮院奏唐廟制度，請以至德宮正殿隔爲五室而已。今始作太廟。癸亥，遣馮道迎太廟社稷神主于洛陽。

38 南漢大赦。

39 冬，十一月，己丑，太常請準洛陽築四郊諸壇，從之。十二月，丁未朔，神主至大梁，帝迎于西郊，祔享于太廟。

40 鄴都留守、天雄節度使兼侍衛親軍都指揮使、同平章事王殷恃功專橫，恃佐命之功也。橫，戶孟翻。凡河北鎮戍兵應用敕處分者，殷卽以帖行之，又多掊斂民財。處，昌呂翻。分，扶問反。掊，蒲侯翻。帝聞之不悅，使人謂曰：「卿與國同體，鄴都帑庾甚豐，帑，他朗翻。卿欲用則取之，何患無財！」成德節度使何福進素惡殷，惡，烏路翻。甲子，福進入朝，密以殷陰事白帝，帝由是疑之。乙丑，殷入朝，詔留殷充京城內外巡檢。

41戊辰，府州防禦使折德扆奏北漢將喬贇入寇，贇，於倫翻。擊走之。

42王殷每出入，從者常數百人；殷請量給鎧仗以備巡邏，從，才用翻。量，音良。邏，郎佐翻。因充京城內外巡檢，遂有此請。帝難之。時帝體不平，將行郊祀，而殷挾震主之勢在左右，衆心忌之。壬申，帝力疾御滋德殿，殷入起居，遂執之。下制誣殷謀以郊祀日作亂，流登州，出城，殺之。命鎮寧節度使鄭仁誨詣鄴都安撫；仁誨利殷家財，擅殺殷子，遷其家屬於登州。

43唐祠部郎中、知制誥徐鉉言貢舉初設，不宜遽罷，乃復行之。唐罷貢舉，事見上卷上年。

先是，楚州刺史田敬洙請脩白水塘溉田以實邊，先，悉薦翻。白水塘在楚州寶應縣西八十里，鄧艾所築也。馮延己以爲便。李德明因請大闢曠土爲屯田，脩復所在渠塘堙廢者。吏因緣侵擾，大興力役，奪民田甚衆，民愁怨無訴。徐鉉以白唐主，唐主命鉉按視之，鉉籍民田悉歸其主。或譖鉉擅作威福，唐主怒，流鉉舒州。然白水塘竟不成。

唐主又命少府監馮延魯巡撫諸州，右拾遺徐鍇表延魯無才多罪，舉措輕淺，不宜奉使。唐主怒，貶鍇校書郎、分司東都。鍇，鉉之弟也。鍇，口駭翻。唐以揚州爲東都。史言唐主惑於二馮而罪二徐。路振九國志：鉉、鍇，皆徐延休之子。

44道州盤容洞蠻酋盤崇聚衆自稱盤容州都統，屢寇郴、道州。酋，慈秋翻。盤，姓也，卽盤瓠之後。郴、道二州時皆屬南漢。

45乙亥，帝朝享太廟，被袞冕，左右掖以登階，朝，直遙翻。被，皮義翻。掖，羊益翻。纔及一室，酌獻，俛首不能拜而退，俛，音免。命晉王榮終禮。是夕，宿南郊，疾尤劇，幾不救，夜分小愈。劇，甚也，增也。幾，居依翻。

顯德元年（甲寅、九五四）

1春，正月，丙子朔，帝祀圜丘，僅能瞻仰致敬而已，進爵奠幣皆有司代之。大赦，改元。聽蜀境通商。晉天福初，蜀猶與中國通；開運以後，中國多事，蜀有吞併關西之志，不復與中國通矣。

2戊寅，罷鄴都，唐莊宗始以魏州爲東京，後罷東京，以爲鄴都。但爲天雄軍。

3庚辰，加晉王榮兼侍中，判內外兵馬事。時羣臣希得見帝，見，賢遍翻。中外恐懼，聞晉王典兵，人心稍安。

4軍士有流言郊賞薄於唐明宗時者，唐明宗以軍士流言濫賞，養成其驕，莫肯效命，何足法也！帝聞之，壬午，召諸將至寢殿，讓之曰：「朕自即位以來，惡衣菲食，專以贍軍爲念；府庫蓄積，四方貢獻，贍軍之外，鮮有贏餘，贍，力豔翻。鮮，息善翻。贏，餘經翻。汝輩豈不知之！今乃縱凶徒騰口，不顧人主之勤儉，察國之貧乏，又不思己有何功而受賞，惟知怨望，於汝輩安乎！」皆惶恐謝罪，退，索不逞者戮之，流言乃息。驕兵於分外希賞，苟非以法齊之，其無厭之心庸有極乎！索，山客翻。

5 初，帝在鄴都，漢隱帝天祐三年，帝在鄴都。奇愛小吏曹翰之才，使之事晉王榮；榮鎮澶州，以爲牙將。榮入爲開封尹，去年三月，榮爲開封尹。未卽召翰，翰自至，榮怪之。翰請間，間，古莧翻。言曰：「大王國之儲嗣，今主上寢疾，大王當入侍醫藥，柰何猶決事於外邪！」榮感悟，卽日入止禁中。丙戌，帝疾篤，停諸司細務皆勿奏，有大事，則晉王榮稟進止宣行之。

6 以鎭寧節度使鄭仁誨爲樞密使、同平章事。

7 戊子，以義武留後孫行友、保義留後韓通、朔方留後馮繼業皆爲節度使。通，太原人也。

8 帝屢戒晉王曰：「昔吾西征，謂討李守貞、王景崇、趙思綰時。見唐十八陵無不發掘者，唐高祖、太宗、高宗、中宗、睿宗、玄宗、肅宗、代宗、德宗、順宗、憲宗、穆宗、敬宗、文宗、武宗、宣宗、懿宗、僖宗，凡十八帝，皆葬關中；陵名各見前紀。此無他，惟多藏金玉故也。我死，當衣以紙衣，斂以瓦棺；速營葬，勿久留宮中；壙中無用石，以甓代之；當衣，於既翻。斂，力贍翻。甓，蒲歷翻，摶埴而陶之，今謂之甎。工人役徒皆和雇，勿以煩民；葬畢，募近陵民三十戶，蠲其雜傜，使之守視；勿脩下宮，勿置守陵宮人，勿作石羊、虎、人、馬，惟刻石置陵前云：『周天子平生好儉約，遺令用紙衣、瓦棺，嗣天子不敢違也。』汝或吾違，吾不福汝。」又曰：「李洪義當與節鉞，以李洪義發漢隱帝密詔也，事見二百八十九卷乾祐三年。魏仁浦勿使離樞密院。」離，力智翻。

9 庚寅，詔前登州刺史周訓等塞決河。先是，河決靈河、魚池、酸棗、陽武、常樂驛、河陰、六明鎮、原武，凡八口。九域志：滑州白馬縣有靈河鎮。魚池亦在滑州界。酸棗津在大梁東北。陽武在鄭州。河陰在孟州東南。六明鎮在大通軍。大通軍卽胡梁渡也，晉天福四年，建浮橋，置大通軍。原武在鄭州之北。塞，悉則翻。先，悉薦翻。至是，分遣使者塞之。

10 帝命趣草制，趣，讀曰促。以端明殿學士、戶部侍郎王溥爲中書侍郎、同平章事。壬辰，宣制畢，左右以聞，帝曰：「吾無恨矣！」以樞密副使王仁鎬爲永興軍節度使，以殿前都指揮使李重進領武信節度使，重，直龍翻。馬軍都指揮使樊愛能領武定節度使，步軍都指揮使何徽領昭武節度使。殿前都指揮使總殿前諸班，馬軍都指揮使總侍衛司馬軍，步軍都指揮使總侍衛司步軍，宋朝三衙之職昉於此。武信軍，遂州；武定軍，洋州；昭武軍，利州；三鎮皆屬蜀，李重進等遙領也。重進年長於晉王榮，帝召入禁中，屬以後事，仍命拜榮，以定君臣之分。長，知兩翻。屬，之欲翻。分，扶問翻。是日，帝殂于滋德殿，年五十一。祕不發喪。乙未，宣遺制。丙申，晉王卽皇帝位。考異曰：太祖實錄：「乙未，宣遺制，晉王榮可於柩前卽皇帝位。」世宗實錄：「丙申，內出太祖遺制，羣臣奉帝卽皇帝位。」蓋以乙未宣遺制，丙申卽位也。

11 初，靜海節度使吳權卒，吳權據交州見二百八十一卷晉高祖天福三年，南漢高祖之大有十一年也。子昌岌立；昌岌卒，岌，魚及翻。弟昌文立。是月，始請命於南漢，南漢以昌文爲靜海節度使兼安南都護。

12北漢主聞太祖晏駕，甚喜，謀大舉入寇，遣使請兵于契丹。二月，契丹遣其武定節度使、政事令楊衮將萬餘騎如晉陽。考異曰：晉陽見聞錄：「衮帥騎五七萬，號十萬來會。」今從世宗實錄。北漢主自將兵三萬，以義成節度使白從暉爲行軍都部署，武寧節度使張元徽爲前鋒都指揮使，義成軍，滑州；武寧軍，徐州；皆屬周。白從暉等亦遥領。考異曰：世宗實錄：「賊將張暉領三千騎爲前鋒。」今從晉陽聞見錄。與契丹自團柏南趣潞州。趣，七喻翻。

13蜀左匡聖馬步都指揮使、保寧節度使安思謙譖殺張業，廢趙廷隱，二事並見二百八十八卷漢乾祐元年。蜀人皆惡之；惡，烏路翻。蜀主使將兵救王景崇，思謙逗橈無功，見二百八十八卷漢乾祐二年，蜀之明德十二年也。橈，奴教翻。內慚懼，不自安。自張業之誅，宮門守衛加嚴，思謙以爲疑己，言多不遜。思謙典宿衛，多殺士卒以立威。蜀主閱衛士，有年尚壯而爲思謙所斥者，復留隸籍，思謙殺之，蜀主不能平。思謙三子，扆、嗣、裔，倚父勢暴横，爲國人患。横，戶孟翻。翰林使王藻職官分紀：唐有翰林使，掌伎術之待詔者。五代有翰林茶酒使，蜀蓋仍唐舊制。屢言思謙怨望，將反，丁巳，思謙入朝，蜀主命壯士擊殺之，及其三子。藻亦坐擅啓邊奏，幷誅之。

14北漢兵屯梁侯驛，昭義節度使李筠遣其將穆令均將步騎二千逆戰，筠自將大軍壁於太平驛。宋白曰：梁侯驛，在團柏谷南，太平驛西北。太平驛，東南距潞州八十里。張元徽與令均戰，陽不勝而北，令均逐之，伏發，殺令均，俘斬士卒千餘人。筠遁歸上黨，潞州治上黨。嬰城自守。筠，即李榮也，天福十二年，李榮有逐麻荅之功，見二百八十七卷。避上名改焉。世宗聞北漢主入寇，欲自將兵禦之，羣臣皆曰：「劉崇自平陽遁走以來，謂廣順元年劉崇圍晉州，不克而歸也，事見上卷。勢蹙氣沮，必不敢自來。沮，在呂翻。陛下新即位，山陵有日，人心易搖，易，以豉翻。不宜輕動，宜命將禦之。」帝曰：「崇幸我大喪，輕朕年少新立，少，詩照翻。有呑天下之心，此必自來，朕不可不往。」馮道固爭之，帝曰：「昔唐太宗定天下，未嘗不自行，朕何敢偷安！」道曰：「未審陛下能爲唐太宗否？」帝曰：「以吾兵力之強，破劉崇如山壓卵耳！」道曰：「未審陛下能爲山否？」馮道歷事八姓，身爲宰輔，不聞獻替，唯諫世宗親征一事。帝不悅。惟王溥勸行，帝從之。

15三月，乙亥朔，蜀主加捧聖、控鶴都指揮使兼中書令孫漢韶武信節度使，賜爵樂安郡王，罷軍職。罷其掌禁兵之職也。蜀主懲安思謙之跋扈，命山南西道節度使李廷珪等十人分典禁兵。

16北漢乘勝進逼潞州。乘梁侯驛之勝也。丁丑，詔天雄節度使符彥卿引兵自磁州固鎮出北漢軍後，磁州武安縣有固鎮，自此西北行，至遼州北。漢軍時已攻潞州，符彥卿若至遼州界，則出其後矣。磁，牆之翻。以鎮寧節度使郭崇副之；又詔河中節度使王彥超引兵自晉州東北邀北漢，【章：十二行本「漢」下有「軍」字；乙十一行本同；孔本同；張校同；退齋校同。】九域志：晉州，東至潞州三百八十五里。以保義節度使韓通副之；又命馬軍都指揮使・寧江節度使樊愛能、步軍都指揮使・清淮節度使何徽、寧江軍，夔州，屬蜀。清淮軍，壽州，屬唐。樊、何亦遙領也。義成節度使白重贊、重，直龍翻。鄭州防禦使史彥超、前耀州團練使符彥能將兵先趣澤州，趣，七喻翻。宣徽使向訓監之。監，古銜翻。重贊，憲州人也。

17 辛巳，大赦。

18 癸未，帝命馮道奉梓宮赴山陵，山陵在鄭州新鄭縣。以鄭仁誨爲東京留守。

乙酉，帝發大梁；庚寅，至懷州。九域志：大梁至懷州三百二十五里。帝欲兼行速進，控鶴都指揮使眞定趙晁私謂通事舍人鄭好謙曰：晁，直遙翻。好，呼到翻。「賊勢方盛，宜持重以挫之。」好謙言於帝，帝怒曰：「汝安得此言！必爲人所使，言其人則生，不然必死。」好謙以實對，帝命并晁械於州獄。懷州獄也。壬辰，帝過澤州，九域志：懷州北至澤州一百二十里。宿於州東北。

北漢主不知帝至，過潞州不攻，引兵而南，是夕，軍於高平之南。劉昫曰：高平，漢泫氏縣地。宋白曰：漢泫氏縣，後魏改玄氏，北齊改高平。九域志：高平縣在澤州東北六十五里。癸巳，前鋒與北漢軍遇，擊之，考異曰：世宗實錄：「甲午，賊陳於高平南之高原。」按下又有甲午，此必癸巳誤也。今從十國紀年。

北漢兵卻；帝慮其遁去，趣諸軍亟進。趣，讀曰促。北漢主以中軍陳於巴公原，陳，讀曰陣；下同。巴公鎭在晉城縣東北。張元徽軍其東，楊袞軍其西，衆頗嚴整。時河陽節度使劉詞將後軍未至，衆心危懼，而帝志氣益銳，命白重進與侍衞馬步都虞候李重進將左軍居西，「白重進」，當作「白重贊」。【章：十二行本正作「贊」；乙十一行本同；孔本同；張校同；退齋校同。】樊愛能、何徽將右軍居東，向訓、史彥超將精騎居中央，殿前都指揮使張永德將禁兵衞帝。帝介馬自臨陳督戰。

北漢主見周軍少，悔召契丹，謂諸將曰：「吾自用漢軍可破也，北漢主未戰而先有輕敵之心，宜其敗也。何必契丹！今日不惟克周，亦可使契丹心服。」諸將皆以爲然。楊袞策馬前望周軍，退謂北漢主曰：「勍敵也，勍，渠京翻。北人望塵知敵數，又觀敵人置陳而知其強弱，楊袞必有見於此。未可輕進！」北漢主奮頷曰：頷，如占翻。「時不可失，請公勿言，試觀我戰。」袞默然不悅。時東北風方盛，俄而忽轉南風，北漢副樞密使王延嗣使司天監李義白北漢主云：「時可戰矣。」北漢主從之。樞密直學士王得中扣馬諫曰：「義可斬也！風勢如此，豈助我者邪！」北漢主曰：「吾計已決，老書生勿妄言，且斬汝！」麾東軍先進，張元徽將千騎擊周右軍。合戰未幾，幾，居豈翻。樊愛能、何徽引騎兵先遁，右軍潰；步兵千餘人解甲呼萬歲，降于北漢。帝見軍勢危，自引親兵犯矢石督戰。太祖皇帝時爲宿衞將，謂同列曰：「主危如此，吾屬何得不致死！」又謂張永德曰：「賊氣驕，力戰可破也！公麾下多能左射者，請引兵乘高出爲左翼，我引兵爲右翼以擊之。國家安危，在此一舉！」永德從之，各將二千人進戰。太祖皇帝身先士卒，馳犯其鋒，士卒死戰，無不一當百，先，悉薦翻。太祖皇帝自此肇基皇業。北漢兵披靡。披，普彼翻。內殿直夏津馬仁瑀謂衆曰：「使乘輿受敵，安用我輩！」躍馬引弓大呼，連斃數十人，士氣益振。內殿直，周所置，殿前諸班之號。夏津，漢鄃縣，唐天寶元年改曰夏津，屬貝州。九域志：屬大名府，在府東北二百五十里。瑀，王矩翻。乘，繩證翻。呼，火故翻。殿前右番行首馬全乂去年馬全乂自澶州從帝入朝，已補殿前指揮使，未至散員指揮使也。右番行首，居殿前右番班行之首，其官猶在散員指揮使之下。行，戶剛翻。言於帝曰：「賊勢極矣，將爲我擒，願陛下按轡勿動，徐觀諸將破之。」卽引數百騎進陷陳。

北漢主知帝自臨陳，陳，讀曰陣；下同。褒賞張元徽，趣使乘勝進兵。趣，讀曰促。元徽前略陳，馬倒，爲周兵所殺。元徽，北漢之驍將也，北軍由是奪氣。時南風益盛，周兵爭奮，北漢兵大敗，北漢主自舉赤幟以收兵，不能止。北漢雖出於沙陀，自謂劉氏，纂高、光之緒，故旗幟尚赤。幟，昌志翻。楊袞畏周兵之強，不敢救，且恨北漢主之語，全軍而退。考異曰：五代史補：「劉崇求援於契丹，得飛騎數千，及覩世宗兵少，悔之，召諸將謀曰：『吾觀周師易與耳，契丹之衆宜勿使，但以本軍決戰，不唯破敵，亦足使契丹見而心服。』諸將皆以爲然，乃使人謂契丹主將曰：『柴氏與吾，主客之勢已見，必不煩足下餘刃，敢請勒兵登高觀之可也。』契丹不知其謀，從之。洎世宗之入陳也，三軍皆賈勇爭進，莫不一當百，契丹望而畏之，故不敢救而崇敗。」今從世宗實錄、薛史。

樊愛能、何徽引數千騎南走，控弦露刃，剽掠輜重，剽，匹妙翻。重，直用翻。役徒驚走，失亡甚多。帝遣近臣及親軍校追諭止之，校，戶教翻。莫肯奉詔，使者或爲軍士所殺，揚言：「契丹大至，官軍敗績，餘衆已降虜矣。」劉詞遇愛能等於塗，愛能等止之，詞不從，引兵而北。時北漢主尚有餘衆萬餘人，阻澗而陳，薄暮，詞至，復與諸軍擊之，薄，迫也。復，扶又翻；下卒復同。北漢兵又敗，殺王延嗣，追至高平，僵尸滿山谷，委棄御物及輜重、器械、雜畜不可勝紀。僵，居良翻。勝，音升。

是夕，帝宿於野次，得步兵之降敵者，皆殺之。樊愛能等聞周兵大捷，與士卒稍稍復還，還，從宣翻。有達曙不至者。甲午，休兵于高平，選北漢降卒數千人爲效順指揮，命前武勝行軍司馬唐景思將之，使戍淮上，餘二千餘人賜貲裝縱遣之。「貲」，當作「資」。李穀爲亂兵所迫，潛竄山谷，數日乃出。丁酉，帝至潞州。

北漢主自高平被褐戴笠，被，皮義翻。褐，毛衫也。無柄曰笠，有柄曰簦。乘契丹所贈黃騮，騮，力求翻。詩騶註：赤馬黑髦曰騮。黃色近於赤。帥百餘騎由雕窠嶺遁歸，雕窠嶺，在高平西北，由江猪嶺路入。帥，讀曰率。宵迷，夜行而迷失道也。俘村民爲導，誤之晉州，行百餘里，乃覺之，殺導者；晝夜北走，所至，得食未舉箸，或傳周兵至，輒蒼黃而去。北漢主衰老力憊，憊，蒲拜翻。伏於馬上，晝夜馳驟，殆不能支，僅得入晉陽。

帝欲誅樊愛能等以肅軍政，猶豫未決；己亥，晝臥行宮帳中，張永德侍側，帝以其事訪之，張永德，太祖壻，既親，且專掌殿前兵，侍衛左右，故訪以其事，決可否。對曰：「愛能等素無大功，忝冒節鉞，望敵先逃，死未塞責。塞，悉則翻。且陛下方欲削平四海，苟軍法不立，雖有熊羆之士，百萬之衆，安得而用之！」帝擲枕於地，大呼稱善。呼，火故翻。卽收愛能、徽及所部軍使以上七十餘人，使，疏吏翻。責之曰：「汝曹皆累朝宿將，非不能戰；朝，直遙翻。將，卽亮翻；下同。今望風奔遁者，無他，正欲以朕爲奇貨，賣與劉崇耳！」悉斬之。帝以何徽先守晉州有功，事見二百九十卷太祖廣順元年。欲免之，既而以法不可廢，遂并誅之，而給槥車歸葬。槥車，小棺也。槥，音衞。自是驕將惰卒始知所懼，不行姑息之政矣。

庚子，賞高平之功，以李重進兼忠武節度使，向訓兼義成節度使，張永德兼武信節度使，兼者，以本職兼節鎮，祿賜優於遙領者。史彥超爲鎮國節度使。此正除節鎮。張永德盛稱太祖皇帝之智勇，帝擢太祖皇帝爲殿前都虞候，後魏之末，宇文置虞候都督以主候騎，虞候之官蓋始於此。五代殿前都虞候在副都指揮使之下，與都、副指揮使同掌殿前班直。領嚴州刺史，嚴州隸嶺南，時爲南漢所有，遙領刺史耳。今武臣所領遙郡刺史正此類；而落階官正除刺史者，謂之正任刺史，然亦未嘗臨郡治民也。劉昫曰：嚴州，秦桂林郡地，唐乾封間，招致生獠，置嚴州。宋開寶七年，廢嚴州，以來賓縣隸象州。以馬仁瑀爲控鶴弓箭直指揮使，馬全乂爲散員指揮使；自餘將校遷拜者凡數十人，校，戶教翻。士卒有自行間擢主軍廂者。行，戶剛翻。時諸軍皆分左、右廂，廂各有主帥。按薛史，自五季至宋，武官有軍主、廂主。曹威爲奉國軍主，遷本軍廂主，劉延欽爲控鶴主，是其徵也。釋趙晁之囚。囚趙晁所以威衆，戰勝則釋之。

北漢主收散卒，繕甲兵，完城塹以備周。楊袞將其衆北屯代州，北漢主遣王得中送袞，因求救於契丹，契丹主遣得中還報，許發兵救晉陽。

壬寅，以符彥卿爲河東行營都部署兼知太原行府事，以郭崇副之，向訓爲都監，李重進爲馬步都虞候，史彥超爲先鋒都指揮使，將步騎二萬發潞州；仍詔王彥超、韓通自陰地關入，北漢既敗走，移晉州東出之師北攻汾、并。與彥卿合軍而進，又以劉詞爲隨駕部署，保大節度使白重贊副之。乘勝進攻晉陽，「隨駕」之下，當有「都」字。

19 漢昭聖皇太后李氏殂于西宮。周太祖既踐阼，漢太后李氏遷居西宮，事見上卷廣順元年。

20 夏，四月，北漢盂縣降。盂，古縣，唐屬太原府。九域志：在府東北二百里。然宋下太原，徙治陽曲。宋白曰：盂縣，本晉大夫盂丙之邑，漢爲盂縣。按前此盂縣在今縣西，陽曲縣東北八十里故盂縣城是也。後魏省屬石艾縣，隋開皇十六年，分石艾縣置原仇縣，屬遼州，因原仇故城爲名，即今縣是也。大業二年，改原仇爲盂縣，從漢舊名。符彥卿軍晉陽城下，王彥超攻汾州，九域志：晉州北至汾州三百五十里。北漢防禦使董希顏降。帝遣萊州防禦使康延沼攻遼州，遼州，唐之儀州也。梁開平三年，敕「兗州管內已有沂州，其儀州改爲遼州。」九域志：潞州東北至遼州二百四十三里。密州防禦使田瓊攻沁州，皆不下。唐置沁州，至宋太平興國五年廢沁州，以和川縣隸晉州，熙寧五年省和川縣入冀氏。九域志：冀氏縣在晉州東二百八十里。沁，音七鴆翻。供備庫副使太原李謙溥單騎說遼州刺史張漢超，說，式芮翻。漢超卽降。

21 乙卯，葬聖神恭肅文武孝皇帝于嵩陵，三月乙酉，梓宮赴山陵。四月乙卯方葬，與北漢交兵，葬備多闕，故緩。廟號太祖。

22 南漢主以高王弘邈爲雄武節度使，鎮邕州。弘邈以齊、鎮二王相繼死於邕州，固辭，齊王弘弼死見二百八十三卷晉天福八年，鎮王弘澤死見二百八十四卷晉開運元年。求宿衞；不許。至鎮，委政僚佐，日飲酒，禱鬼神。或上書誣弘邈謀作亂，戊午，南漢主遣甘泉宮使林延遇賜酖殺之。

23 初，帝遣符彥卿等北征，但欲耀兵於晉陽城下，未議攻取。既入北漢境，其民爭以食物迎周師，泣訴劉氏賦役之重，願供軍須，助攻晉陽，北漢州縣繼有降者。帝聞之，始有兼幷之意，史言謀不先定者，非廟勝之策。遣使往與諸將議之，諸將皆言「芻糧不足，請且班師以俟再舉，」帝不聽。師有歸志，宜其無功。既而諸軍數十萬聚於太原城下，軍士不免剽掠，北漢民失望，剽，匹妙翻。稍稍保山谷自固。帝聞之，馳詔禁止剽掠，安撫農民，止徵今歲租稅，及募民人粟拜官有差，仍發澤、潞、晉、絳、慈、隰及山東近便諸州民運糧以饋軍。山東近便諸州，謂邢、趙、鎮、定。己未，遣李穀詣太原計度芻糧。度，徒洛翻。

24 庚申，太師、中書令瀛文懿王馮道卒。考異曰：五代通錄：「謚曰文懿。」今從世宗實錄、薛史。道少以孝謹知名，以此知名，人所難能也。少，詩照翻。唐莊宗世始貴顯，馮道事劉守光，位不過參軍，入唐，始貴顯。自是累朝不離將、相、三公、三師之位，離，力智翻。唐制，太師、太傅、太保爲三師，太尉、司徒、司空爲三公。爲人清儉寬弘，人莫測其喜愠，滑稽多智，浮沈取容，滑，音骨。沈，持林翻。嘗著長樂老敍，自述累朝榮遇之狀，馮道長樂老敍既自陳其榮遇，又自謂孝於家，忠於國，爲子、爲弟、爲人臣、爲師長、爲夫、爲父，有子、有孫，時開一卷，時飲一杯，食味，別聲，被色，老安於當代，老而自樂，何樂如之！其自述如此。時人往往以德量推之。

歐陽修論曰：「禮義廉恥，國之四維；四維不張，國乃滅亡。」管子之言。禮義，治人之大法；治，直之翻。廉恥，立人之大節。況爲大臣而無廉恥，天下其有不亂，國家其有不亡者乎！予讀馮道長樂老敍，見其自述以爲榮，其可謂無廉恥者矣，則天下國家可從而知也。

予於五代得全節之士三，謂王彥章、裴約、劉仁贍。死事之人十有五，謂張源德、夏魯奇、姚洪、王思同、張敬達、翟進宗、沈斌、王淸、史彥超、孫晟、馬彥超、宋令珣、李遐、張彥卿、鄭昭業，凡十五人。皆武夫戰卒，豈於儒者果無其人哉？得非高節之士，惡時之亂，惡，烏路翻。薄其世而不肯出歟？抑君天下者不足顧，而莫能致之歟？

予嘗聞五代時有王凝者，家青、齊之間，爲虢州司戶參軍，以疾卒于官。凝家素貧，一子尚幼，妻李氏，攜其子，負其遺骸以歸，東過開封，止於旅舍，主人不納。李氏顧天已暮，不肯去，主人牽其臂而出之。李氏仰天慟曰：「我爲婦人，不能守節，而此手爲人所執邪！」卽引斧自斷其臂，見者爲之嗟泣。斷，音短。爲之，于僞翻。開封尹聞之，白其事於朝，厚卹李氏而笞其主人。此事歐陽公得之於五代小說。朝，直遙翻；下同。嗚呼！士不自愛其身而忍恥以偷生者，聞李氏之風，宜少知愧哉！少，詩沼翻。

臣光曰：天地設位，聖人則之，以制禮立法，內有夫婦，外有君臣。婦之從夫，終身不改；臣之事君，有死無貳；此人道之大倫也。苟或廢之，亂莫大焉！范質稱馮道厚德稽古，宏才偉量，雖朝代遷貿，人無間言，貿，音茂，易也。間，古莧翻。屹若巨山，不可轉也。夷考范質之爲人，蓋學馮道者也。屹，與屹同，魚迄翻。臣愚以爲正女不從二夫，忠臣不事二君。爲女不正，雖復華色之美，織紝之巧，不足賢矣；爲臣不忠，雖復材智之多，治行之優，不足貴矣。紝，汝鴆翻。治，直吏翻。行，下孟翻。何則？大節已虧故也。道之爲相，歷五朝、八姓，五朝，唐、晉、遼、漢、周。八姓，唐莊宗、明宗、潞王各爲一姓，石晉、邪律、劉漢、周太祖、世宗各爲一姓。若逆旅之視過客，朝爲仇敵，暮爲君臣，易面變辭，曾無愧怍，怍，疾各翻。大節如此，雖有小善，庸足稱乎！

或以爲自唐室之亡，羣雄力爭，帝王興廢，遠者十餘年，近者四三年，雖有忠智，將若之何！當是之時，失臣節者非道一人，豈得獨罪道哉！臣愚以爲忠臣憂公如家，見危致命，君有過則強諫力爭，國敗亡則竭節致死。智士邦有道則見，見，賢遍翻。邦無道則隱，或滅迹山林，或優游下僚。今道尊寵則冠三師，權任則首諸相，冠，古玩翻。相，息亮翻。國存則依違拱嘿，竊位素餐，國亡則圖全苟免，迎謁勸進。君則興亡接踵，道則富貴自如，茲乃奸臣之尤，安得與他人爲比哉！或謂道能全身遠害於亂世，斯亦賢已。遠，于願翻。臣謂君子有殺身成仁，無求生害仁，引論語夫子之言。豈專以全身遠害爲賢哉！然則盜跖病終而子路醢，果誰賢乎？盜跖從卒九千，橫行天下，而以壽終。子路仕衞，孔悝之難，子路死之，葅於衞東門之上。

抑此非特道之愆也，愆，過也。時君亦有責焉。時君，謂五朝、八姓之君。何則？不正之女，中士羞以爲家；不忠之人，中君羞以爲臣。中士、中君，以人品言，謂識見不及上而可以語上者。彼相前朝，語其忠則反君事讎，語其智則社稷爲墟；後來之君，不誅不棄，乃復用以爲相，復，扶又翻。彼又安肯盡忠於我而能獲其用乎！故曰，非特道之愆，亦時君之責也。溫公以此警後世之君臣深矣。

25 辛酉，符彥卿奏北漢憲州刺史太原韓光愿、嵐州刺史郭言皆舉城降。屬郡雖降，而都府未克，終於無益。大軍既退，則其地復爲敵有矣。

26 初，符彥卿有女適李守貞之子崇訓，相者言其貴當爲天下母。守貞喜曰：「吾婦猶母天下，況我乎！」反意遂決。及敗，崇訓先刃其弟妹，次及符氏；符氏匿幃下，崇訓倉猝求之不獲，遂自剄。剄，古頂翻。亂兵既入，符氏安坐堂上，叱亂兵曰：「吾父與郭公爲昆弟，汝曹勿無禮！」太祖遣使歸之於彥卿。及帝鎮澶州，廣順元年，帝鎮澶州，三年，入爲開封尹。太祖爲帝娶之。爲，于僞翻。壬戌，立爲皇后。后性和惠而明決，帝甚重之。

27 王彥超、韓通攻石州，克之，執刺史安彥進。癸亥，沁州刺史李廷誨降。庚午，帝發潞州，趣晉陽。趣，七喻翻。癸酉，北漢忻州監軍李勍殺刺史趙皋及契丹通事楊耨姑，勍，渠京翻。耨，奴篤翻。舉城降；以勍爲忻州刺史。

28 王逵表請復徙使府治朗州。去年王逵移使府於潭州。復，扶又翻。治，直之翻。

容肇祖標點聶崇岐覆校

資治通鑑卷第二百九十二

端明殿學士兼翰林侍讀學士太中大夫提舉西京嵩山崇福宮上柱國河內郡開國公食邑二千六百戶食實封一千戶臣 司馬光 奉敕編集

後學天台 胡三省 音註

後周紀三

起閼逢攝提格（甲寅）五月，盡柔兆執徐（丙辰）二月，凡一年有奇。

太祖聖神恭肅文武孝皇帝下

顯德元年（甲寅、九五四）

1 五月，甲戌朔，王逵自潭州遷于朗州，以周行逢知潭州事，以潘叔嗣爲岳州團練使。已而潘叔嗣殺王逵，而周行逢收田父、漁者之功矣。

2 丙子，帝至晉陽城下，帝自上黨趣晉陽，七日而至。旗幟環城四十里。史言周兵之盛。幟，昌志翻。環，音宦。楊袞疑北漢代州防禦使鄭處謙貳于周，召與計事，欲圖之；處謙知之，不往。袞使胡騎數十守其城門，處謙殺之，因閉門拒袞；袞奔歸契丹。契丹主怒其無功，囚之。處謙舉城來降。丁丑，置靜塞軍於代州，以鄭處謙爲節度使。創置方鎮以懷撫鄭處謙。處，昌呂翻。

契丹數千騎屯忻、代之間，爲北漢之援，庚辰，遣符彥卿等將步騎萬餘擊之；彥卿入忻州，契丹退保忻口。九域志：忻州秀容縣有忻口寨，在石嶺關南。

丁亥，置寧化軍於汾州，以石、沁二州隸之。

代州將桑珪、解文遇殺鄭處謙，沁，七鴆翻。解，戶買翻，姓也。姓苑云：自唐叔虞食邑於解；晉有解狐、解揚。誣奏云潛通契丹。

符彥卿奏請益兵，癸巳，遣李筠、張永德將兵三千赴之。契丹游騎時至忻州城下，丙申，彥卿與諸將陳以待之。陳，讀曰陣。史彥超將二十騎爲前鋒，二十太少，恐當作「二千」。遇契丹，與戰，李筠引兵繼之，殺契丹二千人。彥超恃勇輕進，去大軍浸遠，衆寡不敵，爲契丹所殺，筠僅以身免，周兵死傷甚衆。彥卿退保忻州，尋引兵還晉陽。還，從宣翻，又如字；下同。

府州防禦使折德扆將州兵來朝；將，卽亮翻。辛丑，復置永安軍於府州，復，扶又翻。漢乾祐三年罷永安軍，見二百八十九卷。以德扆爲節度使。

時大發兵夫，東自懷、孟，西及蒲、陝，以攻晉陽，不克；會久雨，士卒疲病，【章：十二行本「病」下有「及史彥超死」五字；乙十一行本同；孔本同；張校同；退齋校同。】乃議引還。陝，失冉翻。考異曰：世宗實錄：「徵懷、孟、蒲、陝丁夫數萬攻城，旦夕之間，期於必取。會大雨，軍士勞苦，又聞忻口之師不振，帝數日憂沮不食，遂決還京之意。」晉陽見聞錄：「六月旦，周師南轅返旆，惟數百騎，間之以步卒千人，長槍赤甲，銜鑣捷跳梁於城隅，晡晚殺行而抽退。」今從世宗實錄。

初，王得中返自契丹，北漢主遣王得中求救於契丹，見上卷本年三月。值周兵圍晉陽，留止代州。及桑珪殺鄭處謙，囚得中，送于周軍，帝釋之，賜以帶、馬，問「虜兵何時當至？」得中曰：「臣受命送楊袞，他無所求。」或謂得中曰：「契丹許公發兵，公不以實告，契丹兵即至，公得無危乎？」得中太息曰：「吾食劉氏祿，有老母在圍中，若以實告，周人必發兵據險以拒之，如此，家國兩亡，吾獨生何益！不若殺身以全家國，所得多矣！」甲辰，帝以得中欺罔，縊殺之。王得中之死，知所惡有甚於死者也。

乙巳，帝發晉陽。匡國節度使藥元福言於帝曰：「進軍易，退軍難。」進軍者，或乘初至之銳，或乘屢勝之勢，敵人畏讋自守，不敢迎戰，故易。退軍者，士有歸志，敵人據險遮其前，率衆躡其後，輜重老弱皆足爲吾之累，故難。易，以豉翻。帝曰：「朕一以委卿。」元福乃勒兵成列而殿。殿，丁練翻。北漢果出兵追躡，元福擊走之。然軍還忽遽，還，從宣翻。芻糧數十萬在城下，悉焚棄之。軍中訛言相驚，或相剽掠，軍須失亡不可勝計。剽，匹妙翻。凡行軍所欲得以爲用者，皆謂之軍須。勝，音升。所得北漢州縣，周所置刺史等皆棄城走，惟代州桑珪既叛北漢，又不敢歸周，嬰城自守，北漢遣兵攻拔之。前所謂都府未拔，雖得屬郡而無益者，要其終也。

乙酉，帝至潞州；甲子，至鄭州；以乙巳發晉陽甲子至鄭州考之，中間不應以乙酉至潞州，恐是乙卯。丙寅，謁嵩陵；嵩陵復土，帝適有軍旅之事，不獲親之；此其謁陵，與彝制謁陵其情有不同者。庚午，至大梁。

3 帝違衆議破北漢，自是政事無大小皆親決，百官受成於上而已。河南府推官高錫上書諫，以爲：「四海之廣，萬機之衆，雖堯、舜不能獨治，治，直之翻。必擇人而任之。今陛下一以身親之，天下不謂陛下聰明睿智足以兼百官之任，皆言陛下褊迫疑忌舉不信羣臣也！褊，補典翻。不若選能知人公正者以爲宰相，能愛民聽訟者以爲守令，守，式又翻。能豐財足食者使掌金穀，能原情守法者使掌刑獄，陛下但垂拱明堂，視其功過而賞罰之，天下何憂不治！何必降君尊而代臣職，屈貴位而親賤事，無乃失爲政之本乎！」帝不從。錫，河中人也。

4 北漢主憂憤成疾，悉以國事委其子侍衞都指揮使承鈞。

5 河西節度使申師厚不俟詔，擅棄鎮入朝，太祖廣順元年，申師厚鎮河西，事見二百九十卷。署其子爲留後；秋，七月，癸酉朔，責授率府副率。唐制，東宮十率府，皆有副率，其後遂以爲冗散之官。申師厚以藩府失職牙將而得節，棄鎮擅歸，雖加責授，猶勝故吾。

6 丁丑，加吳越王錢弘俶天下兵馬都元帥。

7 癸巳，加門下侍郎、同平章事范質守司徒，以樞密直學士、工部侍郎長山景範爲中書侍郎、同平章事、判三司。長山，漢於陵縣地，江左僑置廣川郡及武強縣，隋廢郡，改武強曰長山，唐屬淄州。九域志：在州北五十五里。景，姓也。姓苑云：齊景公之後。余姑以春秋時言之，晉、宋皆有景公，何獨齊哉！加樞密使、同平章事鄭仁誨兼侍中。乙未，以樞密副使魏仁浦爲樞密使。范質既爲司徒，司徒竇貞固歸洛陽，府縣以民視之，府縣，謂河南府及洛陽縣也。課役皆不免。貞固訴於留守向訓，訓不聽。以竇貞固漢之舊臣故也。考古驗今，今何足怪。

初，帝與北漢主相拒於高平，命前澤州刺史李彥崇將兵守江豬嶺，遏北漢主歸路；彥崇聞樊愛能等南遁，引兵退，北漢主果自其路遁去。八月，己酉，貶彥崇率府副率。

8 己巳，廢鎮國軍。唐末，以華州爲鎮國軍。

9 初，太祖以建雄節度使王晏有拒北漢之功，王晏拒北漢事見二百九十卷太祖廣順元年。其鄉里在滕縣，徙晏爲武寧節度使。武寧軍，徐州；滕縣屬焉。九域志：滕縣在州北一百九十里。晏少時嘗爲羣盜，少，詩照翻。至鎮，悉召故黨，贈之金帛、鞍馬，謂曰：「吾鄉素名多盜，昔吾與諸君皆嘗爲之，想後來者無能居諸君之右。諸君幸爲我語之，使勿復爲，幸爲，于僞翻；下請爲同。語，牛倨翻。復，扶又翻。爲者吾必族之。」於是一境清肅。九月，徐州人請爲之立衣錦碑；衣，於既翻。許之。

10 冬，十月，甲辰，左羽林大將軍孟漢卿坐納藁稅，藁，禾稈也。場官擾民，多取耗餘，場官，藁場之官。耗餘者，於納藁束正數之外，又多取之，言以備耗折也。賜死。有司奏漢卿罪不至死；上曰：「朕知之，欲以懲衆耳！」

11 己酉，廢安遠、永清軍。唐以安州爲安遠軍。晉以貝州爲永清軍。

12 初，宿衞之士，累朝相承，務求姑息，不欲簡閱，恐傷人情，由是羸老者居多；羸，倫爲翻。但驕蹇不用命，實不可用，每遇大敵，不走卽降，其所以失國，亦多由此。如唐閔帝、潞王是也。帝因高平之戰，始知其弊，癸亥，謂侍臣曰：「凡兵務精不務多，今以農夫百未能養甲士一，柰何浚民之膏澤，養此無用之物乎！且健懦不分，衆何所勸！」乃命大簡諸軍，精銳者升之上軍，羸者斥去之。去，羌呂翻。又以驍勇之士多爲藩鎮所蓄，詔募天下壯士，咸遣詣闕，命太祖皇帝選其尤者爲殿前諸班，今之班直是也。五代會要曰：時詔募天下豪傑，不以草澤爲阻，送於闕下，躬親閱試，選武藝超絶及有身首者分署爲殿前諸班，因有散員、散指揮使、內殿直、散都頭、鐵騎、控鶴之號。其騎步諸軍，各命將帥選之。帥，所類翻。由是士卒精強，近代無比，征伐四方，所向皆捷，選練之力也。史言周世宗強兵之效。

13 戊辰，帝謂侍臣曰：「諸道盜賊頗多，討捕終不能絶，蓋由累朝分命使臣巡檢，致藩侯、守令皆不致力。宜悉召還，專委節鎮、州縣，責其清肅。」

14 河自楊劉至于博州百二十里，連年東潰，分爲二派，匯爲大澤，派，普拜翻。匯，戶罪翻，水回合也。彌漫數百里；又東北壞古堤而出，壞，音怪。古隄，前代所築以防河者；河屢徙，故古隄在平地。灌齊、棣、淄諸州，至于海涯，漂沒民田廬不可勝計，流民採菰稗、捕魚以給食，勝，音身。菰，音孤，蔣也。稗，旁卦翻，草似穀者。朝廷屢遣使者不能塞。塞，悉則翻；下同。十一月，戊戌，帝遣李穀詣澶、鄆、齊按視隄塞，役徒六萬，三十日而畢。

15 北漢主疾病，命其子承鈞監國，疾甚曰病。尋殂。年六十。考異曰：劉恕云：世宗實錄、薛史帝紀、僭僞傳皆云：「顯德二年十一月，劉崇卒。」大定錄云：「顯德二年，春，旻病死。」紀年通譜：「顯德二年，崇之乾祐八年，冬，崇死。顯德三年，承鈞改元天會。開寶元年，承鈞之天會十三年，死。開寶二年，繼元改元廣運。興國四年，繼元之廣運十一年也。」河東劉氏有國，全無記錄，惟其舊臣中書舍人、直翰林院王保衡歸朝後所纂晉陽僞署見聞要錄云：「甲寅年春，南伐，敗歸。夏，周師攻圍，旻積憂勞成心疾，是冬，卒。鈞即位，丁巳年，正月旦，改乾祐十年爲天會元年。」又云：「鈞丙戌年二十九嗣位；年四十三卒。」右諫議大夫楊夢申奉敕撰大漢都統追封定王劉繼顒神道碑云：「天會十二年，今皇帝踐阼之初年也。十七年，繼顒卒。」末題「廣運元年，歲次甲戌，九月丙午朔」。今按周廣順元年辛亥，旻即帝位，稱乾祐四年。顯德元年甲寅，旻之乾祐七年也。旻卒，鈞立。顯德四年丁巳，鈞改乾祐十年爲天會元年。宋開寶元年戊辰，鈞之天會十二年也。鈞卒，繼元立。開寶七年甲戌，繼元改天會十八年爲廣運元年。據曆，是歲九月，丙午朔。興國四年己卯，繼元之廣運六年也。鈞以唐天成元年丙戌生，至顯德元年甲寅嗣位，乃二十九歲矣。鈞及繼元踰年未改元，蓋孟蜀後主、漢隱帝、周世宗之比也。諸書皆傳聞相因，前後相戾，惟晉陽見聞錄、劉繼顒碑，歲月最可考正，故以爲據。遣使告哀于契丹。契丹遣驃騎大將軍、知內侍省事劉承訓册命承鈞爲帝，更名鈞。鈞，漢主旻次子也。更，工衡翻。北漢孝和帝性孝謹，既嗣位，勤於爲政，愛民禮士，境内粗安。粗，坐五翻。每上表於契丹主稱男；契丹主賜之詔，謂之「兒皇帝」。

16 馬希萼之帥羣蠻破長沙也，事見二百八十九卷漢隱帝乾祐三年。帥，讀曰率。府庫累世之積，皆爲溆州蠻酋苻彦通所掠，溆，音敍。酋，慈由翻。彦通由是富強，稱王於溪洞間。王逵既得湖南，去年六月，王逵殺劉言，始盡得湖南故地，事見上卷。欲遣使撫之，募能往者，其將王虔朗請行。既至，彦通盛侍衞而見之，禮貌甚倨。虔朗厲聲責之曰：「足下自稱苻秦苗裔，苻秦之亡，苻宏奔晉，從諸桓於荆、楚，其後無聞。彦通自以爲苻秦苗裔，蓋言出於宏之後。宜知禮義，有以異於羣蠻。昔馬氏在湖南，足下祖父皆北面事之；今王公盡得馬氏之地，足下不早往乞盟，致使者先來，又不接之以禮，異日得無悔乎！」言大兵若至，雖悔無及。彦通慚懼，起，執虔朗手謝之。虔朗知其可動，因説之曰：「溪洞之地，隋、唐之世皆爲州縣，著在圖籍。説，式芮翻。溪洞之地，隋、唐列爲郡縣，皆屬黔中道。今足下上無天子之詔，下無使府之命，使府，謂湖南都府。雖自王於山谷之間，王，于況翻。不過蠻夷一酋長耳！酋，慈秋翻。長，知兩翻。曷若去王號，自歸於王公，王公必以天子之命授足下節度使，與中國侯伯等夷，豈不尊榮哉！」彦通大喜，即日去王號，去，羌呂翻。因虔朗獻銅鼓數枚於王逵。谿峒諸蠻，鑄銅爲大鼓，初成，懸於庭中，置酒以招同類，豪富子女則以金銀爲大釵，執以扣鼓竟，乃留遺主人，名爲「銅鼓釵」。俗好相殺，多構仇怨，欲相攻，則鳴此鼓，至者如雲。逵曰：「虔朗一言勝數萬兵，眞國士也！」承制以彥通爲黔中節度使；黔中，自唐末至二蜀爲武泰軍節度。黔，其今翻。以虔朗爲都指揮使，預聞府政。【章：十二行本「政」下有「虔朗桂州人也」六字；乙十一行本同；孔本同；退齋校同。】預聞湖南都府之政。逵慮西界鎭遏使、錦州刺史劉瑫爲邊患，王逵之逐邊鎬也，以劉瑫鎭遏羣蠻。表爲鎭南節度副使，鎭南軍，洪州，屬唐；王逵表以其號寵劉瑫耳。充西界都招討使。

17 是歲，湖南大饑，民食草木實；武清節度使、知潭州事周行逢自彭師暠等擁立馬希萼於衡山，自署武清節度使，王逵因之以授周行逢。開倉以賑之，全活甚衆。行逢起於微賤，知民間疾苦，勵精爲治，嚴而無私，治，直吏翻。辟署僚屬，皆取廉介之士，約束簡要，【章：十二行本「要」下有「吏民便之」四字；乙十一行本同；孔本同；張校同。】其自奉甚薄；或譏其太儉，行逢曰：「馬氏父子窮奢極靡，不恤百姓，今子孫乞食於人，又足效乎！」爲行逢跨有潭、朗張本。

世宗睿武孝文皇帝上諱榮，本姓柴氏，邢州龍岡人。柴氏女適太祖，是爲聖穆皇后。后兄守禮生帝，從姑長於太祖家，以謹厚見愛，太祖遂以爲子。

顯德二年(乙卯、九五五)

1春，正月，庚辰，上以漕運自晉、漢以來不給斗耗，綱吏多以虧欠抵死，詔自今每斛給耗一斗。

2定難節度使李彝興李彝興，即彝殷也，避宋朝宣祖廟諱，始改名彝興。史以後來所更名書之。難，乃旦翻。以折德扆亦爲節度使，與己並列，恥之，夏州自唐以來，爲緣邊大鎮，李氏又世襲節度使。府州，漢氏方置節鎮，折氏父子又晚出，故恥與並列。塞路不通周使。塞，悉則翻。癸未，上謀於宰相，對曰：「夏州邊鎮，朝廷向來每加優借，府州褊小，得失不繫重輕，且宜撫諭彝興，庶全大體。」上曰：「德扆數年以來，盡忠戮力以拒劉氏，柰何一旦棄之！且夏州惟產羊馬，貿易百貨，悉仰中國，貿，音茂。仰，牛向翻。我若絕之，彼何能爲！」乃遣供奉官齊藏珍齎詔書責之，風俗通云：凡氏之興九事，氏於國者，齊、魯、宋、衞是也。余按左傳衞有大夫齊氏，此豈氏於國乎？彝興惶恐謝罪。

3戊子，蜀置威武軍於鳳州。

4辛卯，初令翰林學士、兩省官舉令、錄；除官之日，仍署舉者姓名，若貪穢敗官，並當連坐。敗，補邁翻。

5契丹自晉、漢以來屢寇河北，輕騎深入，無藩籬之限，郊野之民每困殺掠。言事者稱深、冀之間有胡盧河，橫亙數百里，可浚之以限其奔突；胡盧河，俗謂之葫蘆河，即衡漳水，在東光縣西三十里。是月，詔忠武節度使王彥超、彰信節度使韓通周改曹州威信軍爲彰信軍，避太祖諱也。將兵夫浚胡盧河，築城於李晏口，留兵戍之。冀州蓨縣東北有李晏鎮，時築城屯軍，以爲靜安軍。按薛史，其軍南距冀州百里，北距深州三十里，夾胡盧河爲壘。將，即亮翻。帝召德州刺史張藏英，問以備邊之策，藏英具陳地形要害，請列置戍兵，募邊人驍勇者，厚其稟給，自請將之，隨便宜討擊；帝皆從之，以藏英爲沿邊巡檢招收都指揮使。藏英到官數月，募得千餘人。王彥超等行視役者，行，下孟翻。嘗爲契丹所圍；藏英引所募兵馳擊，大破之。自是契丹不敢涉胡盧河，河南之民始得休息。此河南，謂胡盧河之南也。

6 二月，庚子朔，日有食之。

7 蜀夔恭孝王仁毅卒。仁毅，蜀主之弟也。

8 壬戌，詔羣臣極言得失，其略曰：「朕於卿大夫，才不能盡知，面不能盡識；若不采其言而觀其行，行，下孟翻。審其意而察其忠，則何以見器略之淺深，知任用之當否！當，丁浪翻。若言之不入，罪實在予；苟求之不言，咎將誰執！」

9 唐主以中書侍郎、知尚書省嚴續爲門下侍郎、同平章事。

10 三月，辛未，以李晏口爲靜安軍。

11 帝常憤廣明以來中國日蹙，唐僖宗廣明元年，黃巢入長安，自此之後，強藩割據，中國日蹙矣。及高平既捷，慨然有削平天下之志。會秦州民夷有詣大梁獻策請恢復舊疆者，以唐全盛版圖言之，蜀亦舊疆也。以漢、晉事言之，則契丹入中原，重以王景崇之亂，階、成、秦、鳳遂入於蜀。帝納其言。爲取階、成、秦、鳳張本。

蜀主聞之，遣客省使趙季札按視邊備。季札素以文武才略自任，使還，奏稱：「雄武節度使韓繼勳、蜀置雄武節度於秦州。使，疏吏翻。還，從宣翻，又如字。鳳州刺史王萬迪非將帥才，不足以禦大敵。」蜀主問：「誰可往者？」季札請自行。丙申，以季札爲雄武監軍使，仍以宿衞精兵千人爲之部曲。

12 帝以大梁城中迫隘，隘，烏懈翻。夏，四月，乙卯，詔展外城，先立標幟，幟，昌志翻。俟今冬農隙興板築；東作動則罷之，更俟次年，以漸成之。且令自今葬埋皆出所標七里之外，其標內俟縣官分畫街衢、倉場、營廨之外，廨，古隘翻。聽民隨便築室。

13 丙辰，蜀主命知樞密院王昭遠按行北邊城寨及甲兵。以備周也。行，下孟翻。

14 上謂宰相曰：「朕每思致治之方，未得其要，寢食不忘。治，直吏翻。又自唐、晉以來，吳、蜀、幽、并皆阻聲教，未能混壹，吳，李氏；蜀，孟氏；幽入於契丹；并爲北漢。宜命近臣著爲君難爲臣不易論及開邊策各一篇，朕將覽焉。」

比部郎中王朴獻策，比，音毗。以爲：「中國之失吳、蜀、幽、并，皆由失道。梁失吳；後唐得蜀而復失之；晉失幽；周失并。今必先觀所以失之之原，然後知所以取之之術。其始失之也，莫不以君暗臣邪，兵驕民困，姦黨内熾，武夫外横，横，戶孟翻。因小致大，積微成著。今欲取之，莫若反其所爲而已。夫進賢退不肖，所以收其才也；恩隱誠信，所以結其心也；隱，恤也。賞功罰罪，所以盡其力也；去奢節用，所以豐其財也；去，羌呂翻。時使薄斂，所以阜其民也。時使者，使之以時也。斂，力贍翻。俟羣才既集，政事既治，財用既充，士民既附，然後舉而用之，功無不成矣！彼之人觀我有必取之勢，則知其情狀者願爲間諜，知其山川者願爲鄉導，間，古莧翻；下伺間同。諜，達協翻。鄉，讀曰嚮。民心既歸，天意必從矣。

凡攻取之道，必先其易者。唐與吾接境幾二千里，其勢易擾也。唐與中國以淮爲境，自淮源東至海幾二千里。易，以豉翻。擾之當以無備之處爲始，備東則擾西，備西則擾東，彼必奔走而救之。奔走之間，可以知其虛實强弱，然後避實擊虛，避强擊弱。未須大舉，且以輕兵擾之。南人懦怯，聞小有警，必悉師以救之。師數動則民疲而財竭，數，所角翻。不悉師則我可以乘虛取之。如此，江北諸州將悉爲我有。帝之取江北，王朴之計也。既得江北，則用彼之民，行我之法，江南亦易取也。得江南則嶺南、巴蜀可傳檄而定。時劉氏據嶺南，孟氏據巴蜀，王朴欲乘勝勢以先聲下之。南方既定，則燕地必望風内附；時契丹跨有燕地。燕，於賢翻。若其不至，移兵攻之，席卷可平矣。卷，讀如捲。凡兵之動，知敵之主，此以其時契丹主言之也。惟河東必死之寇，言北漢據河東，與周爲世仇也。不可以恩信誘，誘，音酉。當以强兵制之，然彼自高平之敗，事見上卷上年三月。力竭氣沮，必未能爲邊患，宜且以爲後圖，俟天下既平，然後伺間，一舉可擒也。是後世宗用兵以至宋朝削平諸國，皆如王朴之言；惟幽燕不可得而取，至於宣和，則舉國以殉之矣。伺，相吏翻。今士卒精練，甲兵有備，羣下畏法，諸將效力，期年之後可以出師，期，讀曰朞。宜自夏秋蓄積實邊矣。」蓄積於邊上以爲用兵之備。

上欣然納之。時羣臣多守常偷安，所對少有可取者，少，詩沼翻。惟朴神峻氣勁，有謀能斷，斷，丁亂翻。凡所規畫，皆稱上意，稱，尺證翻。上由是重其氣【章：十二行本「氣」作「器」；乙十一行本同；孔本同；退齋校同。】識，未幾，遷左諫議大夫，知開封府事。開封在輦轂下，事繁職重。史言世宗屬任王朴自此而重。然朴先事上於潛藩，其君臣相得亦有素矣。

15 上謀取秦、鳳，求可將者。將，卽亮翻。王溥薦宣徽南院使、鎮安節度使向訓。五代會要：漢天福十二年，廢陳州鎮安軍，周廣順二年復。上命訓與鳳翔節度使王景、客省使高唐昝居潤偕行。高唐縣屬博州。九域志：縣在州東北一百七十里。昝，姓也，音子感翻。五月，戊辰朔，景出兵自散關趣秦州。趣，七喻翻。

16 敕天下寺院，非敕額者悉廢之。敕額者，敕賜寺額，如慈恩、安國、興唐之類。禁私度僧尼，凡欲出家者必俟祖父母、父母、伯叔之命。惟兩京、大名府、唐以魏州爲鄴都。興唐府，晉改爲廣晉府；大名府，蓋漢所改也。京兆府、青州聽設戒壇。戒壇，僧尼受戒之所。禁僧俗捨身、斷手足、煉指、掛燈、帶鉗之類幻惑流俗者。煉指者，束香於指而燃之。掛燈者，裸體，以小鐵鉤偏鉤其膚，凡鉤，皆掛小燈，圈燈盞，貯油而燃之，俚俗謂之燃肉身燈。今人帶布枷以化誘流俗者，亦幻惑之餘敝。斷，音短。幻，戶辦翻。令兩京及諸州每歲造僧帳，有死亡、歸俗，皆隨時開落。是歲，天下寺院存者二千六百九十四，廢者三萬三百三十六，見僧四萬二千四百四十四，尼一萬八千七百五十六。見，賢遍翻。

17 王景拔黃牛等八寨。黃牛等八寨，皆當在秦州界。戊寅，蜀主以捧聖控鶴都指揮使、保寧節度使李廷珪爲北路行營都統，蜀以秦、鳳爲北路。左衛聖步軍都指揮使高彥儔爲招討使，武寧節度使呂彥珂副之，武寧軍，徐州屬，周呂彥珂遙領也。珂，丘何翻。客省使趙崇韜爲都監。

18 蜀趙季札至德陽，聞周師入境，懼不敢進，德陽縣，屬漢州，去成都未遠，已懼而不敢進。上書求解邊任還奏事，先遣輜重及妓妾西歸。重，直用翻。妓，渠綺翻。丁亥，單騎馳入成都，衆以爲奔敗，莫不震恐。蜀主問以機事，皆不能對；蜀主怒，繫之御史臺，庚【章：十二行本「庚」作「甲」；乙十一行本同；孔本同。】午，斬之於崇禮門。趙季札雖誅，無救於秦、鳳之喪失，是以用人當審之於其初也。

19 六月，庚子，上親錄囚於內苑。有汝州民馬遇，父及弟爲吏所冤死，屢經覆按，不能自伸，上臨問，始得其實，人以爲神。由是諸長吏無不親察獄訟。史言帝明謹於庶獄。長，知兩翻。

20 壬寅，西師與蜀李廷珪等戰于威武城東，不利，威武城，前蜀所築也，在鳳州東北。排陳使濮州刺史胡立等爲蜀所擒。陳，讀曰陳。濮，博木翻。丁未，蜀主遣間使如北漢及唐，間，古莧翻。使，疏吏翻。欲與之俱出兵以制周，北漢主、唐主皆許之。

21 己酉，以彰信節度使韓通充西南行營馬步軍都虞候。

22 戊午，南漢主殺禎州節度使通王弘政。禎州，漢博羅縣之地，梁置梁化郡，隋置循州，治歸善縣，唐因之。至南漢，改唐之河源縣爲龍川縣，徙循州治焉；以循州舊治歸善縣置禎州，宋朝避仁宗諱，改曰惠州。九域志：循州南至惠州三百里。於是高祖之諸子盡矣。南漢主龑，廟號高祖。

23 壬戌，以樞密院承旨清河張美爲右領軍大將軍、權點檢三司事。清河縣，帶貝州。權點檢三司事，未除爲正使。初，帝在澶州，美掌州之金穀隸三司者，帝或私有所求，美曲爲供副。供副者，供辦以應副所求。澶，時連翻。太祖聞之怒，恐傷帝意，但徙美爲濮州馬步軍都虞候。濮，博木翻。美治財精敏，當時鮮及，治，直之翻。鮮，息淺翻。故帝以利權授之；【章：十二行本「之」下有「帝征伐四方，用度不乏，美之力也」十三字；乙十一行本同；孔本同；張校同；退齋校同。】然思其在澶州所爲，終不以公忠待之。自漢以來能如此者，吳主孫權及周世宗而已。

24 秋，七月，丁卯朔，以王景兼西南行營都招討使，向訓兼行營兵馬都監。宰相以景等久無功，饋運不繼，固請罷兵。帝命太祖皇帝往視之，還，言秦、鳳可取之狀，還，從宣翻，又如字。帝從之。

25 八月，丁未，中書侍郎、同平章事景範罷判三司，尋以父喪罷政事。

26 王景等敗蜀兵，敗，補邁翻。獲將卒三百。己未，蜀主遣通奏使、知樞密院、武泰節度使伊審徵如行營慰撫，仍督戰。

27 帝以縣官久不鑄錢，而民間多銷錢爲器皿及佛像，錢益少，九月，丙寅朔，敕始立監采銅鑄錢，自非縣官法物、軍器及寺觀鍾磬鈸鐸之類觀，古玩翻。鈸，蒲撥翻。聽留外，句斷。自餘民間銅器、佛像，五十日內悉令輸官，給其直；過期隱匿不輸，五斤以上其罪死，不及者論刑有差。輸，舂遇翻。時敕有隱藏銅器及埋窖使用者，一兩至一斤徒二年；一斤至五斤處死。若納到熟銅，每斤官給錢一百五十，生銅每斤一百。上謂侍臣曰：「卿輩勿以毀佛爲疑。夫佛以善道化人，苟志於善，斯奉佛矣。彼銅像豈所謂佛邪！且吾聞佛在利人，雖頭目猶捨以布施，施，式豉翻。若朕身可以濟民，亦非所惜也。」

臣光曰：若周世宗，可謂仁矣，不愛其身而愛民；若周世宗，可謂明矣，不以無益廢有益。

28 蜀李廷珪遣先鋒都指揮使李進據馬嶺寨，又遣奇兵出斜谷，屯白澗，九域志：鳳州梁泉縣有白澗鎮。又分兵出鳳州之北唐倉鎮及黃花谷，絕周糧道。黃花鎮亦在梁泉縣界，有黃花川，大散水入焉。閏月，王景遣裨將張建雄將兵二千抵黃花，又遣千人趣唐倉，扼蜀歸路。趣，七喻翻。

蜀染院使王巒將兵出唐倉，與建雄戰於黃花，蜀兵敗，奔唐倉，遇周兵，又敗，虜巒及其將士三千人；馬嶺、白澗兵皆潰，李廷珪、高彥儔等退保青泥嶺。蜀雄武節度使兼侍中韓繼勳棄秦州，奔還成都，觀察判官趙玭舉城降，斜谷援兵亦潰。玭，蒲眠翻。考異曰：十國紀年：「玭召官屬告之曰：『周兵無敵，今朝廷所遣勇將精兵，不死即逃，我輩不能去危就安，禍且至矣。』衆皆聽命，舉城叛降周。斜谷援兵亦潰。」五代通錄：「官軍之圍鳳州，僞秦州節度使高處儔引兵往復援之，中塗聞黃花之敗，奔秦州，玭與城中將校閉門不納，處儔遂西奔，玭卽以城歸國。」今從實錄。成、階二州皆降，蜀人震恐。玭，澶州人也。澶，時連翻。帝欲以玭爲節度使，范質固爭以爲不可，乃以爲郢州刺史。

壬子，百官入賀，帝舉酒屬王溥曰：「邊功之成，卿擇帥之力也！」屬，之欲翻。擇帥事見上四月。帥，所類翻。

29 甲子，上與將相食於萬歲殿，因言：「兩日大寒，朕於宮中食珍膳，深愧無功於民而坐享天祿，既不能躬耕而食，惟當親冒矢石爲民除害，差可自安耳！」冒，莫北翻。爲，于僞翻。差之爲言稍也。

30 乙丑，蜀李廷珪上表待罪。冬，十月，壬申，伊審徵至成都請罪。【章：十二行本「罪」下有「皆釋之」三字；乙十一行本同；孔本同；退齋校同。】皆以蹙國喪師也。

蜀主致書於帝請和，自稱大蜀皇帝；帝怒其抗禮，不答。蜀主愈恐，聚兵糧於劍門、白帝，爲守禦之備，守劍門以備北兵之自岐、雍來者，守白帝以備北兵之泝峽而上者。募兵既多，用度不足，始鑄鐵錢，榷境内鐵器，民甚苦之。榷，古岳翻。

31 唐主性和柔，好文章，而喜人佞己，好，呼到翻。喜，許記翻。由是諂諛之臣多進用，諂諛之臣，謂馮延己兄弟、魏岑、陳覺等。政事日亂。既克建州，破湖南，克建州見二百八十四卷晉開運二年。破湖南見二百九十卷太祖廣順二年。益驕，有吞天下之志。李守貞、慕容彦超之叛，皆爲之出師，遥爲聲援，援李守貞見二百八十八卷漢隱帝乾祐元年。又援慕容彦超見二百九十卷太祖廣順二年。皆爲，于僞翻。又遣使自海道通契丹及北漢，約共圖中國；值中國多事，未暇與之校。

先是，每冬淮水淺涸，唐人常發兵戍守，謂之「把淺」。先，悉薦翻。把淺之處，自霍丘以上，西盡光州界。壽州監軍吳廷紹以爲疆埸無事，坐費資糧，悉罷之；史先敍唐所以蹙國之由。埸，音亦。清淮節度使劉仁贍上表固爭，不能得。十一月，乙未朔，帝以李穀爲淮南道前軍行營都部署兼知廬、壽等行府事，以忠武節度使王彦超副之，督侍衛馬軍都指揮使韓令坤等十二將以伐唐。令坤，磁州武安人也。磁，詳之翻。

32 汴水自唐末潰決，自埇橋東南悉爲汚澤。上謀擊唐，先命武寧節度使武行德發民夫，因故堤疏導之，自埇橋東南抵唐境，皆武寧巡屬也。埇，余拱翻。東至泗上；議者皆以爲難成，上曰：「數年之後，必獲其利。」謂淮南既平，藉以通漕，將獲其利也。

33 丁未，上與侍臣論刑賞，上曰：「朕必不因怒刑人，因喜賞人。」

34 先是，大梁城中民侵街衢爲舍，通大車者蓋寡，先，悉薦翻。上命悉直而廣之，廣者至三十步；此言橫廣也。又遷墳墓於標外。立標幟見上四月。上曰：「近廣京城，於存歿擾動誠多；怨謗之語，朕自當之，他日終爲人利。」世宗志識宏遠，不顧人言，然仁人不忍爲也。

35 王景等圍鳳州，韓通分兵城固鎮以絕蜀之援兵。戊申，克鳳州，擒蜀威武節度使王環是年正月，蜀置威武節度於鳳州。及都監趙崇溥等將士五千人。崇溥不食而死。環，眞定人也。蜀將士多中原人，蓋後唐遣之戍蜀，爲孟知祥所留者也。乙卯，制曲赦秦、鳳、階、成境內，所獲蜀將士，願留者優其俸賜，願去者給資裝而遣之。詔曰：「用慰衆情，免違物性，其四州之民，二稅徵科之外，凡蜀人所立諸色科傜，悉罷之。」

36 唐人聞周兵將至而懼；劉仁贍神氣自若，部分守禦，無異平日，衆情稍安。劉仁贍之善守，於此已見其方略。分，扶問翻。唐主以神武統軍劉彥貞爲北面行營都部署，將兵二萬趣壽州，趣，七喩翻。奉化節度使、同平章事皇甫暉爲應援使，唐置奉化軍於江州。常州團練使姚鳳爲應援都監，將兵三萬屯定遠。舊唐書地理志曰：定遠，漢曲陽縣地，隋置定遠縣，唐屬濠州。九域志：在州南八十里。召鎮南節度使宋齊丘還金陵，謀國難，還，從宣翻，又如字。難，乃旦翻。以翰林承旨、戶部尚書殷崇義爲吏部尚書、知樞密院。

37 李穀等爲浮梁，自正陽濟淮。十二月，甲戌，穀奏王彥超敗唐兵二千餘人於壽州城下，敗，補邁翻；下同。己卯，又奏先鋒都指揮使白延遇敗唐兵千餘人於山口鎮。此時，唐蓋置鎮於六安山口。按薛史本紀：顯德四年，劉重遇奏殺紫金山潰兵三千人於壽州東山口。又疑置鎮於此地。未知孰是。

38丙戌，樞密使兼侍中韓忠正公鄭仁誨卒。上臨其喪，近臣奏稱歲道非便，上曰：「君臣義重，何日時之有！」往哭盡哀。

39吳越王弘俶遣元帥府判官陳彥禧入貢，朝廷授弘俶天下都元帥，故置元帥府判官。帝以詔諭弘俶，使出兵擊唐。使出兵常州以擊之，則唐有反顧之憂。爲吳越兵爲唐所敗張本。

三年（丙辰、九五六）

1春，正月，丙午，以王環爲右驍衛大將軍，賞其不降也。以王環堅守鳳州，城陷而後就擒也。

2丁酉，李穀奏敗唐兵千餘人於上窰。窰，餘招翻，又作「窯」。

3戊戌，發開封府、曹、滑、鄭州之民十餘萬築大梁外城。曹、滑、鄭皆近京之州。九域志：開封府西至鄭州界一百二十五里，北至滑州界一百里，東北至曹州界一百四十五里。陳、許亦近郡而不發者，以方征淮南，道上供億故也。

4庚子，帝下詔親征淮南，以宣徽南院使、鎮安節度使向訓權東京留守，端明殿學士王朴副之，彰信節度使韓通權點檢侍衛司及在京內外都巡檢。命侍衛都指揮使、歸德節度使李重進將兵先赴正陽，河陽節度使白重贊將親兵三千屯潁上。潁上縣，隋置，唐屬潁州。九域志：在州東一百一十七里。宋白曰：潁上縣，漢愼縣也。南北畫淮爲守，關防莫謹於此。隋大業二年，於今縣南故鄭城置潁上縣，以地枕潁水上游爲名。壬寅，帝發大梁。

李穀攻壽州，久不克；唐劉彦貞引兵救之，至來遠鎭，九域志：壽州安豐縣有來遠鎭。今按來遠鎭卽東正陽，西至淠河十里。距壽州二百里，又以戰艦數百艘趣正陽，趣，七喩翻；下同。爲攻浮梁之勢。李穀畏之，召將佐謀曰：「我軍不能水戰，若賊斷浮梁，斷，音短。則腹背受敵，皆不歸矣！不如退守浮梁以待車駕。」上至圉鎭，九域志：開封雍丘縣有圉城鎭。聞其謀，亟遣中使乘驛止之。比至，比，必利翻，及也。已焚芻糧，退保正陽。丁未，帝至陳州，九域志：開封府南至陳州三百三十里。亟遣李重進引兵趣淮上。

辛亥，李穀奏賊艦中流而進，弩礮所不能及，艦，戶黯翻。礮，與砲同，普教翻。若浮梁不守，則衆心動搖，須至退軍。今賊艦日進，淮水日漲，春水方生，故李穀慮淮水日漲。若車駕親臨，萬一糧道阻絕，其危不測。願陛下且駐蹕陳、潁，陳、潁，二州名。俟李重進至，臣與之共度賊艦可禦，浮梁可完，立具奏聞。度，徒洛翻。先爲不可勝以待敵之可勝，李穀之退，未爲失計也。但若厲兵秣馬，春去冬來，足使賊中疲弊，取之未晚。」帝覽奏，不悅。

劉彦貞素驕貴，無才略，不習兵，所歷藩鎭，專爲貪暴，積財巨億，以賂權要，萬萬爲億，億億爲巨億。詩所謂「萬億及秭」。孔穎達所謂「大數」也。由是魏岑等爭譽之，譽，音余。以爲治民如龔、黃，用兵如韓、彭，龔遂、黃霸，漢之良吏。韓信、彭越，漢之良將。治，直之翻。故周師至，唐主首用之。其裨將咸師朗等皆勇而無謀，聞李穀退，喜，引兵直抵正陽，旌旗輜重數百里，重，直用翻。劉仁贍及池州刺史張全約固止之。仁贍曰：「公軍未至而敵人先遁，是畏公之威聲也，安用速戰！萬一失利，則大事去矣！」彥貞不從。既行，仁贍曰：「果遇，必敗。」乃益兵乘城爲備。以城中戰兵乘城益守兵。李重進渡淮，逆戰於正陽東，大破之，淮水西岸謂之西正陽，屬潁州潁上縣界；東岸謂之東正陽，屬壽州下蔡縣界。此據九域志地里。斬彥貞，生擒咸師朗等，斬首萬餘級，伏尸三十里，收軍資器械三十餘萬。是時江、淮久安，民不習戰，彥貞既敗，唐人大恐，張全約收餘衆奔壽州，劉仁贍表全約爲馬步左廂都指揮使。皇甫暉、姚鳳退保清流關。梁置南譙州於桑根山之陽，在滁州清流縣西南八十里。隋始置清流縣，唐爲滁州治所。清流關在縣西南二十餘里，南唐所置也。滁州刺史王紹顏委城走。

壬子，帝至永寧鎮，九域志：黃州麻城縣有永寧鎮，此非也。麻城在壽州西南數百里，帝猶未渡淮，安得至麻城之永寧邪！又考九域志，潁州汝陰縣有永寧鎮，又東百餘里至正陽，此則是也。謂侍臣曰：「聞壽州圍解，農民多歸村落，今聞大軍至，必復入城。憐其聚爲餓殍，復，扶又翻。殍，被表翻。宜先遣使存撫，各令安業。」甲寅，帝至正陽，以李重進代李穀爲淮南道行營都招討使，以穀判壽州行府事。宋敏求曰：凡節度州爲三品，刺史州爲五品。國初，曹翰以觀察使判潁州，是以四品臨五品州也。同品爲知，隔品爲判；自後唯輔臣、宣徽使、太子太保、僕射爲判，餘並爲知州。丙辰，帝至壽州城下，營於淝水之陽，淝水自安豐縣界流入壽春縣界，經壽春城北入于淮，去城二里。水北爲陽。命諸軍圍壽州，徙正陽浮梁於下蔡鎮。唐潁州有下蔡縣，時廢縣爲鎮，西抵正陽五十五里。丁巳，徵宋、亳、陳、潁、徐、宿、許、蔡等州丁夫數十萬以攻城，晝夜不息。唐兵萬餘人維舟於淮，營於塗山之下。塗山在濠州，本塗山氏之邑，禹會諸侯處也；今在鍾離縣西九十五里。濱淮有漢當塗縣故城，南北朝兵爭之際，爲馬頭郡城，淮水逕城北而東流，渦水自西北來注于淮，謂之渦口，南岸正對馬頭城。庚申，帝命太祖皇帝擊之，太祖皇帝遣百餘騎薄其營而僞遁，伏兵邀之，大敗唐兵于渦口，敗，補邁翻。渦，音戈。斬其都監何延錫等，奪戰艦五十餘艘。艘，蘇遭翻。

5 詔以武平節度使兼中書令王逵爲南面行營都統，使攻唐之鄂州。逵引兵過岳州，岳州團練使潘叔嗣厚具燕犒，奉事甚謹；逵左右求取無厭，犒，苦到翻。厭，於鹽翻。不滿望者譖叔嗣於逵，云其謀叛，逵怒形於詞色，叔嗣由是懼而不自安。爲潘叔嗣殺王逵張本。唐主聞湖南兵將至，命武昌節度使何敬洙徙民入城，爲固守之計；敬洙不從，使除地爲戰場，曰：「敵至，則與軍民俱死於此耳！」何敬洙爲將，亦唐之良也。因王逵有潘叔嗣之難，又以成其名。唐主善之。

6 二月，丙寅，下蔡浮梁成，上自往視之。

戊辰，廬、壽、光、黄巡檢使司【章：十二行本「司」上有「元城」二字；乙十一行本同；孔本同。】超司，姓也。左傳鄭有司臣。奏敗唐兵三千餘人於盛唐，敗，補邁翻。盛唐本唐初之霍山縣也，開元二十七年更名盛唐，屬壽州，宋朝開寶四年改爲六安縣。九域志：六安縣，在壽州南二百一十里。擒都監高弼等，獲戰艦四十餘艘。

上命太祖皇帝倍道襲清流關。皇甫暉等陳於山下，陳，讀曰陣。方與前鋒戰，太祖皇帝引兵出山後；暉等大驚，走入滁州，宋白曰：滁州之地，劉宋爲新昌郡，梁立南譙州於桑根山西，今州西南十八里南譙故城是也。北齊自南譙徙新昌郡，今州城是也。隋廢州，以其地爲清流縣，唐爲滁州。欲斷橋自守，斷，音短。太祖皇帝躍馬麾兵涉水，直抵城下。暉曰：「人各爲其主，爲，于僞翻。願容成列而戰。」皇甫暉受唐莊宗畜養之恩，一旦作亂，莊宗以之喪亡。棄中國而奔江南，委質於唐，乃言人各爲其主，蓋兵鋒所迫，倉皇失措，爲是言以款敵耳。太祖皇帝笑而許之。太祖自審智勇足以辦皇甫暉，故許之。暉整衆而出，太祖皇帝擁馬頸突陳而入，陳，讀曰陣。大呼曰：「吾止取皇甫暉，他人非吾敵也！」手劍擊暉，中腦，生擒之，呼，火故翻。手，式又翻。中，竹仲翻。幷擒姚鳳，遂克滁州。後數日，宣祖皇帝爲馬軍副都指揮使，宣祖諱弘殷。引兵夜半至滁州城下，傳呼開門。太祖皇帝曰：「父子雖至親，城門王事也，不敢奉命。」【章：十二行本「命」下有「明旦乃得入」五字；乙十一行本同；孔本同；張校同；退齋校同。】史言太祖勇於戰，謹於守。

上遣翰林學士竇儀籍滁州帑藏，帑，他朗翻。藏，徂浪翻；下同。太祖皇帝遣親吏取藏中絹。儀曰：「公初克城時，雖傾藏取之，無傷也。今既籍爲官物，非有詔書，不可得也。」竇儀有守。太祖皇帝由是重儀。太祖之識度，豈一時將帥所能及哉！詔左金吾衛將軍馬崇祚知滁州。

初，永興節度使劉詞遺表薦其幕僚薊人趙普有才可用。會滁州平，范質薦普爲滁州軍事判官，太祖皇帝與語，悦之。時獲盜百餘人，皆應死，普請先訊鞫然後決，所活十七八。太祖皇帝益奇之。太祖重竇儀，奇趙普，皆在潛躍之時。普自此爲佐命元功，儀乃爲普所忌而不至相位。

太祖皇帝威名日盛，每臨陳，必以繁纓飾馬，鎧仗鮮明。或曰：「如此，爲敵所識。」陳，讀曰陣。繁，蒲官翻。太祖皇帝曰：「吾固欲其識之耳！」

唐主遣泗州牙將王知朗齎書抵徐州，稱：「唐皇帝奉書大周皇帝，請息兵脩好，願以兄事帝，歲輸貨財以助軍費。」好，呼到翻。輸，舂遇翻。甲戌，徐州以聞；九域志：泗州西北至徐州七百五十里。王知朗不敢詣軍前而抵徐州，恐犯兵鋒而死也。帝不答。以唐主猶敢抗禮，欲爲兄弟之國也。戊寅，命前武勝節度使侯章等攻壽州水寨，決其壕之西北隅，導壕水入于淝。

太祖皇帝遣使獻皇甫暉等，暉傷甚，見上，臥而言曰：「臣非不忠於所事，但士卒勇怯不同耳。臣曏日屢與契丹戰，皇甫暉本魏兵，唐莊宗使戍瓦橋拒契丹，因而作亂。其自謂屢與契丹戰，蓋戍瓦橋時也。未嘗見兵精如此。」因盛稱太祖皇帝之勇。上釋之，後數日卒。

帝詗知揚州無備，詗，古永翻，又翾正翻。己卯，命韓令坤等將兵襲之，戒以毋得殘民；其李氏陵寢，遣人與李氏人共守護之。

唐主兵屢敗，懼亡，乃遣翰林學士・戶部侍郎鍾謨、工部侍郎・文理院學士李德明奉表稱臣，來請平，獻御服、湯【章：十二行本「湯」作「茶」；乙十一行本同；孔本同。】藥及金器千兩，銀器五千兩，繒錦二千匹，繒，慈陵翻。犒軍牛五百頭，酒二千斛，壬午，至壽州城下。謨、德明素辯口，上知其欲遊說，犒，苦到翻。說，式芮翻；下欲說同。盛陳甲兵而見之，曰：「爾主自謂唐室苗裔，南唐祖唐太宗之子吳王恪。宜知禮義，異於他國。與朕止隔一水，謂南唐與周以淮爲界。未嘗遣一介脩好，好，呼到翻。惟泛海通契丹，捨華事夷，禮義安在？自徐溫執吳政，屢泛海使契丹，欲與共圖中國，至唐烈祖及今主皆然。且汝欲說我令罷兵邪？我非六國愚主，豈汝口舌所能移邪！言六國皆愚主，故蘇、張得行其遊說；使遇英明之君，雖辯如蘇、張，不能移也。可歸語汝主：語，牛倨翻。亟來見朕，再拜謝過，則無事矣。不然，朕欲觀金陵城，借府庫以勞軍，勞，力到翻。汝君臣得無悔乎！」謨、德明戰栗不敢言。

7 吳越王弘俶遣兵屯境上以俟周命。蘇州營田指揮使陳滿言於丞相吳程曰：「周師南征，唐舉國驚擾，常州無備，易取也。」九域志：蘇州西北至常州一百八十餘里。易，以豉翻。會唐主有詔撫安江陰吏民，江陰縣，本晉毗陵之曁陽縣也，江左分置蘭陵縣；梁敬帝時，嘗置江陰郡及江陰縣，隋廢，唐置暨州，南唐始置江陰軍。九域志：在常州東北九十里。滿告程云：「周詔書已至。」程爲之言於弘俶，爲，于僞翻。請亟發兵從其策。丞相元德昭曰：「唐大國，未可輕也。若我入唐境而周師不至，誰與并力，能無危乎！請姑俟之。」程固爭，以爲時不可失，弘俶卒從程議。卒，子恤翻。癸未，遣程督衢州刺史鮑脩讓、中直都指揮使羅晟趣常州。趣，七喻翻。程謂將士曰：「元丞相不欲出師。」將士怒，流言欲擊德昭。吳越將士狃福州之勝，謂唐之可乘也。兵驕者破，豈虛言哉！弘俶匿德昭於府中，令捕言者，歎曰：「方出師而士卒欲擊丞相，不祥甚哉！」

8 乙酉，韓令坤奄至揚州；平旦，先遣白延遇以數百騎馳入城，城中不之覺。令坤繼至，唐東都營屯使賈崇焚官府民舍，棄城南走，副留守工部侍郎馮延魯髡髮被僧服，匿於佛寺，唐以揚州爲東都，故置留守。髡，苦昆翻。被，皮義翻。軍士執之。令坤慰撫其民，使皆安堵。

庚寅，王逵奏拔鄂州長山寨，長山，在鄂州南界。唐立寨以備潭、朗。執其將陳澤等，獻之。

辛卯，太祖皇帝奏唐天長制置使耿謙降，唐天寶元年，分江都、六合、高郵三縣地，置千秋縣，七載，改名天長。九域志：天長縣在揚州西一百一十里。獲芻糧二十餘萬。

9 唐主遣園苑使尹延範如泰州，梁有宮苑使，又有內園栽接使；唐置園苑使亦猶是也。遷吳讓皇之族于潤州。晉天福四年，唐烈祖自潤州遷讓皇之族于泰州，今以周師攻逼，復遷潤州。延範以道路艱難，恐楊氏爲變，盡殺其男子六十人，還報，唐主怒，腰斬之。

10 韓令坤等攻泰【章：十二本行「泰」上有「唐」字；乙十一行本同；孔本同；退齋校同。】州，拔之，南唐升海陵鎮爲泰州。九域志：揚州東至泰州一百一十五里。刺史方訥奔金陵。自泰州南奔泰興縣，渡江取潤州至金陵。

11 唐主遣人以蠟丸求救於契丹。壬辰，靜安軍使何繼筠獲而獻之。去年帝置靜安軍於李晏口。

12 以給事中高防權知泰州。

13 癸巳，吳越王弘俶遣上直都指揮使路彥銖攻宣州，羅晟帥戰艦屯江陰。唐靜海制置使姚彥洪帥兵民萬人奔吳越。帥，讀曰率。南唐於海陵之東境置靜海都鎮制置院，周取其地，置靜海軍，尋升爲通州。通州南至大江二十四里，絕江而南，卽吳越之蘇州界。

14 潘叔嗣屬將士而告之曰：「吾事令公至矣，屬，之欲翻，集會也。王逵兼中書令，故稱爲令公。今乃信讒疑怒，軍還，必擊我，吾不能坐而待死，汝輩能與吾俱西乎？」衆憤怒，請行，叔嗣帥之西襲朗州。九域志：岳州西至朗州五百五十里。帥，讀曰率。逵聞之，還軍追之，及於武陵城外，朗州，武陵郡。與叔嗣戰，逵敗死。考異曰：湖湘故事云：「王逵奉詔伐吳，有蜜蜂無萬數集逵傘蓋。周行逢內喜，潛與潘叔嗣、張文表等謀曰：『我覩王公妖怪入傘，他時忽落別人之手，我輩處身何地！我等若三人同心，共保馬氏舊基，同取富貴，豈不是男兒哉！』叔嗣、文表聞行逢之言，已會深意，遂乃拜受此語，各散歸營。」廣本：「逵命行營副使毛立爲袁州營統軍使，潘叔嗣、張文表爲前鋒。軍次醴陵，縣吏請具牛酒犒軍，立不許。叔嗣、文表因士卒之怒，縛立，送于行逢，以兵叛告逵。逵大懼，乘輕舟奔朗州，叔嗣追至朗州，殺之。」湖湘故事：「逵連夜走歸朗州，去經數日，潘叔嗣始到潭州，既聞王逵走歸朗州，亦以舟棹倍程而趨，至朗州，殺之。」今按世宗實錄：「顯德三年二月丙寅，朗州王進逵言，領大軍入淮南界；庚寅言入鄂州界，攻下長山寨。癸巳，荆南高保融言進逵自鄂州領兵復歸本道。」又云：「潘叔嗣爲先鋒，行及鄂州，叔嗣回戈襲武陵，進逵聞之，倍道先入武陵，叔嗣攻其城，進逵敗走，爲叔嗣所殺。」又云：「三月壬寅，進逵差牙將押送淮南將陳澤等。」蓋進逵未敗前奏事，三月始達行在，與薛史承襲傳及湖南傳記略同。惟湖湘故事及丁璹馬氏行事記載逵攻袁州叔嗣叛事，曹衍云：「逵三月至潭州。四月，叔嗣叛。」丁璹云：「五月五日，叔嗣殺逵于朗州。」皆妄也。周行逢據湖南，仕進尙門蔭，衍屢獻文章，不得調，退居鄉里教授。及張文表叛，辟爲幕職，事敗，逃遁，會赦，乃敢出，窮困無以自進，採摭舊聞，撰湖湘馬氏故事二十卷，如京師獻之。太宗憫其窮且老，授將作監丞。衍本小人，言辭鄙俚，非有意著書，故敍事顛倒，前後自相違背，以無爲有，不可勝數。素怨周行逢，尤多誣毁，不欲行逢不預叔嗣之謀，乃妄造此說。凡載行逢罪惡之甚者，皆出於衍云。璹亦國初人，疑其說得於衍書，皆不可爲據。今從十國紀年。

或勸叔嗣遂據朗州，叔嗣曰：「吾救死耳，安敢自尊，宜以督府歸潭州太尉，時湖湘以朗州爲督府。潭州太尉，謂周行逢也。豈不以武安見處乎！」言行逢必將以潭州處己。處，昌呂翻。乃歸岳州，使團練判官李簡潘叔嗣爲岳州團練使，判官其屬也。帥朗州將吏迎武安節度使周行逢。帥，讀曰率；下同。衆謂行逢：「必以潭州授叔嗣。」謂，告也，語也。行逢曰：「叔嗣賊殺主帥，罪當族。所可恕者，得武陵而不有，以授吾耳。若遽用爲節度使，天下謂我與之同謀，何以自明！宜且以爲行軍司馬，俟踰年，授以節鉞可也。」觀此，則周行逢本有奉辭討潘叔嗣之心，以其迎己，故不發耳。乃以衡州刺史莫弘萬權知潭州，帥衆入朗州，自稱武平、武安留後，告于朝廷，行逢欲兼有潭、朗也。以叔嗣爲行軍司馬。叔嗣怒，稱疾不至。行逢曰：「行軍司馬，吾嘗爲之，周行逢爲武安行軍司馬，見上卷太祖廣順三年。權與節度使相埒耳，埒，龍輟翻，等也。叔嗣猶不滿望，更欲圖我邪！」

或說行逢：「授叔嗣武安節鉞以誘之，說，式芮翻。誘，以九翻。令至都府受命，此乃机上肉耳！」行逢從之。叔嗣將行，其所親止之。叔嗣自恃素以兄事行逢，相親善，行逢、叔嗣親善事，始見二百九十一卷太祖廣順二年九月。遂行不疑。行逢遣使迎候，道路相望，既至，自出郊勞，勞，力到翻。相見甚懽。叔嗣入謁，未至聽事，聽，讀曰廳。遣人執之，立於庭下，責之曰：「汝爲小校無大功，校，戶教翻。王逵用汝爲團練使，一旦反殺主帥；帥，所類翻。吾以疇昔之情，未忍斬汝，以爲行軍司馬，乃敢違拒吾命而不受乎！」叔嗣知不免，以宗族爲請。遂斬之。

資治通鑑卷第二百九十三

端明殿學士兼翰林侍讀學士太中大夫提舉西京嵩山崇福宮上柱國河内郡開國公食邑二千六百戶食實封一千戶臣　司馬光　奉敕編集
後　學　天　台　胡三省　音　註

後周紀四

起柔兆執徐（丙辰）三月，盡強圉大荒落（丁巳），凡一年有奇。

世宗睿武孝文皇帝中

顯德三年（丙辰、九五六）

1 三月，甲午朔，上行視水寨，至淝橋，行，下孟翻。淝橋，於淝水上爲橋也。自取一石，馬上持之至寨以供礮，從官過橋者人齎一石。礮，與砲同，音普豹翻。從，才用翻。齎，牋西翻太祖皇帝乘皮船入壽春壕中，城上發連弩射之，皮船，縫牛皮爲之。連弩，卽今之划車弩也。射，而亦翻。矢大如屋椽；牙將館陶張瓊遽以身蔽之，矢中瓊髀，椽，重緣翻。中，竹仲翻。髀，部禮翻。死而復蘇。鏃著骨不可出，著，直略翻。瓊飲酒一大巵，令人破骨出之，流血數升，神色自若。史言張瓊之勇。後太祖登極，遂以瓊總侍衞親兵。

唐主復以右僕射孫晟爲司空，復，扶又翻。遣與禮部尚書王崇質奉表入見，稱：「自天祐以來，見，賢遍翻。天祐，唐昭宗年號。海內分崩，或跨據一方，或遷革異代，跨據一方，謂四方割據之國。遷革異代，謂中國數易主也。臣紹襲先業，奄有江表，顧以瞻烏未定，附鳳何從！詩曰：瞻烏爰止，于誰之屋。漢耿純曰，攀龍鱗，附鳳翼。此言未見眞主，則無從而歸附也。今天命有歸，聲教遠被，被，皮義翻。願比兩浙、湖南，仰奉正朔，謹守土疆，兩浙自錢鏐以來，湖南自馬殷以來，皆奕世奉事中國。乞收薄伐之威，薄，迫也。有鍾鼓曰伐。詩云：薄伐西戎。又云：薄伐玁狁。赦其後服之罪，首於下國，俾作外臣，則柔遠之德，云誰不服！」又獻金千兩，銀十萬兩，羅綺二千匹。晟謂馮延己曰：「此行當在左相，唐以馮延己爲左僕射，位在孫晟上，故晟云然。晟若辭之，則負先帝。」既行，知不免，中夜，歎息謂崇質曰：「君家百口，宜自爲謀。吾思之熟矣，終不負永陵一培土，餘無所知！」永陵者，唐主父昪墓也。培，蒲枚翻。唐陸龜蒙築城詞：「城上一培土，手中千萬杵。」則培土以益土爲義。一培土，猶言益一畚土也；又薄口翻。說文曰：培塿，小冢也。一培土，猶言一冢土也。歐史作「一抔土」。【章：乙十一行本正作「抔」；孔本同。】

2 南漢甘泉宮使林延遇，陰險多計數，南漢主倚信之；誅滅諸弟，皆延遇之謀也。南漢主誅諸弟事並見前。乙未卒，國人相賀。延遇病甚，薦內給事龔澄樞自代，南漢主即日擢澄樞知承宣院及內侍省。澄樞，番禺人也。龔澄樞繼林延遇用事，南漢遂亡矣。番，音潘。禺，魚容翻，又音愚。

3光・舒・黄招安巡檢使、行光州刺史何超以安、隨、申、蔡四州兵數萬攻光州。九域志：光州，西南至安州六百里。隨州，東至安州二百四十里，東北至申州二百五十里。申州，東至光州二百五十五里。光州，北至蔡州二百五十里。蓋以鄰郡之兵環而攻之。丙申，超奏唐光州刺史張紹棄城走，都監張承翰以城降。

丁酉，行舒州刺史郭令圖拔舒州，唐蘄州將李福殺其知州王承雋，舉州來降。遣六宅使齊藏珍攻黄州。九域志：舒州，西至蘄州二百九十八里。蘄州，西至黄州二百一十里。三州皆瀕江。

4彰武留後李彦頵，性貪虐，頵，於倫翻。部民與羌胡作亂，攻之。上召彦頵還朝。自延州召還。還，從宣翻，又如字。朝，直遥翻。

5秦、鳳之平也，事見上卷上年。上赦所俘蜀兵以隸軍籍，五代會要：顯德二年十二月，以新收秦、鳳州所擒川軍署爲懷恩軍，所謂隸軍籍也。從征淮南，復亡降于唐。復，扶又翻。癸卯，唐主表獻百五十人；上悉命斬之。

6舒州人逐郭令圖，鐵騎都指揮使洛陽王審琦選輕騎夜襲舒州，復取之，令圖乃得歸。得復歸舒州。

7馬希崇及王延政之子繼沂皆在揚州；詔撫存之。楚、閩世事中國，其後爲南唐所俘，囚於揚州，周得揚州，故撫存之。

8 丙午，孫晟等至上所。至行在所也。庚戌，上遣中使以孫晟詣壽春城下，【章：十二行本「下」下有「示劉仁贍」四字；乙十一行本同；孔本同；退齋校同。】且招諭之。仁贍見晟，戎服拜於城上。以邊帥見宰相禮拜晟。晟謂仁贍曰：「君受國厚恩，不可開門納寇。」上聞之，甚怒，晟曰：「臣爲【章：十二行本「爲」下有「唐」字；乙十一行本同；孔本同；退齋校同。】宰相，豈可教節度使外叛邪！」上乃釋之。孫晟之辭直，周世宗亦何以罪之！

9 唐主使李德明、孫晟言於上，請去帝號，去，羌呂翻。割壽、濠、泗、楚、光、海六州之地。六州之地皆瀕淮，周既得之，則唐失長淮之險。藉使周從唐之請而罷兵，江北之地他日亦不能守矣。仍歲輸金帛百萬以求罷兵。輸，春遇翻。上以淮南之地已半爲周有，諸將捷奏日至，欲盡得江北之地，不許。德明見周兵日進，奏稱：「唐主不知陛下兵力如此之盛，願寬臣五日之誅，得歸白唐主，盡獻江北之地。」上乃許之。晟因奏遣王崇質與德明俱歸。王崇質副孫晟來使。上遣供奉官安弘道送德明等歸金陵，賜唐主書，其略曰：「但存帝號，何爽歲寒！爽，差也。言歲寒知松柏之後彫，此約不差也。許唐主自帝江南。儻堅事大之心，終不迫人于險。」又曰：「俟諸郡之悉來，謂江北諸郡也。卽大軍之立罷。言盡於此，更不煩云；煩，勞也。言更不勞云云也。苟曰未然，請從茲絕。」又賜其將相書，使熟議而來。唐主復上表謝。復，扶又翻。上，時掌翻。李德明盛稱上威德及甲兵之強，勸唐主割江北之地；唐主不悅。宋齊丘以割地爲無益；德明輕佻，言多過實，國人亦不之信。佻，土彫翻。國人，謂南唐通國之人。史言誕妄之士雅不足以孚乎人，不惟喪身，且誤國事。樞密使陳覺、副使李徵古素惡德明與孫晟，惡，烏路翻。使王崇質異其言，因譖德明於唐主曰：「德明賣國求利。」唐主大怒，斬德明於市。爲鍾謨爲李德明脩怨張本。

10 吳程攻常州，破其外郭，執唐常州團練使趙仁澤，送于錢唐。仁澤見吳越王弘俶不拜，責以負約；唐與吳越本通好，而吳越以周之命而攻唐，故責其負約。弘俶怒，決其口至耳。元德昭憐其忠，爲傅良藥，得不死。唐非無忠臣也，不能用耳。爲，于僞翻。

唐主以吳越兵在常州，恐其侵逼潤州，九域志：常州西北至潤州一百七十一里。以宣、潤大都督燕王弘冀年少，少，詩照翻。恐其不習兵，徵還金陵。還，從宣翻。部將趙鐸言於弘冀曰：「大王元帥，衆心所恃，逆自退歸，所部必亂。」弘冀然之，辭不就徵，部分諸將，爲戰守之備。分，扶問翻。

龍武都虞候柴克宏，再用之子也，柴再用事楊氏爲將，屢立戰功，又及事徐溫父子。沈默好施，沈，持林翻。好，呼到翻。施，式豉翻。不事家產，雖典宿衞，日與賓客博弈飲酒，未嘗言兵，時人以爲非將帥材。將，卽亮翻。帥，所類翻。至是，有言克宏久不遷官者，唐主以爲撫州刺史。克宏請效死行陳，其母亦表稱克宏有父風，可爲將，苟不勝任，分甘孥戮。趙括之母不肯保任其子，柴克宏之母自稱薦其子，皆知之審也。孥，子也。言與其子甘同戮也。行，戶剛翻。陳，與陣同。勝，音升。分，扶問翻。孥，音奴。唐主乃以克宏爲右武衛將軍，使將兵會袁州刺史陸孟俊救常州。

時唐精兵悉在江北，克宏所將數千人皆羸老，羸，倫爲翻。樞密使李徵古復以鎧仗之朽蠹者給之。克宏訴於徵古，徵古慢罵之，衆皆憤恚，恚，於避翻。克宏怡然。至潤州，徵古遣使召還，還，從宣翻，又如字。以神衛【嚴：「衛」改「武」。】統軍朱匡業代之。燕王弘冀謂克宏：謂者，告語之也。「君但前戰，吾當論奏。」乃表克宏才略可以成功，常州危在旦莫，莫，讀曰暮。不宜中易主將。克宏引兵徑趣常州，趣，七喻翻。徵古復遣使召之，復，扶又翻。克宏曰：「吾計日破賊，汝來召吾，必奸人也！」命斬之。使者曰：「受李樞密命而來。」克宏曰：「李樞密來，吾亦斬之！」柴克宏前日之怡然，乃養成今日之勇決也。

初，鮑脩讓、羅晟在福州，與吳程有隙，漢天福十二年，吳越使鮑脩讓戍福州，是年以吳程鎮福州。至是，程抑挫之，二人皆怨。先是，唐主遣中書舍人喬匡舜使於吳越，先，悉薦翻。壬子，柴克宏至常州，蒙其船以幕，匿甲士於其中，聲言迎匡舜。吳越邏者以告，邏，郎佐翻。程曰：「兵交，使在其間，用左傳語。不可妄以爲疑。」唐兵登岸，徑薄吳越營，羅晟不力戰，縱之使趣程帳，趣，七喻翻。程僅以身免。克宏大破吳越兵，斬首萬級。朱匡業至行營，克宏事之甚謹。吳程至錢唐，吳越王弘俶悉奪其官。

11 甲寅，蜀主以捧聖控鶴都指揮使李廷珪爲左右衞聖諸軍馬步都指揮使，仍分衞聖、匡聖步騎爲左右十軍，以武定節度使呂彥琦等爲使，爲軍使也。廷珪總之，如趙廷隱之任。蜀自李仁罕之誅，趙廷隱專總宿衞諸軍，後爲安思謙所譖罷，事並見前。

12 初，柴克宏爲宣州巡檢使，始至，城塹不脩，器械皆闕，吏云：「自田頵、王茂章、李遇相繼叛，唐天復三年，田頵以宣州叛楊行密。天祐二年，王茂章叛。梁乾化二年，李遇叛。事並見前紀。頵，於倫翻。後人無敢治之者。」治，直之翻。克宏曰：「時移事異，安有此理！」悉繕完之。由是路彥銖攻之不克，史言宣州獲全，亦柴克宏之力。聞吳程敗，乙卯，引歸。唐主以克宏爲奉化節度使，克宏復請將兵救壽州，未至而卒。人有身死而名全者，柴克宏是也。克宏敵吳越可以勝，使遇周師，未必能爾。復，扶又翻。

13 河陽節度使白重贊重，直龍翻。以天子南征，慮北漢乘虛入寇，繕完守備，且請兵於西京。西京留守王晏初不之與，又慮事出非常，乃自將兵赴之。重贊以晏不奉詔而來，拒不納，遣人謂之曰：「令公昔在陝服，已立大功，謂天福十二年晏舉陝城降漢高祖也。晏時兼中書令，故稱爲令公。陝，失冉翻。河陽小城，不煩枉駕！」晏慚怍而還。怍，疾各翻。還，從宣翻，又如字。孟、洛之民，數日驚擾。以王晏出兵而白重贊拒之，恐兵交而罹其禍。

14 唐主命諸道兵馬元帥齊王景達將兵拒周，以陳覺爲監軍使，前武安節度使邊鎬爲應援都軍使。邊鎬以失潭州奪節，今敍用之。中書舍人韓熙載上書曰：「信莫信於親王，重莫重於元帥，安用監軍使爲！」句斷。唐主不從。

遣鴻臚卿潘承祐詣泉、建召募驍勇，承祐薦前永安節度使許文稹、稹，止忍翻。靜江指揮使陳德誠、建州人鄭彥華、林仁肇。唐主以文稹爲西面行營應援使，彥華、仁肇皆爲將。將，即亮翻。仁肇，仁翰之弟也。林仁翰見二百八十四卷晉出帝開運元年，唐主之保大二年也。

15 夏，四月，甲子，以侍衛親軍都指揮使、歸德節度使李重進爲廬、壽等州招討使，以武寧節度使武行德爲濠州城下都部署。

16 唐右衛將軍陸孟俊自常州將兵萬餘人趣泰州，九域志：自常州北至泰州一百九十七里。周兵遁去，孟俊復取之，復取泰州。遣陳德誠戍泰州。孟俊進攻揚州，屯于蜀岡，韓令坤棄揚州走。蜀岡在揚州城西。揚州城在蜀岡東南，城之東南北皆平地，溝澮交貫，惟蜀岡諸山西接廬、滁。凡北兵南寇揚州，率循山而來，據高爲壘以臨之。今陸孟俊據蜀岡以斷周兵援路，故韓令坤懼而走。帝遣張永德將兵救之，令坤復入揚州。援兵至，故復入揚州。帝又遣太祖皇帝將兵屯六合。六合縣，屬揚州，在州西北一百三十里。劉昫曰：六合，漢臨淮郡之堂邑縣，晉置秦郡，北齊置秦州，隋置方州，後廢，唐武德初置六合縣。太祖皇帝令曰：「揚州兵有過六合者，折其足！」自揚州西北歸，須過六合，故云然。折，而設翻。令坤始有固守之志。

帝自至壽春以來，命諸軍晝夜攻城，久不克；會大雨，營中水深數尺，深，式浸翻。攻具及士卒失亡頗多，時周兵以方舟載礮，自淝河中流擊壽春城。又束巨竹數十萬竿，上施板屋，號曰「竹龍」，載甲士以攻之。會淝水暴漲，礮舟、竹龍皆漂向南岸，爲唐兵所焚。糧運不繼，李德明失期不至，李德明歸至金陵被誅。乃議旋師。或勸帝東幸濠州，聲言壽州已破；從之。己巳，帝自壽春循淮而東，乙亥，至濠州。九域志：壽州，東至濠州三百八十里。

韓令坤敗唐兵於城東，此揚州城東也。敗，補邁翻。擒陸孟俊。初，孟俊之廢馬希蕚立希崇也，事見二百九十卷太祖廣順元年。滅故舒州刺史楊昭惲之族而取其財，惲，於粉翻。薛史曰：楊昭惲，長沙人，父諡，事馬殷爲節度行軍司馬。諡仲女爲衡陽王夫人。希聲襲位，昭惲遷衡州刺史。自以地連戚里，積財貨，建大第，二子爲牙內都將，少長豪富，任氣凌下，士大夫惡之。長沙兵亂，陸孟俊怒曰：「楊氏怙寵滅義，爲國人所患久矣。」於是族滅楊氏。「舒」，當作「衡」。楊氏有女美，獻於希崇。令坤入揚州，希崇以楊氏遺令坤，令坤嬖之。遺，唯季翻。嬖，卑義翻，又必計翻，愛也，幸也。既獲孟俊，將械送帝所；楊氏在簾下，忽撫膺慟哭，令坤驚問之，對曰：「孟俊昔在潭州，殺妾家二百口，今日見之，請復其冤。」令坤乃殺之。史言人不可妄殺，雖女子亦能復讎。

17 唐齊王景達將兵二萬自瓜步濟江，距六合二十餘里，設柵不進。諸將欲擊之，太祖皇帝曰：「彼設柵自固，懼我也。今吾衆不滿二千，若往擊之，則彼見吾衆寡矣；不如俟其來而擊之，破之必矣！」居數日，唐出兵趣六合，趣，七喩翻。太祖皇帝奮擊，大破之，殺獲近五千人，近，其靳翻。餘衆尚萬餘，走渡江，爭舟溺死者甚衆，於是唐之精卒盡矣。

是戰也，士卒有不致力者。太祖皇帝陽爲督戰，以劍斫其皮笠。明日，徧閲其皮笠，有劍跡者數十人，皆斬之，由是部兵莫敢不盡死。

先是，唐主聞揚州失守，命四旁發兵取之。先，悉薦翻。己卯，韓令坤奏敗揚【章：十二行本「揚」作「楚」；乙十一行本同；孔本同；張校同。】州兵萬餘人於灣頭堰，九域志：揚州江都縣有灣頭鎭，在今揚州城北十五里。敗，補邁翻。獲漣州刺史秦進崇；唐蓋置漣州於漣水縣。九域志：漣水，西南至楚州六十里。張永德奏敗泗州【章：十二行本「州」下有「兵」字；乙十一行本同；孔本同。】萬餘人於曲溪堰。曲溪，在盱眙縣西南十里。按昭信圖經：曲溪堰，亦謂之新河堰。

18 丙戌，以宣徽南院使向訓爲淮南節度使兼沿江招討使。

渦口奏新作浮梁成。丁亥，帝自濠州如渦口。渦口，渦水入淮之口。郡縣志：渦口城，東南至濠州九十里。渦，音戈。

帝銳於進取，欲自至揚州，范質等以兵疲食少，泣諫而止。帝嘗怒翰林學士竇儀，欲殺之；范質入救之，帝望見，知其意，卽起避之，質趨前伏地，叩頭諫曰：「儀罪不至死，臣爲宰相，致陛下枉殺近臣，罪皆在臣。」繼之以泣。帝意解，乃釋之。

19 北漢葬神武帝於交城北山，隋分晉陽縣置交城縣，取縣西北古交城爲名，初治交山，唐天授元年，移治郤波村。九域志：在陽曲縣西南一百里。宋白曰：大通監，本古交城之地，管東西二冶烹鐵務，東冶在綿上縣，西治在交城縣北山。廟號世祖。

20 五月，丙【章：十二行本「丙」作「壬」；乙十一行本同；孔本同；張校同。】辰朔，以渦口爲鎮淮軍。

21 丙申，唐永安節度使陳誨敗福州兵於南臺江，今福州南九里有釣龍臺山，臨江，南臺江當卽是此地。薛史地理志：福州福唐縣，晉天福初改爲南臺縣，蓋以江名縣也，後復舊。俘斬千餘級。唐主更命永安曰忠義軍。晉開運二年，唐克建州，置永安軍。更，工衡翻。誨，德誠之父也。

22 戊戌，帝留侍衞親軍都指揮使李重進等圍壽州，自渦口北歸；乙卯，至大梁。自渦口至大梁七百四十里。

23 六月，壬申，赦淮南諸州繫囚，除李氏非理賦役，事有不便於民者，委長吏以聞。長，知兩翻。

24 侍衞步軍都指揮使、彰信節度使李繼勳營於壽州城南，唐劉仁贍伺繼勳無備，伺，相吏翻。出兵擊之，殺士卒數百人，焚其攻具。

25 唐駕部員外郎朱元因奏事論用兵方略，唐主以爲能，命將兵復江北諸州。將，卽亮翻；下同。

26秋，七月，辛卯朔，以周行逢爲武平節度使，制置武安、靜江等軍事。行逢既兼總湖、湘，乃矯前人之弊，留心民事，悉除馬氏横賦，横，戶孟翻；下驕横同。馬氏自希範以來始加賦於境內。貪吏猾民爲民害者皆去之，去，羌呂翻。擇廉平吏爲刺史、縣令。

朗州民夷雜居，劉言、王逵舊將多驕横，行逢壹以法治之，無所寬假，衆怨懟且懼。治，直之翻。懟，直類翻。有大將與其黨十餘人謀作亂，行逢知之，大會諸將，於座中擒之，數曰：「吾惡衣糲食，充實府庫，正爲汝曹，數，所具翻，責數也。糲，盧達翻。爲，于僞翻。何負而反！今日之會，與汝訣也！」立撾殺之，座上股栗。行逢曰：「諸君無罪，皆宜自安。」樂飲而罷。撾，側瓜翻。樂，音洛。

行逢多計數，善發隱伏，將卒有謀亂及叛亡者，行逢必先覺，擒殺之，所部凜然。然性猜忍，常散遣人密詗諸州事，詗，古永翻，又翾正翻。其之邵州者，無事可復命，但言刺史劉光委多宴飲。行逢曰：「光委數聚飲，數，所角翻。欲謀我邪！」卽召還，殺之。親衛指揮使、衡州刺史張文表恐獲罪，求歸治所；求解兵柄歸衡州也。行逢許之。文表歲時饋獻甚厚，及謹事左右，由是得免。其後行逢臨卒，謂其子保權曰：「吾起隴畝，爲團兵，同時十人皆誅，張文表獨存。」是時王逵、張倣、何敬眞、朱全琇、潘叔嗣皆已死，唯蒲公益、宇文瓊、彭萬和與文表，史不言其有他，此三人者必又相繼爲行逢所殺，而文表獨免也。行逢死，則文表叛矣。

行逢妻鄖國夫人鄧氏，鄖，音云。路振九國志作「嚴氏」。陋而剛決，善治生，治，直之翻。嘗諫行逢用法太嚴，人無親附者，行逢怒曰：「汝婦人何知！」鄧氏不悅，因請之村墅視田園，遂不復歸府舍。之，往也。墅，承與翻。復，扶又翻。府舍，朗州府舍也。行逢屢遣人迎之，不至；一旦，自帥僮僕來輸稅，帥，讀曰率。輸，舂遇翻；下同。行逢就見之，曰：「吾爲節度使，夫人何自苦如此！」鄧氏曰：「稅，官物也。公爲節度使，不先輸稅，何以率下！且獨不記爲里正代人輸稅以免楚撻時邪？」行逢欲與之歸，不可，不肯歸府舍也。曰：「公誅殺太過，常恐一旦有變，村墅易爲逃匿耳。」易，以豉翻。行逢慚怒，其僚屬曰：「夫人言直，公宜納之。」

行逢壻唐德求補吏，行逢曰：「汝才不堪爲吏，吾今私汝則可矣；汝居官無狀，吾不敢以法貸汝，則親戚之恩絕矣。」與之耕牛、農具而遣之。

行逢少時嘗坐事黥，隸辰州銅阬，少，詩照翻。黥，其京翻。唐文宗之世，天下銅阬五十，辰州不在其數。辰州銅阬，蓋馬氏所置也。或說行逢：「公面有文，恐爲朝廷使者所嗤，說，式芮翻。嗤，丑之翻。請以藥滅之。」行逢曰：「吾聞漢有黥布，不害爲英雄，吾何恥焉！」黥布事見八卷秦二世二年。

自劉言、王逵以來，屢舉兵，將吏積功及所羈縻蠻夷，檢校官至三公者以千數。羈縻蠻夷，謂溪峒諸蠻夷。前天策府學士徐仲雅，自馬希廣之廢，杜門不出，馬希廣廢事見二百八十九卷漢乾祐三年。行逢慕之，署節度判官。仲雅曰：「行逢昔趨事我，柰何爲之幕吏！」辭疾不至。

行逢迫脅固召之，面授文牒，終辭不取，行逢怒，放之邵州，既而召還。會行逢生日，諸道各遣使致賀，行逢有矜色，謂仲雅曰：「自吾兼鎮三府，三府，武平、武安、靜江軍府也。四鄰亦畏我乎？」仲雅曰：「侍中境內，周行逢加侍中，故徐仲雅稱之。彌天太保，徧地司空，四鄰那得不畏！」行逢復放之邵州，復，扶又翻。竟不能屈。有僧仁及，爲行逢所信任，軍府事皆預之，亦加檢校司空，娶數妻，出入導從如王公。從，才用翻。

27 辛亥，宣懿皇后符氏殂。

28 唐將朱元取舒州，刺史郭令圖棄城走。李平取蘄州。唐主以元爲舒州團練使，平爲蘄州刺史。元又取和州。朱元、李平，皆李守貞所遣求救於唐者也，事見二百八十八卷漢乾祐元年。

初，唐人以茶鹽強民而徵其粟帛，謂之博徵，強，其兩翻。博，博易也，言以茶鹽博易而徵其粟帛。又興營田於淮南，民甚苦之；及周師至，爭奉牛酒迎勞。勞，力到翻。而將帥不之恤，帥，所類翻。專事俘掠，視民如土芥；民皆失望，相聚山澤，立堡壁自固，操農器爲兵，操，七刀翻。積紙爲甲，時人謂之「白甲軍」。周兵討之，屢爲所敗，敗，補邁翻。先所得唐諸州，多復爲唐有。唐之援兵營於紫金山，紫金山在壽春南；或云即八公山。與壽春城中烽火相應。淮南節度使向訓奏請以廣陵之兵併力攻壽春，俟克城，更圖進取，詔許之。訓封府庫以授揚州主者，命揚州牙將分部按行城中，秋毫不犯，分，扶問翻。行，下孟翻。揚州民感悅，軍還，或負糗糒以送之。糗，去久翻，熬米麥爲之。糒，平祕翻，乾飯也。滁州守將亦棄城去，皆引兵趣壽春。

唐諸將請據險以邀周師，宋齊丘曰：「如此，則怨益深。」【章：十二行本「深」下有「不如縱之以德於敵，則兵易解也」十三字；乙十一行本同；孔本同；退齋校同。】乃命諸將各自保守，毋得擅出擊周兵。由是壽春之圍益急。齊王景達軍于濠州，遥爲壽州聲援，軍政皆出於陳覺，景達署紙尾而已，擁兵五萬，無決戰意，嗚呼！比年襄陽之陷，得非援兵不進之罪也！將吏畏覺，無敢言者。

29 八月，戊辰，端明殿學士王朴、司天少監王處納【訥】撰顯德欽天曆，上之。初，王處訥私造明玄曆於家，因唐世所行崇玄曆而明之也。帝以王朴通於曆數，乃詔朴撰定，以步日、步月、步星、步發斂爲四篇，合爲曆經，併著顯德三年七政細行曆一卷，以爲欽天曆。詔自來歲行之。

30 殿前都指揮使、義成節度使張永德屯下蔡，唐將林仁肇以水陸軍援壽春；永德與之戰，仁肇以船實薪芻，因風縱火，欲焚下蔡浮梁，俄而風回，唐兵敗退。永德爲鐵絙千餘尺，絙，苦杏翻。距浮梁十餘步，橫絕淮流，繫以巨木，由是唐兵不能近。近，其靳翻。

31 九月，丙午，以端明殿學士、左散騎常侍、權知開封府事王朴爲戶部侍郎，充樞密副使。

32 冬，十月，癸酉，李重進奏唐人寇盛唐，鐵騎都指揮使王彥昇等擊破之，斬首三千餘級。彥昇，蜀人也。

33 丙子，上謂侍臣：「近朝徵斂穀帛，多不俟收穫、紡績之畢。」「侍臣」之下有「曰」字，文意乃足。

近朝，猶言近代也。朝，直遙翻；下同。乃詔三司，自今夏稅以六月，秋稅以十月起徵，五代會要曰：二稅起徵，皆以月一日。民間便之。

34 山南東道節度使、守太尉兼中書令安審琦鎮襄州十餘年，漢天福十二年，安審琦鎮襄陽，至是十年矣。至是入朝，除守太師，遣還鎮。既行，上問宰相：「卿曹送之乎？」對曰：「送至城南，審琦深感聖恩。」五代以來，方鎮入朝者，或留不遣，或易置之；今加官遣還鎮，故感恩。上曰：「近朝多不以誠信待諸侯，諸侯雖有欲效忠節者，其道無由。王者但能毋失其信，何患諸侯不歸心哉！」

35 壬午，張永德奏敗唐兵于下蔡。敗，補邁翻。是時唐復以水軍攻永德，復，扶又翻。永德夜令善游者沒其船下，縻以鐵鎖，縱兵擊之，船不得進退，溺死者甚衆。永德解金帶以賞善游者。

36 甲申，以太祖皇帝爲定國節度使兼殿前都指揮使。定國軍，即同州匡國軍也。太祖登極，避御名，始改爲定國軍，史亦因以後所改軍號書之。太祖皇帝表渭州軍事判官趙普爲節度推官。

37 張永德與李重進不相悅，永德密表重進有二心，帝不之信。時二將各擁重兵，衆心憂恐。重進一日單騎詣永德營，李重進時在壽州城下，張永德營下蔡。從容宴飲，謂永德曰：「吾與公幸以肺附俱爲將帥，從，千容翻；下同。李重進，太祖之甥；張永德，太祖之壻，故云然。奚相疑若此之深邪？」永德意乃解，衆心亦安。唐主聞之，以蠟丸遺重進，誘以厚利，其書皆謗毀及反間之語；遺，唯季翻。誘，以久翻。間，古莧翻。重進奏之。

初，唐使者孫晟、鍾謨從帝至大梁，帝待之甚厚，每朝會，班於中書省官之後，時召見，飲以醇酒，飲，於鴆翻。問以唐事。晟但言「唐主畏陛下神武，事陛下無二心。」及得唐蠟書，帝大怒，召晟，責以所對不實。晟正色抗辭，請死而已。問以唐虛實，默不對。十一月，乙巳，帝命都承旨曹翰送晟於右軍巡院，侍衛親軍分左右軍，各有巡院，以鞫繫囚。更以帝意問之；翰與之飲酒數行，從容問之，晟終不言。翰乃謂曰：「有敕，賜相公死。」以唐所授官稱之。晟神色怡然，索袍笏，整衣冠，南向拜曰：「臣謹以死報國。」乃就刑。索，山客翻。孫晟可謂盡節於所事矣。并從者百餘人皆殺之，從，才用翻。貶鍾謨耀州司馬。既而帝憐晟忠節，悔殺之，召謨，拜衛尉少卿。

38 帝召華山隱士眞源陳摶，眞源，漢苦縣，隋爲谷陽縣，唐高宗乾封元年以老子所生之地改爲眞源縣，載初元年改爲仙源縣，神龍元年復曰眞源，屬亳州。宋大中祥符七年改曰衛眞縣。九域志：在亳州西六十里。摶，徒丸翻。問以飛升、黃白之術，飛升者，謂羽化而升仙。黃白者，謂煉白金爲黃金。對曰：「陛下爲天子，當以治天下爲務，安用此爲！」戊申，遣還山，詔州縣長吏常存問之。治，直之翻。長，知兩翻。

39 十二月，壬申，以張永德爲殿前都點檢。後唐以來，車駕行幸及出征，則置大內都點檢之官。後周選驍勇之士充殿前諸班，始置殿前都點檢於都指揮使之上。自宋太祖皇帝以殿前都點檢登極，是後不復除授。

40分命中使發陳、蔡、宋、亳、潁、兗、曹、單等州丁夫【章：十二行本「夫」下有「數萬」二字；乙十一行本同；孔本同；張校同。】城下蔡。單，音善。

41是歲，唐主詔淮南營田害民尤甚者罷之。遣兵部郎中陳處堯持重幣浮海詣契丹乞兵；處，昌呂翻。考異曰：十國紀年作「兵部郎中段處常」。今從晉陽見聞錄。契丹不能爲之出兵，爲，于僞翻。而留處堯不遣。處堯剛直有口辯，久之，忿懟，數面責契丹主，懟，直類翻。數，所角翻。契丹主亦不之罪也。

42蜀陵、榮州獠反，宋白曰：晉太元中，益州刺史毛璩置西城戍於漢武陽縣之東境，周閔帝元年於此置陵州，因陵井爲名。榮州，古夜郎國，漢開爲南安縣地。蕭齊於此置南安郡，隋廢郡，以其地屬資陽郡；唐武德初，割資州之大牢、威遠二縣置榮州，取境有榮德山爲名。獠，魯皓翻。弓箭庫使趙季文討平之。職官分紀曰：唐有內弓箭庫使，五代去「內」字。

43吳越王弘俶括境內民兵，勞擾頗多，判明州錢弘億手疏切諫，罷之。

四年（丁巳、九五七）

1春，正月，己丑朔，北漢大赦，改元天會。以翰林學士衞融爲中書侍郎、同平章事，內客省使段恒爲樞密使。恒，戶登翻。

2宰相屢請立皇子爲王，上曰：「諸子皆幼；上諸子，宗訓是爲恭帝，次熙讓、熙謹、熙誨。且功臣之子皆未加恩，而獨先朕子，能自安乎！」

3周兵圍壽春，連年未下，前年十一月，周兵始攻壽州。城中食盡。齊王景達自濠州遣應援使・永安節度使許文稹、都軍使邊鎬、北面招討使朱元將兵數萬，泝淮救之，軍於紫金山，列十餘寨如連珠，與城中烽火晨夕相應，又築甬道抵壽春，甬，余拱翻。欲運糧以饋之，綿亙數十里。將及壽春，李重進邀擊，大破之，死者五千人，奪其二寨。丁未，重進以聞。戊申，詔以來月幸淮上。

劉仁贍請以邊鎬守城，自帥衆決戰；帥，讀曰率。齊王景達不許，仁贍憤邑成疾。其幼子崇諫夜泛舟渡淮北，爲小校所執，校，戶教翻。仁贍命腰斬之，左右莫敢救，監軍使周廷構哭於中門以救之；仁贍不許。廷構復使求救於夫人，復，扶又翻。使，疏吏翻。夫人曰：「妾於崇諫非不愛也，然軍法不可私，名節不可虧；若貸之，則劉氏爲不忠之門，妾與公何面目見將士乎！」趣命斬之，然後成喪。趣，讀曰促。將士皆感泣。

議者以唐援兵尙強，多請罷兵，帝疑之。李穀寢疾在第，二月，丙寅，帝使范質、王溥就與之謀，穀上疏，以爲：「壽春危困，破在旦夕，若鑾駕親征，則將士爭奮，援兵震恐，城中知亡，必可下矣！」上悅。

4庚午，詔有司更造祭器、祭玉等，命國子博士聶崇義討論制度，爲之圖。祭器，樽、彝、簠、簋、籩、豆之屬也。祭玉，蒼璧禮天、黄琮禮地、青圭禮東方、赤璋禮南方、白琥禮西方、玄璜禮北方也。時禮官博士準詔議祭器、祭玉制度，國子祭酒尹拙引崔靈恩三禮義宗云：蒼璧，所以禮天，其長十有二寸，蓋法天之十二時。又引江都集、白虎通諸書所説，云璧皆外圓内方。又云，黄琮所以禮地，其長十寸，以法地之數。其琮外方内圓，八角而有好。國子博士聶崇義以爲璧内外皆圓，其徑九寸。按阮氏、鄭玄圖皆云九寸。周禮玉人職，又有九寸之璧。及引爾雅云：肉倍好謂之璧，好倍肉謂之瑗，肉好若一謂之環。郭璞註云：好，孔也。肉，邊也。而不載尺寸之數。崇義又引冬官玉人云：璧好三寸。爾雅云：肉倍好謂之璧。蓋兩邊肉各三寸，通好共九寸，則其璧九寸明矣。崇義又云：黄琮八方以象地，每角各剡出一寸六分，共長八寸，厚一寸。按周禮圖及阮氏圖並無好。又引冬官玉人云：琮，八角而無好。崇義又云：琮、璜、圭、璧，並是禮天地之器，而爾雅唯言璧、環、瑗三者有好，其餘琮、璜諸器並不言之，則黄琮八角而無好明矣。時太常卿田敏已下以崇義援引周禮正文爲是，乃從之。更，工衡翻。聶，尼輒翻。

5甲戌，以王朴權東京留守兼判開封府事，以三司使張美爲大内都巡檢，以侍衛都虞候韓通爲京城内外都巡檢。

乙亥，帝發大梁。先是周與唐戰，先，悉薦翻。唐水軍鋭敏，周人無以敵之，帝每以爲恨。返自壽春，於大梁城西汴水側造戰艦數百艘，艦，戸黯翻。艘，蘇遭翻。命唐降卒教北人水戰，數月之後，縱横出沒，縱，子容翻。殆勝唐兵。至是命右驍衛大將軍王環將水軍數千自閔河沿潁入淮，丁度曰：閔河，本曰琵琶溝，今名蔡河。潁，潁河也，註詳見後卷蔡河下。今按蔡河自東京戴樓門入京城，出宣化水門，投東南下，經陳州，至蔡口，入潁河。潁河自嵩山發源，由潁昌至鹿邑界，過蔡河口，與蔡河合流，經順昌府潁上縣，至西正陽，入淮河。唐人見之大驚。

乙酉，帝至下蔡；三月，己丑夜，帝渡淮，抵壽春城下。庚寅旦，躬擐甲冑，擐，音宦。軍於紫金山南，命太祖皇帝擊唐先鋒寨及山北一寨，皆破之，斬獲三千餘級，斷其甬道，斷，音短。由是唐兵首尾不能相救。至暮，帝分兵守諸寨，還下蔡。

6 唐朱元恃功，頗違元帥節度；朱元恃其復舒、和之功也。陳覺與元有隙，屢表元反覆，不可將兵，唐主以武昌節度使楊守忠代之。守忠至濠州，覺以齊王景達之命，召元至濠州計事，將奪其兵；元聞之，憤怒，欲自殺，門下客宋垍說元曰：「大丈夫何往不富貴，何必爲妻子死乎！」垍，其冀翻。說，式芮翻。爲，于僞翻。辛卯夜，元與先鋒壕寨使朱仁裕等舉寨萬餘人降；裨將時厚卿不從，元殺之。

帝慮其餘衆沿流東潰，遽命虎捷左廂都指揮使趙晁五代會要：廣順元年，改侍衛馬軍曰龍捷左、右軍，步軍曰虎捷左、右軍。晁，直遙翻。將水軍數千沿淮而下。壬辰旦，帝軍于趙步，趙步在淮河北岸水濱泊舟之地。人坎岸爲道以上下，謂之步。趙步，以趙氏居其地而得名。今自壽春花靨鎮沿淮東下百餘里，得趙步灘，又東逕梁城灘北，齊、梁控扼之地也。淮水中有梁城灘，又東二十五里至洛河口。諸將擊唐紫金山寨，大破之，殺獲萬餘人，擒許文稹、邊鎬、楊守忠。餘衆果沿淮東走，帝自趙步將騎數百循北岸追之，諸將以步騎循南岸追之，水軍自中流而下，唐兵戰溺死及降者殆四萬人，獲船艦糧仗以十萬數。晡時，帝馳至荆山洪，荆山，在濠州鍾離縣西八十三里，卽梁武帝築堰之地。今懷遠軍正治荆山。距趙步二百餘里。是夜，宿鎮淮軍，鎮淮軍，時置於渦口。癸酉，從官始至。從，才用翻。劉仁贍聞援兵敗，扼吭歎息。吭，苦郎翻。

甲午，發近縣丁夫【章：十二行本「夫」下有「數千」二字；乙十一行本同；孔本同；張校同。】城鎮淮軍，爲二城，夾淮水，徙下蔡浮梁於其間，扼濠、壽應援之路。會淮水漲，唐濠州都監彭城郭廷謂以水軍泝淮，欲掩不備，焚浮梁；右龍武統軍趙匡贊覘知之，覘，丑廉翻，又丑豔翻。伏兵邀擊，破之。

唐齊王景達及陳覺皆自濠州奔歸金陵，惟靜江指揮使陳德誠全軍而還。陳德誠，誨之子也。還，從宣翻，又如字。

戊戌，以淮南節度使向訓爲武寧節度使、淮南道行營都監，將兵戍鎮淮軍。

己亥，上自鎮淮軍復如下蔡。庚子，賜劉仁贍詔，使自擇禍福。

唐主議自督諸將拒周，中書舍人喬匡舜上疏切諫，唐主以爲沮衆，流撫州。沮，在呂翻。唐主問神衞統軍朱匡業、劉存忠以守禦方略，匡業誦羅隱詩曰：「時來天地皆同力，運去英雄不自由。」存忠以匡業言爲然。唐主怒，貶匡業撫州副使，流存忠於饒州。既而竟不敢自行。

甲辰，帝耀兵于壽春城北。唐清淮節度使兼侍中劉仁贍病甚，不知人，丙午，監軍使周廷構、營田副使孫羽等作仁贍表，遣使奉之來降。丁未，帝賜仁贍詔，遣閤門使萬年張保續入城宣諭，仁贍子崇讓復出謝罪。戊申，帝大陳甲兵，受降於壽春城北，廷構等舁仁贍出城，舁，音余，又羊茹翻。仁贍臥不能起，帝慰勞賜賚，勞，力到翻。賚，來代翻。復令入城養疾。復，扶又翻。考異曰：實錄：「時仁贍臥疾已亟，遂翻然納款，而城內諸軍萬計，皆屏息以聽其命。」又曰：「仁贍輕財重士，法令嚴肅，故能以一城之衆連年拒守。逮其來降，而其下無敢竊議者，斯亦一時之名將也。」歐陽史：「三月，仁贍病甚，已不知人，其副使孫羽詐爲仁贍書，以城降。世宗命舁仁贍至帳前，嗟歎久之，賜以玉帶、御馬，復使入城養疾。是日，制曰：『劉仁贍盡忠所事，抗節無虧，前代名臣，幾人可比！予之南伐，得爾爲多。』乃拜仁贍檢校太尉兼中書令、天平軍節度使。仁贍不能受命而卒。世宗追封彭城郡王，以其子崇讚爲懷州刺史。李景聞仁贍卒，亦贈太師。」又曰：「仁贍既殺其子以自明矣，豈有垂死而變節者乎！」今周世宗實錄載仁贍降書，蓋其副使孫羽等所爲也。當世宗時，王環爲蜀守秦州，攻之久不下，其後力屈而降，世宗頗嗟其忠，然止以爲大將軍。視世宗待二人之薄厚而考其制書，乃知仁贍非降者也。今從之。

庚戌，徙壽州治下蔡，壽州，宋升爲壽春府，至今治下蔡縣，而壽春故縣自爲縣，在淮水之南，西北距下蔡二十五里。高宗南渡，復於壽州舊治壽春縣建安豐軍，以爲控扼之地，蓋地險所在，通古今不能易也。宋白曰：下蔡，古之蔡國，吳之州來。左傳「蔡成公遷于州來，謂之下蔡」，是也，漢爲下蔡縣；梁於硤石山築城以拒魏，即今縣城也。赦州境死罪以下。州民受唐文書聚山林者，並召令復業，勿問罪；有嘗爲其殺傷者，毋得讎訟。曏日政令有不便於民者，令本州條奏。辛亥，以劉仁贍爲天平節度使兼中書令，制辭略曰：「盡忠所事，抗節無虧，前代名臣，幾人堪比！朕之伐叛，得爾爲多。」是日，卒，追賜爵彭城郡王。唐主聞之，亦贈太師。帝復以清淮軍爲忠正軍楊氏以壽州置忠正軍，後改清淮軍，今復爲忠正軍以旌劉仁贍之節。按薛史：唐明宗天成二年，詔昇壽州爲忠正軍。長興二年閏五月己丑，升廬州爲昭順軍。八月癸酉，升州爲昭信軍。宋白續通典曰：壽州，後唐天成元年升爲順化軍節度。今並存之，以俟博考。以旌仁贍之節，以右羽林統軍楊信爲忠正節度使、同平章事。

7 前許州司馬韓倫，侍衞馬軍都指揮使令坤之父也。令坤領鎭安節度使，倫居于陳州，陳州，鎭安軍治所。干預政事，貪汚不法，爲公私患，爲人所訟，令坤屢爲之泣請。屢爲，于僞翻。癸丑，詔免倫死，流沙門島。登州蓬萊縣有沙門島，置沙門寨。

倫後得赦還，居洛陽，與光祿卿致仕柴守禮及當時將相王溥、王晏、王彥超之父游處，恃勢恣橫，洛陽人畏之，謂之十阿父。處，昌呂翻；下處之同。橫，戶孟翻。阿，烏葛翻。帝既爲太祖嗣，人無敢言守禮子者，但以元舅處之，優其俸給，未嘗至大梁；嘗以小忿殺人，有司不敢詰，詰，去吉翻。帝知而不問。

8 詔開壽州倉振饑民。丙辰，帝北還；還，從宣翻。夏，四月，己巳，至大梁。

9 詔脩永福殿，命宦官孫延希董其役。丁丑，帝至其所，見役徒有削柹爲匕，瓦中噉飯者，柹，方廢翻，木札也。匕，卑履翻。噉，徒濫翻。大怒，斬延希於市。

10 帝之克秦、鳳也，事見上卷二年。以蜀兵數千人爲懷恩軍。乙亥，遣懷恩指揮使蕭知遠等將士八百餘人西還。既以示中國威德，又欲使之言已克平淮南數千里之地，以恐動蜀人。

11 壬午，李穀扶疾入見，見，賢遍翻。帝命不拜，坐於御坐之側。御坐，徂臥翻。穀懇辭祿位，不許。

12 甲申，分江南降卒爲六軍、三十指揮，號懷德軍。

13 乙酉，詔疏汴水北入五丈河，河自都城歷曹、濟及鄆，其廣五丈，舊名五丈河；宋開寶六年，詔改名廣濟河。薛史曰：浚五丈河，東流於定陶，入于濟，以通齊、魯運路。由是齊、魯舟楫皆達於大梁。

14 五月，丁酉，以太祖皇帝領義成節度使。

15 詔以律令文古難知，格敕煩雜不壹，命御【章：十二行本「御」上有「侍」字；乙十一行本同；張校同。】史知雜事張湜等唐制：御史臺有侍御史六人，以久次者一人知雜事，謂之雜端。杜佑通典曰：知雜事，謂之南床，殿中、監察不得坐。凡侍御史之例，不出累月，遷登南省，故謂之南床。百官察其行止、出入、揖讓、去就，殿中以下皆稟而隨之。湜，丞職翻。訓釋，詳定爲刑統。刑統一書，終宋之世行之。

16 唐郭廷謂將水軍斷渦口浮梁，又襲敗武寧節度使武行德于定遠，斷，音短。敗，補邁翻。行德僅以身免。唐主以廷謂爲滁【嚴：「滁」改「濠」。】州團練使，充上淮水陸應援使。上淮，謂淮水之上游也。

17蜀人多言左右衛聖馬步都指揮使、保寧節度使、同平章事李廷珪爲將敗覆，敗覆，謂敗軍而秦、鳳、階、成四州之地覆沒。不應復典兵；應，於陵翻。不應，猶言不當也。復，扶又翻。廷珪亦自請罷去。六月，乙丑，蜀主加廷珪檢校太尉，罷軍職。李太后以典兵者多非其人，謂蜀主曰：「吾昔見莊宗跨河與梁戰，及先帝在太原，平二蜀，諸將非有大功，無得典兵，故士卒畏服。李太后本唐莊宗後宮，莊宗以賜蜀高祖，故能言二主時事。今王昭遠出於廝養，王昭遠，成都人，年十三，事東郭禪師智諲爲童子。蜀高祖嘗飯僧於府，昭遠執巾履隨智諲以入，高祖愛其慧黠，時後主方就學，令昭遠給事左右，由是見親狎。廝，音斯。養，余亮翻。伊審徵、韓保貞、趙崇韜皆膏粱乳臭子，按路振九國志：趙崇韜者，廷隱之子。素不習兵，徒以舊恩寘於人上，平時誰敢言者，一旦疆埸有事，安能禦大敵乎！以吾觀之，惟高彥儔太原舊人，終不負汝，自餘無足任者。」蜀主不能從。及孟氏之亡，僅高彥儔一人能以死殉國；至蜀主之死，其母亦不食而卒。婦人志節如此，丈夫多有愧焉者。

18丁丑，以前華州刺史王祚爲潁州團練使。祚，溥之父也。溥爲宰相，祚有賓客，溥常朝服侍立；華，戶化翻。朝，直遙翻。客坐不安席，祚曰：「㹠犬不足爲起。」㹠，與豚同。足爲，于僞翻。

19秋，七月，丁亥，上治定遠軍及壽春城南之敗，定遠，縣名，屬濠州。「軍」字衍。定遠之敗見上五月。壽春城南之敗見去年六月。 以武寧節度使兼中書令武行德爲左衛上將軍，河陽節度使李繼勳爲右衛大將軍。

20 北漢主初立七廟。北漢主自以承高祖、隱帝之後，與僭竊者不同；然地狹國貧，日困於兵，今始能立七廟以倣天子之制。

21 司空兼門下侍郎、同平章事李穀臥疾二年，凡九表辭位；八月，乙亥，罷守本官，令每月肩輿一詣便殿議政事。

22 以樞密副使、戶部侍郎王朴檢校太保，充樞密使。

23 懷恩軍至成都，是年四月遣懷恩軍西還，今方至成都。 蜀主遣梓州別駕胡立等八十人東還，胡立爲蜀所禽見上卷二年。還，從宣翻。 且致書爲謝，請通好。好，呼到翻。 癸未，立等至大梁。 帝以蜀主抗禮，不之答；蜀主聞之，怒曰：「朕爲天子郊祀天地時，爾猶作賊，何敢如是！」

24 九月，中書舍人竇儼上疏請令有司討論古今禮儀，作大周通禮，考正鍾律，作大周正樂。又以爲：「爲政之本，莫大擇人；擇人之重，莫先宰相。自有唐之末，輕用名器，始爲輔弼，卽兼三公、僕射之官。故其未得之也，則以趨競爲心；既得之也，則以容默爲事。但思解密勿之務，守崇重之官，逍遙林亭，保安宗族。乞令卽日宰相於南宮三品、兩省給、舍以上，各舉所知。卽日宰相，謂見在相位者。南宮，謂尚書省也。三品，謂六部尚書也。兩省，謂中書、門下省也。給、舍，謂給事中、中書舍人也。若陛下素知其賢，自可登庸；庸，用也。若其未也，且令以本官權知政事。期歲之間，察其職業，若果能堪稱，堪稱，堪其任，稱其職也。稱，尺證翻；下不稱同。其官已高，則除平章事；未高，則稍更遷官，權知如故。若有不稱，則罷其政事，責其舉者。又，班行之中，行，戶剛翻。有員無職者太半，如諸衞將軍、東宮官屬、內諸使之類。乞量其才器，量，音良。授以外任，試之於事，還【章：十二行本「還」下有「則」字；乙十一行本同；孔本同；張校同。】以舊官登敍，考其治狀，治，直吏翻。能者進之，否者黜之。」又請：「令盜賊自相糾告，以其所告貲產之半賞之；或親戚爲之首，則論其徒侶而赦其所首者。如此，則盜不能聚矣。言或親戚相與爲盜，其中有能自首者則赦之，其徒侶則論其罪也。首，式又翻。又，新鄭鄉村團爲義營，各立將佐，一戶爲盜，累其一村，將，即亮翻；下同。累，力瑞翻。一戶被盜，罪其一將。每有盜發，則鳴鼓舉火，丁壯雲集，盜少民多，無能脫者。由是鄰縣充斥而一境獨清。充斥、獨清，皆言盜也。請令他縣皆效之，亦止盜之一術也。又，累朝已來，屢下詔書，聽民多種廣耕，止輸舊稅，朝，直遙翻。輸，春遇翻。及其既種，則有司履畝而增之，故民皆疑懼而田不加闢。夫爲政之先，莫如敦信，信苟著矣，則田無不廣，田廣則穀多，穀多則藏之民猶藏之官也。」又言：「陛下南征江、淮，一舉而得八州，八州，謂光、黃、舒、蘄、和、揚、滁、泰，皆取之。再駕而平壽春，事見上三月。威靈所加，前無強敵。今以衆擊寡，以治伐亂，勢無不克，治，直吏翻。但行之貴速，則彼民免俘馘之災，此民息轉輸之困矣。」帝覽而善之。儼，儀之弟也。

25冬，十月，戊午，設賢良方正直言極諫、經學優深可爲師法、詳閑吏理達於教化等科。此所謂制舉也。時詔應天下諸色人中，不限前資、見任職官，黃衣草澤，並許應詔。其逐處州府，依每年貢舉人式例，差官考試，解送尚書吏部，仍量試策論三道，共三千字已上，當日取文理俱優，人物爽秀，方得解送，取來年十月集上都。其登朝官亦許上表自舉。

26癸亥，北漢麟州刺史楊重訓舉城降，太祖廣順二年，楊重訓以麟州歸款，中間必又附北漢也。以爲麟州防禦使。

27己巳，以王朴爲東京留守，聽以便宜從事。以三司使張美充大內都點檢。

壬申，帝發大梁；十一月，丙戌，至鎮淮軍，是夜五鼓，濟淮；丁亥，至濠州城西。濠州東北十八里有灘，唐人柵於其上，環水自固，環，音宦。謂周兵必不能涉。戊子，帝自攻之，命內殿直康保裔帥甲士數百，乘橐駝涉水，帥，讀曰率；下同。太祖皇帝帥騎兵繼之，遂拔之。李重進破濠州南關城。癸巳，帝自攻濠州，王審琦拔其水寨。唐人屯戰船數百於城北，又植巨木於淮水以限周兵。帝命水軍攻之，拔其木，焚戰船七十餘艘，艘，蘇遭翻；下同。斬首二千餘級，又攻拔其羊馬城，城中震恐。丙申夜，唐濠州團練使郭廷謂上表言：「臣家在江南，今若遽降，恐爲唐所種族，種，章勇翻。請先遣使詣金陵稟命，然後出降。」帝許之。辛丑，帝聞唐有戰船數百艘在渙水東，渙水逕宿、亳之間，東南至巉石山西，而南入淮。欲救濠州，自將兵夜發水陸擊之。癸卯，大破唐兵於洞口，今濠州東九十里有浮山，山下有穴，名浮山洞，夏潦不能及而冬不加高，故人疑其山爲浮洞口，竊意即浮山洞口。斬首五千餘級，降卒二千餘人，因鼓行而東，所至皆下。乙巳，至泗州城下，太祖皇帝先攻其南，因焚城門，破水寨及月城。月城者，臨水築城，兩頭抱水，形如卻月。帝居于月城樓，督將士攻城。

28 北漢主自即位以來，顯德元年，冬十一月，北漢主即位。方安集境内，未遑外略。是月，契丹遣其大同節度使、侍中崔勳將兵來會北漢，欲同入寇，北漢主遣其忠武節度使、同平章事李存瓌將兵會之，南侵潞州，至其城下而還。忠武軍，許州，屬周，李存瓌遥領耳。還，從宣翻，又如字。北漢主知契丹不足恃而不敢遽與之絕，贈送勳甚厚。猶欲倚之以爲聲援。

29 十二月，乙卯，唐泗州守將范再遇舉城降，以再遇爲宿州團練使。上自至泗州城下，禁軍中芻蕘者毋得犯民田，蕘，如招翻。民皆感悅，爭獻芻粟；既克泗州，無一卒敢擅入城者。帝聞唐戰船數百艘泊洞口，遣騎詗之，唐兵退保清口。詗，古永翻，又翾正翻。清口，即清河口也。戊午，【章：十二行本「午」下有「旦」字；乙十一行本同；孔本同。】上自將親軍自淮北進，命太祖皇帝將步騎自淮南進，諸將以水軍自中流進，共追唐兵。時淮濱久無行人，葭葦如織，多泥淖溝塹，淖，奴教翻。塹，七豔翻。士卒乘勝氣茇涉爭進，皆忘其勞。茇，蒲撥翻。草行爲茇，水行爲涉。

庚申，追及唐兵，且戰且行，金鼓聲聞數十里。聞，音問。辛酉，至楚州西北，大破之。九域志：泗州西至濠州一百七十五里，東北至楚州二百二十里。唐兵有沿淮東下者，帝自追之，太祖皇帝爲前鋒，行六十里，擒其保義節度使、濠・泗・楚・海都應援使陳承昭以歸。保義軍，陝州，屬周，陳承昭遙領耳。所獲戰船燒沈之餘沈，持林翻。得三百餘艘，士卒殺溺之餘得七千餘人。唐之戰船在淮上者，於是盡矣。

郭廷謂使者自金陵還，還，從宣翻，又如字。知唐不能救，命錄事參軍鄱陽李延鄒草降表。延鄒責以忠義，廷謂以兵臨之，延鄒擲筆曰：「大丈夫終不負國爲叛臣作降表！」爲，于僞翻。史言李延鄒忠壯。廷謂斬之，舉濠州降，得兵萬人，糧數萬斛。唐主賞李延鄒之子以官。

壬戌，帝濟淮，至楚州，營于城西北。

乙丑，唐雄武軍使、知漣水縣事崔萬迪降。

丙寅，以郭廷謂爲亳州防禦使。

戊辰，帝攻楚州，克其月城。

庚午，郭廷謂見於行宮。見，賢遍翻。帝曰：「朕南征以來，江南諸將敗亡相繼，獨卿能斷渦口浮梁，破定遠寨，事見上五月。所以報國足矣。濠州小城，使李璟自守，能守之乎！」璟，居永翻。使將濠州兵攻天長。帝遣鐵騎左廂都指揮使武守琦將騎數百趨揚州，至高郵；九域志：高郵，東南至揚州一百里。趙，七喻翻。唐人悉焚揚州官府民居，驅其人南渡江，九域志：揚州南至江四十五里。後數日，周兵至，城中餘癃病十餘人而已，癃，良中翻，疲病也。癸酉，守琦以聞。帝聞泰州無備，遣兵襲之，丁丑，拔泰州。

30南漢中書侍郎、同平章事盧膺卒。

31南漢主聞唐屢敗，憂形於色，遣使入貢于周，爲湖南所閉，閉，塞也。塞其道不得通也。乃治戰艦，脩武備；既而縱酒酣飲，曰：「吾身得免，幸矣，何暇慮後世哉！」此所謂坐而待亡者也。又古語云：「民主偷必死。」南漢主將死之徵也！治，直之翻。艦，戶黯翻。

32唐使者陳處堯在契丹，白契丹主請南遊太原，北漢主厚禮之；留數日，北還，竟卒於契丹。去年，唐主遣陳處堯如契丹乞師。

資治通鑑卷第二百九十四

端明殿學士兼翰林侍讀學士太中大夫提舉西京嵩山崇福宮上柱國河内郡開國公食邑二千六百户食實封一千户臣 司馬光 奉敕編集
後學天台胡三省 音註

後周紀五 起著雍敦牂(戊午),盡屠維協洽(己未),凡二年。

世宗睿武孝文皇帝下

顯德五年(戊午、九五八)

1 春,正月,乙酉,廢匡國軍。唐末,以同州置匡國軍。

2 唐改元中興。

3 丁亥,右龍武將軍王漢璋奏克海州。

4 己丑,以侍衛馬軍都指揮使韓令坤權揚州軍府事。

5 上欲引戰艦自淮入江,阻北神堰,不得渡;北神鎮在楚州城北五里,吳王夫差溝通江、淮,後人於此立堰者,以淮水低,溝水高,防其洩也。舟行渡堰入淮。今號爲平水堰。艦,户黯翻;下同。欲鑿楚州西北鸛水以通其道，今楚州城西老鸛河是也。遣使行視，還言地形不便，計功甚多。行，下孟翻。還，從宣翻，又如字。上自往視之，授以規畫，發楚州民夫浚之，旬日而成，用功甚省，巨艦數百艘皆達于江，艘，蘇遭翻。唐人大驚，以爲神。

6 壬辰，拔靜海軍，始通吳越之路。先是，唐於海陵之東境置靜海都鎮制置院，西至海陵二百七十五里。宋白曰：靜海軍本揚州狼山鎮地，南唐於狼山北立靜海制置院，周得之，建靜海軍，尋升爲通州。先是帝遣左諫議大夫長安尹日就等使吳越，語之曰：「卿今去雖汎海，比還，淮南已平，當陸歸耳。」自靜海軍東南至江口，於狼山之西渡江登陸，抵福山鎮，則蘇州常熟縣界，吳越之境也。先，悉薦翻。語，牛倨翻。比，必利翻。已而果然。

7 甲辰，蜀右補闕章九齡見蜀主，言政事不治，由奸佞在朝；朝，直遙翻。蜀主問奸佞爲誰，指李昊、王昭遠以對。蜀主怒，以九齡爲毀斥大臣，貶維州錄事參軍。臨亂之君，各賢其臣，卒之亡蜀者昊、昭遠也。

8 周兵攻楚州，踰四旬，唐楚州防禦使張彥卿固守不下；乙巳，帝自督諸將攻之，宿於城下，丁未，克之。彥卿與都監鄭昭業猶帥衆拒戰，帥，讀曰率。矢刃皆盡，彥卿舉繩牀以鬬而死，所部千餘人，至死無一人降者。唐失淮南，死於城郭封疆者猶有人焉。

9 高保融遣指揮使魏璘璘，離珍翻。將戰船百艘東下會伐唐，至于鄂州。

10 庚戌，蜀置永寧軍於果州，以通州隸之。

11 唐以天長爲雄州，以建武軍使易文贇爲刺史。二月，甲寅，文贇舉城降。贇，於倫翻。

12 戊午，帝發楚州；丁卯，至揚州，命韓令坤發丁夫萬餘，築故城之東南隅爲小城以治之。今揚州大城是也。揚州古城西據蜀岡，北包雷陂。治，直之翻。

13 乙亥，黃州刺史司超奏與控鶴右廂都指揮使王審琦攻唐舒州，擒其刺史施仁望。

14 丙子，建雄節度使眞定楊廷璋奏敗北漢兵於隰州城下。敗，補邁翻。時隰州刺史孫議暴卒，廷璋謂都監、閑廐使李謙溥曰：「今大駕南征，澤州無守將，「澤州」當作「隰州」。河東必生心；若奏請待報，則孤城危矣。」卽牒謙溥權隰州事，謙溥至則脩守備。未幾，北漢兵果至，幾，居豈翻。諸將請速救之，廷璋曰：「隰州城堅將良，未易克也。」將，卽亮翻。易，以豉翻。北漢攻城久不下，廷璋度其疲困無備，度，徒洛翻。潛與謙溥約，各募死士百餘夜襲其營，九域志：晉州西北至隰州二百五十里。楊廷璋蓋潛軍而至，與隰州約，表裏相應也。北漢兵驚潰，斬首千餘級；北漢兵遂解去。

15 三月，壬午朔，帝如泰州。

16 丁亥，唐大赦，改元交泰。

17 唐太弟景遂前後凡十表辭位，且言：「今國危不能扶，請出就藩鎭。燕王弘冀嫡長有軍功，弘冀，唐主之嫡長子。軍功，謂用柴克宏敗吳越兵以解常州之圍也，事見上卷三年。長，知兩翻。宜爲嗣，謹奏上太弟寶册。」上，時掌翻。齊王景達亦以敗軍辭元帥。唐主乃立景遂爲晉王，加天策上將軍、江南西道兵馬元帥、洪州大都督、太尉、尚書令，以景達爲浙西道元帥、潤州大都督。景達以浙西方用兵，固辭，吳越之兵雖於常州敗退，蓋猶遙應中國。改撫州大都督。立弘冀爲太子，參決庶政。弘冀爲人猜忌嚴刻，景遂左右有未出東宮者，立斥逐之。爲弘冀毒殺景遂張本。其弟安定公從嘉畏之，不敢預事，專以經籍自娛。從嘉是爲後主煜。

18 辛卯，上如迎鑾鎮，迎鑾鎮，本唐之白沙也。吳主楊溥至白沙，閱舟師，徐溫自金陵來見，因以白沙爲迎鑾鎮。白沙之地，本屬江都，唐分江都置永貞縣，吳爲迎鑾鎮，宋爲眞州。屢至江口，遣水軍擊唐兵，破之。上聞唐戰艦數百艘泊東沛州，將趣海口扼蘇、杭路，東沛洲，在泰州東南大江中，元是海嶼沙島之地。宋白曰：東沛洲在通州東南，通州海門縣界。沛，音布。「州」，當作「洲」。遣殿前都虞候慕容延釗將步騎，右神武統軍宋延渥將水軍，循江而下。甲午，延釗奏大破唐兵於東沛州；上遣李重進將兵趣廬州。唐末，楊行密自廬州起，既建國，遂爲重鎮。周師渡淮，舒、蘄、黄先皆款附，獨廬未下，蓋宿兵多，周師不敢輕犯也。趣，七喻翻。

唐主聞上在江上，恐遂南渡，又恥降號稱藩，乃遣兵部侍郎陳覺奉表，考異曰：十國紀年：「遣樞密使陳覺奉表。」實錄載其表云：「今遣左諫議大夫、兵部侍郎臣陳覺躬聽敕命。」蓋當時所假之官耳。今從之。請傳位於太子弘冀，使聽命於中國。時淮南惟廬、舒、蘄、黃未下，蘄，渠希翻。丙申，覺至迎鑾，見周兵之盛，白上，請遣人渡江取表，獻四州之地，畫江爲境，以求息兵，辭指甚哀。上曰：「朕本興師止取江北，爾主能舉國內附，朕復何求！」復，扶又翻。覺拜謝而退。丁酉，覺請遣其屬閤門承旨劉承遇如金陵，上賜唐主書，稱「皇帝恭問江南國主」，慰納之。

戊戌，吳越奏遣上直【章：乙十一行本「直」下有「都」字；孔本同。】指揮使・處州刺史邵可遷、秀州刺史路彥銖以戰艦四百艘、士卒萬七千人屯通州南岸。周既克靜海軍，置通州。通州南岸蘇州常熟縣福山鎮之地，即東晉之南沙也。

唐主復遣劉承遇奉表稱唐國主，請獻江北四州，歲輸貢物十【章：乙十一行本「十」上有「數」字；孔本同。】萬。於是江北悉平，得州十四，縣六十。光、壽、廬、舒、蘄、黃、滁、和、濠、泗、楚、揚、泰、通十四州。

庚子，上賜唐主書，諭以：「緣江諸軍及兩浙、湖南、荆南兵並當罷歸，其廬、蘄、黃三道，亦令斂兵近外。謂周所遣進攻廬、蘄、黃之軍也。近外，謂近郊之外。俟彼將士及家屬就道，可遣人召將校以城邑付之。將，即亮翻。校，戶教翻。江中舟艦有須往來者，並令就北岸引之。」凡唐舟艦在北岸者，皆許令引就南岸。辛丑，陳覺辭行，又賜唐主書，諭以不必傳位於子。

壬寅，上自迎鑾復如揚州。

癸卯，詔吳越、荆南軍各歸本道；賜錢弘俶犒軍帛三萬匹，高保融一萬匹。吳越軍臨南沙，荆南軍至鄂州，各犒之使罷歸。犒，苦到翻。

甲辰，置保信軍於廬州，以右龍武統軍趙匡贊爲節度使。

丙午，唐主遣馮延己獻銀、絹、錢、茶、穀共百萬以犒軍。銀兩、絹匹、錢貫、茶斤，穀石，各以萬計，其數共爲百萬。

己酉，命宋延渥將水軍三千泝江巡警。

庚戌，敕故淮南節度使楊行密、故昇府節度使徐溫等墓並量給守戶；削其僭謚，存其故鎮。昇府卽金陵。金陵，唐之昇州，故曰昇府。其江南羣臣墓在江北者，亦委長吏以時檢校。長，知兩翻。

辛亥，唐主遣其臨汝公徐遼代己來上壽。言奉酒上壽，非聖節也。帝生於九月二十四日。上，時掌翻。

19是月，浚汴口，導河流達于淮，於是江、淮舟楫始通。此卽唐時運路也。自江、淮割據，運漕不通，水路湮塞，今復浚之。

20夏，四月，乙卯，帝自揚州北還。還，從宣翻，又如字。

21新作太廟成。庚申，神主入廟。太祖廣順三年，作太廟於大梁，至是始成。五代會要：太祖廣順元年七月，追尊高祖璟爲睿和皇帝，廟號信祖；曾祖諶爲明憲皇帝，廟號僖祖；祖蘊爲翼順皇帝，廟號義祖；考簡爲章肅皇帝，廟號慶祖。

22辛酉夜，錢唐城南火，延及内城，官府廬舍幾盡。幾，居依翻。壬戌旦，火將及鎮國倉，吳越王弘俶久疾，自強出救火；火止，謂左右曰：「吾疾因災而愈。」衆心稍安。

23帝之南征也，契丹乘虚入寇。壬申，帝至大梁，命【章：乙十一行本「命」下有「鎮寧節度使」五字；孔本同；退齋校同。】張永德將兵備禦北邊。

24五月，辛巳朔，日有食之。

25詔賞勞南征士卒及淮南新附之民。勞，力到翻。

26辛卯，以太祖皇帝領忠武節度使，徙安審琦爲平盧節度使。

27成德節度使郭崇攻契丹束城，拔之。束城，漢勃海郡之東州縣也，隋改曰束城，唐屬瀛州。宋熙寧六年省束城爲鎮，屬河間。以報其入寇也。

28唐主避周諱，更名景。避周信祖諱也。更，工衡翻。下令去帝號，稱國主，凡天子儀制皆有降損，去年號，用周正朔，去，羌呂翻。考異曰：世宗實錄、薛史，顯德二年乙卯十一月伐淮南，唐之保大十三年也。三年正月、四年二月、十月三幸淮南。五年戊午三月，江北平，唐之交泰元年也。而江南錄誤以保大十五年事合十四年。十五年丁巳改交泰，五月去帝號，明年乃顯德五年，又明年即建隆元年，中間實少顯德六年。江南錄最爲差誤，其記李昇復姓，亦先一年。他事倣此，不可考按。故世宗取淮南年月，專以實錄及薛史爲據。仍告于太廟。左僕射、同平章事馮延己罷爲太子太傅，門下侍郎、同平章事嚴續罷爲少傅，樞密使、兵部侍郎陳覺罷守本官。

初，馮延已以取中原之策說唐主，由是有寵。延已嘗笑烈祖戢兵爲齷齪，說，式芮翻。戢，則立翻。齷，於角翻。齪，敕角翻。曰：「安陸所喪纔數千兵，爲之輟食咨嗟者旬日，謂晉高祖天福五年李承裕安州之敗也，事見二百八十二卷。喪，息浪翻。爲，于僞翻。此田舍翁識量耳，安足與成大事！豈如今上暴師數萬於外，而擊毬宴樂無異平日，眞英主也！」延已與其黨談論，常以天下爲己任，更相唱和。樂，音洛。更，工衡翻。和，戶臥翻。翰林學士常夢錫屢言延已等浮誕，不可信；誕，徒旱翻。唐主不聽，夢錫曰：「奸言似忠，陛下不悟，國必亡矣！」及臣服於周，延已之黨相與言，有謂周爲大朝者，夢錫大笑曰：「諸公常欲致君堯、舜，何意今日自爲小朝邪！」衆默然。朝，直遙翻。

自唐主內附，帝止因其使者賜書，未嘗遣使至其國。己酉，始命太僕卿馮延魯、衛尉少卿鍾謨使于唐，二人者，本皆唐臣。賜以御衣、玉帶等及犒軍帛十萬，并今年欽天曆。犒，苦到翻。是年正月，始行王朴所上欽天曆。

劉承遇之還自金陵也，見上三月。還，從宣翻，又如字。唐主使陳覺白帝，以江南無鹵田，海濱鹹鹵，可以煮鹽。鹵田，今謂之鹻地。鹵，郎古翻。鹻，古斬翻。願得海陵【章：乙十一行本「陵」下有「鹽」字；孔本同；退齋校同。】監南屬以贍軍。帝曰：「海陵在江北，難以交居，言難使周之官吏與唐之官吏雜居也。當別有處分。」處，昌呂翻。分，扶問翻。至是，詔歲支鹽三十萬斛以給江南，所俘獲江南士卒，稍稍歸之。

29 六月，壬子，昭義節度使李筠奏擊北漢石會關，拔其六寨。乙卯，晉州奏都監李謙溥擊北漢，破孝義。孝義，漢中陽縣地，後魏曰永安，唐貞觀元年改曰孝義，屬汾州，在州東南。宋熙寧五年，省孝義爲鎭，屬介休縣。宋白曰：孝義縣，本漢慈氏縣地，曹魏移中陽縣於今理。永嘉後省入隰城，後魏又分隰城於今靈石縣東三十里置永安縣。貞觀元年以縣名與涪州縣同，改爲孝義，因縣人鄭興有行義爲名。

30 高保融遣使勸蜀主稱藩于周，蜀主報以前歲遣胡立致書于周而不答。見上卷上年。

31 秋，七月，丙戌，初行大周刑統。

32 帝欲均田租，丁亥，以元稹均田圖徧賜諸道。時詔曰：「近覽元稹長慶集，見在同州時所上均田表，較當時之利病，曲盡其情，俾一境之生靈，咸受其賜，傳於方冊，可得披尋，因令製素成圖，直書其事。」稹，止忍翻。

33 閏月，唐清源節度使兼中書令留從效唐置清源軍於泉州。遣牙將蔡仲贇衣商人服，以絹表置革帶中，間道來稱藩。贇，於倫翻。衣，於既翻。間，古莧翻。

34 唐江西元帥晉王景遂之赴洪州也，見上三月。以時方用兵，啓求大臣以自副，唐主以樞密副使、工部侍郎李徵古爲鎭南節度副使。徵古傲很專恣，景遂雖寬厚，久而不能堪，常欲斬徵古，自拘於有司，左右諫而止，景遂忽忽不樂。樂，音洛。太子弘冀在東宮多不法，唐主怒，嘗以毬杖擊之曰：「吾當復召景遂。」復，扶又翻。昭慶宮使袁從範從景遂爲洪州都押牙，或譖從範之子於景遂，景遂欲殺之，從範由是怨望。弘冀聞之，密遣從範毒之；八月，庚辰，景遂擊毬渴甚，從範進漿，景遂飲之而卒。卒，子恤翻。未殯，體已潰；唐主不之知，贈皇太弟，諡曰文成。

35 辛巳，南漢中宗殂，年三十九。長子【章：乙十一行本「子」下有「衞王」二字；孔本同；張校同。】繼興即帝位，更名鋹，長，知兩翻。更，工衡翻。鋹，丑兩翻。改元大寶。鋹年十六，國事皆決於宦官玉清宮使龔澄樞歐史曰：劉氏作離宮以遊獵，有南宮、大明、昌華、甘泉、玩華、秀華、玉清、太微諸宮，皆置宮使領之。及女侍中盧瓊仙等，臺省官備位而已。

36 甲申，唐始置進奏院于大梁。臣屬故也。

37 壬辰，命西上閤門使靈壽曹彬使于吳越，賜吳越王弘俶騎軍鋼甲二百，鋼，古郎翻；堅鐵也。步軍甲五千及他兵器。彬事畢亟返，不受饋遺，遺，唯季翻；下以遺同。吳越人以輕舟追與之，至於數四，彬曰：「吾終不受，是竊名也。」盡籍其數，歸而獻之。帝曰：「曏之奉使，乞匄無厭，厭，於鹽翻。使四方輕朝命。朝，直遙翻。卿能如是，甚善；然彼以遺卿，卿自取之。」彬始拜受，悉以散於親識，家無留者。

38辛丑，馮延魯、鍾謨來自唐，唐主手表謝恩，手表者，手書之。其略曰：「天地之恩厚矣，父母之恩深矣，子不謝父，人何報天，惟有赤心，可酬大造。」又乞比藩方，賜詔書。又稱：「有情事令鍾謨上奏，乞令早還。」還，從宣翻，又如字。唐主復令謨白帝，欲傳位太子。復，扶又翻；下復還同。九月，丁巳，以延魯爲刑部侍郎，謨爲給事中。唐【章：乙十一行本「唐」上有「己未，先遣謨還，賜書諭以未可傳位之意」十六字；孔本同；張校同；退齋校同。】主復遣吏部尚書、知樞密院殷崇義來賀天清節。帝生於九月二十四日，以爲天清節。

39帝謀伐蜀，冬，十月，己卯，以戶部侍郎高防爲西南面水陸制置使，右贊善大夫李玉爲判官。

40甲午，帝歸馮延魯及左監門衞上將軍許文稹、右千牛衞上將軍邊鎬、衞尉卿周廷構于唐。馮延魯被擒見二百九十二卷三年。許文稹、邊鎬被擒見上卷上年。周廷構降亦見是年。唐主以文稹等皆敗軍之俘，棄不復用。復，扶又翻。

41高保融再遺蜀主書，先遺書，見上六月。勸稱臣於周，蜀主集將相議之，李昊曰：「從之則君父之辱，違之則周師必至，諸將能拒周乎？」諸將皆曰：「以陛下聖明，江山險固，豈可望風屈服！秣馬厲兵，正爲今日。爲，于僞翻。臣等請以死衞社稷！」丁酉，蜀主命昊草書，極言拒絕之。

42詔左散騎常侍須城艾穎等三十四人分行諸州，均定田租。須城縣帶鄆州，卽唐之須昌縣，後唐避獻祖廟諱，改曰須城。艾，姓也。晏子春秋，齊有大夫艾孔。風俗通，龐儉母艾氏。行，下孟翻。庚子，詔諸州併鄉村，率以百戶爲團，團置耆長三人。耆，老也。每團以老者三人爲之長。長，知兩翻。帝留心農事，刻木爲耕夫、蠶婦，置之殿庭。

43命武勝節度使宋延渥以水軍巡江。

44高保融奏，聞王師將伐蜀，請以水軍趣三峽，趣，七喻翻。詔褒之。

45十一月，庚戌，敕竇儼編集大周通禮、大周正樂。去年竇儼請定禮樂疏見上卷。

46辛亥，南漢葬文武光明孝皇帝于昭陵，廟號中宗。

47乙丑，唐主復遣禮部侍郎鍾謨入見。復，扶又翻。見，賢遍翻。

48李玉至長安，或言「蜀歸安鎮在長安南三百餘里，可襲取也。」歸安鎮，當在蜀金州界。玉信之，牒永興節度使王彥超，索兵二百，彥超以爲歸安道阻隘難取，索，山客翻。隘，烏懈翻。玉曰：「吾自奉密旨。」彥超不得已與之。玉將以往，將，卽亮翻。十二月，蜀歸安鎮遏使李承勳據險邀之，斬玉，其衆皆沒。

49乙酉，蜀主以右衞聖步軍都指揮使趙崇韜爲北面招討使，丙戌，以奉鑾肅衞都指揮使、武信節度使兼中書令孟貽業爲昭武、文州都招討使，昭武軍，利州。自利州以至文州，委以控扼江油、劍閣之險。左衛聖馬軍都指揮使趙思進爲東面招討使，山南西道節度使韓保貞爲北面都招討使，將兵六萬，分屯要害以備周。

50 丙戌，詔凡諸色課戶及俸戶並勒歸州縣，唐初，諸司置公廨本錢，以貿易取息，計員多少爲月料。其後罷諸司公廨本錢，以天下上戶七千人爲胥士，而收其課，計官多少而給之，此所謂課戶也。唐又薄斂一歲稅，以高戶主之，月收息給俸，此所謂俸戶也。其幕職、州縣官自今並支俸錢及米麥。

51 初，唐太傅兼中書令楚公宋齊丘多樹朋黨，欲以專固朝權，朝，直遙翻。躁進之士爭附之，推奬以爲國之元老。樞密使陳覺、副使李徵古恃齊丘之勢，尤驕慢。及許文稹等敗於紫金山，覺與齊丘、景達自濠州遁歸，事見上卷上年。國人忷懼。忷，許拱翻。唐主嘗歎曰：「吾國家一朝至此！」因泣下。徵古曰：「陛下當治兵以扞敵，治，直之翻。涕泣何爲！豈飲酒過量邪，將乳母不至邪？」唐主色變，而徵古舉止自若。會司天奏：「天文有變，人主宜避位禳災。」唐主乃曰：「禍難方殷，禳，如羊翻。難，乃旦翻。吾欲釋去萬機，棲心沖寂，誰可以託國者？」徵古曰：「宋公，造國手也，陛下如厭萬機，何不舉國授之！」覺曰：「陛下深居禁中，國事皆委宋公，先行後聞，臣等時入侍，談釋、老而已。」唐主心愠，愠，於運翻。即命中書舍人豫章陳喬草詔行之。洪州，豫章郡。喬惶恐請見，曰：「陛下一署此詔，臣不復得見矣！」見，賢遍翻。復，扶又翻。因極言其不可。唐主笑曰：「爾亦知其非邪？」乃止。由是因晉王出鎮，以徵古爲之副，事見上。覺自周還，還，從宣翻，又如字。亦罷近職。

鍾謨素與李德明善，以德明之死怨齊丘；李德明死見上卷三年。及奉使歸唐，言於唐主曰：「齊丘乘國之危，遽謀篡竊，陳覺、李徵古爲之羽翼，理不可容。」陳覺之自周還，見上三月。矯以帝命謂唐主曰：「聞江南連歲拒命，皆宰相嚴續之謀，當爲我斬之。」爲，于僞翻。唐主知覺素與續有隙，固未之信。鍾謨請覆之於周，審覆其言之虛實於周也。唐主乃因謨復命，上言：「久拒王師，皆臣愚迷，非續之罪。」帝聞之，大驚曰：「審如此，則續乃忠臣，言嚴續果能爲其主設謀以拒周，乃忠臣也。朕爲天下主，豈教人殺忠臣乎！」謨還，以白唐主。還，從宣翻。唐主欲誅齊丘等，復遣謨入稟於帝。復，扶又翻。帝以異國之臣，無所可否。己亥，唐主命知樞密院殷崇義草詔暴齊丘、覺、徵古罪惡，聽齊丘歸九華山舊隱，官爵悉如故；宋齊丘隱九華山，見二百七十七卷唐明宗長興二年，吳睿皇之太和三年也。覺責授國子博士，宣州安置；徵古削奪官爵，賜自盡；黨與皆不問。遣使告于周。

52 丙午，蜀以峽路巡檢制置使高彥儔爲招討使。

53 平盧節度使、太師、中書令陳王安審琦僕夫安友進與其嬖妾通，嬖，卑義翻，又必計翻。妾恐事泄，與友進謀殺審琦，友進不可，妾曰：「不然，我當反告汝。」友進懼而從之。

六年（己未、九五九）

1春，正月，癸丑，審琦醉熟寢，妾取審琦所枕劍枕，職任翻。授友進而殺之，仍盡殺侍婢在帳下者以滅口。後數日，其子守忠始知之，執友進等冎之。冎，古瓦翻。

2初，有司將立正仗，宿設樂縣於殿庭，前一夕設之，謂之宿設。縣，讀曰懸；下同。帝觀之，見鐘磬有設而不擊者，問樂工，皆不能對。乃命竇儼討論古今，考正雅樂。王朴素曉音律，帝以樂事詢之，朴上疏，以爲：

「禮以檢形，樂以治心；治，直之翻。形順於外，心和於內，然而天下不治者未之有也。是以禮樂脩於上，萬國化於下，聖人之教不肅而成，其政不嚴而治，孝經所載孔子之言。治，直吏翻。用此道也。夫樂生於人心而聲成於物，物聲既成，復能感人之心。復，扶又翻。

昔黃帝吹九寸之管，得黃鐘正聲，半之爲清聲，倍之爲緩聲，三分損益之以生十二律。三分其一而損益之，上生下生而十二律備矣。十二律旋相爲宮以生七調，爲一均。凡十二均、八十四調而大備。遭秦滅學，歷代治樂者罕能用之。朴之言曰：自秦而下，旋宮聲廢，逮東漢雖有大予丞鮑鄴興之，亦人亡而音息。漢至隋垂十代，凡數百年，所存者黃鐘之宮一調而已。十二律中唯用七聲，其餘五律謂之啞鍾，蓋不用故也。唐太宗之世，祖孝孫、張文收考正大樂，備八十四調；見一百九十二卷貞觀元年。調，徒釣翻；下同。安、史之亂，器與工什亡八九，至于黃巢，蕩盡無遺。時有太常博士殷盈孫，按考工記，鑄鎛鐘十二，編鐘二百四十。大鐘謂之鎛。小鐘十六枚同在一虡謂之編鐘。鎛，補各翻。處士蕭承訓校定石磬，今之在縣者是也。雖有鍾磬之狀，殊無相應之和，其鎛鍾不問音律，但循環而擊，編鍾、編磬徒懸而已。絲、竹、匏、土僅有七聲，名爲黄鍾之宫，其存者九曲。考之三曲協律，六曲參涉諸調；蓋樂之廢缺，無甚於今。

陛下武功既著，垂意禮樂，以臣嘗學律呂，宣示古今樂錄，命臣討論。臣謹如古法，以秬黍定尺，長九寸徑三分爲黄鍾之管，匏，蒲交翻。論，盧昆翻。秬，音巨，黑黍也。長，直亮翻。與今黄鍾之聲相應，因而推之，得十二律。以爲衆管互吹，用聲不便，乃作律準，十有三弦，其長九尺，律準，蓋梁武帝之遺法，而梁武帝又本之京房。皆應黄鍾之聲，以次設柱，爲十一律，及黄鍾清聲，旋用七律以爲一均。爲均之主者，宫也，徵、商、羽、角、變宫、變徵次焉。徵，陟里翻。發其均主之聲，歸于本音之律，迭應不亂，乃成其調，凡八十一調。朴之言曰：奉詔遂依周法，以秬黍校定尺度，長九寸，虛徑三分，爲黄鍾之管，與見在黄鍾之聲相應。以上下相生之法推之，得十二律管。以爲衆管互吹，用聲不便，乃作律準，十三弦宣聲，長九尺張絃，各如黄鍾之聲；以第八絃六尺設柱，爲林鍾；第三絃八尺設柱，爲太簇；第十絃五尺三寸四分設柱，爲南呂；第五絃七尺一寸三分設柱，爲姑洗；第十二絃四尺七寸五分設柱，爲應鍾；第七絃六尺三寸三分設柱，爲蕤賓；第二絃八尺四寸四分設柱，爲大呂；第九絃五尺六寸三分設柱，爲夷則；第四絃七尺五寸一分設柱，爲夾鍾；第十一絃五尺一分設柱，爲無射；第六絃六尺六寸八分設柱，爲中呂；第十三絃四尺五寸設柱，爲黄鍾清聲。十二聲中，旋用七聲爲均，爲均之主者唯宫，徵、商、羽、角、變宫、變徵次焉。發其均主之聲，歸乎本音之律，七聲迭應而不亂，乃成其調。均有七調，聲有十二均，合八十四調，歌奏之曲出焉。旋宮之聲久絕，一日而補，出臣獨見。通鑑撮其要，今備載之。此法久絕，出臣獨見，乞集百官校其得失。」

詔從之。百官皆以爲然，乃行之。時兵部尚書張昭等議曰：「昔帝鴻氏之作樂也，候八節之風聲，測四時之正氣。氣之清濁不可以筆授，聲之善否不可以口傳，故鳧氏鑄鍾，伶倫截竹，爲律呂相生之算，宮商正和之音，乃播之於管弦，宣之於鍾石，然後覆載之情訢合，陰陽之氣和同，八氣從律而不姦，五聲成文而不亂；空桑、孤竹之韻足以禮神，雲門、大夏之容無虧觀德。然月律有旋宮之法，備於太師之職。經秦滅學，雅道陵夷。漢初制氏所調，唯存鼓舞，旋宮十二均更用之法，世莫得聞。漢元帝時，京房善易、別音，探求古義，以周官均法，每月更用五音，乃至準調，旋相爲宮，成六十調。又以日法析爲三百六十，傳於樂府，而編懸復舊，律呂無差。遭漢中微，雅音淪缺，京房律準，屢有言者，事終不成。錢樂空記其名，沈重但條其說，六十律法，寂寥不嗣。梁武帝素精音律，自造四通十二笛以敘八音，又引古五正、二變之音，旋相爲宮，得八十四調，與律準所調，音同數異。侯景之亂，其音又絕。隋朝初定雅樂，羣黨沮議，歷載不成。而沛公鄭譯因龜茲琵琶七音以飲月律，五正、二變，七調克諧，旋相爲宮，復爲八十四調。工人萬寶常又減其絲數，稍令古淡。隋高祖不重雅樂，令羣臣集議，博士何妥駁奏，其鄭、萬所奏八十四調並廢。隋代郊廟所奏，惟黃鍾一均，與五郊迎氣，雜用蕤賓，但七調而已；其餘五鍾，懸而不作。三朝宴樂，用纓樂九部，迄於革命，未能改更，唐太宗爰命舊工祖孝孫、張文收整比鄭譯、寶常所均七音八十四調，方得絲管並施，鍾石俱奏，七始之音復振，四廂之韻皆調。自安、史亂離，咸秦蕩覆，崇牙樹羽之器，掃地無餘，戛擊搏拊之工，窮年不嗣，郊廟所奏，何異南箕，波蕩不還，知音殆絕。臣等竊以音之所起，出自人心，夔、曠不能長存，人事不能常泰，人亡則音息，世亂則樂崩，若不得知禮樂之情，安明制作之本！臣等據樞密使王朴條奏，採京房之準法，練梁武之通音，考鄭譯、寶常之七均，校孝孫、文收之九變，積黍累以審其度，聽聲詩以測其情，依權衡嘉量之前文，得備數和聲之大旨，施於鍾虡，足洽簫韶。臣等今月十九日於太常寺集命太樂令賈峻奏王朴新法黄鍾調七均，音律和諧，不相淩越。其餘十一管諸調，望依新法教習，以備禮寺施用。其五郊天地、宗廟、社稷、三朝大禮，合用十二管諸調，並載唐史、開元禮，近代常行。廣順中，太常卿邊蔚奉敕定前件祠祭、朝會舞名、樂曲、歌詞，寺司合有簿籍，伏恐所定與新法曲調聲韻不叶，請下太常寺檢詳校試，若或乖舛，請本寺依新法聲調，別撰樂章舞曲，令歌者誦習。」從之。

3 唐宋齊丘至九華山，唐主命鎖其第，穴牆給飲食。齊丘歎曰：「吾昔獻謀幽讓皇帝族於泰州，事見二百八十一卷晉天福二年。宜其及此！」乃縊而死。考異曰：江表志：「齊丘至青陽，絕食數日，家人亦菜色。中使云：『令公捐館，方始供食。』家人以絮塞口而卒。」今從江南錄、紀年。諡曰醜繆。繆，靡幼翻。

初，翰林學士常夢錫知宣政院，參預機政，深疾齊丘之黨，數言於唐主曰：數，所角翻。「不去此屬，去，羌呂翻。國必危亡。」與馮延巳、魏岑之徒日有爭論。久之，罷宣政院，夢錫鬱鬱不得志，不復預事，縱酒成疾而卒。通鑑二百八十五卷晉齊王開運三年，已書常夢錫縱酒事，去年又書夢錫笑馮延巳之黨事。蓋縱酒已非一日，久乃成疾而卒。及齊丘死，唐主曰：「常夢錫平生欲殺齊丘，恨不使見之！」贈夢錫左僕射。

4 二月，丙子朔，命王朴如河陰按行河隄，行，下孟翻。立斗門於汴口。壬午，命侍衛都指揮使韓通、宣徽南院使吳廷祚，「廷祚」，當作「延祚」。【章：孔本正作「延」；張校同。】發徐、宿、宋、單等州丁夫數萬單，音善。浚汴水。甲申，命馬軍都指揮使韓令坤自大梁城東導汴水入于蔡水，魏收地形志曰：汴水在大梁城東，分爲蔡渠。九域志曰：浚儀縣之琵琶溝，即蔡河也。五朝會要曰：惠民河與蔡河一水，即閔河也。建隆元年，始命陳承昭督丁夫導閔河自新鄭與蔡水合，貫京師，南歷陳、潁，達壽春，以通淮右，舟楫相繼，商賈畢至，都下利之。於是以西南爲閔河，東南爲蔡河。至開寶六年，始改閔河爲惠民河。以通陳、潁之漕，命步軍都指揮使袁彥浚五丈渠東過曹、濟、梁山泊，以通青、鄆之漕，發畿內及滑、亳丁夫數千以供其役。

5丁亥，開封府奏田稅舊一十萬二千餘頃，今按行得羨苗【章：乙十一行本「苗」作「田」；下「羨苗」同。】四萬二千餘頃；敕減三萬八千頃。諸州行苗使還，所奏羨苗，減之倣此。行，下孟翻。羨，弋戰翻。使，疏吏翻。還，從宣翻，又如字。

6淮南饑，大兵之後，必有凶年。上命以米貸之。或曰：「民貧，恐不能償。」上曰：「民吾子也，安有子倒懸而父不爲之解哉！爲，于僞翻。安在責其必償也！」

7庚申，樞密使王朴卒。上臨其喪，以玉鉞卓地，慟哭數四，不能自止。朴性剛而銳敏，智略過人，上以是惜之。

8甲子，詔以北鄙未復，將幸滄州，九域志：大梁至滄州一千二百里。命義武節度使孫行友扞西山路，扞定州西山路，以防北漢救契丹也。以宣徽南院使吳廷祚「廷」，當作「延」。【章：孔本正作「延」；

張校同。】權東京留守、判開封府事，三司使張美權大內都部署。丁卯，命侍衛親軍都虞候韓通等將水陸軍先發。甲戌，上發大梁。

夏，四月，庚寅，韓通奏自滄州治水道入契丹境，柵於乾寧軍南，時置乾寧軍於滄州永安縣。九域志：在滄州西一百里。宋白曰：乾寧軍本古盧臺軍地。治，直之翻。補壞防，開游口三十六，遂通瀛、莫。游口者，於水不至處開之，以備漲溢而洩游水也。瀛、莫相去一百一十里。

辛卯，上至滄州，即日帥步騎數萬發滄州，直趨契丹之境。帥，讀曰率。趨，七喻翻。自滄州西行九十八里，即契丹瀛州界，正北行五百七十五里，直抵幽州。河北州縣非車駕所過，過，音戈。民間皆不之知。壬辰，上至乾寧軍，契丹寧州刺史王洪舉城降。契丹蓋置寧州於乾寧軍。

乙未，大治水軍，治，直之翻。分命諸將水陸俱下，以韓通爲陸路都部署，太祖皇帝爲水路都部署。丁酉，上御龍舟沿流而北，舳艫相連數十里；己亥，至獨流口，九域志：獨流口，在乾寧軍北一百二十里。金人疆域圖，涿州管下固安縣有獨流村。泝流而西。辛丑，至益津關，益津關，在莫州文安縣。九域志：在乾寧軍西北一百六十里。宋白曰：益津關本幽州會昌縣，唐天寶中改永清縣。契丹守將終廷輝以城降。

自是以西，水路漸隘，不能勝巨艦，隘，烏懈翻。勝，音升。乃捨之。壬寅，上登陸而西，宿於野次，侍衛之士不及一旅，從官皆恐懼。五百人爲一旅。從，才用翻。胡騎連羣出其左右，不敢逼。

癸卯，太祖皇帝先至瓦橋關，瓦橋關，在涿州歸義縣。九域志：在益津關東八十里。宋白曰：瓦子濟橋在涿州南，易州東，當九河之末。契丹守將姚內斌舉城降，斌，音彬。上入瓦橋關。內斌，平州人也。甲辰，契丹莫州刺史劉楚信舉城降。五月，乙巳朔，侍衞親軍都指揮使、天平節度使李重進等始引兵繼至，契丹瀛州刺史高彥暉舉城降。彥暉，薊州人也。薊，音計。於是關南悉平。關南，謂瓦橋關以南。

丙午，宴諸將於行宮，議取幽州，諸將以爲：「陛下離京四十二日，離，力智翻。甲戌至丙午四十三日，除宴日不數。兵不血刃，取燕南之地，此不世之功也。今虜騎皆聚幽州之北，未宜深入。」上不悅。是日，趣先鋒都指揮使劉重進先發，據固安；固安，漢縣名，唐屬涿州，今治所乃漢方城縣地。匈奴須知：固安縣，西北至燕京一百二十里。宋白曰：隋開皇九年，自今易州淶水縣移固安縣於漢方城縣地，取漢故安縣爲名；其漢故安縣故城，自在易州易縣東南七百步。趣，讀曰促。上自至安陽水，命作橋，會日暮，還宿瓦橋，是日，上不豫而止。契丹主遣使者日馳七百里詣晉陽，命北漢主發兵撓周邊，撓，奴巧翻，又火高翻。聞上南歸，乃罷兵。

戊申，孫行友奏拔易州，擒契丹刺史李在欽，獻之，斬於軍市。軍中有市，聽軍人各以土物自相貿易。

己酉，以瓦橋關爲雄州，九域志：雄州，治歸義、容城二縣，蓋皆置於郭下。金人疆域圖：雄州，西北至燕京三百二十里。割容城、歸義二縣隸之；宋白曰：容城，漢縣，唐武德中改爲酋縣，天寶中改容城縣。歸義縣，本涿州屬邑，今移於瓦橋，而涿州之歸義自治漢易縣故城，屬契丹界。歸義縣，宋朝避太宗潛藩舊名，改爲歸信縣。以益津關爲霸州，金人疆域圖：霸州，至燕京三百五十五里。割文安、大城二縣隸之。九域志：大城縣在益津關東南一百五里，五代之時所置也。宋白曰：文安，漢舊縣，晉置章武國，在古文安城。隋大業征遼，途經河口，當三河合流處，置豐利縣；唐貞觀二年，以豐利、文安二縣相逼，移文安縣就豐利城，周世宗置霸州治焉。大城，本漢東平舒縣，晉於此置章武郡，北齊廢郡爲平舒縣，五季改大城縣。發濱、棣丁夫數千城霸州，命韓通董其役。帝置濱州，領勃海、招安二縣。九域志：在滄州東南三百七十五里。濱、棣二州瀕海，無軍行供億之擾，故發其丁夫築城。按薛史：濱州本贍國軍，周顯德三年，升爲州，割棣州之勃海、蒲臺兩縣屬焉。棣州，樂安郡，秦齊郡地，宋爲樂陵郡，隋開皇十年，於郡置厭次縣；十七年，又於陽信縣置棣州；貞觀十七年，自陽信移理厭次。

庚戌，命李重進將兵出土門，擊北漢。

辛亥，以侍衞馬步都指揮使韓令坤爲霸州都部署，義成節度留後陳思讓爲雄州都部署，各將部兵以戍之。

壬子，上自雄州南還。九域志：雄州至大梁一千二百里。還，從宣翻，又如字。

己巳，李重進奏敗北漢兵於百井，敗，補邁翻。斬首二千餘級。

甲戌，帝至大梁。

9 六月，乙亥朔，昭義節度使李筠奏擊北漢，拔遼州，獲其刺史張丕。

10 丙子，鄭州奏河決原武，原武縣屬鄭州。九域志：在州北六十里。命宣徽南院使吳廷【延】祚發近縣二萬餘夫塞之。塞，悉則翻。

11 唐清源節度使留從效遣使入貢，請置進奏院於京師，直隸中朝，中朝，謂中國。留從效以唐國勢削弱，不欲復臣事之。詔【章：乙十一行本「詔」上有「戊寅」二字；孔本同；張校同；退齋校同。】報以「江南近服，方務綏懷，卿久奉金陵，晉開運二年，留從效以泉州附唐。未可改圖。若置邸上都，與彼抗衡，與唐比肩事周，是抗衡也。受而有之，罪在於朕。卿遠脩職貢，足表忠勤，勉事舊君，且宜如故。如此，則於卿篤始終之義，於朕盡柔遠之宜，惟乃通方，諒達予意。」乃，猶汝也。諒，想也。唐主遣其子紀公從善與鍾謨俱入貢，上問謨曰：「江南亦治兵，脩守備乎？」治，直之翻。對曰：「既臣事大國，不敢復爾。」復，扶又翻。爾，猶言如此也。上曰：「不然。曏時則爲仇敵，今日則爲一家，吾與汝國大義已定，保無他虞；然人生難期，至于後世，則事不可知。歸語汝主：語，牛倨翻。可及吾時完城郭，繕甲兵，據守要害，爲子孫計。」謨歸，以告唐主。唐主乃城金陵，凡諸州城之不完者葺之，戍兵少者益之。

臣光曰：或問臣：五代帝王，唐莊宗、周世宗皆稱英武，二主孰賢？臣應之曰：夫天子所以統治萬國，治，直之翻。討其不服，撫其微弱，行其號令，壹其法度，敦明信義，以兼愛兆民者也。莊宗既滅梁，海內震動，湖南馬氏遣子希範入貢，見二百七十二卷唐莊宗同光元年。莊宗曰：「比聞馬氏之業，終爲高郁所奪。比，毗至翻。今有兒如此，郁豈能得之哉？」郁，馬氏之良佐也。希範兄希聲聞莊宗言，卒矯其父命而殺之。見二百七十六卷唐明宗天成四年。卒，子恤翻。此乃市道商賈之所爲，賈，音古。豈帝王之體哉！蓋莊宗善戰者也，故能以弱晉勝強梁，既得之，曾不數年，外內離叛，置身無所。事並見梁均王及唐莊宗紀。誠由知用兵之術，不知爲天下之道故也。世宗以信令御羣臣，以正義責諸國，王環以不降受賞，見二百九十二卷顯德二年。劉仁贍以堅守蒙褒，見上卷四年。嚴續以盡忠獲存，見上正月。蜀兵以反覆就誅，見上卷三年。馮道以失節被棄，見二百九十一卷二年。被，皮義翻。張美以私恩見疏；見二百九十一卷二年。江南未服，則親犯矢石，期於必克，既服，則愛之如子，推誠盡言，爲之遠慮。爲，于僞翻。其宏規大度，豈得與莊宗同日語哉！書曰：「無偏無黨，王道蕩蕩。」洪範之言。又曰：「大邦畏其力，小邦懷其德。」武成之言。世宗近之矣。近，其靳翻。

12 辛巳，建雄節度使楊廷璋奏擊北漢，降堡寨一十三。

13 癸未，立皇后符氏，宣懿皇后之女弟也。宣懿符后殂見上卷三年。

14 立皇子宗訓爲梁王，領左衛上將軍，宗讓爲燕公，領左驍衛上將軍。宗讓後更名熙讓，以恭帝嗣位，避宗字也。燕，於賢翻。

15 上欲相樞密使魏仁浦，議者以仁浦不由科第，不可爲相。魏仁浦以樞密院吏歷仕至樞密使。上曰：「自古用文武才略者爲輔佐，豈盡由科第邪！」己丑，加王溥門下侍郎，與范質皆參知樞密院事。以仁浦爲中書侍郎、同平章事，樞密使如故。仁浦雖處權要而能謙謹，上性嚴急，近職有忤旨者，仁浦多引罪歸己以救之，所全活什七八，處，昌呂翻。忤，五故翻。故雖起刀筆吏，致位宰相，時人不以爲忝。又以宣徽南院使吳延祚爲左驍衞上將軍，充樞密使；加歸德節度使、侍衞親軍都虞候韓通、鎭寧節度使兼殿前都點檢張永德並同平章事，仍以通充侍衞親軍副都指揮使；以太祖皇帝兼殿前都點檢。

上嘗問大臣可爲相者於兵部尚書張昭，昭薦李濤。上愕然曰：「濤輕薄無大臣體，朕問相而卿首薦之，何也？」對曰：「陛下所責者細行也，行，下孟翻。臣所舉者大節也。昔晉高祖之世，張彥澤虐殺不辜，濤累疏請誅之，以爲不殺必爲國患，見二百八十三卷晉高祖天福元年。漢隱帝之世，濤亦上疏請解先帝兵權。見二百八十八卷漢隱帝乾祐元年。夫國家安危未形而能見之，此眞宰相器也，臣是以薦之。」上曰：「卿言甚善且至公，然如濤者，終不可置之中書。」濤喜詼諧，不脩邊幅，與弟澣俱以文學著名，雖甚友愛，而多謔浪，無長幼體，上以是薄之。喜，許記翻。謔，迄卻翻。浪，力葬翻，韓氏詩傳云，起也。

上以翰林學士單父王著，幕府舊僚，屢欲相之，單父縣，帶單州。單，音善。父，音甫。以其嗜酒無檢而罷。

癸巳，大漸，召范質等入受顧命。上曰：「王著藩邸故人，朕若不起，當相之。」質等出，相謂曰：「著終日遊醉鄉，豈堪爲相！愼勿泄此言。」是日，上殂。年三十九。

上在藩，多務韜晦，及卽位，破高平之寇，見二百九十一卷元年。人始服其英武。其御軍，號令嚴明，人莫敢犯，攻城對敵，矢石落其左右，人皆失色而上略不動容；應機決策，出人意表。又勤於爲治，百司簿籍，過目無所忘，治，直吏翻。忘，巫放翻。發姦擿伏，聰察如神。閒暇則召儒者讀前史，商榷大義。性不好絲竹珍玩之物，擿，他狄翻。榷，古岳翻。好，呼到翻。常言太祖養成王峻、王殷之惡，致君臣之分不終，貶王峻，誅王殷，見二百九十一卷太祖廣順三年。分，扶問翻。故羣臣有過則面質責之，服則赦之，有功則厚賞之。文武參用，各盡其能，人無不畏其明而懷其惠，故能破敵廣地，所向無前。然用法太嚴，羣臣職事小有不舉，往往置之極刑，雖素有才幹聲名，無所開宥，尋亦悔之，末年寖寬。登遐之日，遠邇哀慕焉。

甲午，宣遺詔，命梁王宗訓卽皇帝位，生七年矣。帝，世宗第四子也。當此之時，主少國疑，宿衞將士多歸心於太祖皇帝，明年正月，遂因出師翼戴，而天下爲宋，改元建隆。

16 秋，七月，壬戌，以侍衞親軍都指揮使李重進領淮南節度使，副都指揮使韓通領天平節度使，太祖皇帝領歸德節度使。以山南東道節度使、同平章事向拱爲西京留守；庚申，加拱兼侍中。拱，即向訓也，避恭帝名改焉。帝後禪于宋，奉爲鄭王，后崩，謚曰恭帝。

17 丙寅，大赦。

18 唐主以金陵去周境纔隔一水，時周境南至于江，金陵北至江二十二里耳。洪州險固居上游，洪州據南江之要會，其地居金陵上游。集羣臣議徙都之。羣臣多不欲徙，惟樞密副使、給事中唐鎬勸之，乃命經營豫章爲都城之制。

唐自淮上用兵及割江北，顯德二年冬十二月，周師渡淮。五年春三月，唐割江北。臣事於周，歲時貢獻，府藏空竭，錢益少，物價騰貴。藏，徂浪翻。少，詩沼翻。騰，踊也。禮部侍郎鍾謨請鑄大錢，一當五十，中書舍人韓熙載請鑄鐵錢；唐主始皆不從，謨陳請不已，乃從之。是月，始鑄當十大錢，文曰「永通泉貨」，又鑄當二錢，文曰「唐國通寶」，與開元錢並行。開元錢，唐武德初所鑄。

19 八月，戊子，蜀主以李昊領武信節度使，右補闕李起上言：「故事，宰相無領方鎮者。」蜀主曰：「昊家多冗費，冗，而隴翻。以厚祿優之耳。」起，邛州人，性婞直，李昊嘗語之曰：邛，渠容翻。婞，戶頂翻。語，牛倨翻。「以子之才，苟能慎默，當爲翰林學士。」起曰：「俟無舌，乃不言耳！」

20 庚寅，立皇弟宗讓爲曹王，更名熙讓；熙謹爲紀王，熙誨爲蘄王。更「宗」爲「熙」，避帝名也。歐史曰：本朝乾德二年，十月，熙謹卒。熙讓、熙誨不知所終，蓋諱之也。更，工衡翻。

21 九月，丙午，唐太子弘冀卒，有司引浙西之功，謂遣柴克宏敗吳越兵於常州也。謚曰武宣。句容尉全椒張洎上言：句容縣屬昇州。九域志：在州東九十里。全椒，漢縣名，梁置北譙郡，尋改曰臨滁郡，隋改曰滁水縣，大業初，復曰全椒，唐屬滁州。九域志：在州南五十里。句，如字。洎，其冀翻。「太子之德，主於孝敬，今謚以武功，非所以防微而慎德也。」乃更謚曰文獻；擢洎爲上元尉。唐都金陵，以上元爲赤縣，句容爲畿縣。自畿縣尉升赤縣尉爲擢。

22 唐禮部侍郎、知尚書省事鍾謨數奉使入周，數，所角翻；下數於同。傳世宗命於唐主，世宗及唐主皆厚待之，恃此驕橫於其國，橫，下孟翻。三省之事皆預焉。文獻太子總朝政，朝，直遙翻。謨求兼東宮官不得，乃薦其所善閻式爲司議郎，掌百司關啓。李德明之死也，見上卷三年。唐鎬預其謀，謨聞鎬受賕，嘗面詰之，鎬甚懼。謨與天威都虞候張巒善，數於私第屏人語至夜分，詰，其吉翻。屏，必郢翻，又卑正翻。鎬譖諸唐主曰：「謨與巒氣類不同，而過相親狎，謨屢使上國，巒北人，恐其有異謀。」又言：「永通大錢民多盜鑄，犯法者衆。」及文獻太子卒，唐主欲立其母弟鄭王從嘉，謨嘗與紀公從善同奉使于周，相厚善，言於唐主曰：「從嘉德輕志懦，又酷信釋氏，非人主才。從善果敢凝重，宜爲嗣。」唐主由是怒。居人父子之間，而欲廢長立少，宜鍾謨之死也。尋徙從嘉爲吳王、尚書令、知政事，居東宮。冬，十月，謨請令張巒以所部兵巡徼都城。正與唐鎬所譖合，遂速罪。徼，吉弔翻。唐主乃下詔暴謨侵官之罪，貶國子司業，流饒州，貶張巒爲宣州副使，未幾，皆殺之。幾，居豈翻。廢永通錢。

23 十一月，壬寅朔，葬睿武孝文皇帝于慶陵，陵在鄭州管城縣。廟號世宗。

24 南漢主以中書舍人鍾允章，藩府舊僚，擢爲尚書右丞、參政事，甚委任之。允章請誅亂法者數人以正綱紀，南漢主不能從，宦官聞而惡之。惡，烏路翻。南漢主將祀圜丘，前三日，允章帥禮官登壇，四顧指揮設神位，帥，讀曰率。內侍監許彥眞望之曰：「此謀反也！」卽帶劍登壇，允章叱之。彥眞馳入宮，告允章欲於郊祀日作亂。南漢主曰：「朕待允章厚，豈有此邪！」玉清宮使龔澄樞、內侍監李托等共證之，以彥眞言爲然，乃收允章，繫含章樓下，命宦者與禮部尚書薛用丕雜治之。治，直之翻。用丕素與允章善，告以必不免，允章執用丕手泣曰：「老夫今日猶几上肉耳，分爲仇人所烹。分，扶問翻。但恨邕、昌幼，不知吾冤，及其長也，公爲我語之。」鍾允章被讒，抱不測之罪，正恐累及妻子，乃爲是言，是自禍之也。長，知兩翻。爲，于僞翻。語，牛倨翻。彥眞聞之，罵曰：「反賊欲使其子報仇邪！」復白南漢主曰：復，扶又翻。「允章與二子共登壇，潛有所禱。」俱斬之。自是宦官益橫。橫，戶孟翻。李托，封州人也。

辛亥，南漢主祀圜丘，大赦。未幾，以龔澄樞爲左龍虎觀軍容使、內太師，軍國之事皆取決焉。凡羣臣有才能及進士狀頭進士第一人，謂之狀頭。或僧道可與談者，皆先下蠶室，下，戶嫁翻。然後得進，亦有自宮以求進者，亦有免死而宮者，由是宦者近二萬人。近，其靳翻。貴顯用事之人，大抵皆宦者也，謂士人爲門外人，不得預事，卒以此亡國。至宋開寶四年而南漢亡。卒，子恤翻。

25 唐更命洪州曰南昌府，建南都，更，工衡翻。以武清節度使何敬洙爲南都留守，武清軍衡州，屬湖南，何敬洙遙領耳。以兵部尚書陳繼善爲南昌尹。將徙都豫章也。

26 周人之攻秦、鳳也，蜀中恟懼；恟，許拱翻。都官郎中徐及甫自負才略，仕不得志，陰結黨與，謀奉前蜀高祖之孫少府少監王令儀爲主以作亂，前蜀主王建，廟號高祖。會周兵退而止。至是，其黨有告者，收捕之，及甫自殺。十二月，甲午，賜令儀死。

27 端明殿學士、兵部侍郎竇儀使於唐，天雨雪，唐主欲受詔於廡下。雨，王遇翻。廡，文甫翻。儀曰：「使者奉詔而來，不敢失舊禮。若雪霑服，請俟他日。」唐主乃拜詔於庭。

28 契丹主遣其舅使於唐，泰州團練使荊罕儒募客使殺之。唐人夜宴契丹使者於清風驛，酒酣，起更衣，荊，姓也，燕有刺客荊軻。楚國本曰荊，此楚之前受氏。更，工衡翻。久不返，視之，失其首矣。自是契丹與唐絕。罕儒，冀州人也。

臣光言：先奉敕編集歷代君臣事迹，又奉聖旨賜名資治通鑑，今已了畢者。

伏念臣性識愚魯，學術荒疏，凡百事爲，皆出人下，獨於前史，粗嘗盡心，自幼至老，嗜之不厭。每患遷、固以來，文字繁多，自布衣之士，讀之不徧，況於人主，日有萬機，何暇周覽！臣常不自揆，欲删削冗長，舉撮機要，專取關國家盛衰，繫生民休戚，善可爲法，惡可爲戒者，爲編年一書，使先後有倫，精粗不雜，私家力薄，無由可成。

伏遇英宗皇帝，資睿智之性，敷文明之治，思歷覽古事，用恢張大猷，爰詔下臣，俾之編集。臣夙昔所願，一朝獲伸，踊躍奉承，惟懼不稱。先帝仍命自選辟官屬，於崇文院置局，許借龍圖、天章閣、三館、祕閣書籍，賜以御府筆墨繒帛及御前錢以供果餌，以内臣爲承受，眷遇之榮，近臣莫及。不幸書未進御，先帝違棄羣臣。陛下紹膺大統，欽承先志，寵以冠序，錫之嘉名，每開經筵，常令進讀。臣雖頑愚，荷兩朝知待如此其厚，隕身喪元，未足報塞，苟智力所及，豈敢有遺！會差知永興軍，以衰疾不任治劇，乞就冗官。陛下俯從所欲，曲賜容養，差判西京留司御史臺及提舉西京嵩山崇福宫，前後六任，仍聽以書局自隨，給之祿秩，不責職業。臣既無他事，得以研精極慮，窮竭所有，日力不足，繼之以夜。徧閲舊史，旁采小說，簡牘盈積，浩如煙海，抉擿幽隱，校計豪釐。上起戰國，下終五代，凡一千三百六十二年，修成二百九十四卷；又略舉事目，年經國緯，以備檢尋，爲目録三十卷；又參考羣書，評其同異，俾歸一塗，爲考異三十卷：合三百五十四卷。自治平開局，迨今始成，歲月淹久，其間抵牾，不敢自保，罪負之重，固無所逃。臣光誠惶誠懼，頓首頓首。

重念臣違離闕庭，十有五年，雖身處于外，區區之心，朝夕寤寐，何嘗不在陛下之左右！顧以駑蹇，無施而可，是以專事鉛槧，用酬大恩，庶竭涓塵，少裨海嶽。臣今骸骨癯瘁，目視昏近，齒牙無幾，神識衰耗，目前所爲，旋踵遺忘，臣之精力，盡於此書。伏望陛下寬其妄作之誅，察其願忠之意，以淸閒之宴，時賜省覽，監前世之興衰，考當今之得失，嘉善矜惡，取是捨非，足以懋稽古之盛德，躋無前之至治，俾四海羣生，咸蒙其福，則臣雖委骨九泉，志願永畢矣。

謹奉表陳進以聞。臣光誠惶誠懼，頓首頓首，謹言。

端明殿學士兼翰林侍讀學士太中大夫提舉西京嵩山崇福宮上柱國河內郡開國公食邑二千六百戶食實封一千戶臣司馬光上表

元豐七年十一月進呈

檢閱文字承事郎臣司馬康

同修奉議郎臣范祖禹

同修祕書丞臣劉恕

同修尚書屯田員外郎充集賢校理臣劉　攽

編集端明殿學士兼翰林侍讀學士太中大夫臣司馬光

獎諭詔書

敕司馬光：修資治通鑑成事。

史學之廢久矣，紀次無法，論議不明，豈足以示懲勸，明久遠哉！卿博學多聞，貫穿今古，上自晚周，下迄五代，發揮綴緝，成一家之書，褒貶去取，有所據依。省閱以還，良深嘉歎！今賜卿銀絹、對衣、腰帶、鞍轡馬，具如別錄，至可領也。故茲獎諭，想宜知悉。

冬寒，卿比平安好。遣書，指不多及。十五日。

元豐八年九月十七日，准尚書省劄子，奉聖旨，重行校定。

元祐元年十月十四日，奉聖旨，下杭州鏤板。

校對宣德郎祕書省正字臣張　耒

校對宣德郎祕書省正字臣晁補之

校對朝奉郎行祕書省正字上騎都尉臣宋匪躬

校對朝奉郎行祕書省校書郎充集賢校理武騎尉賜緋魚袋臣盛次仲

校定奉議郎充祕閣校理武騎尉賜緋魚袋臣張舜民
校定奉議郎祕書省校書郎充集賢校理武騎尉賜緋魚袋臣孔武仲
校定修實録院檢討官朝奉郎行祕書省著作佐郎武騎尉賜緋魚袋臣黄庭堅
校定宣德郎守右正言臣劉安世
校定奉議郎行祕書省著作佐郎兼侍講賜緋魚袋臣司馬康
校定修實録檢討官承議郎祕書省著作郎兼侍講上騎都尉賜緋魚袋臣范祖禹
中大夫守尚書右丞上柱國汲郡開國侯食邑一千八百戶食實封二百戶賜紫金魚袋臣呂大防
通議大夫守尚書左丞上柱國平原郡開國公食邑二千五百戶食實封七百戶臣李清臣
金紫光禄大夫守尚書右僕射兼中書侍郎上柱國東平郡開國公食邑七千一百戶食實封二千三百戶臣呂公著

紹興二年，七月初一日，兩浙東路提舉茶鹽司公使庫下紹興府餘姚縣刊板。紹興三年十二月二十日畢工，印造進入。

左迪功郎紹興府司法參軍主管本司文字兼造帳官臣邊　智

校勘監視

右迪功郎充提舉茶鹽司幹辦公事臣常任佚
右文林郎充提舉茶鹽司幹辦公事臣強公徹
右修職郎充提舉茶鹽司幹辦公事臣石公憲
右奉議郎提舉兩浙東路茶鹽司公事臣韓協
降授右朝奉郎前提舉兩浙東路茶鹽司公事臣王然

嵊縣進士婁諤　進士茹贇廷
進士唐弈　進士婁時升
進士婁時敏　進士石衮
進士茹升　進士王悆
進士張綱
右迪功郎新虔州興國縣主簿唐自
餘姚縣進士葉汝士　進士杜邦彥
進士錢移哲　進士陸宧
進士顧大冶　進士呂克勤

進士張彥衡　進士朱國輔
進士杜紱　進士孫彬
右迪功郎紹興府餘姚縣主簿王絪
右從事郎紹興府嵊縣尉薛鎡
右修職郎紹興府嵊縣丞桂祐之
左迪功郎紹興府府學教授晏肅
右承務郎知紹興府餘姚縣丞馮榮叔
左宣教郎知紹興府餘姚縣丞晏敦臨
右承奉郎知紹興府嵊縣主管勸農公事兼兵馬監押范仲將
右宣義郎知紹興府餘姚縣主管勸農公事兼監石堰鹽場徐端禮
左奉議郎簽書鎮東軍節度判官廳公事張九成

通鑑釋文辯誤卷第一

天台胡三省身之

通鑑一

周威烈王二十三年　智伯求蔡皋狼之地於趙襄子。頁一〇

史炤釋文曰：皋狼，春秋蔡地，後爲趙邑。（海陵本、費本同。）余按春秋之時，晉、楚爭盟，晉不能越鄭而服蔡。三卿分晉，韓得成皋，因以幷鄭。時蔡已爲楚所滅，鄭之南境亦入于楚，就使皋狼爲蔡地，趙襄子安得而有之！漢書地理志，西河郡有皋狼縣，又有藺縣。漢之西河，春秋以來皆爲晉土，而古文「藺」字與「蔡」字近，或者「蔡」字其「藺」字之訛歟？

安王十三年　齊田和會魏文侯、楚人、衞人于濁澤。頁二七

史炤釋文曰：濁，水名。按漢志，濁水出齊郡廣縣嫣山。（海陵本、費本同。）余謂釋文誤矣。史記書齊、魏濁澤之會，徐廣註云：長社有濁澤。又酈道元水經註曰：皇陂水出胡城西北。胡城，潁陰縣之狐人亭也。皇陂，古長社縣之濁澤也。史炤縱不能遠考水經註，亦不能近考史記註乎？八十四卷晉惠帝元寧元年「濁澤」註，誤與此同。海陵本、費氏本則又爲炤所誤也。

通鑑二

顯王元年　齊伐魏，取觀津。頁四〇

史炤釋文曰：齊伐魏，惠王請獻觀以和解，卽此觀津也。（海陵本、費本同。）余按班志，信都國有觀津縣，是時屬趙地，去齊境甚遠。又東郡有畔觀縣，水經：大河故瀆東逕五鹿之野，又東逕衞國故城南，古斟觀也。徐廣亦曰：觀，今衞縣。史記正義曰：魏州觀城縣，古觀國。國語註云：觀國，夏太康第五弟之所封也，以其地臨河津，故亦曰觀津，齊伐魏所取者也。史炤但據史記所書以明觀地，而不詳言之。後人不能博考地理，讀其釋文，將遂以爲信都之觀津，豈不誤之乎！

八年　秦孝公令國中曰：「昔我穆公自岐、雍之間，修德行武，東平晉亂，以河爲界。」頁四二

史炤釋文曰：岐，謂岐山。雍，州名；謂東嶓、西漢、南商、北居庸四山之所擁翳也。（費本同。）余謂以岐爲岐山是也。以雍爲州名則非。按班書地理志，岐山在扶風美陽縣西北，雍縣亦屬扶風。應劭註云：四面積高曰雍。又按史記秦紀，犬戎殺周幽王，秦襄公以兵救周，戰甚力，有功。平王避戎，東徙洛邑，賜襄公以岐山以西之地，傳至曾孫德公，初居雍城。徐廣註云：今縣，在右扶風。穆公，德公子也，東平晉亂，其地至于河。是則所謂岐、雍之間，乃岐山、雍縣之間，非指雍州州名爲言也。李巡註爾雅，釋州名，雍州固有壅蔽之義，然以四履所至言之，東嶓可言也，其西則越隴抵于河，非漢也；南商可言也，其北則甘泉九嵕諸山，居庸關乃在幽州，懸隔河山，何啻千餘里，安能爲雍州之擁翳哉！其說雍州之義亦非也。二百六十七卷梁太祖開平二年釋「雍州」，其誤同。

十六年　魏伐趙，齊使田忌救之。田忌欲引兵之趙，孫子曰：「夫解雜亂紛糾者不控拳，救鬭者不搏撠，批亢擣虛，形格勢禁，自爲解耳。今梁、趙相攻，輕兵鋭卒必竭於外，子不若引兵疾走魏都，據其街路，衝其方虛。」頁五一

海陵本釋文曰：虛，音墟。余謂虛，當讀如字。衝其方虛，即上文所謂擣虛也。史記索隱義亦如此。若讀爲墟，全無意義。史炤曰，擣，築也；言乘其虛則自解也。義與余同。海陵本託公休之名，實蹈襲史炤本，至其自立異義者，識見又下於史炤。

二十八年　龐涓自知智窮兵敗，乃自剄。頁五八

史炤釋文曰：剄，吉定切；以刀自割頸。（海陵本、費本同。）余按剄字，音古鼎翻，別無他音。炤從去聲，非也。

三十一年　趙良語商君，持矛而操闟戟者，旁車而趨。頁六二

史炤釋文曰：闟，吐臘切。（海陵本、費本同。）余按薛綜註曰：取四戟函車邊。此蓋令力士旁車而趨，有急則操闟戟以禦之也。後漢書輿服志有闟戟車。晉志曰：闟戟車，長戟邪偃在後。唐韻：戟名曰闟，音所及翻。史炤音非。

三十六年　蘇秦說趙肅侯合天下將相會于洹水之上。頁六六

史炤釋文曰：在鄴。說文：水在齊、魯間。（海陵本、費本同。）余按徐廣註曰：洹水出汲郡林慮縣。水經曰：洹水出上黨泫氏縣東，南出山，逕鄴縣南，又東過外黃縣北，入于白溝。蘇秦所謂會于洹上者，正指在鄴之洹水，非指齊、魯間之洹水。二百五十七卷唐僖宗文德元年、二百六十卷昭宗乾元三年「洹水」註，誤與此同。

通鑑三

赧王四年　張儀說趙王曰：「秦有敝甲凋兵軍於澠池。」頁九五

史炤釋文曰：澠池，趙邑。余按趙與韓、魏接境，韓有野王、上黨，魏有河東、河内，而澠池則秦地也。漢地理志，澠池縣屬弘農郡。趙安能越韓、魏而有弘農之澠池邪！炤說非是。海陵本誤同。

九年　趙王使王賁之楚。頁一〇四

海陵本釋文曰：賁，音奔，翦之子，離之父。余按翦之子、離之父之王賁，乃秦將也。此王賁乃趙人，海陵本誤矣。

通鑑四

二十年　主父探雀鷇而食之。頁一一八

史炤釋文曰：鷇，克角切；鳥子欲出者。（海陵本、費本同。）余按爾雅曰：生哺，鷇；生噣，雛。釋云：辨鳥子之異名也。鳥子生而須母哺食者爲鷇，謂燕、雀之屬也。生而能自啄者爲雛，謂雞、雉之屬也。鷇，音居候翻。炤音非。

三十一年　淖齒執湣王而數之。頁一二五

史炤釋文曰：數，所矩切，一二而責之也。余按漢書音義，數責之數，音所具翻。炤自漢紀以後皆從音義，至魏、晉紀，音所矩切者又雜出乎其間。

三十二年　齊湣王子法章變名姓爲莒太史敫家傭。頁一三〇

海陵本釋文曰：敫，吉了切。史記作「嬓」。余按徐廣註：敫，音躍；一音皎。海陵本從徐廣下音也。漢

書王子侯表有敫字，顏師古註云：敫，古穆字。今從此音。

三十五年　秦白起敗趙軍，取代光狼城。頁一三三

史炤釋文曰：光狼，城名，本中山地，趙武靈王取之，其地在代。（海陵本同。）余按史以代光狼城聯而書之，以爲其地在代，可也；而云本中山地，中山與代舊爲兩國，代在常山、夏屋山之北，中山在常山之南，既云在代，不當云本中山地。

四十二年　秦王將使武安君與韓、魏伐楚，黄歇上書曰：「先王三世不忘接地於齊，以絶從親之要。」頁一四八

海陵本釋文曰：要，於笑切，約也。余按史紀索隱：要，讀曰腰。以言山東合從，韓、魏是其腰。蓋秦得韓、魏之地，然後能東接於齊，楚不可得而北，燕、趙不可得而南，是絶從親之要也。索隱之説，意義爲長。

今王使盛橋守事於韓。頁一四九

史炤釋文曰：橋，音矯。（海陵本同。）余按史記諸家註並無音，當讀如字。

通鑑五

五十五年　趙王以趙括代廉頗將，括母上書言括不可使；王曰：「母置之，吾已決矣。」頁一六八

史炤釋文提起「母置」二字，註其下曰句斷。母者，止之也，使置其事而無復言也。余按炤謂母者，止之也，是讀「母」爲「毋」字，又以「毋置」爲句斷，則以「之」字屬下句，全不成文。蓋母者，謂括母也。趙王使括母置其事不須復言，吾已決計使括爲將。文意甚順，何必妄爲穿鑿！「母」當讀爲母子之母，通「置之」爲一句。蒼頡篇曰：母字其中有兩點，象人乳形。豎通者「毋」，音無。今諸家板行通鑑及史記皆作母

字，而妄以毋字爲説，是又以字學誤後人矣。

奇兵二萬五千人絕趙軍之後，又五千騎絕趙壁間，趙軍分而爲二。頁一六九

史炤釋文曰：間，居棧切，間隔之也。余謂若從炤説，當以「間趙軍」爲句，與下句分而爲二，意頗重複。若以「又五千騎絕趙壁間」爲句，與上句「奇兵二萬五千人絕趙軍之後」句法文意，殊爲停當。間，讀如字。每見爲句讀之學者，於一句之間，截而分屬上下句，求發先儒之所未發者，以見聖賢深意。若文意自來通順，而於一字兩字或四三字之間創分句讀，以爲新奇，似不必爾。又按間隔之間，本無上聲，而史炤音居棧切，蓋字書棧字有平上二音，蜀人土音以平上二聲從去聲者甚多，此亦是以上聲從去聲，幸字書棧字有二音，可以援從去聲，其他則拘閡而不通矣。秦、隴以去聲爲入，梁、益則平聲似去，蓋古人已病之。

五十八年　呂不韋見秦子異人，説之曰：「子傒有承國之業。」頁一八三

史炤釋文曰：傒，胡啓切，秦孝文王之子。余謂此傒字，即左傳齊高傒之傒。陸德明曰：傒，音兮。若音胡啓切，則是徯字，非傒字也。

通鑑六

秦昭襄王五十二年　齊人隆技擊。頁一九〇

史炤釋文曰：技，巨至切。（海陵本同。）余按技，渠綺翻。炤音非。

莊襄王二年　蒙驁伐趙，定太原，取楡次、狼孟等三十七城。頁二〇〇

史炤釋文曰：次，一音慈。余按楡次縣自漢至唐及宋未嘗改名，讀皆如字。史記諸家音註及正義皆無

音，漢書音義亦無音，惟武威郡揟次縣，孟康註曰：揟，音子如翻；次，音咨，一作恣。亦無慈音。然此乃武威揟次縣也，與太原榆次縣不相關，未知史炤何所據也！

三年　毛公、薛公見信陵君曰：「公子所以重於諸侯者，徒以有魏也。」頁二〇一

史炤釋文曰：重，直用切。（海陵本同。）余按文義，此乃輕重之重，音直隴翻。若音直用翻，乃再三之義，考經典釋文可見。

始皇六年　秦踰黽阸之塞以攻楚，不便。頁二一一

史炤釋文曰：黽，彌兗切。（海陵本同。）余按續漢志，江夏郡黽縣，古冥阸之塞也。史記正義曰：黽阸之塞在申州。黽，音盲。炤音非。

九年　文信侯詐以舍人嫪毐爲宦者。頁二一三

史炤釋文曰：嫪，盧道切。（海陵本同。）余按顔師古漢書音義：嫪，音居虯翻。許愼曰：郎到翻，姓也。無盧道切者。得非蜀人以道理之道爲去聲乎？公休，河內人，生長京、洛，未必操蜀音也！（校者按：司馬公休，夏縣人，胡三省謂爲河內人，蓋以公休祖晉安平王司馬孚，孚爲河內溫人之故。）

通鑑七

二十三年　王翦取陳以南，至平輿。大破楚師，至蘄南。頁二三一

史炤釋文曰：楚地江夏有蘄春亭。（海陵本同。）余按漢書地理志，沛郡有蘄縣。史記正義曰：蘄，徐州縣。此以唐時疆理言也。以漢地理言之，陳、沛接境，王翦既破楚師至沛郡之蘄縣南，楚時都壽春，遂渡

淮而滅楚。若以爲江夏之蘄春，則已越壽春而南近大江。以道理考之，史炤之誤明矣。

雍門司馬。頁二三四

史炤釋文曰：雍，紆龍切，齊城門。（海陵本同。）余按左傳，晉圍齊，伐雍門之萩。經典釋文：雍，音於用翻。

二十六年　郡置守、尉、監。頁二三七

海陵本釋文曰：監，居銜切。余謂守、尉、監，皆秦分三十六郡所置官名，此監當從去聲。若監郡之監，則監字從平聲。記王制：天子使其大夫爲三監監於方伯之國。陸德明釋文：監，古暫翻。監於，古銜翻。可以見矣。

二十八年　始皇東行郡、縣，上鄒嶧山。頁二三九

史炤釋文曰：嶧山，在東海。（海陵本同。）余按漢書地理志，魯國鄒縣，嶧山在北。應劭註曰：邾文公遷于繹，即此。括地志：鄒嶧山在兖州鄒縣南二十二里。蓋縣有遷徙，故漢時嶧山則在縣北，唐時則在縣南也。惡得在東海邪！

三十五年　寫蜀、荆地材，皆至關中。頁二四六

史炤釋文曰：寫，四夜切。舍車解馬爲寫，或作卸。（費本同。）余謂此非舍車解馬之卸，乃前寫放宫室之寫。（通鑑二十六年云：每破諸侯，寫放其宫室，作之咸陽北阪上。）寫，讀如字。寫之爲義，除也，盡也。晉時人多說寫字。杜預註左傳云寫器令空，郗夫人語二弟云傾筐倒寫，皆除盡之義。

始皇曰：「吾慕眞人，」自謂「眞人」，不稱「朕」。頁二四六

海陵本釋文曰：稱，去聲；不稱，不愜意也。余謂始皇初并天下，自稱曰朕，至此不稱朕耳。稱，當從平聲。

三十七年　將軍恬賜死，以兵屬裨將王離。頁二五〇

史炤釋文曰：屬，音蜀，附也。（費本同。）余謂屬，音之欲翻，付也。上將賜死，以兵付裨將，安有屬附之義哉！

以水銀爲百川江河大海，機相灌輸。頁二五一

史炤釋文曰：機，弩括也。相，息亮切。羣經音辯，相，訓共，言機共灌輸也。余按說文，主發謂之機。弩之有機，亦主於發，故謂之機。此所謂「機相灌輸」，止言發機以相灌輸耳，不可徑以弩括爲釋。若以此釋上文機弩可也，（上文云：上爲機弩，有穿近者輒射之。）釋機相灌輸則非也。相，音息亮切者，贊相之相，相視之相也。若相灌輸之相，讀當從平聲。炤讀從去聲，義何所取！又引羣經音辯相訓共，則亦當從平聲，決無讀從息亮切之理。

通鑑八

二世二年　章邯守濮陽環水。頁二七六

史炤釋文曰：環，戶班切。（海陵本同。）余按漢書音義，環，音宦。凡環玦之環讀如字，環遶之環音宦。

主重明法。頁二七九

史炤釋文曰：重，直龍切。（海陵本同。）余按二世之言曰：「凡所爲貴有天下者，得肆意極欲，主重明法也。」是以肆意極欲與主重明法爲二事。主重者，謂君臣之勢，主之所主者重，則下之勢輕。重，音直隴翻。直龍切非。

項羽軍漳南。頁二九二

史炤釋文曰：漳南，漳水之南。山海經曰：漳水出荆山。余按山海經曰：漳水出荆山，南注于沮水。此左傳所謂江、漢、沮、漳，楚之望也。項羽軍漳南與章邯相持，在唐相州滏陽縣界。下文項羽使蒲將軍引兵度三戶，軍漳南。服虔註曰：三戶，漳水津也。孟康註曰：在鄴西南三十里。此豈荆山之漳水哉！九十七卷晉康帝建元二年，趙王虎投王波父子之尸于漳水。海陵釋文之誤與此正同，詳辯于後。

二世夢白虎齧其左驂馬，殺之。頁二九四

史炤釋文曰：三馬爲驂。（海陵本同。）余按王肅云：古者一轅之車，夏后氏駕兩馬，謂之麗；殷益以一騑，謂之驂；周人又益以一騑，謂之駟。自時厥後，夾轅曰服，兩旁曰驂。詩所謂兩服上襄，兩驂鴈行者也。史言左驂，則必有右驂，不當引三馬爲驂以釋左驂。

通鑑九

漢高帝元年　秦王嬰降軹道旁。頁二九九

史炤釋文曰：字書云：車輪之穿爲軹。余按漢書註：徐廣曰：軹道在霸陵。蘇林曰：在長安東十三里。漢宮殿疏曰：軹道亭，東去霸城觀五里，東去霸水百步。烏得以車軹爲說邪！

項羽立董翳爲翟王，都高奴。頁三〇八

史炤釋文曰：翟，直格切。（海陵本同。）余謂上郡，古白翟所居，故以翳爲翟王。古字翟、狄通。炤音非。

立吳芮爲衡山王，都邾。頁三〇九

史炤釋文曰：古邾子國卽邾縣，屬江夏。余按古邾國，漢魯國騶縣也。若江夏之邾縣，先儒以爲楚滅邾，徙其君於此，非古邾子國也。

二年　諸將盡讙。頁三一八

史炤釋文曰：讙與歡同。余謂讙與諠同。讙者，譁然不服之聲；歡者，忻然相得之意。諸將盡讙者，不服之聲也。讙，音許元翻。

楚追擊漢軍至靈壁東睢水上。頁三二〇

史炤釋文曰：睢水在梁國睢陽。（海陵本同。）余按水經註，睢水出陳留縣西蒗蕩渠而東北流，又東北過睢陽縣南，又東北過相縣南，又逕彭城之靈壁東而東南流，項羽敗漢王處也。以此觀之，睢水固過睢陽，而楚追敗漢軍處，乃在靈壁東之睢水上，不在睢陽也。二百五十一卷唐懿宗咸通九年「睢水」註，誤與此同。

通鑑十

四年　漢王不可必，身居項王掌握中數矣。頁三四七

史炤釋文曰：數，去聲。余按漢書音義，數，所角翻。史記正義，色庾切，已非矣，況從去聲哉！

通鑑十一

五年　項王分其騎爲四隊，四鄉。頁三五四

史炤釋文曰：隊，音隧。余按此乃羣隊之隊，音徒對翻。鄉，讀曰嚮。言項王分其從騎爲四隊，四嚮以禦漢軍，文意甚明。漢書王莽傳，置六鄉、六隊。顔師古曰：隊，音遂。蓋因莽倣周禮鄉遂之制，而爲之音，若引以音羣隊之隊，則誤矣。

田横與其客二人乘傳詣洛陽。頁三六〇

史炤釋文曰：乘傳者，依乘符傳而行，若使者持節爾。傳者，以木爲之，長尺五，書符於上以爲信。余按如淳漢書註曰：四馬高足爲置傳，中足爲馳傳，下足爲乘傳，一馬、二馬爲軺傳，急者乘一乘傳。師古曰：傳，若今之驛。古者以車謂之傳車，其後單置馬謂之驛騎。此乃驛傳之傳，非符傳之傳也。史炤自是以後，凡釋乘傳處，或以爲車傳，或以爲符傳。其曰車傳者，依漢書音義而爲說；其曰符傳者，則臆見横於中，終不知其誤也。

婁敬戍隴西，過洛陽，脫輓輅。頁三六三

海陵本釋文曰：輅，音洛。余按蘇林漢書註曰：輅，音凍洛之洛；一木横遮車前，二人挽之，三人推之。顔師古曰：輅，音胡格翻；洛音同。廣韻：洛，音涸。若從蘇音，洛當作洛。史炤曰：輅，音路，亦非也。

周自后稷封邰。頁三六三

史炤釋文曰：邰在右扶風武功縣。余按班志，右扶風有斄縣，（斄，古邰字。）又有武功縣。顔師古註曰：

斄，即今武功故城是。史記正義曰：雍州武功縣西南二十三里，故斄城是也。蓋邰與武功在漢時爲兩縣，並屬右扶風，後世則省邰縣併入武功縣，至唐，則武功縣屬雍州，而扶風爲岐州。顔師古、張守節皆引唐時州縣以釋古邰城所在。史炤不能深知歷代郡縣之離合，徑言邰在右扶風武功縣，殊不知漢右扶風所領，邰自是邰縣，武功自是武功縣。至唐則古邰城在雍州武功縣界内，豈可以爲在右扶風武功縣邪！若曰在唐雍州武功縣，則可矣。

傷夷者未起。頁三六三

史炤釋文曰：傷夷，讀曰創夷。余謂傷夷皆讀如本字，文意自明，何必讀傷字爲創字邪！

六年　亟發兵，坑豎子耳！頁三六六

史炤釋文曰：亟，欺冀切，又音急。余按字書，亟從欺冀切者，其義數數也。此言亟發兵，猶言急發兵也。亟音紀力翻，其義疾也，趣也，急也。亟字有急義而無急音。至一百三十二卷宋明帝泰始三年，亟字兼有去吏、紀力二切，是又兩存其音，而不審其義之各有攸當也。

通鑑十二

八年　上擊韓王信餘寇於東垣。頁三八四

史炤釋文曰：高帝十一年，更名眞定國。余按高帝十一年擊陳豨，豨將趙利守東垣，帝攻之，卒罵帝。既拔東垣，卒罵者斬之，不罵者原之，因改東垣曰眞定。是改東垣縣爲眞定縣也。至武帝元鼎四年，始置眞定國；高帝曷嘗置眞定國哉！

十二年　漢別將擊英布軍洮水南、北，皆大破之。頁四〇六史炤釋文曰：洮，音兆，在淮南。（海陵本同。）蘇林曰：洮，音兆。徐廣曰：洮，音道，在江、淮間。余謂史炤引用蘇音，而所謂在淮南者，因英布王淮南，遂篡取徐廣之説，以爲洮水在淮南，意之也。按通鑑上文，布軍既敗走江南，高祖令別將追之，別將擊布軍於洮水南、北，皆大破之。則洮水在江南明矣。羅含湘中記，零陵有洮水。水經註：洮水出洮陽縣西南，東流注于湘水。漢書地理志，洮陽屬零陵郡。如淳註：洮，音韜。蓋英布舊與長沙王婚，既敗走，往從之，而洮水時屬長沙國境內，英布之軍，實大敗於此也。

通鑑十三

文帝元年　趙佗以兵威財物賂遺閩越、西甌、駱，役屬焉。頁四四八

史炤釋文曰：顔師古謂駱役爲駱越。余按師古註：西甌即駱越也，未嘗以駱役爲駱越。蓋閩、越是一種，西甌、駱是一種。役屬者，役使而服屬之。

二年　太僕見馬遺財足，餘皆以給傳置。頁四五二

史炤釋文曰：置者，置郵也，以其居符傳之所，故謂之傳置，猶傳舍也。余謂傳置卽驛傳之傳，非符傳之傳。炤言置郵，是也；言符傳之所，非也。此其誤，猶十一卷高祖五年釋「田横乘傳」之誤。

通鑑十五

十四年　上自欲征匈奴，羣臣諫，不聽。皇太后固要，上乃止。頁五〇二

海陵本釋文曰：要，力〔於〕笑切。余謂要之爲義，劫也，約勒也。此所謂固要，言力約止之也。要，讀如

邀。海陵本音非。

十六年　扐侯辟光爲濟南王。頁五〇六

史炤釋文曰：扐，音勒。余按易大傳，歸奇於扐，記王制，用數之扐，音勒。若漢書音義，則扐侯之扐，音力。

通鑑十六

景帝前六年　王夫人知帝嗛栗姬。頁五三八

史炤釋文曰：嗛，苦簟切，恨也，當作「慊」。余按漢書音義：嗛，乎監翻。口有所銜曰嗛。景帝心銜栗姬，史因用此字。

中六年　上行幸雍，郊五畤。頁五四六

史炤釋文曰：畤者，封土積高之所。秦有西畤、鄜畤、武畤、好畤、密畤，皆在右扶風，所以祭天、地、五帝。余按史記封禪書：秦襄公始居西垂，自以爲主少皞之神，作西畤，祠白帝。此畤在唐秦州上邽縣界。襄公之後，文公東獵汧、渭之間，卜居之而吉。文公夢黄蛇自天下屬地，其口止於鄜衍，於是作鄜畤，其地後爲鄜縣，唐之鄜州是也。雍旁有故吳陽武畤，雍東有好畤，皆廢無祠。作鄜畤後七十八年，秦德公旣立，卜都雍，雍之諸祠自此興。德公卒後，宣公作密畤於渭南，祭青帝。又其後，秦靈公作吳陽上畤（祭黄帝），作下畤祭炎帝。（索隱曰：吳陽，地名，蓋在嶽之南。余按索隱所謂嶽者，吳山也。山南爲陽，故謂吳陽之地在嶽之南。班書地理志：吳山在汧縣西。史記正義以爲陝州芮城縣北之條山，恐誤。）又其後，櫟陽雨金，秦獻公自以爲得金瑞，作畦畤櫟陽而祀白帝。封禪書所載秦歲時之奉祠者非一，惟雍四時、上帝爲尊。漢高帝二年，東擊項籍而還，入關，問：「故秦時上帝祠何帝也？」對曰：「四帝，有白、青、黄、赤帝之祠。」高帝曰：「吾聞天有五帝，而有四，何也？」皆不能對。高帝曰：「吾知之矣，乃待我而具五也。」乃立黑帝祠，命曰北畤。有司進祠，上不親往。至文帝，始郊見雍五畤祠。索隱曰：據秦舊而言，秦襄公始列爲諸侯而作西畤，文公卜居汧、渭之間，皆非雍也。至德公卜居雍，而後宣公作密畤，祠青帝，靈公作上畤，祠黄帝，作下畤，祠炎帝，獻公作畦畤，祠白帝，是爲四，并高祖增黑帝而五也。以余考之，西畤、鄜畤固不在雍，而吳陽上畤、下畤及櫟陽畦畤亦不在雍也。自秦德公居雍，而諸祠始興於雍，後人以雍積高爲神明之隩，遂合白、青、黄、赤四帝之祠，而祠於雍。高帝又立黑帝祠，故雍有五帝畤。史炤以爲西、鄜、武、好、密五畤皆在右扶風。若史言扶風五畤，猶曰依史而爲之説。史言幸雍，郊五畤，則雍乃扶風之一縣，豈可包扶風一郡之大界言之邪！況西畤在隴西郡上邽縣，鄜畤在馮翊鄜縣，既不可以爲皆在扶風，而雍之武畤、好畤，皆廢無祠，不在五畤之數。史炤之説，失之遠矣！一百卷晉穆帝升平二年，秦王堅祠五畤，釋文之誤，與此同。

王崇武標點容肇祖聶崇岐覆校

通鑑釋文辯誤卷第二

天台胡三省身之

通鑑十七

武帝建元元年　上雅嚮儒術，嬰、蚡俱好儒雅，推轂代趙綰爲御史大夫，蘭陵王臧爲郎中令。頁五六三

史炤釋文曰：言薦舉人如車轂之運轉。（費本同。）余謂炤說未爲精當。此言推車轂者主於進，薦賢者亦主於進，故以薦賢爲推轂。

三年　鄠、杜令欲執之。頁五七〇

費本註曰：鄠杜，古杜伯國京兆邑，後宣帝改曰杜陵。余按漢書地理志，鄠縣屬右扶風，古有扈氏之國。杜縣屬京兆，古杜伯國。不可以鄠縣并爲杜伯之國，又不可并以爲屬京兆。

通鑑十八

元光三年　田蚡奉邑食鄃。頁五九一

海陵本釋文曰：鄃，音俞。余按漢書音義：鄃，音輸。音俞非。

五年　關益斥，西至沬、若水，南至牂柯爲徼。頁五九七

史炤釋文曰：謂以木、石、水爲界也。西南之徼，猶北方之塞。（費本同。）余按史炤蓋因顔師古註鄧通傳

而爲之說。鄧通傳曰：「人有告通盜出徼外鑄錢。」師古註云：「東北謂之塞，西南謂之徼。塞者以障塞爲名，徼者取邀遮之義。」然余考漢書匈奴傳，單于請罷邊備塞吏卒，侯應上議曰：「孝、武攘匈奴於幕北，建塞徼，起亭隧，築外城，列屯戍而守之。」是北方之塞亦謂之徼也。朝鮮傳曰：「朝鮮屬遼東外徼。」是東方之塞亦謂之徼也。師古殆考之未精詳，而史炤又依以爲說。而所謂以木、石、水爲界者，亦本於侯應之議。應之議曰：「起塞以來，或因山巖石木柴僵落，谿谷水門，稍稍平之，卒徒築治。」此正言建塞徼於北方以備匈奴者也，豈特西南謂之徼哉！直言徼以邀遮爲義，豈不簡而當乎！

元朔二年　蓼侯孔臧。頁六一六

史炤釋文曰：蓼，音六，邑名，屬六安國。余按漢書地理志，六縣、蓼縣皆屬六安國。春秋文五年，楚滅蓼及六，皆臯陶後也。陸德明經典釋文：蓼，音了。未嘗有六音。海陵本亦因史炤而誤。

通鑑十九

五年　都尉韓說爲龍頟侯。頁六二四

史炤釋文曰：頟，鄂格切，平原邑。余按班志，平原郡有龍頟侯國。註云：頟，音洛。若從鄂格切，則是額字。史炤殆不考字書也。三十二卷成帝綏和元年，誤與此同。

校尉李朔爲涉軹侯。頁六二四

史炤釋文曰：軹，河内邑。余按班史衛青傳作「陟軹侯」，功臣表作「軹侯」，食邑於齊郡之西安，非河内之軹縣也。

通鑑二十

元鼎二年　置均輸以通貨物。頁六六四

史炤釋文曰：委輸也，謂諸有當輸於官者，又均輸之。余按班史，時置均輸官於郡國，令遠方各以其物而灌輸；置平準於京師，通受天下委輸，貴則賣之，賤則買之，使富商大賈無所牟大利。均輸置於郡國，平準置於京師。均，平也。斟酌物價貴賤而適其均平，使民無甚貴甚賤之患。唐劉晏正得此法，非當輸於官又均輸之也。又鹽鐵論云：郡國諸侯各以其方物貢輸往來，多苦惡，不償其費，置輸官以相紹運，名曰均輸。

伏波將軍路博德出桂陽，下湟水。（伐南越事。）頁六七七

史炤釋文曰：湟，水名，在金城臨羌塞外。余按水經云：洭水過臨洭縣南，出洭浦關，爲桂水。山海經以洭水爲湟水。徐廣曰：湟水一名洭水，出桂陽，通四會。此路博德伐南越，出桂陽而下湟水者也。若金城臨羌之湟水，則趙充國伐羌所渡者，非路博德所下之湟水也。

甲爲下瀨將軍，下蒼梧。頁六七七

史炤釋文曰：瀨，水名，在越地。余按臣瓚漢書註曰：瀨，湍也；吳、越謂之瀨，中國謂之磧。伍子胥書有「下瀨船」，則瀨非越地水名也。

通鑑二十一

太初三年　上邽騎士趙弟。頁七一六

費本註曰：古邽戎國，武帝開之，置上邽縣，屬隴西郡。余按史記，秦武公十年伐邽冀戎，初縣之。漢書地理志，隴西郡有上邽縣。應劭註云，即邽戎邑也。則上邽縣乃秦武公所置，非漢武帝開置也。

通鑑二十三

昭帝始元二年　二王不復肯會龍城，匈奴始衰。頁七六四

史炤釋文曰：西方胡皆事龍神，故名大會處爲龍城。（費本同。）余按漢書匈奴傳：匈奴諸王長少，歲正月，會單于庭祠。五月，大會龍城，祭其先天地鬼神。秋馬肥大，會蹛林。皆會祭處也。匈奴非西方胡，且三處皆其會祭之地，不應龍城獨以事龍神得名。其說殊爲未通。

元鳳元年　賜燕王旦諡曰剌王。頁七七六

史炤釋文曰：剌，七賜切。余謂當音來達翻。諡法：暴戾無親曰剌。言其所爲乖剌，無親親之義也。

通鑑二十五

宣帝元康四年　先零、罕、幵乃解仇作約。頁八五〇

史炤釋文曰：罕羌、幵羌，皆西羌别種，漢破滅之，置縣，以其人處於地，因以名之，屬天水郡。余按漢書註：蘇林曰：罕、幵在金城南。顔師古曰：罕、幵，羌之别種也。下言：「遺幵豪雕庫，宣天子至德，罕、幵之屬皆聞知明詔。」下又云：「河南大幵、小幵。」則罕羌、幵羌種落殊矣。而地理志，天水郡有罕幵縣，蓋以此二種羌來降，處之此地，因以名縣。以此觀之，罕、幵種落實在金城河南，其有來降者，處之天水郡界内，因置罕幵縣，河南之種落固自若也。元康之時，先零、罕、幵解仇作約者，皆在金城塞外，非在天水郡罕幵縣者也。

通鑑二十六

神爵元年　伯牙操遞鍾。頁八五五

史炤釋文曰：晉灼曰：遞，音遞迭之遞。二十四鍾各有節奏，擊之不常，故曰遞鍾；琴名也。余按漢書註，諸家之説不同，晉灼之註，止於「曰遞」。臣瓚駮之曰：楚辭云：奏伯牙之號鍾。號鍾，琴名也。馬融笛賦曰：號鍾高調。伯牙以善鼓琴名，不聞其能擊鍾也。師古曰：琴名，是也。字既作「遞」，則與楚辭不同，不得卽讀爲號，當依晉音耳。合而觀之，晉灼本無「鍾琴名也」四字。史炤乃牽臣瓚註四字合爲晉灼註。使後學不得參考諸家之異同而折衷之，不已誣乎！

辛武賢奏合擊罕、幵在鮮水上者。頁八六〇

史炤釋文曰：山海經云：北鮮之山，鮮水出焉，北流注于余吾。余按漢書武帝紀：匈奴遠其累重於余吾水北。顔師古註云：余吾水在朔方北。山海經云：北鮮之山，鮮水出焉，北流注于余吾。師古蓋以此鮮水在匈奴中，非罕、幵所居之鮮水也。漢書，羌豪獻鮮水海地於王莽，置西海郡。卽罕、幵所居之鮮水。

通鑑二十七

甘露元年　魏和意、任昌至烏孫，謀誅狂王云云。漢遣張遵收和意、昌，係瑣。頁八九七

史炤釋文曰：係，繫束也。瑣，銀鐺也。余按漢書西域傳：趙德使罽賓，與其王陰末赴相失，陰末赴鎖琅當德。顔師古註曰：琅當，長鎖也，若今之禁繫人鎖也。史炤蓋引此以釋瑣，而誤寫爲銀鐺耳。

二年　上行幸萯陽宮、屬玉觀。頁八九九

史炤釋文曰：晉灼曰：屬玉，鳥鵁鶄，以名觀也。余按晉灼註，本云「屬玉，水鳥，似鵁鶄」，省「水」字與「似」字，便失文意。

通鑑三十

成帝河平元年　奇請、他比，日以益滋。頁九八七

海陵本釋文曰：比，必寐切；謂引他類以比附之。余謂釋文所謂引他類以比附之，止依顏師古註。今法家讀比附之比如字。師古註亦無音翻。若以爲比例之比，則當音毗至翻。音必寐切者，乃比及之比，愈非本文之義。

通鑑三十一

陽朔四年　烏孫小昆彌烏就屠子拊離代立。頁一〇〇七

史炤釋文曰：拊離，烏孫小昆彌種名。余按昆彌者，烏孫王號也。烏孫國有大、小昆彌。烏就屠者，小昆彌之名。拊離，乃烏就屠之子之名，非種名也。通鑑本文甚明，何必曲爲之說！

鴻嘉二年　博士行大射禮，有飛雉集于庭。頁一〇〇九

史炤釋文曰：爾雅曰：雉絕有力，奮。余謂爾雅釋雉之異名，奮其一也。史炤以奮釋飛雉，不亦拘乎！

通鑑三十三

哀帝建平元年　郎中令泠褒。頁一〇九六

史炤釋文曰：泠，姓也。顏師古音廖。（費本同。）余按漢書音義，師古音零。廖字，乃傳寫者誤以零爲廖耳；炤不能察也。

通鑑三十四

四年　董賢起冢，内爲便房，外爲徼道。頁一一一六

史炤釋文曰：徼道，小道也。（費本同。）余謂徼道者，徼巡之道，爲小道環遶便房之外以徼巡，故曰徼道。

雖是小道，實以徼巡取義。朱子云：徼，伺察也。天下道路除逵衢康莊之外，皆小道也，豈可皆以徼道名哉！

通鑑三十五

平帝元始二年　去胡來王唐兜。頁一一五八

史炤釋文曰：唐兜，西域國也，號爲去胡來王，謂去胡而來降漢。余按漢書西域傳：婼羌國王號去胡來王，則唐兜乃去胡來王之名，非國名也。觀下文「斬唐兜」，可見非國名矣。

通鑑三十六

四年　羌豪獻鮮水海、允谷、鹽池。頁一一七一

史炤釋文曰：允，音鉛。（海陵本同。）余按漢書音義，惟允吾縣音鉛牙，允街縣音鉛街，此外無音。

王莽初始元年　莽母功顯君死，自以居攝踐阼，奉漢大宗之後，爲功顯君緦縗弁而加麻環絰，如天子弔諸侯服，凡壹弔再會。頁一一八七

史炤釋文曰：絰，首戴也，以苴麻爲之。謂之環者，言其輕細如環之形。（費本同。）余按喪服以情之輕重爲等，苴麻之絰，重服也。左傳，齊晏桓子卒，晏嬰縗麤斬、苴絰帶、杖、菅屨。杜預註曰：苴，麻之有子者，取其麤也。周禮，王爲諸侯緦縗，弁而加環絰，同姓則麻，異姓則葛。王莽自以居攝踐阼，不爲母服喪，服天子弔諸侯之服，以壹弔再會而已，安肯以苴麻爲絰乎！記檀弓：叔仲皮死，其子子柳之妻衣縗而繆絰，叔仲衍請繐縗而環絰。鄭註云：繆絰，士妻爲舅姑之服也；環絰，弔服之絰也。時婦人好輕細而多服此者。孔穎達正義曰：繆絰，謂絞麻爲絰，繆，謂兩股相交也。五服之絰皆然，惟弔服環絰不繆耳。環絰者

一股，所謂纏絰也。此即輕細如環之義。史炤所謂輕細如環者，本顔師古之說。既言輕細，安得以苴麻爲之乎！

通鑑三十七

天鳳元年　和親侯者，王昭君兄子歙也。中部都尉以聞。頁一二二七

史炤釋文曰：歙事王莽爲中部都尉。余按通鑑上文，此時匈奴遣人之西河虎猛制虜塞下，告塞吏曰：「欲見和親侯。」和親侯者，王昭君兄子歙也。中部都尉以聞。詳考文理，歙蓋事王莽爲和親侯，時在長安。中部都尉乃西河中部都尉，以匈奴來告之事聞於莽，非歙爲中部都尉也。

通鑑三十八

地皇三年　莽教民煑草木爲酪。頁一二五五

史炤釋文曰：酪，乳漿也。余按乳酪之酪，眞酪也。莽令煑草木爲酪，則非乳漿。服虔註曰：煑木實。如淳註曰：作杏酪之屬也。此皆依煑草木而爲之說。

通鑑三十九

更始元年　莽紺袀服。頁一二七四

史炤釋文曰：偏裻謂之袀，戎衣也。紺，青色，以爲袀衣。章懷註：袀，純也。純爲紺服。其說非是。（費本同。）余按裻，衣背縫也。左思魏都賦：襲偏裻以讀列。偏裻固是戎衣，然非袀服也。史記趙世家：王夢衣偏裻之衣。正義曰：杜預云：偏，左右異色。裻在中，左右異，故曰偏。蓋偏裻，自衣背縫中分左右各一色，左傳所謂太子帥師，公衣之偏衣者也。袀服之袀，音均。左傳所謂均服振振，取虢之旂。陸德明

曰：均，字書作袀，袀之爲義純也。說有根據，未可厚非。此說乃師古之說。章懷註後漢書，後漢書不載袀服事。以此說爲章懷之說，亦非是。

二年　吏民惶恐，屬縣屯聚，建等不能下。頁一二八〇

史炤釋文曰：屬，附也，言附縣而屯聚。余按通鑑上文，申屠建揚言「三輔兒大黠，共殺其主吏。」民聞此言，惶恐不自安，故三輔之屬縣皆屯聚以自保。若以爲附縣而屯聚，其說穿鑿。

驃騎大將軍宗佻爲潁陰王。頁一二八二

史炤釋文曰：佻，他彫切。說文，遷廟也。余按遷廟之祧，從「示」從「兆」。此宗佻乃人姓名。史炤誤矣！

通鑑四十

光武建武元年　立秋日貙膢時。頁一三〇五

史炤釋文曰：膢，龍珠切；說文，臘祭也。（海陵本同。）余按章懷太子賢後漢書註引前書音義曰：貙，獸，以立秋日祭獸，王者亦以此日出獵，用祭宗廟。冀州北郡以八月作飲食曰膢。其俗語曰膢、臘、社、伏，乃是祭之四名。膢祭於秋，臘祭於冬，烏得謂膢爲臘祭乎！又按說文云：膢，楚俗以二月祭飲食也。未嘗以膢爲臘祭。史言以立秋日貙膢，是貙膢明爲立秋日之祭，不待辯而可以知炤之妄矣！章懷註：膢，音婁。後漢書禮儀志有貙劉。劉、婁音近。

通鑑四十一

五年　耿弇追張步至鉅昧水上。頁一三六〇

史炤釋文曰：昧，如字；一名巨洋水，在樂安國。（海陵本同。）余按章懷太子賢註曰：巨洋水在今青州壽

光縣西。水經註：巨洋水出朱虚縣東太山，袁宏謂之鉅昧，王韶謂之巨蔑；北過臨朐縣東，又北過劇縣西，耿弇追破張步處也。又東北過壽光縣西，又東北入于海。是水自發源至劇縣，皆屬北海、齊二國界，至壽光，始屬樂安國界。耿弇破張步於劇縣西，未至樂安國界也。昧，音莫葛翻。其字從「日」從「末」，非昧字也。

通鑑四十二

六年　詔曰：「倉卒蕪蔞亭豆粥。」頁一三七一

海陵本釋文曰：蔞，力無切。余按章懷註：蔞，力于翻。海陵本音非。

與小兒共槽櫪而食。頁一三七八

史炤釋文曰：果木華實相半曰槽櫪；櫪榑也。博雅：木下支謂之榑櫪。余謂飼獸之食器曰槽櫪，馬櫪也。共槽櫪而食者，以犬馬爲諭也。何必爲僻詭之説以疑誤後學！

通鑑四十三

十二年　參狼羌與諸種寇武都。頁一四〇五

海陵本釋文曰：參，所含切。至四十九卷安帝永初二年，滇零招集武都參狼，則曰參，所今切。然則二音將何從乎？若以分野言之，參星在梁、益之分，音所今翻爲是。

十五年　封皇子輔爲右翊公。頁一四一四

史炤釋文曰：右馮翊也。（費本同。）余按漢三輔：左馮翊、右扶風，未嘗有右馮翊也。右翊封國，史無所考，不可妄引以爲釋。

通鑑四十四

中元二年　初，燒當羌豪滇良。頁一四五八

史炤釋文曰：滇良，益州西夷。（費本同。）余按後漢書西羌傳：羌無弋爰劍玄孫研居湟中，最豪健，羌中號其種爲研種。研之十三世孫燒當，復豪健，更以燒當爲種號。滇良者，燒當之玄孫也，世居河北大允谷，既破先零，奪居大榆中地。此所謂湟中羌，去益州甚遠，烏得謂之益州西夷乎！

明帝永平三年　湯以六事自責云云，苞苴行邪？頁一四六七

史炤釋文曰：苞，說文，艸也。以爲麤履。從包，取其藏物。苴，履中艸，亦包也。余按此苞苴，謂人以苞苴相問遺者也。記曲禮：凡以弓劍苞苴問人者。鄭註云：問，猶遺也。苞苴裹魚肉，或以葦，或以茅。陸德明曰：苞，裹也；苴，藉也。孔穎達曰：既夕禮，葦苞，長三尺。内則云：炮取豚，編萑以苴之。是編萑葦以裹魚及肉也，亦兼容他物。故禹貢云：厥包橘柚。孔叢子曰：吾於木瓜之惠，見苞苴之禮行。是也。先儒解苞苴之義甚明。史炤特爲怪迂以罔世，通鑑之罪人也！

通鑑四十五

八年　耿國請置度遼將軍，屯五原，以防南匈奴逃亡。頁一四七五

史炤釋文曰：遼水在幽州之域，謂出師當度遼水也。余按昭帝時，霍光以范明友爲度遼將軍，以伐烏桓。時烏桓居遼東、遼西塞外，故霍光命將以度遼爲號，謂出師當度遼水也。今請置度遼將軍，屯五原，而亦以出師當度遼水爲説，則不通矣。蓋建武之後，匈奴分，而烏桓、鮮卑盛。先是，漢嘗命范明友以度遼將軍破烏桓，匈奴亦自是衰，故復以是號命將，使屯五原，既以防南部之逃亡，亦以是號慴服北部及東胡之心，使

不敢招誘南部之衆耳。

十四年　寒朗以劉建等物色，問顔忠、王平，二人錯愕不能對。頁一四八五

史炤釋文曰：錯，倉各切，或作「逪」；竦也。愕，逆各切；相遇驚也；或作「愕」。（海陵本同。）余按章懷註曰：錯愕，猶倉卒也。錯，音七故翻。愕，音五故翻。又考字書，逪，且略切，竦也，驚也。與錯字不同；倉各切。

杅水脯糒。頁一四八六

海陵本釋文曰：糒，步拜切，乾餱也。余按糒，音平祕翻。海陵本音非。

通鑑四十六

章帝建初二年　倉頭衣緑褠，領袖正白。頁一五〇七

史炤釋文曰：褠，臂衣，卽臂韝也。余謂史炤因章懷註而誤也。按字書，臂韝之韝，旁從「韋」；此所謂緑褠，緑單衣也。下文言領袖正白，則爲單衣之褠而非臂韝之韝明矣。

元和元年　支拄橋梁。頁一五二七

史炤釋文作「支柱」，竹主切。余按通鑑正文，乃是支拄。拄字從「手」不從「木」，音竹柱翻。

通鑑四十七

章和元年　羌迷唐據大、小榆谷以叛。頁一五四〇

史炤釋文曰：榆，溪名。水注溪曰谷。西羌中有大、小二谷也。（海陵本同。）余按水經：河水逕西海郡南，又東逕允川而歷大榆、小榆谷北。二榆土地肥美，羌所依阻也。榆溪在上郡，水經註曰：榆林山，卽漢

書所謂榆溪舊塞也。自溪以西，悉榆柳之藪，緣沙陵居龜兹縣；亦謂之長榆。王恢云「樹榆爲塞」者，此地也。詳而考之，榆溪自是榆溪，大、小榆谷自是大、小榆谷，居然可知也。

温宿王將八千騎於東界徼于窴。頁一五四一

史炤釋文曰：徼，吉弔切，邊徼。余謂此乃徼遮之徼，讀與邀同。史炤音義俱非。

通鑑四十八

和帝永元四年　鉤盾令鄭衆。頁一五六三

史炤釋文曰：盾，音順。中官所隸，其處在少府監。（海陵本同。）余按盾，音食尹翻。後漢書百官志：鉤盾令，宦者爲之，典諸近池苑囿游觀之處，屬少府。蓋鉤盾令以中官爲之，非中官所隸也。漢少府列於九卿，唐始以少府爲監。言其處在少府監，亦非也。至五十卷安帝建光元年，「鉤盾令陳達」，炤若已悟此釋之爲非者。至五十八卷靈帝中平元年，則又誤矣。

十三年　迷唐復還賜支河曲，侯霸出塞，至允川，擊破迷唐。頁一五八二

史炤釋文曰：允，音鉛；水出金城允街。（費本同。）余按水經註，允川去賜支河曲數十里，在大、小榆谷之西。此金城塞外地也。若允街縣則屬金城郡，在塞内。通鑑言侯霸出塞至允川，本文甚明。史炤殆弗之考也。

通鑑四十九

安帝永初二年　皇太后幸若盧獄録囚。頁一六〇六

史炤釋文曰：盧，音廬。（海陵本同。）余謂盧讀如字。

六年　春，正月，詔曰：「凡供薦新味，多非其節，或鬱養強孰。」頁一六二〇

史炤釋文曰：強，去聲。（費本同。）余謂鬱養強孰者，言物非其時，未及成熟，爲土室，蓄火其下，使土氣蒸暖，鬱而養之，強使先時成熟也。強，音其兩翻，讀從上聲，不從去聲。自此之後，凡勉強之強，炤多從去聲，蓋蜀人土音之訛也。

元初元年　羌豪號多鈔掠武都、漢中、巴郡，板楯蠻救之。頁一六二三

史炤釋文曰：楯，音順。（海陵本同。）余按楯，音食尹翻，未嘗有順音。廣韻二十二稕韻内有「揗」字，音順，摩也。其旁從「手」不從「木」。此亦炤操土音之訛。板楯蠻以木板爲楯，故名。

通鑑五十

永寧元年　遼西鮮卑大人烏倫、其至鞬各以其衆詣度遼將軍鄧遵降。頁一六三九

史炤釋文曰：烏倫、其至鞬，鮮卑種名。（費本同。）余謂烏倫、其至鞬乃鮮卑種帥二人之名，非種名也。觀通鑑上文言「大人」，下文言「各以其衆降」，則可知矣。

通鑑五十一

延光四年　閻顯召越騎校尉馮詩將兵以禦孫程等，詩辭以卒被召，所將衆少。頁一六七〇

海陵本釋文曰：被，音皮。余謂被召之被，安得有皮音，此三尺童子所知也。

通鑑五十二

順帝永和元年　武陵漊中蠻反。頁一七一三

史炤釋文曰：漊，力主切。（海陵本同。）余按類篇，漊，郎侯切，水出武陵蠻中。廣韻九麌韻内有「漊」字，

郎主切。説文：雨淒淒也。類篇經温公修定，音淒水音義甚明，當以郎侯切爲正。史炤於四十六卷章帝建初三年「漊中」，已音郎侯切，今此則自相反。至一百二十三卷宋文帝元嘉二十八年「漊中」註，其誤與此同。

通鑑五十三

桓帝永壽元年　劉陶上疏曰：「虎豹窟於麑場。」頁一七六七

費本註曰：麑，獅子也。余按此麑，謂鹿子也。鹿方產子，而虎豹窟於其場，則麑必遭搏噬，以喻貪殘者牧民，則良民必罹其害也。獅子謂之狻猊，能食虎豹，使虎豹窟於其場，狻猊豈畏之乎！以麑爲獅子，既失劉陶之旨；改狻猊之猊以就麑字，又妄爲牽合也。

通鑑五十四

延熹二年　李雲上書曰：「梁冀雖持權專擅，虐流天下，以罪行誅，猶召家臣搤殺之耳。」頁一七八六

史炤釋文曰：搤，於側切。（海陵本同。）余按搤，音於革翻；炤音非。

通鑑五十五

八年　楊秉奏曰：「昔懿公刑邴歜之父，奪閻職之妻，而使二人參乘，卒有竹中之難。」頁一八一五

史炤釋文曰：參或作驂，三馬曰驂乘。余按楊秉明言使二人參乘，而史炤乃以三馬曰驂乘爲說，文義乖剌。齊懿公事見左傳。左傳言使邴歜僕，閻職參乘。此言使二人參乘者，言懿公與二人者同車，三人共載，是參乘也。

王崇武標點容肇祖聶崇岐覆校

通鑑釋文辯誤卷第三

天台胡三省身之

通鑑五十六

靈帝建寧元年　段熲追羌，出橋門，與戰於奢延澤、落川、令鮮水上，連破之。頁一八四四

史炤釋文曰：令鮮，水名，在張掖觻得縣界，一名合黎水，一名羌谷水。（費本同。）余謂此史炤承章懷註之誤也。章懷註曰：令鮮，水名，在甘州張掖縣界，一名羌谷水，一名合黎水。史炤因賢註之羌谷水，參以班書地理志，張掖觻得縣有羌谷水，遂曰令鮮水在張掖觻得縣界。殊不思段熲之擊羌也，先破之於高平之逢義山，遂追之出上郡橋門，與戰於奢延澤落川令鮮水上，連破之，又破於靈武谷。奢延澤在上郡奢延縣西南。靈武谷在北地靈武縣。則所謂令鮮水，當在奢延澤西南，靈武谷東北，非張掖之羌谷水明矣。註通鑑者當審觀段熲前後轉戰之地，而求其地望之遠近。段熲前後與羌戰，皆在漢安定、北地、上郡界。張掖遠在河西，段熲之兵焉能至彼乎！

黄門從官騶蹋踧陳蕃曰：「死老魅，復能損我曹員數、奪我稟假不？」頁一八四九

史炤釋文曰：稟，力錦切；或作「廩」。假，音價，貸也。謂不以廩餘相貸。（費本同。）余按蔡質漢儀，尚書僕射與右丞對掌廩假錢穀。又續漢志，諸將軍府有稟假掾吏，主稟假。蓋以錢粟給之，謂之稟。稟，音彼

錦翻，因給廩而生音義，二字通用，而義亦相生也。假者，月給不足於用，或預借於官者也。時宦官恣横，黄門從官騶宂濫尤甚。陳蕃自桓帝以來爲尚書令，嫉其宂濫，數格奪其稟假，此輩銜怨，因其被收，遂辱詈以洩其憤。言稟假錢穀文書至尚書，蕃數格奪之也；豈謂不以廩餘相貸邪！假音價，亦蜀人土音；廣韻有上、去二音。

通鑑五十七

熹平元年　會稽妖賊許生起句章。頁一八七一

史炤釋文曰：句，音鉤。（海陵本同。）余按漢書，會稽句章之句無音。陸德明經典釋文，句章之句，音九具翻；如淳、韋昭皆音拘。史炤音鉤，無所據。

通鑑五十八

光和四年　帝好爲私稸，收天下之珍貨，每郡國貢獻，先輸中署，名爲「導行費」。頁一九〇一

史炤釋文曰：導，徒浩切；導引也。（費本同。）余按字書，道字，從徒浩切者，理也，路也，直也，無導引之義。以導引爲義者，當音徒到翻。

中平四年　長沙賊區星。頁一九二六

史炤釋文曰：區，虧于切。余按唐韻，區，音豈俱切，註云：漢有長沙區景。又音烏侯切，註云：今郴州有是姓。意者此姓有兩音也。

通鑑五十九

五年　屠各胡攻殺幷州刺史張懿。頁一九二八

海陵本釋文曰：屠各，卽休屠地也。余按屠各胡，匈奴種也。晉書曰：北狄以種落爲類，其入居塞內者，有屠各等十九種，皆有部落，不得雜錯，屠各最豪貴，故得爲單于，統理諸種。杜佑曰：頭曼、冒頓，卽屠各種也。漢書地理志，武威郡，故休屠王地。屠各烏得爲休屠地乎！史炤曰各胡乃其名號，尤繆。然炤之誤起於五十四卷桓帝延熹元年。海陵本不過蹈襲史炤而已。九十四卷晉成帝咸和四年「屠各」註，其誤同。

六年　董卓議，太后蹴迫永樂宮，至令憂死。頁一九四五

史炤釋文曰：蹴，子六切，行平易也；迫，逼也；猶言行平易而逼之。余謂炤說自相反，旣曰行平易矣，何至逼迫之事。此蹴，與前建寧元年黃門從官騶蹋蹴陳蕃之蹴同義。或曰：蹋蹴，當作「蹵」。此蹴迫之蹴，當作「蹙」。又按炤所謂平易者，本毛詩蹴蹴周道傳訓。然平易之蹴，音徒歷翻。今音子六切，亦非也。

獻帝初平元年　關東州郡皆起兵討董卓，推勃海太守袁紹爲盟主。紹自號車騎將軍，諸將皆板授官號。頁一九四九

史炤釋文曰：板，通作版，以版籍授官。（費本同。）余按字書，板、版二字，古今通用。然於此謂以版籍授官，則非也。漢制度曰：帝之下書有四：一曰策書，二曰制書，三曰詔書，四曰誡敕。策書者，編簡也，其制長二尺，短者半之，篆書起年月日，稱「皇帝」以命諸侯。王公以罪免，亦賜策書，而以隸書，凡一木兩行，唯此爲異也。制書者，帝者制度之命，其文曰「制」。詔，三公皆璽封，尚書令印重封，露布州郡也，其文曰：「告某官云云，如故事。」誡敕者，謂敕刺史、太守，其文曰：「有詔敕某官。」他皆倣此。李雲書曰：尺一拜用，不經御省。章懷註曰：尺一之板，謂詔策也，見漢官儀。則拜授官號，漢用尺一策也。時董卓挾

天子，袁紹等罔攸稟令，故權宜板授官號，言無皇帝璽信，以白板授之也。豈以版籍授官乎！官，謂牧、守、令、長；號，謂將軍、校尉也。

董卓取長安洛陽鍾簴以鑄錢。頁一九五七

史炤釋文曰：簴，音具。（海陵本同。）余按簴，音其呂翻。至七十三卷魏明帝青龍元年，簴，音其矩切。則炤亦悟音「具」之非矣。

通鑑六十

二年　邴原性剛直，清議以格物。頁一九七一

史炤釋文曰：格，古伯切，廢格之格；以清議廢人。又音閣。（海陵本同。）余謂格，正也，言以清議正物也。格讀如字。炤以爲廢格之格，是知讀漢書而未曉文義。夫因文見義，各有攸當，不可滯於一隅。學問思辨，聖人之所以教人也。然聖人之所謂學問思辨，詎止此哉！觸類而長之，亦可以知學之無止法矣。

三年　麴義兵伏楯下不動。頁一九七三

史炤釋文曰：楯，殊閏切。余謂史炤之誤，猶四十九卷章帝元初元年音「板楯」之誤也。楯，當音食尹翻。讀通鑑者，可以意求其音，後不重出。

通鑑六十一

興平二年　李傕送饋，郭汜妻以豉爲藥，擿以示汜。頁二〇〇一

史炤釋文曰：擿，直炙切，搔也，投也，與擲同。余謂此乃挑擿、抉擿之擿，音他歷翻。

董承、楊定脅弘農督郵。頁二〇〇八

海陵本釋文，引馮鑑續事始云：督郵，卽後漢郡主簿也，隋始改爲録事參軍，主勾稽文簿，舉彈善惡。（史炤註先已見四十五卷明帝永平七年，以此愈知海陵本爲蹈襲史炤，姑移前置後，相與欺誤後學而已。）余按通典：録事參軍，晉置，爲公府官，舉彈善惡，本州郡職也；後代刺史有軍而開府者，並置之。漢有郡主簿，職與州主簿同。隋初以録事參軍爲郡官，則并主簿之職矣。煬帝又置主簿，唐武德初，復爲録事參軍。若漢之督郵，掌監屬縣，各郡有東、西、南、北、中部，謂之五部督郵。韋昭辨釋名云：督郵主諸縣罰負，郵殿糾攝之也。又按後漢書，郅惲爲汝南功曹，太守歐陽歙嘗會醮屬吏，歙教曰：「西部督郵繇延，天資忠貞，不嚴而治，宜顯之於朝。太守敬嘉厥休，牛酒養德。」主簿讀書教，戶曹引延受賜。惲於下坐愀然而前曰：「按延資性貪邪，外方内圓，朋黨構姦，罔上害民。明府以惡爲股肱，以直從曲，惲敢再拜奉觥。」歙慙，不知所言。則漢郡有主簿，又有督郵也。古者郵通作尤。督郵以糾督屬縣愆尤爲職，而録事參軍亦以舉彈善惡爲職。愆尤善惡，以簿書之。隋之録事參軍，始并領漢郡主簿、督郵之職。馮鑑以爲督郵卽漢主簿，亦既繆矣；炤等又引以爲據，譌謬相傳，曷其有極，不辨可乎！

通鑑六十二

建安元年　董承奔野王，韓暹屯聞喜，胡才、楊奉之塢鄉。頁二〇二二

史炤釋文曰：塢鄉，卽太原鄔縣。余按此時諸將奉獻帝居安邑，既而互相疑阻，各自分屯。安邑、聞喜、野王，皆在河東、河内之境；塢鄉則河南緱氏縣之鄔聚是也。是後帝自安邑還雒陽，楊奉出屯汝南之梁縣，此又自塢鄉而南屯梁縣也。以地里而考，其移屯之次序，則塢鄉爲緱氏之鄔聚明矣。太原之鄔縣去安邑爲遠隔山嶺，楊奉若往太原之鄔，不能復奉獻帝還雒陽及出屯梁縣。

二年　曹操東征袁術，術留其將橋蕤等於蘄陽以拒操。操擊破蕤等，皆斬之，術走渡淮。頁二〇四二

史炤釋文曰：水經：蘄水出江夏蘄春縣北山。酈道元註云：即蘄山也，又南對蘄陽，注于大江，亦謂之蘄陽口。余按史炤此註，乃承章懷註之誤也。按三國志，袁術時侵陳，曹操東征之，術留蕤等拒操，蕤等敗死，術走渡淮，則是戰於淮北也。蘄陽屬江夏，其地在淮南，而蘄陽口又蘄水入江之口也，袁術若留橋蕤等於淮南之蘄陽，操兵自北來，則蕤敗而術走渡淮，將焉往哉！蕤等拒操處，蓋沛國之蘄縣也。范史衍「陽」字而通鑑因之。章懷因蘄陽而註誤，史炤又承其誤也。

三年　呂布遣許汜、王楷求救於袁術，術曰云云。汜、楷曰：「明上今不救布，爲自敗耳；布破，明上亦破也。」頁二〇四七

史炤釋文曰：明上，猶明府也。余按漢時諸州牧、郡守，人稱之爲明府。袁術僭號，故汜、楷稱之爲明上。以汜、楷命言之意觀之，蓋尊於明府矣。

番陽民帥別立宗部，言「我已立郡，海昏、上繚，不受發召。」頁二〇五三

海陵本釋文曰：繚，盧皎切。余按水經註，僚水導源建昌縣。漢元帝永光二年，分海昏立建昌。僚水又東逕新吳縣，漢中平中立。僚水又逕海昏縣，謂之上僚水。以此言之，繚，當讀爲僚。海陵本音誤。

通鑑六十三

四年　曹操常從士徐他。頁二〇六六

史炤釋文曰：從，疾容切，相就之士也。（費本同。）余謂常從者，士之常隨從在左右者也。從，音才用翻。

通鑑六十四

十年　白騎攻東垣，高幹入濩澤。頁二一〇六

史炤釋文曰：東垣，即陳留長垣侯國也。余按此東垣乃河東郡之垣縣，時杜畿守河東，東垣及濩澤皆河東屬縣也。詳觀通鑑上下文，則可以知之矣。

通鑑六十五

十三年　孔融與郗慮有隙。頁二一二四

史炤釋文曰：郗，綺戟切。（海陵本同。）余謂郗，丑之翻；若綺戟切，則郄字也。史炤於字畫亦不審諦如此！八十九卷晉愍帝建興元年釋「郗鑒」，海陵本之誤與此同。

通鑑六十六

十六年　曹操與韓遂交馬語，秦、胡觀者前後重沓。頁二一五〇

史炤釋文曰：重沓，重足著地也。（海陵本同。）余按漢書所謂重足而立，言人畏懼之甚，不敢並足著地，故重足而立也。此直謂秦人、胡人夙知曹操之威名，聚而觀之，前後重沓，安有重足著地之事哉！

十八年　魏公操引軍還，參涼州軍事楊阜言於操。頁二一六四

史炤釋文曰：參，所今切，地名。余觀炤釋，是以「引軍還參」爲句。下文曰「涼州軍事楊阜」。涼州軍事，何官邪？當以「引軍還」爲句，「參涼州軍事楊阜」爲句，文義方通。參，音倉含翻。沈約曰：參軍，後漢官，孫堅爲車騎參軍事是也。

通鑑六十七

十九年　劉備以蔣琬爲廣都長，衆事不治，時又沈醉。頁二一七六

費本註曰：沈，持甘切，作「沉」非是。余按字書，「沈」卽「沉」字，書所謂「沈酗」、「沈湎」，經典釋文云：沈，直金翻，沒也。蓋謂沈溺於酒，醉而不能自勝耳。若音持甘切，則讀近耽字，不若音直金翻，有經典釋文可以依據。

通鑑六十八

二十四年　陸遜進封婁侯。頁二二一四

史炤釋文曰：婁，會稽邑。（海陵本同。）余按婁縣，前漢屬會稽郡，後漢則屬吳郡，今蘇州崑山縣卽其地。七十一卷魏明帝太和三年誤同。

子敬卽駮言不可。頁二二一五

史炤釋文曰：駮，雜也，言不同也。余謂駮，異也，立異議以糾駮羣議之非，非雜也。

通鑑六十九

魏文帝黃初元年　王以安定太守鄒岐爲涼州刺史。頁二二二二

史炤釋文曰：漢改雍州曰涼州，治隴西。魏分涼州置秦州，治上邽。余按此時涼州刺史已徙治武威。後漢涼州刺史治漢陽郡隴縣，非隴西也。

爲壇於繁陽。頁二二二六

史炤釋文曰：繁陽，魏郡之邑，在繁水之陽，其界爲繁淵。（海陵本同。）余謂魏王時南巡至潁川郡之潁陰縣，築壇於曲蠡之繁陽亭，是年遂以繁陽爲繁昌縣。史炤但以魏王時居鄴，遂以爲築壇於魏郡之繁陽，殊不考其南巡及受禪本末，實築壇於潁川之繁陽也。

二年　翊軍將軍趙雲。頁二二三三

史炤釋文曰：翊，飛貌，故以號將軍。（海陵本同。）余謂羽翼之翼，則有飛義；此以輔翊爲義。古者輔翊之翊通用翼字，既有翊字，則當各隨字爲義；若説飛軍將軍，必非命官之義。靈、獻之世，已置翊軍校尉，後遂以爲將軍號。

張既潛由且次出武威，胡以爲神，引還顯美。頁二二三九

史炤釋文曰：顯美，地名，在武威之張掖。余按漢武帝開河西，列置四郡，武威、張掖，皆郡名也。顯美縣，前漢屬張掖郡，後漢及魏、晉屬武威郡。史炤以顯美爲地名，在武威之張掖，將以武威爲郡，張掖爲縣乎！

通鑑七十

四年　曹仁向濡須，先揚聲欲東攻羨溪。頁二二五五

史炤釋文曰：羨，音夷；江夏沙羨縣即其處，去濡須三十里。（海陵本同。）余按史炤言羨溪去濡須三十里，此以杜佑通典爲據也。若以爲江夏沙羨縣即其處，則大謬矣。濡須在今巢縣東南四十五里。沈約宋志，江夏沙陽縣本漢沙羨縣，治夏口。自夏口至濡須，何啻八九百里，安得以杜佑所謂去濡須三十里之羨溪，扶合江夏之沙羨乎！沙羨之羨，音夷；羨溪之羨，讀如字。

朱然伺間隙，攻破魏兩屯。頁二二五六

史炤釋文曰：間，古限切；間廁之間。（海陵本同。）余謂間廁之間，音古莧翻，安有音古限切者！若言間隙之間，讀從平聲，則亦謂之中間空隙處也。

諸葛亮發教與羣下曰：「猶棄敝蹻而獲珠玉。」頁二二五九

史炤釋文曰：虞卿躡蹻擔簦之蹻，釋云：蹻，草屨也，舉夭切。（海陵本同。）余按史記徐廣註曰：蹻，草履也。無音。索隱曰：音腳。又按韻書三十小韻內有蹻字，居夭切，驕也。詩周頌，蹻蹻王之造。傳云：蹻蹻，武貌；音居表翻。大雅小子蹻蹻，傳云：蹻蹻，驕貌；音其略翻。皆非草蹻之蹻。韻書草蹻之蹻，訖約翻；正與索隱音同。

五年　帝爲水軍，親御龍舟，循蔡、潁，浮淮如壽春。頁二二六四

史炤釋文曰：按漢書，蔡卽九江下蔡縣，亦古州來國，其地在淮、潁之會。潁水出潁川陽城東，至下蔡入淮。左傳，楚靈王狩于州來，次于潁尾，是也。（海陵本同。）余謂史炤言淮、潁之會，固可以釋自潁浮淮。其謂循蔡、潁之蔡爲下蔡，則非矣。夫所謂循蔡、潁浮淮者，循蔡水至潁水，出潁口而浮淮也。魏收地形志：陳留扶溝縣有蔡河，蔡河自浚儀東南流而入于潁，潁水東南流而入于淮。魏文帝龍舟所行水道，固至下蔡入淮，然言循蔡、潁者，循蔡河以至循潁河也。

吳徐盛植木衣葦爲疑城假樓，自石頭至于江乘。頁二二六四

史炤釋文曰：石頭，城名，在吳丹楊郡，秣陵卽其地。（費本同。）余按史炤釋，蓋因漢獻帝建安十七年，孫權作石頭城，徙治秣陵而有是說。然秣陵縣與石頭城自是兩處，秣陵縣在東，石頭城在西。江表傳：張紘謂孫權曰：「秣陵，楚武王所置，名爲金陵，地勢岡阜連石頭，秦始皇東巡經此縣，掘斷連岡，改名秣陵。」是秣陵與石頭爲兩處之一證也。晉書郗隆傳：隆爲揚州刺史，鎮秣陵。齊王冏檄令赴討趙王倫，隆停檄不下。時王邃鎮石頭，隆軍西赴邃甚衆，奉邃攻隆，殺之。是秣陵與石頭爲兩處之二證也。一百二卷晉海西公太和五年釋「石頭」，誤同。

六年　帝以舟師循渦入淮。頁二二七〇

史炤釋文曰：渦，烏禾切，水洄爲渦；又古禾切，說文：水，入淮，在漢沛國譙縣。（海陵本同。）余按渦是水名，不當以水洄爲渦爲釋，因此誤音烏禾切。其從古禾切及引說文爲釋，是矣。但謂在沛國譙縣，則此時已分置譙郡。

通鑑七十一

明帝太和二年　橫門邸閣與散民之穀，足周食也。頁二二八五

史炤釋文曰：邸閣，據說文，屬國舍也。下又有邸閣，非此。余觀炤說，蓋以漢昭帝使丞相率百官送鄯善王於橫門外，遂傅合說文，以爲橫門外有屬國舍。殊不思漢長安城中有郡國邸，又有蠻夷邸；所謂屬國舍，卽蠻夷邸，在藁街，不在橫門。魏延言橫門邸閣，與散民之穀足以周食。是指邸閣爲積粟之所，豈屬國舍乎！況許叔重只以屬國舍釋邸字，未嘗釋邸閣也。漢郡國朝宿之舍皆曰邸，叔重但以爲屬國舍，亦已拘矣；史炤援以釋邸閣，愈遠而不近矣。炤又云：下又有邸閣，非此。此謂青龍元年諸葛亮治斜谷邸閣也。亮所治邸閣，亦以蓄米，是二邸閣其義正同。邸閣之義，詳見于下。

亮揚聲由斜谷道取郿，使趙雲、鄧芝爲疑兵，據箕谷。頁二二八五

史炤釋文曰：箕谷，或謂郿縣郿塢是。余按史炤因上文有由斜谷取郿一語，遂設或人之說，以箕谷爲郿縣郿塢。然考後漢書馮異傳，箕谷當在陳倉之南，漢中之北。亮聲言由斜谷取郿，遣趙雲等據箕谷爲疑軍，是其軍未至郿也。

馬謖與張郃戰于街亭，郃大破之。諸葛亮拔西縣千餘家還漢中。頁二二八六

史炤釋文曰：漢陽隴縣有街泉亭，所謂秦亭卽此。（海陵本同。）余按炤說以續漢志爲據，而續漢志所載在隴縣者，乃街泉亭，非街亭。隋志，漢川郡西縣有街亭山。魏時西縣亦屬漢陽郡。通鑑下文書諸葛亮拔西縣千餘家還漢中，則街亭在西縣明矣。

吳王守陽羨長。頁二二九六

史炤釋文曰：陽羨，漢會稽邑。余按陽羨縣，前漢屬會稽郡，自後漢和帝以後至吳，皆屬吳郡。

三年　漢蕭何定漢律，益爲九篇，又有令三百餘篇，決事比九百六卷。頁二二三〇三

史炤釋文曰：比，毗至切，近也。謂律法近有九百六卷。（海陵本同。）余按顏師古漢書音義曰：比，以例相比況也。則比字當讀如字。觀通鑑正文，律自是律，令自是令，決事比自是決事比，豈得以比爲近，謂律法近有九百六卷邪！晉志云：魏文侯師李悝，悝撰次諸國法，著法經。以爲王者之政，莫急於盜賊，故其律始於盜賊；盜賊須劾捕，故著網、捕二篇；其輕狡、越城、博戲、僭假、不廉、淫侈、踰制，以爲雜律一篇；又以其律具其加減，故所著六篇。蕭何定律，除亡秦參夷連坐之罪，增部主見知之條，益事律興、廄、戶三篇，合爲九篇。叔孫通益律所不及傍章十八篇。張湯越宮律二十七篇，趙禹朝律六篇，合六十篇。又漢時決事，集爲令甲以下三百餘篇，及司徒鮑公撰嫁娶、辭訟決爲法比，都目凡九百六卷。此通鑑所據以爲書者也。

四年　吳主揚聲欲至合肥。頁二二三〇九

史炤釋文曰：合肥，漢九江邑。應劭曰：夏水出城父東南，至此與淮合，故曰合肥。余按應劭所云，酈道元固疑之矣。道元曰：施水受肥水於廣陽鄉，東南流逕合肥縣。應劭云：夏水出城父東南，至此與肥合，

故曰合肥。闞駰亦云：出沛國城父東，至此合爲肥。余按川殊派別，無沿注之理，方知應、闞二說，非實證也。蓋夏水暴長，施合於肥，故曰合肥。夫道元以夏水出城父，而東南流入于淮則與淮合，無絕淮而南流至合肥縣與肥水合之理。而施水上受肥水於廣陽鄉，東南流逕合肥縣，又東南流而入于濼湖。肥水西北注淮而施水東南入濼湖，已自分流，惟夏月暴水漲溢，則二水復能合於合肥縣界，故合肥以此得名。道元之說，庶乎信而有徵矣。

通鑑七十二

六年　帝行如摩陂，治許昌宮。頁二二三二

史炤釋文曰：摩陂，地名，在古郟鄏，卽漢之河南縣。（海陵本同。）余按水經註，摩陂在潁川郟縣，縱廣可十五里。此豈河南之郟鄏哉！以下文「治許昌宮」觀之，可以知史炤之謬矣。許昌宮在潁川許縣，魏改許縣曰許昌。

田豫以兵屯據成山。頁二二三二

史炤釋文曰：成，音盛。（海陵本同。）余按漢書地理志，東萊郡不夜縣有成山。成無他音，當讀如字。

劉曄曰：「臣得與聞大謀，常恐眯夢漏泄，以益臣罪。」頁二二三三

史炤釋文曰：物入目曰眯，寐中神遊曰夢。余按物入目曰眯，是莊子所謂播糠眯目之眯，非眯夢之謂也。字書「眯」一作「寐」字。說文曰：「寐而米厭」。「米」卽「眯」字，厭讀爲魘，此眯夢之眯也。

靑龍元年　鮮卑軻比能誘保塞鮮卑步度根，自勒萬騎迎其累重於陘北。并州刺史畢軌表輒出軍，以外威比能，內鎭步度根。頁二二三〇

史炤釋文曰：井陘，山名，在常山郡。陘北，言在井陘之北。（海陵本同。）余按陘北者，陘嶺之北也。漢靈帝末，羌、胡大擾定襄、雲中、五原、朔方、上郡，並流徙分散。建安二十年，集塞下荒地，置新興郡，自陘嶺以北盡棄之。唐代州鴈門縣有西陘關、東陘關，卽古陘嶺之隘，烏得指常山井陘之北爲陘北邪！若是常山，亦不當并州刺史出軍。史炤之疏，大率類此。至四百四十一卷齊明帝建武四年「陘北」註，其誤同。

諸葛亮運米集斜谷口，治斜谷邸閣。頁二二三六

史炤釋文曰：邸，或作阺，岸旁欲落者，故以閣爲道。（海陵本同。）余按史炤釋邸閣，於橫門邸閣，因漢嘗令百官送鄯善王於橫門外，則以屬國舍爲釋；於斜谷邸閣，因斜谷有閣道，則以閣道爲釋。而其所謂「岸旁欲落」者，取揚雄解嘲嚮若阺隤之阺爲義。不知邸閣乃以積粟，魏延所謂橫門邸閣足以周食，王基所謂南頓有大邸閣計足軍人四十日糧，皆邸閣積粟之明證也。諸葛亮治斜谷邸閣，亦是積所運之米以爲伐魏之資，非治阺岸閣道也。通鑑所書者三，觀其上下文，則邸閣之義不待辯而明矣。程大昌曰：爲邸爲閣，貯糧也。通典漕運門：後魏於水運所立邸閣八所，俗名爲倉。

陸遜入江夏，催人種葑、豆。頁二二三九

史炤釋文曰：葑，方用切；菰根也。江東有葑田。（海陵本同。）余按葑，音封，菜也，亦謂之蔓菁。豆，菽也。陸遜之兵，時在江夏，催人種菜及菽，示將久駐以給軍食；種菰根何用邪！又江東之葑田，乃是葑泥，其深有沒牛者，此田又不產菰根。

諸葛亮作身沒之後退軍節度，令魏延斷後。頁二二四二

史炤釋文曰：斷，都玩切，絕也。余謂斷後者，爲殿也，勒兵在後，以斷追兵。斷，音丁管翻。

諸葛亮廢廖立爲民，徙之汶山。頁二二三四四

史炤釋文曰：汶，亡運切。（海陵本同。）余按漢武帝開汶山郡，汶，音嶓。禹貢「嶓嶓既藝」、「岷山導江」之「岷」，史記皆作「汶」。索隱曰：「汶」，亦作「嶓」。楊正衡晉書註：汶山，亦音嶓。廣韻十七眞韻內亦有汶字，武巾切。此皆明證也。但史炤於四十五卷漢明帝永平十七年先有此誤，至此又誤焉。至八十四卷晉惠帝元寧元年「汶山羌」之汶，音旻，則亦知有旻音。至八十八卷愍帝建興元年「汶山」則又音問。此輕於著書，欠反復紬繹而然也。

王崇武標點容肇祖聶崇岐覆校

通鑑釋文辯誤卷第四

天台胡三省身之

通鑑七十三

青龍三年　帝好土功，既作許昌宮。頁二三四八

史炤釋文曰：許昌，漢潁川長社邑，獻帝都之；魏文帝改曰許昌，明帝於此建宮。（海陵本同。）余按兩漢志，潁川郡有長社縣，又有許縣。漢獻帝都許，魏文帝命曰許昌。許昌與長社自是兩縣，歷晉至隋、唐皆然，烏得以許昌爲長社邑哉！

景初元年　時有詔錄奪士女前已嫁爲民妻者，還以配士人，又簡選其有姿首者，内之掖庭。頁二三六九

史炤釋文曰：掖庭，即宮中永巷也，後改爲掖庭。余按漢書音義，永巷，宮中之長巷也。前漢書百官表，少府屬官，有黃門、鉤盾、尙方、御府、永巷、内者、宦官七官令、丞。武帝太初元年，更名永巷爲掖庭。此特言官名更改，以永巷令爲掖庭令耳。呂后囚戚夫人於永巷，成帝送劉輔於掖庭祕獄。自漢初以來，凡爲是官者，掌理後宮有罪者；今簡士女而内之掖庭，固不可以此爲釋也。韋昭曰：在掖門内，謂之掖庭。此固可以言之於此。宮掖二字，人通言之，蓋居者謂之宮，附左右者謂之掖；内之掖庭，未得班於六宮也。

通鑑七十四

三年　吳主遣諸將唐咨等駱驛相繼。頁二三九三

史炤釋文作「駱驛」，註曰：驛馬也。余按前史「駱驛」與「絡繹」，字雖異而義則同。通鑑言絡繹相繼，文義不待釋而明；豈驛馬之謂乎！

邵陵厲公正始元年　諸葛瑾攻柤中。頁二三九五

史炤釋文曰：柤，之加切。春秋魯襄公會吳于柤，卽此。（海陵本同。）余按春秋柤之會，杜預註曰：柤，楚地。左傳，是年三月癸丑，齊太子光先會諸侯於鍾離。四月戊午，會于柤。丙寅，圍偪陽。鍾離，今濠州；偪陽，在徐州界。以兩地參之，則柤在沂、沭間。此柤中在沔上，非春秋會吳之地也。襄陽記曰：柤中之柤，讀如租稅之租。柤中在上黃縣界，去襄陽一百五十里。沔南之膏腴沃壤，謂之柤中。杜佑通典曰：柤中在襄州南漳縣界。以此言之，史炤誤矣。

正始五年　漢董允欲斆費禕之所行。頁二四〇五

史炤釋文曰：斆，敎也。余按斆字固以敎爲義，但言董允欲敎費禕之所行，上下文義殊不通。「斆」當作「效」。

八年　吳揚聲欲入寇，王基策之曰：「此不過欲補綻支黨，還自保護耳。」頁二四一六

海陵本釋文曰：綻，衣縫解也。（史炤誤已在五十三卷漢桓帝元嘉元年。）余按禮記內則：衣裳綻裂，謂衣縫解也。若此所謂補綻支黨，自當以補綴爲義。崔寔政論所謂「補綻缺壞，枝拄邪傾」，韓愈詩所謂「破襖請來綻」，皆與此補綻同義。

通鑑七十五

九年　曹爽劾孫禮怨望，結刑五歲。頁二四一九

史炤釋文曰：結，締也，謂刑不解者五歲。余謂結者，刑法家所謂結正罪名也。結刑五歲，結以徒作五歲之刑而不輸作。

嘉平三年　王淩聞吴人塞涂水。頁二四三五

史炤釋文曰：涂，同都切；水名，出漢益州牧靡南山，西北至越巂，入淹水，出馬湖，合岷江。（費本同。）余按通鑑所謂吴人塞涂水者，卽去年吴主遣軍所作堂邑塗塘也。（傳寫通鑑者，誤添「土」於「涂」下爲「塗」。當作「涂」。）涂水在堂邑，今滁州滁河卽此水。吴塞滁河之水，以淹北道，限魏兵。涂，讀曰滁。若益州越巂之涂水，則在蜀境，非吴境也，吴人安得而塞之！史炤於一百七十一卷陳宣帝太建五年復誤，隨事辨之于後。

令狐愚辟山陽單固爲别駕。頁二四三六

史炤釋文曰：單，多寒切，姓也。余按單姓之單音善，姓苑以爲出於周卿士單襄公之後。拓跋興于代北，其部帥有可單氏；後孝文帝遷洛，用夏變夷，改爲單氏。單，音都寒翻。都寒之「單」，後魏太和之後始有此姓，三國時安有此姓耶！

四年　立皇后張氏，東莞太守緝之女也。頁二四四一

史炤釋文曰：東莞，漢琅邪邑，入三國屬吴。余按東莞縣，漢屬琅邪郡，魏分爲東莞郡，其地在淮外。吴守江而已，安能越淮而有東莞邪！且魏立皇后而取吴東莞太守之女，必無是事！

丁奉使兵倮身緣堨。頁二四四六

史炤釋文曰：堨，於割切，壁也。説文，壁間有隙。（海陵本同。）余謂聚土石以壅水曰堨。吳築東興堤以遏巢湖，故謂之堨。七十七卷高貴鄉公甘露二年，吳人欲向徐堨，正此堨也。丁奉之兵，捨舟登岸以攻魏屯，安有壁隙之可緣哉！

通鑑七十六

高貴鄉公正元二年　司馬師新割目瘤，瘡甚。頁二四六六

史炤釋文曰：瘤，力救切；赤瘤，腫病也。（海陵本同。）余謂瘤者，懸疣附贅之類。目瘤之疾，今人亦有之。瘤，音留。

吳孫峻進至橐皋。頁二四七一

海陵本釋文曰：音拓姑。余按海陵本從孟康音也。春秋哀十二年，會吳于橐皋。陸德明經典釋文曰：橐，章夜翻；又音託。今其地在無爲軍界，猶呼爲拓皋，蓋經從上音也。皋，讀如字。

通鑑七十七

甘露二年　姜維出駱谷至沈嶺。時長城積穀甚多，而守兵少，鄧艾進兵據之以拒維。頁二四八七

史炤釋文曰：長城，方城山名。左傳所謂楚國方城以爲城者，在漢南陽、堵陽、葉縣之境。山自比陽連百里，號曰方城，亦曰長城。（海陵本同。）余按姜維出駱谷至沈嶺，鄧艾據長城拒之，此長城當在郿縣之南、沈嶺之北，烏得謂爲方城之長城乎！水經註：駱谷水出郿塢東南山駱谷，北流逕長城西，又北流注于渭。此正鄧艾所據之長城也。凡註地理，須博考史籍，仍參考其地之四旁地名以爲證據，何可容易著筆乎！

元帝景元二年　襄陽太守胡烈表言：「吳將鄧由等十八屯同謀歸化。」詔王基部分諸軍徑造沮水以迎之。頁二五

史炤釋文曰：沮水出武都東，狼谷南，至沙羡入江。余按漢書地理志，沮水有二：一出武都沮縣東狼谷中，南至沙羡入江，蓋合于漢而入江也。故水經註云：沔水一名沮水。一出漢中房陵淮山，東至郢入江，左傳所謂沮、漳之沮也。水經又云：沮水出漢中房陵縣淮山，東南過臨沮縣界，又東南逕當陽縣北，又東南過枝江縣，東南入于江。此令王基部分諸軍徑造沮水，正指臨沮、當陽之沮水，非指東狼谷之沮水也。

通鑑七十八

四年　諸葛緒趣截姜維，較一日，不及。頁二五一五

史炤釋文曰：趣截，速斷也。趣，趨玉切。余謂史言諸葛緒趨前，將以邀截姜維之軍，較遲一日，不及於事耳，非速斷之謂也。趣，讀曰趨。

通鑑七十九

晉武帝太始六年　吳丁奉入渦口。頁二五五八

史炤釋文曰：渦，屋戈切；又姑華切。（海陵本同。）余謂此渦口卽渦水入淮之口。史炤於七十卷魏文帝黃初六年，音渦爲烏禾切，已誤矣，今愈誤。一百六十卷梁武帝太清元年，渦陽音古禾切，又音瓜。古禾切是；瓜又誤。

七年　吳以陶璜爲交州牧，璜討降夷、獠，州境皆平。頁二五六三

史炤釋文曰：西南夷謂之獠。余按夷自是夷，獠自是獠。漢書所謂西南夷，以在益州西南徼外者。陶璜所討夷、獠，皆羈屬交州者也。烏得以爲西南夷乎！通鑑下文言州境皆平，可以知矣。詳又見一百一十

六卷安帝義熙七年，一百四十六卷梁武帝天監二年。

八年　肇夜遁，衆兇懼，皆棄甲挺走。頁二五七一

史炤釋文曰：甲，鎧也；挺，杖也。（海陵本同。）余按梃杖之「梃」，從「木」不從「手」。從「手」之「挺」，其義出也，拔也。挺走，言棄甲拔身而走也。

羊祜每會衆江、沔。頁二五七四

史炤釋文曰：漢江、沔水。余按漢、沔本是一水，故漢書註云：漢上曰沔。羊祜鎮襄陽，其所統之地，在江、沔之間。江，岷江也；沔，漢沔也。史言會衆江、沔，蓋以冒荊州域界言之耳。

通鑑八十

咸寧四年　杜預上疏，以爲宜敕兖、豫等諸州留漢氏舊陂，繕以蓄水，餘皆決瀝，令飢者盡得魚菜螺蜯之饒。頁二五九六

史炤釋文曰：螺大者如斗，出日南漲海中。余按螺蜯，凡陂池湖澤皆有之，第不能皆大如斗耳，何必言出日南漲海中哉！杜預所言，正指兖、豫陂澤所生之螺蜯，非指日南漲海之螺也。

羊祜好遊峴山。頁二五九八

史炤釋文曰：峴，胡甸切。余按峴山之峴，音胡典翻，未嘗有讀從去聲者。一百一十九卷宋營陽王景平元年「大峴」，一百六十卷梁武帝大清元年「橐駝峴」，音誤與此同。

五年　琅邪王伷出涂中。頁二六〇四

史炤釋文曰：涂，同都切，水名，在堂邑。（海陵本同。）余按吳作堂邑涂塘，堨今涂河之水以爲塘也。涂，

讀與滁同，今滁州之全椒、六合，皆古堂邑地，三國時謂之涂中。一百一十二卷晉安帝元興元年，一百一十七卷義熙十二年「涂中」，音誤與此同。

通鑑八十一

太康元年　戎狄強獷。頁二六二二

史炤釋文曰：獷，古孟切。余按字書，獷，音古猛翻，炤亦因土音語轉也。

三年　王愷悅然自失。頁二六二四

史炤釋文曰：悅然，狂之貌。（海陵本同。）余謂悅然者，失意之貌，非狂之貌也。

四年　新沓康伯山濤薨。頁二六二九

史炤釋文曰：新沓，水名。（海陵本同。）余按魏明帝景初三年，以遼東東沓縣吏民過海居齊郡界者，立新沓縣，非水名也。

六年　慕容涉歸與宇文部素有隙。頁二六三六

史炤釋文曰：宇文部，南單于之遠屬也。余按宇文部亦鮮卑種，其先有大人曰普回，建國號曰宇文，併以爲氏。宇文，猶華言天子也。通鑑下卷云，鮮卑宇文氏、段氏方強。可以知宇文之出於鮮卑。史炤殊不之考，不已疏乎！

通鑑八十二

十年　鮮卑宇文氏、段氏方強。頁二六三九

史炤釋文曰：段氏，鮮卑檀石槐之後。余按杜佑通典，徒河段疾六眷出於遼西，因亂被賣爲烏桓大人庫傉

家奴。庫傉以其健，使將人衆詣遼西逐食，遂招亡叛，以至强盛。又按晉書王浚傳：段疾六眷，務勿塵之子。段氏自務勿塵以來，强盛久矣，疾六眷遭亂被掠，容或有之，蓋又招誘亡叛以益强也。然皆不言爲檀石槐之後。又按後漢書鮮卑傳：檀石槐傳國至孫騫曼而嫡傳絶矣，至其支孫步度根，魏明帝時爲軻比能所併，諸部大人遂各世相傳襲。段氏固鮮卑種，但鮮卑種姓甚衆，非皆出於檀石槐。史炤之説，未知何據。

惠帝元康元年　宜燒雲龍門以脅之。頁二六五一

史炤釋文曰：脅，火迫也，宜作「熁」。余謂此直恐脅，威脅，不必以火迫爲釋，亦不必改「脅」爲「熁」。

拓跋禄官分其國爲三部，一居上谷之北，濡源之西，自統之。頁二六六一

史炤釋文曰：濡源在上谷之北，屬幽州。余按水經註，濡水從塞外來，入塞。其發源之地，遠在北荒中，不屬幽州。至後魏太武帝時，置禦夷鎮於濡源之西北。詳見一百一十四卷晉安帝義熙三年。

拓跋猗盧居定襄之盛樂故城。頁二六六一

史炤釋文曰：盛樂，漢書作成樂，城名，在并州新興郡。（海陵本同。）余按成樂縣，前漢屬定襄郡，後漢屬雲中郡；至獻帝建安二十年，以塞下諸郡寇亂荒殘，省雲中、定襄、五原、朔方郡，郡置一縣，領其民，合以爲新興郡。故新興郡有定襄、雲中二縣，而成樂古城之地，棄之塞外矣。拓跋氏既盛强，盡據幽州塞外之地，猗盧遂據盛樂故城。史炤但知晉志新興郡有定襄縣，遂以爲盛樂城在并州新興郡；殊不知魏、晉新興郡之定襄縣，唐志及元豐九域志忻州之定襄縣是也，乃漢之陽曲縣地。漢成樂古城，拓跋氏以爲盛樂宮，後置盛樂郡。魏土地記：雲中城東八十里有成樂城。雲中城在陰山河曲。宋白續通典曰：漢定襄郡盛樂縣在陰山之陽，黄河之北，後魏所都盛樂是也。唐平突厥，於此置雲中都督府，麟德改單于大都護府，聖

曆改安北都督府，建中初爲振武軍節度使治所。

通鑑八十三

九年　徙馮翊、北地、新平、安定界内諸羌著先零、罕、幵、析支之地。頁二六七一

史炤釋文曰：顔師古曰：罕、幵，羌之别種也，漢武帝破之，置縣，因以此名之。余按漢書地理志，天水郡有罕幵縣。師古註曰：本破罕、幵之羌，處其人於此，因名。江統徙戎論蓋欲徙内郡氐、羌，使還居塞外舊地，先零、罕、幵本居湟中，自大、小榆谷以西屬之析支、河首，統欲徙之使還此地耳。若天水之罕幵縣，則在塞内，乃降羌所居之地，非罕、幵舊居之地，史炤之説非也。

永康元年　成都治少城，益州治太城。頁二六九四

史炤釋文曰：少，失邵切。少城治成都，太城治益州。漢武帝開西南夷，置益州郡，治滇池，更漢、三國，分置改置不一。今太城治益州，未詳益州所置也。（海陵本同。）余按成都有太城、少城二城，皆秦張儀所築。儀既築太城，後一年，又築少城。太城，成都子城也。少城唯西南北三壁，東即太城之西墉。秦置蜀郡，晉武帝太康中，改曰成都國，改蜀郡太守曰成都内史。成都治少城者，成都内史治少城也；益州治太城者，益州刺史治太城也。史炤蜀人，豈無文獻之足徵！既不能尚友古人，又不能親師取友，求其説而不得，乃顛倒通鑑本文，以爲少城治成都、太城治益州，又汎引武帝所置之益州郡，終不得其説，疏繆甚矣！

元寧元年　趙王倫及子荂皆還汶陽里第。頁二七〇五

通鑑八十四

史炤釋文曰：汶陽，魯郡之邑，屬豫州。余按倫廢還汶陽里第，蓋洛陽城中有汶陽里，倫私第在焉，非魯之

汶陽也。

太安元年　斬齊王冏於閶闔門外。頁二七二一

史炤釋文曰：閶闔，門名，在河南洛陽之西。（海陵本同。）余按水經註曰：禮，天子有五門，謂皋門、庫門、雉門、應門、路門。魏明帝上法太極，遂起太極殿於漢崇德殿之故處，改雉門曰閶闔門。史炤以爲在洛陽之西，蓋以八方之風，西方曰閶闔；又晉志，洛陽城西有廣陽、西門、閶闔三門；殊不考天門曰閶闔，魏明帝法天以名宮門也。是時蓋斬冏於宮門外。

通鑑八十五

二年　陸機釋戎服，著白帢。頁二七三四

史炤釋文曰：帢，葛合切；又乞洽切。韎韐，士服，制如韍。（費本同。）余按字書，韐，葛合切。韎韐者，茅蒐染韋爲之，以蔽膝。此帢音乞洽翻，帽也；弁缺四隅，謂之帢。晉志曰：魏武帝以天下凶荒，資財乏匱，擬古皮弁，裁縑帛以爲帢，以色辨其貴賤，本施軍服，非爲國容。韎韐，赤韍也，非白帢也。

獄吏考掠孫拯。頁二七三五

史炤釋文曰：掠，離灼切。余按經典釋文、漢書音義，考掠之掠，音亮，不從入聲。

通鑑八十六

永興二年　有星孛于北斗。頁二七五九

史炤釋文曰：彗星謂之孛。余按此杜預說也。然彗自是彗，孛自是孛。彗長，其光芒如掃箒，故謂之彗。孛者，光芒蓬勃四出，孛孛然也。孛之災甚於彗。通鑑有書彗者，有書孛者，別其爲災有淺深也。

懷帝永嘉二年　涼州刺史張軌病風，張鎮移檄廢軌，長史王融、參軍孟暢蹋折鎮檄。頁二七八二

史炤釋文曰：折，之列切。余謂蹋折之折，當音食列翻，中斷也。曲折之折，攀折之折，則之列切。

通鑑八十七

五年　慕容廆見封悛、封抽曰：「此家抎抎千斤犍也！」頁二八二二

史炤釋文曰：抎，于粉切，有所失。春秋傳：抎子辱矣。（海陵本同。）余按史炤以抎爲有所失，於慕容廆所言意義，全說不通。説文云：抎，從高而下也。蓋言千斤之犍，人間不可多得，若從天而下也。

通鑑八十八

六年　漢主聰謂帝曰：「卿贈朕柘弓、銀研。」頁二八二四

史炤釋文曰：柘，之夜切；桑木。余按柘自是柘，桑自是桑。二木之葉，皆可以飼蠶。柘木抽條勁直而長，桑木敷枝擁腫而大；柘之葉小而厚，桑之葉大而薄。今村莊園圃籬落皆有之，居然可別也。詩云：其檿其柘。檿，山桑也。周官考工記：弓人爲弓，取幹之道七，柘爲上，而檿居其三。是則柘弓，弓材之至善者，豈可以桑木混而爲言邪！二百七十卷梁均王禎明四年，「桑柘」釋亦誤。

漢趙固、王桑自硍磽津西渡。頁二八二六

史炤釋文曰：硍，五勞切。磽，口勞切。（海陵本同。）余按硍，丘交翻。磽，牛交翻。炤音非。

王澄留屯沌口。頁二八三六

史炤釋文曰：江夏安陸有沌水，其地曰沌口。余按水經註：沌水南通沔陽之太白湖，湖水東南通江，謂之沌口。范成大曰：自石首縣舟行一百七十里至魯家洑，自魯家洑入沌。沌者，江旁支流，如海之汊，其港

僅過運河，兩岸皆蘆荻，支港皆通小湖，故爲盜區，客舟非結伴不可行。張舜民曰：下汊故鎮，南對金口。自沌口至下汊五十餘里。金口在鄂州西南，金口之下卽竇家沙，江之西岸有沌口。參而考之，沌水不出於安陸。

通鑑八十九

愍帝建興三年　鄭攀、馬儁屯涓口。頁二八七一

史炤釋文曰：涓水出江夏安陸，名曰涓口。余按水經註：涓水出蔡陽縣，東南過隨縣，又南過江夏安陸縣，分爲二水，西入于沔者謂之涓口。

劉曜進拔馮翊，轉寇上郡。頁二八七二

史炤釋文曰：轉寇，轉相爲寇也。余謂轉，移也，言劉曜旣拔馮翊，又移兵寇上郡也。

四年　石勒圍樂平太守韓據于坫城。頁二八八五

海陵本釋文曰：坫，都念切。余按海陵本蓋據楊正衡晉書釋音。然考晉武帝泰始中，分上黨、太原置樂平郡，治沾縣。顏師古漢書音義：沾，音他兼翻；載記誤作「坫」耳。當作「沾」，讀從顏音。

通鑑九十

元帝建武元年　朱伺就王廙於甑山。頁二八九七

史炤釋文曰：甑山，縣名。余按甑山時屬零陵界。隋朝方置甑山縣，此時未爲縣也。

周訪進至沌陽。頁二八四九

史炤釋文曰：江夏安陸縣有沌水，其地曰沌陽。余按史炤此註，與八十八卷懷帝永嘉六年「沌口」註同，但

改沌口爲沌陽耳。如此註書，豈不容易！沈約志：沌陽縣，江左立，屬江夏郡。水經：沔水逕沌陽縣北，又東逕林障故城北。以其地在沌水之陽，故以名縣。

太興元年　冬，十月，劉曜至赤壁，即皇帝位，以石勒爲大司馬、大將軍，加九錫，增封十郡，進爵爲趙公。頁二一九二

史炤釋文，提起「趙公」，註曰：劉曜，字永明，元海之族子，僭即皇帝位于赤壁，國號趙，改元光初，始於此。余按劉曜即皇帝位于赤壁，改元光初，國號仍舊曰漢，封石勒爲趙公。至二年，進石勒爵爲趙王。因斬勒使王脩，勒遂與曜爲讎敵之國。曜既還長安，其下奏言劉淵始封盧奴伯，曜又王中山，請改國號爲趙，曜從之。石勒於是年冬十一月，亦即趙王位。自是以後，通鑑書劉曜則曰趙，書石勒事則曰後趙以別之。大興元年冬十月之趙公，石勒也，烏得以劉曜國號趙爲註邪！至下註「中山，趙分」，想亦自知其誤，而不能改此誤，何也？

通鑑九十一

高句麗數寇遼東，慕容廆遣慕容翰、慕容仁伐之，高句麗王乙弗利逆來求盟。頁二九二四

史炤釋文曰：乙弗，虜複姓；利逆，其名；即高句麗王也。余謂乙弗利者，高句麗王之名。逆，迎也，迎慕容之兵而求盟也。虜複姓固有乙弗氏，然自漢以來高麗王皆姓高氏，至唐高宗時滅高麗，高氏始亡。

通鑑九十二

永昌元年　郗鑒在鄒山，掘蟄鷰而食之。頁二九五八

史炤釋文曰：鷰、雀之蟄藏者。（海陵本同。）余謂鷰，秋後則蟄，雀未嘗蟄也。史只言蟄鷰，史炤併雀言

之，何也！

明帝太寧元年　帝畏王敦之逼，欲以郗鑒爲外援。頁二九六四

史炤釋文曰：鑒，古銜切。余徧考字書，此鑒字未有從古銜切者。且通鑑前已有郗鑒，而至此方突出一音以彰其繆，殊可笑也！九十六卷成帝咸康四年，復有此誤。

越巂、斯、叟攻成將任回。頁二九六九

史炤釋文曰：斯，姓也；叟，其名。（海陵本同。）余按漢書西南夷傳：自巂以東北，君長以十數，徙、筰都最大。顏師古註曰：徙及筰都，二國也。徙，音斯。司馬相如難蜀父老曰：略斯、榆。謂斯與葉榆也。此斯卽漢西南夷之徙種。蜀曰叟，孔安國尚書註所謂「蜀叟」者也。斯、叟者，斯種及叟種也。

通鑑九十三

二年　溫嶠恐旣去而錢鳳於後間止之。頁二九七三

史炤釋文曰：間，居莧切，間迭也。余謂此乃讒間離間之間，非間迭之間。九十七卷成帝咸康八年，庾冰恐爲他人所間，炤註之誤與此同。

顏颺說沈充決破柵塘，因湖水以灌京邑。頁二九七八

史炤釋文曰：編木立柵，以爲陂塘也。（海陵本同。）余謂時沈充等寇逼京邑，故編木立柵以護湖塘，因謂之柵塘。以通鑑本文觀之，其義自明。

三年　後趙王勒加宇文乞得歸官爵，使擊慕容廆，廆遣世子皝與索頭段國共擊之。頁二九八三

史炤釋文曰：索頭，姓也。余按索頭，卽拓跋氏之種類，非姓也。蕭子顯曰：鮮卑，被髮左衽，故呼爲

索頭。

通鑑九十五

成帝咸和七年　趙郭敬南掠江西，桓宣乘虚攻樊城，悉俘其衆，敬旋救樊，宣與戰於涅水，破之。頁二九八三

史炤釋文曰：涅水出上黨涅縣。余按此南陽之涅水也，豈上黨涅縣之水乎！水經註，涅水出南陽涅陽縣西北岐棘山，東南逕涅陽縣，又東南逕安衆縣，又東南至新野縣，南入于淯。桓宣正破郭敬於此水。

九年　城大慕輿埿。頁三〇四三

史炤釋文曰：慕輿，代北複姓，本慕容氏，音訛，又爲慕輿也。（費本同。）余謂慕容、慕輿同出於鮮卑，其得姓之初，各自爲氏，猶拓跋之與拔拔，非音訛也。況其時慕輿埿實爲慕容皝之臣，豈有君姓慕容而其臣訛爲慕輿之理！拓跋、慕容皆鮮卑，然拓跋、拔拔居代北，慕容、慕輿居遼西，慕輿非代北複姓也。

通鑑九十六

咸康四年　趙王虎以桃豹、王華帥舟師十萬出漂榆津。頁三〇六四

史炤釋文曰：漂榆津在遼西。余按水經：清河，東北過漂榆邑，入于海。註曰：漂榆故城，俗謂之角飛城。趙記云：石勒使王述煑鹽於角飛。魏土地記：勃海郡高城縣東北一百里，北盡漂榆，東臨巨海，民皆煑鹽爲業。則漂榆津當在勃海界。

七年　詔實王公以下至庶人，皆正土斷、白籍。頁三〇九五

史炤釋文曰：白籍，謂白丁之籍耳。（費本同。）余按江左之制，諸土著實戶，用黃籍；僑戶土斷，白籍。琅邪南渡，凡中土故家，以至士庶，自北來者，至此時各因其所居舊土，僑置郡縣名，併置守令以統治之，故曰

正土斷，不以黄籍籍之而以白籍，謂以白紙爲籍，以別於江左舊來土著者也。若以爲白丁之籍，則王公豈白丁哉！

王崇武標點容肇祖聶崇岐覆校

通鑑釋文辯誤卷第五

天台胡三省身之

通鑑九十七

康帝建元二年　燕王皝伐宇文逸豆歸，逸豆歸遣南羅大涉夜干將精兵逆戰。頁三一〇七

史炤釋文曰：南羅，夷狄國名，其先本辰韓種，地在高麗東南，居漢樂浪地。（海陵本同。）余按史炤蓋以新羅國釋南羅也。自辰韓種以下，皆史家新羅傳之說。如此，則史文有地名一字之同者，皆可引而爲說乎！史文固有若是者，然必地里附近，援據精確，而後可也。此所謂南羅者，城名也，在宇文國中。是後慕容皝既克宇文，改南羅城爲威德城。時趙王虎遣兵自甘松出救宇文，比至，宇文已亡，因攻威德城，不克而還。甘松在濡源之東，突門嶺之西，則南羅城當在遼西屬國塞外。若漢樂浪地在高麗東南，高麗又在遼海之東，去宇文國遠甚，安得謂南羅居樂浪地乎！

趙王虎斬王波及其四子，投尸漳水。頁三一一〇

史炤釋文曰：山海經曰：漳水出荊山，南注于沮水。（海陵本同。）余按趙時都鄴，此鄴之漳水，漢書溝洫志所謂「引漳水兮灌鄴旁」者也。上黨郡有二漳水：濁漳水出長子縣鹿谷山；清漳出沾縣大黽谷。二水東流至鄴而合流。山海經所謂「漳水出荊山而注于沮水」者，今在襄陽南漳縣界，左傳所謂「江、漢、沮、漳，

楚之望也」者是也。石虎在鄴，安得遠投王波父子之尸於荆山之漳水乎！史炤釋漳水之誤非一處，不暇縷數。讀通鑑者參考辯誤，當自知之。

通鑑九十八

穆帝永和六年　姚弋仲據灄頭。頁三一五一

史炤釋文曰：灄水在西陽。（海陵本同。）余按九十五卷成帝咸和八年，姚弋仲降于石虎，徙居清河之灄頭。史炤只據廣韻灄水在西陽，遂引以爲釋。西陽固自有灄水，然西陽今之黄州，時爲晉土。讀史須考本末，炤更不能省記姚弋仲所居之灄頭在清河，一時檢看廣韻，便引以爲註，是未足以語通鑑也。下卷下年「灄頭」註，誤同。

燕伐趙，命慕輿埿槎山通道。頁三一五三

史炤釋文曰：槎，鉏加切；衺斫木也，又仕雅切。（海陵本同。）余按字書，槎，音鉏加切者，水中浮木也。槎，音仕雅切者，衺斫木也。此槎山通道者，謂斫木以通道也，若從鉏加切，非其義矣；從仕雅切爲是。如此，則「衺斫木也」四字當在「仕雅切」之下。

燕王儁使中部俟釐慕輿句督薊中留事。頁三一五四

史炤釋文曰：俟釐，姓也。余按史言中部俟釐慕輿句，則慕輿其姓，句其名，俟釐蓋其官稱也，亦猶部大之類。

通鑑九十九

七年　庫傉官偉帥衆自上黨奔燕。頁三一六九

史炤釋文曰：庫傉官，代北三字姓。余按庫傉官，漁陽烏桓大人庫傉之餘種，非出於代北也。鮮卑既衰，拓跋興於代北，慕容、宇文、段國盛於遼西，皆鮮卑部落，各自爲種。史炤無所據而強爲之註，妄矣！

丁零翟鼠帥所部降燕。頁三一七二

史炤釋文曰：丁零在康居北，去匈奴庭接習水七千里。余按炤註乃是引漢時丁零國事。通鑑九十四卷成帝咸和四年書云：丁零翟斌世居康居，後徙中國，至是入朝于趙。蓋其徙中國久矣。翟鼠者，翟斌之種類也。

八年　太原薛瓚。頁三一七四

史炤釋文曰：瓚，圭瓚也。余按薛瓚者，人姓名。史炤以圭瓚爲釋，是不爲人名乎？

九年　殷浩遷姚襄于梁國蠡臺。頁三一八四

史炤釋文曰：蠡，音禮。余按司馬彪郡國志：睢陽縣有盧門亭，城内有高臺，甚秀廣，巍然介立，超然獨上，謂之蠡臺。續述征記云：迴道如蠡，故謂之蠡臺，若如述征記之說，蠡，當音盧戈翻。

通鑑一百

十一年　涼王祚惡河州刺史張瓘之強，遣張掖太守索孚代瓘守枹罕。頁三一九八

史炤釋文以「強遣張掖太守索孚」爲句，註曰：強，其兩切；下強人酒同。余謂史炤讀通鑑且不得其句，況敢釋通鑑乎！強，當讀如字，於此句斷。下文強人酒自依其兩切。

通鑑一百一

升平五年　桓溫以弟豁督沔中七郡諸軍事。頁三二三五

史炤釋文曰：沔，水名，出武都，東南入江。余謂炤但釋沔水，未能釋沔中七郡也。按魏興、上庸、新城、襄陽、新野、義成、竟陵七郡皆在沔水左右，故曰沔中七郡。

通鑑一百二

海西公太和四年　郗超曰：「欲務持重，則莫若頓兵河、濟，控引漕運。」頁三二六四

史炤釋文曰：河、濟，水名，出王屋山。余按河、濟殊源，天下之所同知也，而盡以爲出王屋山，固非矣。河出積石，濟出王屋，以言河、濟二水之發源可也；若論郗超所謂頓兵之地，則不可以發源之地言之也。按河水過成皋縣北，濟水自北來注之。濟與河合流，至敖山北而溢爲滎澤，東出于陶丘北，又東至乘氏縣分爲二，南爲菏水，北爲濟瀆，濟瀆又東北合于河。自滎陽、石門以東，碻磝以西，今濟、鄆、曹、濮、滑、汴諸州，皆河、濟之地。

燕主暐遣樂安王臧統諸軍拒桓溫。頁三二六五

史炤釋文曰：樂安，鄱陽郡之邑也，屬揚州，燕之諸王遥領也。余按晉、魏以下封建諸侯王，不惟不得君國子民，亦不得食其國租。如東海王越封東海而食毗陵之類是也。慕容分封子弟，亦倣晉制耳。鄱陽在漢爲縣，屬豫章郡，而豫章屬揚州。孫吳分豫章立鄱陽郡，又立樂安男國。自晉氏南渡以來，鄱陽郡屬江州，不屬揚州。炤說既非矣。且後漢明帝改前漢之廣川國曰樂安，和帝又改前漢千乘郡曰樂安郡，是郡自晉汔于元魏，屬青州，燕何必取江南鄱陽之樂安以封其子弟邪！

溫使豫州刺史袁眞攻譙、梁，開石門以通水運。頁三二六七

史炤釋文曰：譙梁，地名，在豫州。余按譙、梁，謂譙郡及梁國也，皆屬豫州。炤言地名，在豫州，將以譙、

梁爲一處邪，爲兩處邪？可謂語焉而不詳矣！

李弘、李高反，益州刺史周楚遣子瓊討高，又使瓊子梓潼太守虓討弘，皆平之。頁三二八二

史炤釋文曰：虓，虎聲也。余謂虓者，周瓊之子，何庸以虎聲爲釋！

通鑑一百三

孝武帝寧康元年　梁州刺史楊亮遣其子廣襲仇池，與秦梁州刺史楊安戰，廣兵敗，沮水諸戍皆奔潰。頁三三一五

史炤釋文曰：沮，水名，出漢中。余按班志：沮水出武都沮縣東狼谷中，東流合爲漢水。闞駰曰：以其初出沮洳然，故曰沮水；縣亦受名焉。水經：沮水出武都沮縣東狼谷中，又東南逕沮水戍西，而東南流注漢，曰沮口。以此言之，沮水不出漢中也。

通鑑一百四

太元五年　秦王堅分三原、九嵕、武都、汧、雍氐十五萬戶散居方鎮。頁三三四五

史炤釋文曰：謂汧、雍之間氐、羌也。余按苻秦，氐種也，故分其種落散居方鎮，欲以鎮服其境内。若羌，則姚秦種類也。苻秦曷嘗分之使散居哉！且舉汧、雍而遺三原、九嵕、武都，亦註書之失也。

通鑑一百五

八年　慕容垂自涼馬臺結草筏以渡。頁三三六五

史炤釋文曰：結草爲舟也。余謂上古朴略，舟猶必刳木爲之；若結草爲舟，必至沈溺。所謂筏者，箄筏也，編蘆葦可以爲筏。蘆葦，草類也。

通鑑一百六

十年　慕容農、慕容麟共攻翟眞。頁三三九一

史炤釋文曰：翟，徒歷切，姓也。余按上卷八年，翟斌起兵赴燕王垂。翟眞者，斌之兄子也。炤於翟斌之翟音直格切，至翟眞之翟乃徒歷切，讀者將安所適從乎！要之，諸翟出於丁零，丁零，狄也，狄，與翟同，從徒歷切爲是。

氐啖青。頁三四一八

史炤釋文曰：啖青，氐羌名，徒濫切。（海陵本同。）余按氐自是氐，羌自是羌，二種也。史明言氐啖青，而謂之氐羌名，繆矣！韻書：啖，姓，音徒覽翻。徒濫切非。後一百九卷安帝隆安元年，炤又以啖鐵爲武都氐羌名，其繆亦猶是也。

苻登刻鉾、鎧爲「死休」字。頁三四二三

史炤釋文曰：鉾，劍端也。（海陵本同。）余按炤釋以丁度集韻爲據也。但劍端以刺人，非可刻字。古人多以兆鍪爲頭牟。隋楊玄感反於黎陽，取帆布爲牟甲，謂爲頭牟與甲也。後人因頭牟以鐵爲之，遂旁加「金」耳。鉾，鎧，猶言牟、甲也。

通鑑一百七

十二年　王穆衆潰，單騎走，騂馬令郭文斬首送之。頁三四三四

史炤釋文曰：騂，馬赤黃色。余謂馬赤黃色，可以釋騂馬，若以釋騂馬令，則其義不通矣。晉地理志，酒泉郡有騂馬縣，蓋晉、魏間所置也。王穆走至騂馬縣，故縣令得斬送之。

通鑑一百八

十九年　燕主垂擊西燕，標榜所趣，軍各就頓。頁三四六六

史炤釋文曰：標榜，猶相表㯷。余按燕主垂時分道進軍攻西燕，故立標揭榜，分示諸軍所趣之路；非相表㯷也。一百三十二卷宋明帝泰始六年釋「標榜」亦誤。

西燕主永告急於魏，魏王珪遣陳留公虔、庾岳帥騎五萬東渡河，屯秀容以救之。頁三四六九

史炤釋文曰：秀容，本漢汾陽縣地，後省之，至元魏始置肆州秀容縣。余按拓跋虔、庾岳所屯乃北秀容也，在漢定襄郡界。元魏置秀容郡秀容縣，又立秀容護軍於汾水西北六十里，徙北秀容胡人居之，此南秀容也。劉昫曰：忻州秀容縣，漢汾陽縣地，隋自秀容移於此，因更名，皆謂南秀容。項安世家說曰：秀容縣，劉元海所築城。元海感神而生，姿容秀美，因以爲名。是亦因元海生於汾陽，汾陽後改爲秀容而爲之說。北秀容非元海所生之地而先有秀容之名，則其說爲不通矣。

秦王崇爲梁王乾歸所逐，楊定與崇共攻乾歸，乾歸遣涼州牧軻彈、秦州牧益州、立義將軍詰歸拒之。頁三四七〇

史炤釋文曰：軻，音柯，姓也。余按軻彈、益州、詰歸皆姓乞伏，通鑑下文載軻彈司馬翟瑥怒軻彈曰：將軍以宗室居元帥之任，則軻彈姓乞伏明矣。軻，讀如字；音柯亦非。

通鑑一百九

安帝隆安元年　秃髮烏孤自稱西平王。頁三四九三

史炤釋文曰：秃髮烏孤，河西鮮卑人，呂光之將也。余按秃髮氏世爲部帥，未嘗爲呂光將，特烏孤嘗受呂光爵命耳。謂秃髮爲河西鮮卑種可也，曰河西鮮卑人，則似以河西鮮卑爲地名。

沮渠麴粥曰：「勒兵向西平，出苕藋。」頁三五〇七

史炤釋文曰：萑，徒栗切。（費本同。）余按字書：萑，徒弔翻。至一百一十六卷安帝義熙元年，炤亦自知其誤矣。

魏襲中山，慕容麟追至泒水，爲魏所敗而還。頁三五一〇

史炤釋文曰：泒，匹拜切。泒，谷名，在河東安邑。（費本同。）余按魏襲中山，慕容麟追至泒水，當在中山界。若河東安邑果有泒谷，非燕、魏交兵之地也。是年中山饑甚，九月，慕容麟出據新市，魏王珪攻之，麟退阻泒水；珪與戰於義臺，大破之。魏收魏書地形志，中山郡新市縣有義臺城。則泒水在中山新市明矣。泒，音攻乎翻。

通鑑一百一十

二年　燕主寶至乙連，長上段速骨、宋赤眉等作亂。頁三五一八

史炤釋文曰：長上，人名。（海陵本同。）余謂衛兵更番迭上，長上者，宿衛官名，異於衆兵之迭上者也。唐武散階有懷化執戟長上，歸德執戟長上，此則長上爲官名之明證也。

楊軌西奔傉海。頁三五三四

史炤釋文曰：傉，音未詳。余按闞駰十三州志，金城臨羌縣有卑和羌海。酈道元曰：古西零之地。傉海其此地歟？傉，與零同，音憐。

通鑑一百一十一

三年　張豁戍柳泉。頁三五五一

史炤釋文作「張詻」，呼各切。（海陵本同。）余按通鑑諸本及晉書皆作「張豁」。字書，詻，音魚格切；炤音

亦非。

四年　西秦王乾歸遷都苑川。頁三五六二

史炤釋文曰：苑川邑，即陳倉縣，後魏改今名。（海陵本同。）余按乞伏氏始居麥田，後居苑川，又徙金城，今復都苑川，皆不出漢天水、金城二郡界。水經註：苑川水出天水勇士縣之子城南山，東北流，歷子城川，又北逕牧師苑，漢牧苑之地也，有東、西二苑城，相去七里，西城即乞伏所都。苑川水又北入于河。陳倉之地，此時屬姚秦，固非乞伏所有。姚秦與乞伏後皆并於赫連，後魏滅赫連，并有關、隴之地，後乃改陳倉爲宛川縣。陳倉之宛川與西秦所都之苑川字有「宛」、「苑」之異，而改陳倉爲宛川，又在百許年之後，史炤殆未之考也。一百一十五卷安帝義熙六年又誤。

通鑑一百一十二

五年　河西王利鹿孤遣騎襲沮渠蒙遜，執蒙遜從弟鄯善苟子。頁三五八五

史炤釋文曰：鄯善，複姓，其先西域人，以國爲姓，苟子其名。（海陵本同。）余按通鑑本文，明以鄯善、苟子爲蒙遜從弟。凡讀通鑑者，不俟博考，已知鄯善之非姓矣。是後沮渠鄯善復見於宋武帝永初二年，釋文之誤，愈不可揜。

桓玄縛元顯於舫前而數之。頁三五九五

史炤釋文曰：舫，甫往切。（海陵本同。）余按舫，甫妄翻。炤音誤。

通鑑一百一十三

元興三年　劉裕斬桓脩，脩司馬刁弘帥文武佐吏來赴，裕謂曰：「今日賊玄之首已當梟於大航矣。」頁三六一六

史炤釋文曰：大航，方舟也。余按大航，謂朱雀航也，在建康朱雀門外秦淮水上。

通鑑一百一十四

義熙元年　秦主興命鳩摩羅什翻譯經論三百餘卷。頁三六三五

史炤釋文曰：翻譯，翻覆而尋譯也。余謂古之譯者傳四方之言，此所謂翻譯者，翻夷言爲華言也。尋繹之「繹」，從「糸」不從「言」，義亦不同。

殷仲文請治樂，劉裕曰：「性所不解。」頁三六三八

史炤釋文曰：解，胡介切，曉也。（費本同。）余謂此亦蜀人土音之訛；解曉之解，音胡買翻。

三年　楊盛遣軍臨潓口。頁三六五二

史炤釋文曰：潓水出襄陽。（費本同。）余按水經註，潓水北發武都氐中，南逕張魯城東，又南過陽平關西而南入于沔，謂之潓口，有潓口城。潓水在漢中，不在襄陽。史炤，蜀人也，而不知潓水所在，況四海疆域之廣乎！

魏王珪北巡至濡源。頁三六五三

史炤釋文曰：濡，乃官切，水出涿郡。（海陵本同。）余按史炤以廣韻爲據。廣韻所謂濡水出涿郡，又因漢書地理志涿郡故安下註云易水至范陽入濡爲據。然地理志自有二濡水，人不詳考耳。漢志所謂涿郡之濡水，水經註云：出故安縣西北獨山南谷，東流至容城縣西北大利亭東南，與易水合而注于巨馬水。此一濡水也。遼西郡肥如下註云：玄水東入濡水，濡水東入海陽。水經云：濡水從塞外來，東南過遼西令支縣北，又東南過海陽縣西南，入于海。海陽亦屬遼西郡，此又一濡水也。酈道元云：濡水出禦夷鎮東南。蓋

此濡水發源於遼西塞外禦夷鎮東南也。魏王珪北巡至濡源，正此地。

四年　乞伏熾盤築城於嵻崀山而據之。頁三六六六

史炤釋文曰：嵻崀山在西羌。余按炤說以丁度集韻爲據也。夷考當時乞伏氏據苑川，其地西至枹罕，東盡隴坻，北限赫連，南界吐谷渾，嵻崀山蓋在苑川西南。宋朝西境止於秦、渭，故嵻崀山在羌中。丁度集韻以宋朝疆理爲據也。若引以註十六國地界，則疏矣。

南燕河凍皆合而澠水不冰。頁三六六六

史炤釋文曰：澠，彌兗切；或作「黽」，通作「沔」。余謂此澠水乃淄、澠之澠，音神陵翻。南燕都廣固，澠水逕其城西，河凍皆合而澠水不冰，逼近都城，故以爲變異。若音彌兗切者，乃殽、澠之澠，時屬秦境，安得爲南燕之變異邪！炤又曰：通作「沔」。沔、漢之沔，安得與殽、澠之澠通，而沔、漢亦非南燕境。易大傳曰：中心疑者其辭枝。史炤之謂矣！一百二十卷宋文帝元嘉三年，誤同。

通鑑一百一十五

五年　魏清河王紹兇狠無賴，好劫剝行人以爲樂。頁三六八〇

史炤釋文曰：劫，取也；剝，削也。余謂炤釋劫剝之義，劫近是而剝全非。劫，強奪取之也；剝，謂褫剝行人衣服。

六年　韓綽諫南燕主超曰：「正當努力自強，以壯士民之心。」頁三六八三

史炤釋文曰：努，奴故切。余謂努力之努，音奴古翻。蜀人以土音轉易四聲，如此類者甚衆，讀者審其是而已矣。

通鑑一百一十六

七年　盧循徑向交州，李脫等結集俚、獠以應循。頁三七〇四

史炤釋文曰：俚，南夷種名。西南夷謂之獠。余按南方有蠻有俚，俚人惟交、廣有之，獠則蜀之西南徼外亦有之。李勢之時，獠自山出，侵居漢地，蜀始有獠。太史公作西南夷傳，其時未有獠也，豈可言西南夷謂之獠哉！況此乃交州之獠，尤不可以爲西南夷。

八年　夏王勃勃欲攻熾盤，王買德諫曰：「熾盤，吾之與國。」頁三七一〇

史炤釋文曰：諸侯相許與者，名曰與國。余謂與國者，相與相親之國，非相許與也。

仇池公楊盛叛秦，侵擾祁山。頁三七一三

史炤釋文曰：祁山在武都西羌中。余謂漢武帝未開置武都郡，則可言祁山在羌中，既置郡，則祁山爲王土矣。水經註：祁山在嶓冢之西七十許里，東北去上邽一百四十里。杜佑曰：祁山在今同谷郡長道縣東十里。以爲在西羌中，可乎！

通鑑一百一十七

十一年　魏崔浩曰：「輕騎南下，布濩林薄之間。」頁三七四〇

史炤釋文曰：濩，胡郭切。布濩，地名，在代北。余謂崔浩言布濩林薄之間，正祖司馬相如上林賦「布濩太原」語法。郭璞註云：布濩，猶布露也。毛晃曰：布濩，流散也。濩，音胡故翻；史炤音義俱非。

十二年　西秦王熾盤攻秦洮陽公彭利和於漒川。頁三七四四

史炤釋文曰：洮陽，零陵邑，屬荆州。余按漢書地理志，零陵郡固有洮陽縣；但此洮陽在隴西，時屬姚秦。

地理志所謂洮水出西羌中，東至隴西，入河。沙州記曰：嵹城東北三百里有曾城，城臨洮水，漢章帝建初二年，羌攻南部都尉於臨洮，上遣馬防、耿恭救之，諸羌退聚洮陽，即此城也。洮水出嵹臺山，逕吐谷渾中而東入塞。「嵹」，一作「漒」，故其地亦謂之漒川，亦謂之沙漒。晉惠帝置洮陽縣，屬狄道郡，以其地在洮水之陽也。即通鑑上下文而參觀前志，則知此洮陽決非零陵邑矣。是後一百二十卷宋文帝元嘉四年註，則又曰：洮陽地屬零陵，諸羌之地也。是但因通鑑本文有招慰洮陽諸羌之語，故以爲諸羌之地。一百三十七卷齊武帝永明八年註，則又曰：洮陽，零陵邑，齊時爲吐谷渾戍兵處。是又但因通鑑本文有吐谷渾王伏連籌修泥和、洮陽二城置戍之語，又以爲吐谷渾戍兵處，終不悟零陵之爲誤也。

沙門曇永使王華提衣襆自隨。頁三七五一

史炤釋文曰：襆，博木切。爾雅：裳削幅謂之襆。（海陵本同。）余按爾雅所謂裳削幅者，自是「纀」字，非此「襆」字。此襆字音房玉翻，帊也，所以包裹衣物。魏舒襆被而出，韓愈文所謂「襆被入直」，皆此襆也。炤音義皆誤。一百七十九卷隋文帝仁壽二年，亦有此誤。

通鑑一百一十八

十三年　王鎮惡進軍澠池，遣毛德祖襲尹雅於蠡吾城，禽之。頁三七六一

史炤釋文曰：蠡吾縣之城，在高陽國，屬冀州。余按地志，高陽國固自有蠡吾縣；但劉裕伐秦，命王鎮惡自殽、澠入關輔，既進軍澠池，遣毛德祖襲蠡吾城，考其地里之遠近，則此蠡吾城非高陽國之蠡吾縣明矣。據晉書載記，蠡吾城當在宜陽之西。宋白續通典曰：魏賈逵爲澠池令，理蠡城。蠡城，後魏初猶屬弘農，西魏移澠池縣於今福昌縣西六十五里。唐之福昌縣本宜陽縣蠡吾城，蓋即蠡城也。

姚彊、姚難合兵屯涇上以拒鎮惡。頁三七六九

史炤釋文曰：涇水出安定涇陽幵頭山。余按史炤釋，止言涇水發源之地耳。漢書地理志：涇水東南至陽陵，入渭。姚彊等所屯涇上，其地當在漢京兆陽陵界。

十四年　秦王熾盤以左丞相曇達都督洮、罕以東諸軍事。頁三七八一

史炤釋文曰：洮罕，地名。余按洮、罕，謂臨洮、枹罕之地。洮、罕故是地名，然臨洮、枹罕各是一處。

恭帝元熙元年　王康還洛陽，保金墉城，魏河内鎮將于栗磾遊騎在芒山上，攻逼交至。頁三七八八

史炤釋文曰：應劭曰：芒，屬沛國芒縣之山也。余謂炤引應劭説以註漢高祖隱芒、碭山澤間則可矣；此時魏兵至芒山以逼金墉，謂洛陽之北芒山也。若魏兵在沛國芒縣之山，安能逼金墉哉！

通鑑一百一十九

宋武帝永初元年　宋王留子義康爲都督豫、司、雍、幷四州諸軍事。頁三七九四

史炤釋文曰：雍，州名，入南北，系宋。按南、北史無地理志，今用晉志，郡邑相統屬處，各於逐國土地合音釋者，各分所系。（海陵本、費本同。）余按宋武削平關、洛，隨失關中，雍州仍東晉之舊，還復僑治襄陽。此時古雍州之域，已屬赫連，安得系宋耶！炤又言：南、北史無地理志，用晉志，各於逐國所有土地分系。此鹵莽之説也。南北國地理，沈約宋書、魏收魏書、蕭子顯齊書各有地志，梁、陳、北齊、後周四朝地理，則長孫無忌等集於隋書，謂之五代志，曷嘗無可考乎！炤之淺妄，欲蓋而章。又按此一節，炤以南北朝並立州郡，各有分系，蓋以此爲通鑑中間大節目處，海陵本及費氏本與炤本無一字異。費氏，蜀中鬻書之家，固宜用炤釋刊行。公休在炤前數十年，使炤用公休之説，則必拈出公休釋文以爲依據。今觀二家釋文，炤未

嘗拈出公休，而海陵板行公休本，眞是蹈襲史炤，以是知海陵本爲好事者託公休以欺誤後人也。

涼公歆與沮渠蒙遜戰于蓼泉。頁三七九八

史炤釋文曰：蓼，力竹切。（海陵本同。）余謂史無明音，當讀如字。

二年　謝晦賓客輻湊，門巷塡咽。頁三八〇二

史炤釋文曰：咽，音因，塞也；本作垔。（費本同。）余謂咽，一結翻，亦以咽塞不通爲義。徧考字書，咽字無音因者。

三年　魏長孫嵩實姓拔拔，奚斤姓達奚，穆觀姓丘穆陵，丘堆姓丘敦。頁三八〇八

史炤釋文曰：皆代北複姓，卽後魏拓跋氏也。余按魏收魏書官氏志，魏氏之先統國有九十九姓，獻帝七分國人，使兄弟各攝領之：以兄爲紇骨氏，後改爲胡氏；次兄爲普氏，後改爲周氏；次兄爲拔拔氏，後改爲長孫氏；弟爲達奚氏，後改爲奚氏；次弟爲伊婁氏，後改爲伊氏；次弟爲丘敦氏，後改爲丘氏；次弟爲侯氏，後改爲亥氏。此七氏，皆拓跋同出也。若丘穆陵氏，則神元帝時餘部諸姓內入之一也，非拓跋同出也。且丘穆陵乃三字姓，非複姓也。獻帝隣、神元詰汾二帝皆追謚。（校者按，「詰汾」應作「力微」。）

秦王熾盤徵秦州牧曇達爲左丞相。頁三八一三

史炤釋文曰：曇，姓也。余按晉安帝義熙八年，熾盤以其弟曇達鎭譚郊，則曇達其名而姓乞伏，安得姓曇乎！

營陽王景平元年　禿髮傉檀之死也。頁三八二二

史炤釋文曰：禿髮烏孤以後魏元興元年僭號西平王，及國滅，其弟傉檀入魏，賜姓元氏。（海陵本同。）余

按通鑑，烏孤稱西平王，乃後魏皇始二年，明年魏改元天興，無元興年號。晉安帝義熙十年，禿髮氏爲乞伏熾盤所併，傉檀遂歸于熾盤。傉檀之子賀奔魏，魏主嗣愛賀之才，謂曰：「卿之先與朕同源。」賜姓源氏。蓋歸魏者傉檀之子，非傉檀也；賜姓源氏，非元氏也。傉檀爲熾盤所鴆，其死非命，故其子欲爲復讎，通鑑書其死以先事。炤不能詳觀通鑑，考其本末，而謂傉檀入魏，差繆甚矣！

王崇武標點容肇祖聶崇岐覆校

通鑑釋文辯誤卷第六

天台胡三省身之

通鑑一百二十

文帝元嘉元年　蹺騎。頁三八二四

史炤釋文曰：蹺，牽幺切；行輕貌。（海陵本同。）余按通鑑本文，是年即無「蹺」字。史炤於「蹺騎」之上註「貂渠」，是秦王熾盤遣太子暮末出貂渠谷攻河西事。下註「倢伃」，是尊帝母胡倢伃事。二事之間有王華領驍騎將軍事；是誤以「驍騎」爲「蹺騎」而曲爲之說也。

魏主命長孫翰、尉眷北擊柔然，魏主自將屯柞山。頁三八三六

史炤釋文曰：柞山，其地在柔然國。余按魏收魏書帝紀，魏未遷洛以前，諸帝多幸柞山，其山在大河之西。世祖始光三年，度君子津，襲統萬，至其城下，徙萬餘家而還；至柞山，班所虜獲於將士。神䴥二年，十一月，西巡狩，田於河西，至柞山而還。以此徵之，可以見矣。且魏主遣將擊柔然，自將大軍爲後繼以壯聲勢耳，豈必至柔然國中而屯兵乎！

三年　謝晦弟黃門侍郎皭。頁三八四〇

史炤釋文曰：皭，疾雀切。余按字書，疾雀切。「皭」字，埤蒼曰：白色也。「皭」，音子肖翻，釋小明也。

晦、曙，兄弟也，其命名之字，旁皆從「日」，音子肖翻爲是。

湟河。頁三八五一

史炤釋文曰：湟，胡光切；説文：細繒也。余按炤釋湟河而引説文細繒，全不可曉。詳考通鑑，是年有秦、夏戰于嵻峎山，又攻湟河事。至于年末，有魏令漏戶輸繒帛事。蓋音胡光切者，註湟河之「湟」字也；引説文者，註「繒帛」也。此又傳寫之誤。

四年　魏奚斤上疏言：「赫連昌亡保上邽，鳩合餘燼。」頁三八五八

史炤釋文曰：鳩，鶻鵃也。鳩合，猶烏合之稱。（費本同。）余按左傳，郯子言少皞以鳥名官，五鳩，鳩民者也。五鳩，指言祝鳩氏、雎鳩氏、鳲鳩氏、爽鳩氏、鶻鳩氏。至於鳩民之鳩，則以聚民爲義。此言鳩合，亦謂聚合耳，安得以鶻鵃爲註！其言猶烏合之稱，尤非鳩合之義。

通鑑一百二十一

五年　秦王暮末以叔父光禄大夫沃陵爲涼州牧。頁三八六六

史炤釋文曰：沃陵，姓也。（海陵本同。）余按通鑑本文，既言沃陵爲暮末叔父，則乞伏者其姓而沃陵者其名，此不難見也。史炤之昏繆乃如此！

通鑑一百二十二

十年　魏平涼休屠征西將軍金崖。頁三九一〇

史炤釋文曰：休屠，武威邑，屬北涼。（費本同。）余謂金崖者，本匈奴休屠種，居於平涼，魏以爲征西將軍，通鑑文意甚明。若因地志武威郡有休屠縣，引以爲註，則通鑑本文休屠之上有平涼二字，便説不行。史炤

繆矣！

楊難當攻葭萌，獲晉壽太守范延朗。頁三九一四

海陵本釋文曰：葭萌，縣名，屬梓潼。余按葭萌縣，漢屬梓潼郡，劉蜀改爲漢壽縣，晉改爲晉壽縣，孝武帝太元十五年，梁州刺史周馥表分梓潼北界，立晉壽郡，治古葭萌之地。

通鑑一百二十三

十五年　太子率更何承天立史學。頁三九三三

史炤釋文曰：率更令，官名，猶秦中更也。（海陵本同。）余按漢書百官表卽有太子率更令。續漢志本註曰主庶子、舍人更直。晉志，率更令，主宮殿門戶及賞罰事，職如光祿勳、衞尉。中更，秦爵級，非官也。

十六年　老父被苫而耕。頁三九三五

史炤釋文曰：苫，草覆屋。余按被苫而耕，蓋被苫於身以蔽雨，非覆屋也。

通鑑一百二十四

十九年　雍州刺史劉道產善爲政，民安其業，小大豐贍，由是民間有襄陽樂歌。山蠻不可制者皆出，沿沔爲村落。頁三九六二

史炤釋文曰：樂歌山蠻，其地在雍州襄陽。（海陵本同。）余謂襄陽之民，安其業，大小豐贍，故有襄陽樂之歌。凡昔日山蠻之不可制者，慕王民之豐樂，故皆出山，緣沔而居。因通鑑本文而求其義，居然可見。「樂歌」句斷，炤乃以「樂歌山蠻」爲句，是不求其義也。

二十年　魏皮豹子鎭仇池，楊文德來求援，詔以爲武都王，屯葭蘆城。頁三九六四

史炤釋文曰：葭蘆城，渡赤河，經岐山三百四十里即其地。（海陵本同。）余按今階州福津縣東南七十里有葭蘆城，世傳魏將鄧艾與蜀將姜維相持於此。後魏置葭蘆縣，後周併入盤堤縣。仇池山在成州之西百里，階、成二州皆古武都郡地。岐山在鳳翔府東，去葭蘆道里甚遠。史炤之言，未可信也。

二十三年　魏主軍至東雍州，臨薛永宗壘，永宗出戰，大敗，與家人皆赴汾水死。頁三九八五

史炤釋文曰：汾水出汾陽北山。余按史炤止能言汾水發源之地，不知薛永宗舉家赴汾水而死，其地不在太原汾陽界。水經：汾水出太原汾陽北山，東南過晉陽、梗陽、大陵、平陶等縣，南入河東界，過永安、楊、平陽等縣，又南過臨汾縣東，又屈從縣南西流，經絳縣故城北，左傳所謂「晉都新田，有汾、澮以流其惡」者也。又西逕魏正平郡南，東雍州治所也。太和中，罷州立郡。東雍州南之汾水，乃薛永宗舉家赴水處。漢書地理志曰：汾水出汾陽北山，過郡二，行千三百四十里而入于河。千三百四十里之汾水，或源或委，當隨地註釋而後能有別。

通鑑一百二十五

二十七年　魏主圍懸瓠，施大鉤於衝車之端以鉤樓堞。頁四〇〇二

史炤釋文曰：鉤，劍屬。（費本同。）余謂如古者吳鉤之鉤，可以言劍屬。此所謂大鉤者，乃詩「以爾鉤援」之鉤。言施大鉤於衝車之端，以鉤樓堞，則非劍明矣。

芮芮亦遣使遠輸誠款。頁四〇一一

史炤釋文曰：芮芮，國名。余按芮芮即蠕蠕，魏呼柔然爲蠕蠕，南人語轉爲芮芮。沈約宋書、李延壽南史皆以蠕蠕爲芮芮，從南人語音也。

通鑑一百二十六

二十八年　魏人乃肉薄登城。頁四〇三〇

史炤釋文曰：謂相背負而上城也。余謂薄，迫也；不用梯衝，以身迫城，緣之而上，謂之肉薄登城。

魏宗愛殺秦王翰於永巷。頁四〇三九

史炤釋文曰：永巷，宮中所直名。漢官儀曰：令一人，宦者爲之，秩六百石，掌宮婢侍史。余按永巷者，宮中之長巷。史直言宗愛殺翰於長巷耳。「宮中所直名」五字既不可曉，又不必引漢書永巷令爲釋。一百六十六卷梁敬帝紹泰元年，一百七十卷陳宣帝太建元年，皆有永巷事，炤釋愈繆。

通鑑一百二十七

三十年　武陵王軍于瀨洲。頁四〇六六

費本註曰：瀨，水名，出丹楊溧陽縣。余謂瀨水固出溧陽；瀨洲則在大江中。

魯秀等攻大航，克之。王羅漢聞官軍已渡，卽放仗降，緣渚幢隊以次奔散。頁四〇六九

海陵本釋文曰：幢隊，執幡幢之隊者。余按是時南北朝用兵，各置幢主、隊主，皆有副，非執幡幢之隊也。史炤誤同，而註在上文「幢隊主副」之下，海陵本移置於此，蓋亦疑上文有「幢隊主副」四字而不得其說耳。

卒散民盡，可蹻足而待也。頁四〇七三

史炤釋文曰：蹻，紀約切，舉足行高也；又丘妖切，舉足謂之蹻。余謂炤上音義俱非，當從下音義。

通鑑一百二十八

孝武帝孝建元年　魯爽引兵直趣歷陽，薛安都、宗越等戍歷陽，與爽前鋒楊胡興等戰，斬之。爽不能進，留軍大

峴，使魯瑜屯小峴。頁四〇八二

史炤釋文曰：大峴，山名，在壽州六安縣，有五峴山，是以分大、小峴。桐城亦有五峴，非此。余按史炤但以魯爽自壽陽趣歷陽而留軍大峴，遂謂大、小峴皆在壽州六安縣，殊不知六安縣在壽陽西，大、小峴在壽陽東；不特在壽陽東也，又在合肥之東。自壽陽東過合肥而後至小峴，又自小峴而東乃至大峴。六朝都建康，自歷陽而西趣壽陽，自壽陽而東向建康，大、小峴乃兵馬往來之要路。通鑑書大、小峴不一，審諦考之，可以概見。余又於一百五十四卷梁武帝天監元年，辯海陵本釋大、小峴之誤，參取而觀之，則知地理未易言也。

臧質進計於南郡王義宣曰：「下官中流鼓棹，直趣石頭。」頁四〇八四

史炤釋文曰：鼓棹，歌鼓而行舟也。（海陵本同。）余按鼓之爲義，擊也，扇也，動盪之也。擊棹以行舟，漢書所謂「樓船卒水居擊棹」者。今人謂之打棹，打亦與擊同義。鼓棹之義，夫人能知之；炤乃謂歌鼓以行舟，淺繆甚矣！

何尙之曰：「夏口在荆江之中，正對沔口。」頁四〇八八

史炤釋文曰：沔水出武都，東南入江，過江夏，謂之夏水。余按史炤釋用應劭漢書註，劭註江夏郡曰：沔水自江別至南郡華容爲夏水，過郡入江，故曰江夏。水經曰：夏水出江，流于江陵縣東南，又東過華容縣南，又東過江夏雲杜縣，入于沔。沔水又東過江夏沙羨縣北，南入于江。酈道元註云：江津豫章口東有中夏口，是夏水之口，江之汜也。原夫夏之爲名，始於分江，冬竭夏流，故納厥稱。既有中夏之目，亦苞大夏之名。其決入之所，土謂之賭口。自賭口下沔水，通兼夏目；而會于江，謂之夏汭。故春秋左傳，沈尹射

奔命夏汭。杜預註曰：漢水曲入江，卽夏口矣。庾仲雍亦曰：夏口一曰沔口。酈道元又曰：黄鵠山東北對夏口城，孫權所築也。對岸則入沔津，故城以夏口爲名，亦沙羡縣治。沈約志曰：江夏郡本治安陸，是年，徙治夏口。夏口本沙羡土。沈約所云，正何尚之所謂「夏口在荆江之中，正對沔口」者也。章懷太子賢亦謂夏口戍在鄂州，故唐以來皆指鄂州爲夏口。歷考諸家之説，自應劭至庾仲雍皆以爲沔口卽夏口，自孫權築夏口城，至唐置鄂州，則夏口之名移於江南，而沔水入江之口止謂之沔口，或謂之漢口。夏口之名遂與沔口對立，分在江之南北。以此釋何尚之之言，乃爲明白。史炤止引應劭註而不能究其地名之離合，余故備論之。

通鑑一百二十九

大明三年　豈可三緘。頁四一一三

史炤釋文曰：家語：魯人三緘其口。余按孔子家語：孔子觀周，入后稷之廟，有金人，三緘其口，銘其背曰：「古之愼言也。」豈魯人哉！

通鑑一百三十

明帝泰始元年　魏侍中司徒平原王陸麗。頁四一四二

史炤釋文曰：陸，姓也。古帝號有陸終，其後因以爲氏。（海陵本同。）余按陸麗者，陸俟之子，陸突之孫，本步六孤氏，與拓跋氏皆起於代北，世領部落。魏孝文帝變胡俗，凡代北三字姓及複姓皆改爲單姓，作史者從簡便，因以後所改姓書之。陸麗安得爲陸終之後乎！

綖環錢。頁四一五〇

史炤釋文曰：綖，夷然切。（費本同。）余謂夷然切者，乃左傳所謂「衡紞紘綖」之綖，註云：冠上覆也。綖環之綖，音私箭翻。蓋當時鵝眼錢薄小，一千之長，不盈三寸，而綖環錢又劣於鵝眼，貫之以綖，其狀如環，故曰綖環。若以爲冠上覆之綖，非其義矣。丁度集韻綫、線、綖皆同音同義，近世學者弗之考耳。

通鑑一百三十一

二年　汝南、新蔡二郡太守周矜起兵於懸瓠。頁四一六八

史炤釋文曰：矜，居陵切；說文：矛柄也。（海陵本同。）余按周矜，人姓名也，安得以矛柄爲義。且矛柄之矜，音其巾翻；若居陵切，則爲矜憐之矜。稍識文理者，豈不知周矜爲人姓名。史炤乖繆如此類者甚衆。

東軍據岸結寨。頁四一七四

史炤釋文曰：寨，籬落也。余按此乃營寨、寨柵之寨，非籬落也。

蕭道成世子賾爲南康贛令。頁四一八四

史炤釋文曰：贛，古送切。（費本同。）余按漢書地理志：贛縣屬豫章郡；如淳音感，顔師古音古暗翻，劉昫音古濫翻，獨廣韻音古送切。史炤釋文多以廣韻爲據，致此誤也。贛縣當章、貢二水之會，故合章貢二字爲贛字。若音古送切，則是指貢水爲縣名而遺章水矣。二百九卷唐睿宗景雲元年、二百一十二卷玄宗開元十一年「贛」註亦誤。

通鑑一百三十二

三年　魏尉元上言：賊向彭城，必由清、泗過宿豫，歷下邳；趨青州，亦由下邳沂水經東安。頁四二〇六

史炤釋文曰：沂水出東海費縣東，西入海。余按漢書地理志，沂水出泰山蓋縣，南至下邳入泗，過郡五，行六百里。水經：沂水出泰山蓋縣艾山南，逕開陽、襄賁、郯、良城等縣，又南過下邳縣，西南入于泗。尉元言南國進兵向青州，水路必由泗入沂，泝沂而經東安，乃可至青州。沂水未嘗出於費縣，亦未嘗入海，史炤妄矣！

通鑑一百三十三

七年　分交、廣置越州，治臨漳。頁四二二七

史炤釋文曰：臨漳本漢鄴縣地。（海陵本同。）余按晉愍帝諱鄴，改鄴縣爲臨漳，尋淪没於石勒，復爲鄴縣。東魏天平初，始復分鄴立臨漳縣。宋分交、廣置越州，安能遠北界治魏郡之臨漳！劉昫曰：廉州合浦縣，宋分置臨漳郡。則越州之所治者，合浦之臨漳也。

通鑑一百三十四

順帝昇明元年　蒼梧王鋮、椎、鑿、鋸不離左右。頁四二六六

史炤釋文曰：鋸，居御切，槍唐也，通作鐻。余考史炤槍唐之說，既未知其所據；而以鋸通作鐻之說，徵之子史，則亦妄矣！按鋸字，先秦古書未之有也，字書引古史考云：孟莊子作鋸，音居庶切，解截器也。若鐻字，則莊子所謂「削木爲鐻」，讀與據同。史記，秦始皇銷鋒鏑以爲鍾鐻，讀與虡同。後漢書，羌人以金鐻八枚遺張奐。鐻，戎夷貫耳也，音求於翻。鐻字曷嘗與刀鋸之鋸通哉！

王敬則以刀環塞窒孔，呼門甚急。頁四二七〇

史炤釋文曰：窒，音圭，甑空也。（海陵本同。）余按字書，窒字固以甑下孔爲釋，但呼門而塞甑孔，事不相

闗;且甑孔甚大,非刀環所能塞。蓋門旁有孔,三角如圭頭,以窺外人,因謂之圭孔,後人遂於「圭」上加「穴」耳。

二年 王僧虔奏,大明中,卽以宮縣合和鞞拂。頁四二九二

史炤釋文曰:釋名:鞞,裨也;裨助鼓節也。呂氏春秋:帝嚳令人作鞞鼓之樂。余按鞞、拂,皆舞名也。晉志曰:鞞舞未詳所起,然漢代已施於宴享矣。拂舞出自江左,舊云吳舞,檢其歌,非吳舞也,亦陳於殿庭。以此觀之,史炤誤矣。

通鑑一百三十五

齊高帝建元元年 宋順帝下詔禪位于齊帝,逃于佛蓋之下,太后自帥閹人索得之。頁四二九七

史炤釋文曰:閹人,宮中守門者。(費本同。)余按閹,卽周禮之奄。鄭氏註云:奄,精氣閉藏者,今謂之宦人。陸德明音義:奄,於檢翻。劉於驗翻。徐於劍翻。今於奄字加門,則音淹;釋者因其加門也,遂以宦者守門爲義。殊不思前史,凡閹人給事宮中者,皆曰閹宦,初不以守門爲義。史炤說拘矣!

二年 魏師攻鍾離,崔文仲遣軍主崔孝伯渡淮,攻魏茌眉戍主龍得侯等,殺之。頁四三〇八

史炤釋文曰:泰山郡有山茌縣,茌山在其東北。(海陵本同。)余按齊徐州治鍾離,自鍾離渡淮攻茌眉,蓋淺攻也。茌眉自是淮北地名,魏於此置戍,非泰山之山茌縣也。

北上黄蠻文勉德寇汶陽,汶陽太守戴元賓棄城奔江陵。頁四三〇八

史炤釋文曰:汶,音問,魯郡之邑。余按沈約宋書云:汶陽太守,何承天志,新立,去江陵陸行四百里,水行七百里。上黄縣,宋初屬襄陽,後屬長寧郡,郡去江陵陸行六十里。水經註:晉武帝割臨沮之北鄉,中

廬之南鄉，立上黄縣，治軨鄉，在宜城西。義熙初，分新城郡，立汶陽郡，治錫城縣。春秋時，楚伐庸至于錫穴者也。其地在臨沮縣西北。若如史炤說，以爲魯郡之汶陽，則非襄陽上黄蠻所得而攻，而郡守亦無從而奔江陵也。自南、北分據，建置郡縣，多與古郡縣之名錯出，其所建置之地，非深考不能知也。一百四十三卷東昏侯永元二年釋「汶陽」誤同。

四年　南康公褚淵卒，世子賁恥其父失節，以爵讓其弟蓁。頁四三二三

史炤釋文曰：賁，符非切，姓也；恥，其名。（海陵本同。）余按褚賁，淵子也，通鑑之文甚明。賁恥其父失節者，以淵奉宋氏社稷輸之於齊也，不當以賁爲姓，恥爲名。史炤之誤多類此。賁，讀曰蕡，音符分翻。

通鑑一百三十六

武帝永明三年　李叔獻獻十二隊純銀兜鍪，乃孔雀毦。頁四三三九

史炤釋文曰：孔雀，鳥名。毦者，毛羽飾也。博雅曰：㲪毦，罽也。一曰，積羽爲衣。一曰，兜鍪上飾。余謂毦者，以孔雀毛爲兜鍪飾耳，不必引㲪毦及積羽爲衣以雜其說。

五年　魏主詔七廟親子孫及外戚緦麻已上親賦役無所與。頁四三五〇

史炤釋文曰：緦，兩麻一絲之布也。余按禮記雜記曰：朝服十五升，去其半而緦，加灰錫也。註曰：緦，精麤與朝服同，去其半則六百縷而疏也，又無事其布而不灰焉。正義曰：朝服精細，全用十五升布爲之。去其半而緦者，緦麻於朝服十五升之内抽去其半，以七升半用爲緦麻服之衰服也。鄭註云喪服去其半，而緦如絲是也。加灰錫也者，取緦以爲布，又加灰治之，則曰錫。錫，言滑易也。註云又無事其布而不灰焉者，經云去其半而緦，始云加灰錫，明此緦衰不加灰不治布故也。詳考雜記註疏，則朝服之布十五升去其

半者爲緦麻服之衰；其加灰治布者則爲錫衰。史炤以緦爲兩麻一絲之布，其説不經見。

六年　魏築城於醴陽，陳顯達攻拔之，進攻沘陽。頁四三五四

史炤釋文作「澧陽」，註曰：天門邑。余按天門郡之澧陽，今之澧州。沘陽縣，今之唐州。唐州與澧州相去甚遠，敻隔江、漢。陳顯達既拔醴陽，遂攻沘陽，是沘陽與醴陽相近，非天門之澧陽明矣。水經註：沘水出沘陽西北太湖山，東南流，過沘陽縣南，又南流而與澧水會。澧水源出桐柏山，與淮同源，而别流西注，又西北流逕平市故城東，又西注沘水。魏蓋於此水之陽築城。又水經於淮水註曰：淮水與醴水同源俱導，西流爲醴，東流爲淮。正作此「醴」字。

通鑑一百三十七

八年　魏太皇太后馮氏殂，高祖勺飲不入口者五日。頁四三七一

史炤釋文曰：勺，職略切；挹取也。余按詩泂：酌彼行潦，挹彼注茲。此酌字，音職略翻；以挹取爲説。周官考工記：梓人爲飲器，勺一升。勺，音上酌翻。勺飲之義取此，非挹取之酌也。

通鑑一百三十八

十一年　王融行逢朱雀桁開，喧湫不得進。頁四四〇八

史炤釋文曰：湫，卽由切，本作「啾」，謂喧譁啾唧也。（費本同。）余謂此湫，卽左傳湫隘之湫。顧野王云：湫，子小翻，隘也。以喧譁湫隘爲説，文義自通，何必改爲啾唧之「啾」乎！

車前無八騶，何得稱丈夫。頁四四〇八

史炤釋文曰：騶，廄御也。余按晉志，諸公、諸從公，車前給騶八人。王融望爲公輔，故云然。騶者，在車

前傳呼，辟開道，止行人者，今人所謂「騶哄」。

徐勉曰：「王君名高望促，難可並襏衣裾」。頁四四一三

史炤釋文曰：襏，帛也。（費本同。）余謂於此以帛爲釋，其義殊爲不通。按字書，襏字亦有從敝從衣者，以弊爲說，其義乃通。

通鑑一百三十九

明帝建武元年　魏安定靖王休卒。自卒至殯，魏主三臨其第。頁四四三二

史炤釋文曰：臨，力禁切，哭也。余謂此君臨臣喪之臨，讀如字。君臨臣喪，固哭之；但史言三臨其第，當以臨幸、臨視之臨爲義。漢書賈山所謂錫衰麻絰而三臨其喪，正古者待大臣之禮，魏主用斯禮也。

通鑑一百四十

二年　魏主曰：「代人遷洛者，宜悉葬邙山。其先有夫死於代者，聽妻還葬；夫死於洛者，不得還代就妻。其餘州之人，自聽從便。」頁四四六五

史炤釋文，提起「妻其」二字，註曰：妻，七計切。以女嫁人曰妻。余謂若如炤釋，當以妻其餘州之人爲句，讀之便使上下文皆失其指義，童而習者不爲也。按通鑑上文，時廣川王諧卒，其妻先死於代，而諧從魏主南遷，死於洛，有司於其葬地，審以新尊從舊卑之義，故魏主因是定制；以爲夫尊妻卑，夫葬於代而妻死於洛，則妻當還葬於代以從夫。若妻葬於代而夫死於洛，不得還葬於代以就妻。除代人之外，餘州之人，不用此制，各從其便。「妻」字句斷，「其」字當屬下句，文理曉然。妻，讀如字。

沮水氏楊馥之爲齊擊武興氏楊集始，破之。頁四四六七

史炤釋文曰：沮水出房陵東，至郢入江。余謂沮水有二，辯已見七十七卷魏元帝景元二年。此沮水乃武都沮縣之沮水，非出房陵之沮水也。元和郡縣志曰：今興州城，古之武興城也。武興及沮縣之沮水，皆屬漢武都郡界。房陵則屬漢中郡，唐之房州是也。楊氏諸氏皆居武都，不居房陵也。一百四十八卷梁武帝天監十四年釋「沮水」誤同。其曰新城、房陵，則以曹魏分漢中置新城郡，欲以新異觀者之目耳。

三年　魏寇司州，櫟城戍主魏僧岷拒破之。頁四四七七

史炤釋文曰：櫟城在司州，屬後魏。余按此時魏寇齊之司州，爲櫟城戍主所破，則櫟城屬齊不屬魏明矣。齊之司州，鎮義陽。

通鑑一百四十一

四年　魏發冀、定、瀛、相、濟五州兵。頁四四九〇

海陵本釋文曰：瀛州，郎河内郡。余按瀛州，河間郡地，非河内也。

李崇搓山分道。頁四四九三

史炤釋文曰：搓山與氐、羌相近。搓，鋤加切，亦作「查」。（海陵本同。）余按搓，音仕雅翻，衺斫木也。此與晉穆帝永和六年燕命慕輿埿搓山通道同義。史炤於此以搓山爲山名，又愈誤矣！

聚礧石，臨崖下之。頁四四九三

史炤釋文曰：礧，洛罪切，推石自高而下也。余謂釋是而音非。音洛罪切者，礧硌之礧；推石自高而下之礧，當音盧對翻。漢書李陵傳，乘隅下壘石，壘音盧對翻，音義正與此礧同，特古字借用不同耳。

徐州刺史裴叔業引兵攻虹城。頁四四九五

史炤釋文曰：虹，戶公切，後魏之地。余謂此虹城卽漢虹縣也。今泗州猶有虹縣。漢書音義：虹，音貢。今人讀如絳。南齊徐州刺史鎭鍾離。裴叔業自鍾離引兵渡淮攻魏之虹城，以撓魏南寇之兵，正今泗州之虹縣也。史炤音戶公切，特隨字自爲之音，非有所據也。

王崇武標點容肇祖聶崇岐覆校

通鑑釋文辯誤卷第七

天台胡三省身之

通鑑一百四十二

東昏侯永元元年　魏邀齊兵歸路，陳顯達引兵渡水西，人情沮恐。頁四五一八

史炤釋文曰：沮，將豫切；沮喪而恐懼也。（費本同。）余按沮喪之沮，音在呂翻。從將豫切者，乃沮洳之沮也。史炤以沮止之沮、沮喪之沮讀爲去聲者甚多，不欲枚舉，讀通鑑者自決擇可也。

顯達之北伐軍入沟均口，馮道根說顯達曰：「沟均水迅急，難進易退。」頁四五一八

史炤釋文曰：沟、均皆水名。余謂沟均，一水也。按水經註：均水有三名。均水發源弘農郡盧氏縣之熊耳山，南逕順陽縣，當涉都邑之北，南入于沔；地理志言熊耳之山，淯水出焉，東南至順陽入于沔者也。又曰：順陽縣西有石山，南臨沟水。沟水又南流注于沔水，謂之沟口。又曰：沔水自武當縣東南流，逕涉都城東北，均水入焉，謂之均口。則淯、沟、均，雖有三名，實一水也。孫愐曰：沟，水名，出析縣北山，入沔，今作均。蓋沟、均同音。或曰沟口，或曰均口，後人遂連沟、均二字言之，謂爲沟均口。

通鑑一百四十四

和帝中興元年　魏主召禧、勰、詳入見，曰：「比纏尫疹，苟延視息。」頁四五六三

史炤釋文曰：瘮，章忍切；癮瘮也；一曰，脣瘍。（費本同。）余按字書，癮瘮之瘮，章忍切。侹瘮之瘮，丑刃翻。侹，弱也。瘮，疾也。自言弱疾，苟延視息。若患癮瘮，何至言苟延視息哉！史炤釋瘮字，一百七十二卷陳宣帝太建八年、二百三十六卷唐順宗永貞元年皆誤，而三變其說，各辯于後。

陳伯之收兵退保湖口，留陳虎牙守湓城。頁四五七八

史炤釋文曰：湓水之城在廬江尋陽。余按漢書地理志，尋陽固屬廬江郡，然漢之尋陽在江北，至晉以後，尋陽在江南。沈約宋志曰：尋陽，本縣名，因水名縣。水南注江。二漢屬廬江，吳立蘄春郡，尋陽縣屬焉。晉武帝太康元年，省蘄春郡，以尋陽屬武昌。二年，以武昌之尋陽復屬廬江郡。是時尋陽縣猶在江北。惠帝永興元年，分廬江、武昌立尋陽郡，治江南之柴桑。自時厥後，江北尋陽之名移於江南，而湓浦、柴桑皆在尋陽郡管下。史炤若言湓城在尋陽猶可，言在廬江之尋陽則不可。

新亭城主江道林引兵出戰。頁四五八〇

史炤釋文作「道怵」，音敇律切。謂之非誤，可乎！

通鑑一百四十五

梁武帝天監元年　魏小峴戍主党法宗襲大峴戍，破之。頁四六〇四

海陵本釋文曰：小峴，山名，在襄陽。大峴，山名，在琅邪陽都縣。（史炤釋一百二十八卷宋孝武帝孝建元年同。）余觀海陵本不從史炤之說，以襄陽之峴山爲小峴，琅邪之大峴關爲大峴，自以爲得其說矣；殊不知自襄陽至琅邪，幾千百里，豈輕兵掩襲之所能制勝乎！況是時襄陽之峴山屬梁境，琅邪之大峴關屬魏境；党法宗，魏將也，乃戍梁境之峴山而襲魏境之大峴關，其說又爲不通。按小峴、大峴在歷陽、合肥之

間，小峴在合肥之東，大峴又在小峴之東，是後韋叡克小峴，進攻合肥，是小峴在合肥之東明矣。宋孝武帝孝建元年，魯爽自壽陽舉兵進屯大峴，食少而退，薛安都自歷陽進兵，追及爽於小峴，斬之。是大峴在小峴之東又明矣。二峴相去蓋不甚遠也。費本註曰：党，丁浪切。余按党，音底朗翻，無從去聲者，此亦蜀人土音之訛。

通鑑一百四十六

四年　魏邢巒表云：在南之日，曾立巴州，鎮靜夷獠。頁四六三六

史炤釋文曰：西南夷謂之獠。（海陵本同。）余按史炤以獠爲西南夷，至是三矣，已辯之於前，今復申言之。蜀主李勢之時，獠始自山出，從巴西至犍爲、梓潼，布滿山谷。李延壽北史曰：獠，蓋南蠻之別種，邛、筰川洞之間，散居山谷，種類甚多，略無氏族之別，又無名字，所生男女惟以長幼次第呼之。二百四十五卷唐僖宗中和二年，炤又以獠爲戎夷別名，是又略變前說，而其誤終身不能改也。

五年　魏涇州陳瞻亦聚衆稱王。頁四六三八

史炤釋文曰：涇，宣城邑。余謂此魏所置涇州也。按魏收地形志，魏置涇州於安定臨涇城。若宣城郡之涇縣，則在江南，屬梁，非魏土也。且通鑑書魏涇州，而以梁宣城郡之涇縣爲釋，曾是可以欺後學乎！

將軍藍懷恭與魏邢巒戰于睢口，敗績，巒進圍宿豫。頁四六四六

史炤釋文曰：睢水之口在元魏梁郡。余按水經註，睢水首受陳留蒗蕩渠，東過梁國睢陽縣南，又東過相縣故城南，又東逕彭城之靈壁東，又東逕睢陵縣故城北，又東南逕下相縣故城南，又東南流入于泗，謂之睢口。睢口不在梁郡也。

通鑑一百四十七

七年　馬仙琕籤求應赴。頁四六六九

史炤釋文曰：籤，郵籤。（海陵本同。）余按李延壽南史：故事，府州部論事皆籤，前直敍所論之事，後云謹籤，月日下又云某官某籤。馬仙琕籤求應赴，正此籤也；以爲郵籤，何所據乎！

魏邢巒乘勝長驅至懸瓠，因渡汝水，圍其城。頁四六七〇

史炤釋文曰：汝水出上洛盧氏，還歸山東，入淮。余按汝出盧氏，過梁縣，又東南過潁川郟縣，又東南過定陵郾，又東南過汝南上蔡縣西，又東逕懸瓠城北，汝水枝別左出西北流，又屈西東轉，又西南會汝，形若懸瓠，城因名焉。故邢巒之兵渡汝水而圍懸瓠。史炤但能言汝水所出及所入處耳。

八年　許懋議，孫晧嘗遣董朝至陽羨禪國山。頁四六七三

史炤釋文曰：陽羨，會稽邑。（海陵本同。）余按陽羨縣，前漢屬會稽郡，後漢屬吳郡，東晉以後屬義興郡。又分陽羨爲國山縣。

九年　吳承伯反，奄至吳興，吏民恇擾。頁四六七九

史炤釋文作「怇擾」，註曰：音巨，恐擾也。（海陵本同。）余按怇字，乃恇字之誤也，炤從而爲之音釋，繆矣。字書亦無怇字。恇，音去王翻。

十年　魏汾州山胡劉龍駒聚衆反。頁四六八一

史炤釋文曰：汾水出太原晉陽山，西南入河；後魏置汾州。余按汾水所出、所經、所入，已辯於一百二十四卷宋文帝元嘉二十三年。但史炤今之註較之前註愈誤。汾水出太原汾陽北山，非晉陽山也。且魏太和

十二年置汾州，治蒲子城，孝昌之亂淪陷，又移治西河，領西河、吐京、五城、定陽等郡。此時汾州猶治蒲子。劉龍駒，蓋山胡種居汾州部內者也。炤以汾水出入處釋汾州，失之遠矣。

通鑑一百四十八

十五年　淮堰成。或謂康絢鑿湫東注，又縱反間於魏，蕭寶寅信之，鑿山深五丈，開湫北注。頁四七〇七

史炤釋文曰：湫，卽由切，水名。或普焦切。余按湫字惟丁度集韻有之，無普焦切一音。以通鑑本文觀之，湫者溝瀆之類，非水名也。

通鑑一百四十九

普通二年　琬琰殿火。頁四七五一

史炤釋文曰：琬琰，璧名。余按周禮有琬圭、琰圭，鄭氏註曰：琬，猶圜也。琰，剡上。如是，則琬圭圜其上，琰圭剡其上；琬、琰皆圭名，非璧名。然此以琬琰名殿耳；而致辯於圭璧之間，正以分別字義不得不爾。

通鑑一百五十

五年　魏涼州幢帥于菩提等。頁四七六七

史炤釋文曰：幢帥，猶連率也。余按禮記王制，三十國爲連，連有率。魏安能行古制哉！柔然之法，百人爲幢，幢有帥。

秀容人乞伏莫于聚衆攻郡，殺太守。南秀容牧子萬于乞眞反，秀容酋長爾朱榮討平之。頁四七六九

史炤釋文曰：秀容，本漢汾陽縣地，後省之。至元魏，置肆州秀容縣。按史炤之誤，余已辯之於一百八卷

晉孝武帝太元十九年，而爾朱居秀容之本末則未之及也。按爾朱氏世居秀容川，爾朱榮高祖羽健從魏主珪攻燕主寶有功，環其所居，割地三百里以封之，爾朱氏自此強盛。此北秀容也。又有南秀容，則漢汾陽縣地也，魏置秀容郡及秀容護軍於此，其地在汾水之北，北秀容又在汾陽之北。史家慮北秀容、南秀容之無以別也，故乞伏莫干則曰「秀容人」，萬于乞眞則曰「南秀容牧子」，此其分別甚明。史炤不能詳考，混而言之，非深於通鑑者也。

魏郢州刺史裴詢與蠻酋西郢州刺史田朴特相表裏。頁四七七四

史炤釋文曰：郢，州名，屬後魏。余謂若如炤釋，則凡欲註書以求自見於後世者，豈不甚易！按是時南北分王，各有郢州，魏置郢州於義陽，梁郢州則治夏口。

六年　崔延伯別造大盾，內爲鎖柱，使壯士負而趨。頁四七八四

史炤釋文曰：盾，食尹切，本作「輴」，車轉者。（海陵本同。）余謂盾卽干盾之盾，所以捍鋒矢者。輴者，載柩之車，音敕倫翻。史炤繆矣。

邵陵王綸問賣䱇者，令吞䱇而死。頁四七九四

史炤釋文曰：䱇，七演切，魚名，皮可爲鼓。一曰，蛇䱇，黃質黑文。（海陵本同。）余按皮可爲鼓者，鼉也。陸璣草木疏云：鼉似蜥蜴，四足，長丈餘，甲如鎧皮，堅厚，宜冒鼓。詩所云「鼉鼓逢逢」者，蓋鼉皮所冒之鼓也。字書，鼉字亦作鱓，音徒何切。既皮可冒鼓，豈人所能吞哉！曰蛇䱇者近之。䱇，亦作鱓；音七演翻。二字同而音異，故炤釋文〔未〕知所決擇。

通鑑一百五十一

七年　魏安州三戍兵反，杜洛周自松岍赴之。頁四七九六

史炤釋文曰：岍，苦堅切，地名。（海陵本同。）余按岍字，當讀與岬、陘同；音戸經翻。唐志，營州西北百里，曰松陘嶺。魏安州治廣陽郡之方城縣，唐檀州是也。

大通元年　魏源子邕、裴衍行至陽平漳水曲。頁四八一八

史炤釋文曰：漳水在陽平東北。山海經云：漳水出荆山，南注于沮水。余按炤因通鑑本文知漳水在陽平東北，而又引沮、漳之漳水雜以爲釋，習之而不察甚矣。魏文帝分魏郡置陽平郡，治館陶。

通鑑一百五十二

二年　魏北道行臺楊津守定州城，居鮮于脩禮、杜洛周之間，迭來攻圍。頁四八二〇

史炤釋文提起「間迭」二字，註云：間，居莧切，代也，廁也。余按史炤之說，則以「間迭來攻圍」爲句，殊不顧上句讀不成文，其繆甚矣。當以「居鮮于脩禮、杜洛周之間」爲一句，「迭來攻圍」爲一句；間，讀如字。

番郡民續靈珍攻番城以應梁。頁四八三八

史炤釋文曰：番，蒲何切。余按蕃縣，漢屬魯國，晉惠帝元康中廢，屬彭城郡。魏收地形志曰：孝昌三年，置蕃郡，治蕃城，元象二年，併彭城。武定五年，復置蕃郡。漢書音義，番陽縣之番，音蒲何翻。魯國蕃縣之蕃，音皮。或云：皮，反字之誤，反讀如字。是時梁將王弁侵魏，徐州蕃郡民續靈珍攻蕃城以應梁，此蕃郡、蕃城，卽漢魯國之蕃縣。傳寫通鑑者「番」上缺「艸」，遂爲番郡、番城，史炤又從而音蒲何切，誤矣！

葛榮列陳數十里，箕張而進。頁四八三九

史炤釋文曰：箕張，猶春秋魚麗之陳。余按左傳魚麗之陳，先偏後伍，伍承彌縫。箕張之陳，與魚麗之陳

固當不同。列宿之象，箕張，翼舒。箕四星，下二星翕而相近，上二星開張。列陳前闊而後狹，故曰箕張，卽今軍中言杷頭陳也。

葛榮至洛，魏主御閶闔門引見。頁四八四〇

史炤釋文曰：閶闔，天門也。（海陵本同。）余按閶闔門，洛陽宮城門，辯已見八十四卷晉惠帝太安元年。史炤前說已誤，此又以閶闔爲天門。宮城門固取天門以爲名，然徑以爲天門則不可。一百六十卷太清元年「閶闔門」註亦誤。

羊侃自瑕丘潰圍出魏境，至渣口。頁四八四一

史炤釋文曰：渣，側加切，水名，出義陽。一作「溠」。（海陵本同。）余按水經註，偪陽有柤水，南亂沂而注于沭，謂之柤口。柤，音側加翻，卽此渣口也，但字異耳。杜預曰：溠水出義陽厥縣西。義陽，唐之申州；瑕丘，唐之兗州治所。偪陽在唐徐州界。羊侃南奔，自瑕丘至徐州之渣口，道里甚徑。若自兗州至申州，道里甚遠。觀者可以知所決擇矣。

通鑑一百五十三

中大通元年　魏楊昱據滎陽，陳慶之攻之，將士相帥蟻附而入。頁四八四七

史炤釋文曰：蟻，蚍蜉也。附者，謂其能屯聚也。余謂蟻能附著木石牆壁而行，緣而登高。史言陳慶之將士緣滎陽城而登，若蟻之附木石牆壁而登高然，非以蟻能屯聚爲喻也。

初，魏以梁、益二州境土荒遠，更立巴州以統諸獠，又立隆城鎭。頁四八五六

史炤釋文曰：巴，春秋時巴地，晉、宋間爲夷獠所居，至後魏得其地，立巴州。余按漢書地理志，巴郡十一

縣，皆春秋時巴國之地。漢獻帝時，劉焉、劉璋父子分巴爲三郡，其後分置郡縣，寖以益多，自閬、渝至于夔、涪，皆巴地也，未嘗盡爲夷獠所居。三國之時，蜀都護李嚴嘗請以五郡爲巴州，諸葛亮不許。至蕭齊，卒置之。蕭子顯齊志曰：三峽險隘，山蠻寇賊，宋末置三巴校尉以鎮之，既省，復置。齊高帝建元二年，置巴州，分巴東、建平、涪陵、巴郡屬焉。武帝永明元年，省巴州。故天監二年邢巒表魏主曰：在南之日，嘗立巴州，鎮靜夷獠。謂此也。由此觀之，巴州之立尚矣，特廢置不常耳，非魏立也。

通鑑一百五十四

二年　魏爾朱榮曰：「擁生蠻北填六鎮。」頁四八六八

史炤釋文曰：填，讀曰鎮。余謂此乃補填之填，音停年翻；言欲驅生蠻以補填六鎮叛亡之戶。

陳慶之引兵圍懸瓠，破魏潁州刺史婁起等於溱水。頁四八八六

史炤釋文曰：溱，側詵切，水名，在河南。余按此史炤據廣韻以爲釋也。廣韻所謂溱水在河南者，以周宣王弟鄭桓公邑于新鄭而食溱、洧，新鄭縣漢屬河南郡，故云然。時陳慶之圍懸瓠，懸瓠城在汝南，安能北至新鄭之溱與婁起等戰也！水經註：溱水出汝南平輿縣浮石嶺北青衣山，東南逕朗陵縣故城西，東北逕宜春縣故城北，又東北入于汝。陳慶之破婁起等，寔於此水也。

通鑑一百五十六

五年　賀拔勝遣軍攻馮翊、安定、沔陽、酇城，皆拔之，於是沔北蕩爲丘墟矣。頁四九二五

史炤釋文曰：沔陽，漢中邑。余按漢中郡自漢以來固有沔陽縣。然以歷代地志考之，宋立馮翊、安定等僑郡於沔北，梁置沔陽郡於漢竟陵縣之地，後周以爲復州。置酇城郡於漢陰縣之地，亦皆沔北，北屬梁雍州

刺史。以通鑑下文觀之，可以知矣。漢中之沔陽縣屬梁州，時梁州之地已爲魏有。史炤釋非。

魏主西奔至稠桑，潼關大都督毛鴻賓迎獻酒食。頁四九四二

史炤釋文曰：稠桑，地名，在滎陽西。余按魏主自洛西奔至稠桑，而毛鴻賓自潼關迎獻酒食，則稠桑在洛陽之西、潼關之東，明矣。弘農郡湖城縣有稠桑驛。通鑑書魏主先至湖城而後至稠桑，稠桑在湖城之西，不在滎陽之西。滎陽在洛陽東，去稠桑遠矣。一百八十四卷隋恭帝義寧元年竇琮等追及屈突通於稠桑，炤釋亦誤。但兩事有自東徂西，自西徂東之異耳，辯見于後。

賀拔勝自南陽帥所部西赴關中，至淅陽。頁四九四四

史炤釋文曰：淅，旨熱切。淅陽，郡名，淅水所出。余按魏淅陽郡，漢弘農郡淅縣之地也，有析水，後魏置析陽郡。魏收地形志只從漢書作「析」字。隋書五代志乃作「淅」字，宋朝鄧州淅川、内鄉二縣卽其地。炤以爲淅水所出，是矣。若音旨熱切，則「浙」字，非「淅」字也。

魏孝武帝闔門無禮。頁四九四九

史炤釋文作「闔門」，註云：闔，胡獵切，閉也。余按通鑑諸本皆作「閨門」，下文書閨門無禮事甚詳。史炤誤矣。

通鑑一百五十七

大同三年　東魏丞相歡遊汾陽之天池。頁四九六九

史炤釋文曰：汾水之陽，河東邑。余按汾陽縣自漢至後魏，皆屬太原郡。魏自正光以後，北邊盜起，恆、朔陷沒，乃置秀容郡於漢汾陽縣地，唐忻州之秀容縣是也。若隋地理志，太原郡之汾陽縣，則漢之陽曲縣地。

漢之汾陽縣與隋之汾陽縣皆非河東邑，而高歡所遊者乃秀容之汾陽也。隋煬帝建汾陽宫，即此地。

魏大都督宇文貴進據潁川，東魏行臺任祥退保宛陵。頁四九八一

史炤釋文曰：宛陵，宣城邑，彭澤聚在西。余按史炤參取漢書地理志及晉書地理志以爲釋。殊不知地理志漢河南郡又有苑陵縣，晉屬滎陽郡，後魏屬陳留郡，天平以後，屬廣武郡，任祥所退保者也。詳考諸志，宣城之宛陵與任祥所保之苑陵，字有「苑」、「宛」之異，傳寫者誤以「苑」爲「宛」。史炤遂誤釋爲宣城之宛陵，所謂差之毫釐繆以千里也。

魏行臺楊白駒與東魏陽州刺史段粲戰于蓼塢。頁四九八一

史炤釋文曰：蓼，即安豐之邑。（費本同。）余按漢書地理志，蓼、六二縣，皆屬六安國。蓼、六，春秋時猶爲列國，皋陶之後也，俱爲楚所滅。晉地理志，蓼縣始屬安豐郡。然考魏收地形志，此時東魏置陽州於宜陽，西魏以楊白駒爲行臺，使之東略，其交兵正在河、潼間，安得戰於安豐之蓼邑邪！水經註：蓼水出河北縣襄山蓼谷，蓋當時之人於此谷築塢，因謂之蓼塢。漢書音義曰：襄山在潼關北十餘里。

通鑑一百五十八

四年　魏廣州守將駱超。頁四九八四

史炤釋文作「駱越」。註曰：駱，姓也；越，其名。余按駱越乃漢時南方蠻之種名。此魏將也。通鑑諸本皆作駱超，參考通鑑前後所書，亦「超」字爲是。炤於一百五十四卷中大通二年亦以爲駱超。

九年　宇文泰登邙山以襲高歡，黎明，泰軍與歡軍遇。頁五〇〇七

史炤釋文曰：黎，音離。黎，猶比也，謂比至天明也。（海陵本同。）余按史記黎明之黎作遲。說文曰：遲，

徐也；讀與黎同，音力兮翻。程大昌曰：徐廣云：黎，猶比也，將明之時也。此說非也，黎、梨字通，棃，黑色也。黑與明相雜，欲曉未曉之交也，猶曰昧爽也。昧，暗也；爽，明也；亦明暗相雜也。遲明，即未及乎明也。厥明、質明，則已曉也。讀黎如離，恐駭俗，且當從說文音。此音亦有黑義，字書棃字亦有從力兮翻者。

通鑑一百五十九

十一年　柔然頭兵可汗使其弟禿突佳來送女，且報聘。頁五〇二二

史炤釋文以「聘」爲「娉」，註曰：說文：娉，問也；謂昏禮問名。余按古禮有交聘之聘，有聘女之聘，說文始以聘女之聘爲娉字，與交聘之聘分爲二字。然古之聘字雖同，而時聘之禮與聘女之禮異。周禮：時聘曰問，以結諸侯之好。又曰：穀圭以聘女。此聘字之同也。春秋左氏傳，宣九年，孟獻子聘于周。十年，劉康公來報聘。交聘之聘也。文四年，貴聘而賤逆，君子是以知出姜之不允於魯。七年，穆伯又聘於莒，莒人以聲己辭，則爲襄仲聘焉。聘女之聘也。聘字皆同而爲禮則異，凡讀經、傳者，居然可知也。左傳書報聘之事非一。柔然固不可以古禮律之，然其使弟來送女，則猶古人致女之禮也。報聘則是報高歡之使聘，亦古者列國來聘、報聘之意。史言且者，謂送女且報聘也。當是時，高歡未嘗許以女女柔然，何昏禮問名之有！若問名，不當言報。「娉」字只當作「聘」字，以交聘之聘爲釋。且者，不專爲一事，并有餘事之謂。

通鑑一百六十

太清元年　荀濟知上有大志，然負氣不服，常謂人曰：「會於盾鼻上磨墨檄之」。頁五〇五三

史炤釋文曰：矛盾之鼻也。余按荀濟只言盾鼻，史炤乃汎引矛爲說以雜之。盾之有鼻，蓋盾背有隆起處，故謂之鼻。記：朱干設錫。鄭玄註曰：干，盾也；錫傅其背如龜也。正義曰：詩云鏤錫，謂以金飾之。

用金琢傅其盾背，盾背外高，龜形亦外高，故云如龜。蓋見漢禮然也。或謂錫卽盾鼻。矛若有鼻，當施於何所！

通鑑一百六十一

二年　西豐公大春守石頭。頁五〇七九

史炤釋文曰：石頭，在丹楊秣陵、建業中，孫權城之。余按江左置丹楊尹，秣陵、建業二縣皆治京邑。建業改爲建康，自避晉愍帝諱始。當時二縣分治，以秦淮水爲界。炤以爲在秣陵、建業中者，抑以爲在二縣中間邪！既不能指定實處，而其文質俚亦甚矣。且漢建安中孫權築石頭城，至此三百餘年，通鑑書石頭事凡幾。史炤於魏文帝黄初五年、晉海西公大和五年釋已誤，此釋又添一誤也。張舜民曰：石頭去臺城九里，天生城壁，在清涼寺北覆舟山上，江行自北來者，循石頭城轉入秦淮。

通鑑一百六十二

李遷仕、樊文皎帥鋭卒五千深入，至菰首橋東。頁五〇九七

史炤釋文曰：菰首橋在淮地。（海陵本同。）余按淮者，秦淮水也。李遷仕等先將兵渡淮，攻東府前柵焚之；侯景退，衆軍營於青溪之東，遷仕又進至菰首橋東。則此橋當在青溪上。曰在淮地，何邪！御甘露廚有乾苔，味酸鹹，分給戰士。頁五〇九八

史炤釋文曰：苔，蘚也。（海陵本同。）余謂苔生於海，其形如髮，春二三月，海人採取之，納土窖中，出而曬之成片，今南人多食之。若苔蘚者，生於階牆及陰濕之地，安可食邪！

通鑑一百六十三

簡文帝大寶元年　陳霸先脩崎頭古城，徙居之。頁五一四三

史炤釋文曰：崎頭，城名，在梁地。余謂侯景雖專，梁命未改，江淮以南皆梁地，崎頭爲梁地一語，不註可也。按陳霸先自始興出兵，度大庾嶺，既破蔡路養於南野，遂居崎頭古城。崎頭之地，今不可知，必在南康郡界。南康，今贛州。

侯景遣侯瑱隨于慶徇蠡南諸郡。頁五一四六

史炤釋文曰：蠡南，地名。蠡，力兮切，又力底切。余謂蠡南諸郡，指彭蠡湖以南諸郡，如豫章、廬陵、安成、臨川、南康是也。蠡，音禮；力兮切非。

通鑑一百六十四

二年　任約追胡僧祐及於芊口。頁五一六三

海陵本釋文作「芋口」。芋，羽俱切，又王遇切，地名。余按「芋」字本「芊」字之誤。姚思廉梁書曰：芊口，在南平郡安南縣界。不能博考而妄爲音切，可乎！芊，音千。

元帝承聖元年　侯子鑒以鵃䑠千艘載戰士。頁五一七五

海陵本釋文曰：鵃䑠，上止遙切，又陟交切；下力鳥切。余按丁度集韻：鵃，丁了翻。䑠，朗鳥翻。類篇曰：鵃䑠，船長貌。海陵本音釋，殊無所據。

通鑑一百六十五

三年　嚴超達自秦郡進圍涇州。頁五二〇五

費本註曰：涇州蓋以涇水爲名。余按五代志，江都郡永福縣，梁置涇州，領涇城、東陽二郡。李延壽北史

曰：梁涇州在石梁。此乃因涇城以名州，非涇水也。

通鑑一百六十六

敬帝紹泰元年　齊平秦王歸彦譖清河王岳曰：「清河僭擬宫禁，制爲永巷。」頁五一三五

史炤釋文曰：永巷，列宫名，有長巷，故名之也。余按宫中長巷曰永巷，自應劭已有此説，未嘗以永巷爲列宫名。高歸彦譖高岳，謂其私第僭擬宫中爲永巷耳。觀通鑑本文，可見炤説之僻繆。一百七十卷陳宣帝太建元年「永巷」，史炤復有此繆説。

晉安民陳羽世爲閩中豪姓。頁五一三八

史炤釋文曰：閩中，郡名，卽南越地，余按閩中乃漢閩越地，非南越地；梁亦未嘗置閩中郡。下卷陳武帝永定元年誤同。

太平元年　魏以岐陽之地封安定世子覺爲周公。頁五一五四

史炤釋文曰：岐陽，本元魏秦平郡，至西魏改。余按西魏改秦平郡爲岐山郡，未嘗改爲岐陽。魏以岐陽之地封宇文覺，蓋指岐山之陽，漢雍、郿二縣地。後魏眞君六年，於漢郿縣地置周城縣。岐山之下，周自古公亶父至文王居之，故謂之岐周。拓跋之縣名，宇文之國號，皆本諸此。

通鑑一百六十七

周晉公護與李植相質，植辭窮。頁五一六六

史炤釋文曰：質，職利切；質當以爲信。余謂質，職日翻。對面相辯正爲質。禮記曲禮：夫人之諱，雖質君之前，臣不諱也。鄭註云：質，猶對也。是質有對之義。通鑑下文言李植辭窮，可以知非質當之質也。

至一百七十三卷宣帝太建十年齊王憲與于智相質，炤則曰：質，職日切，正也；謂正自相當。釋相質之義雖未爲明切，而亦知職利切之爲非矣。

置删定郎，治律令。頁五二六八

史炤釋文曰：陳置此官以治律令。余謂註書如此，何所發明！按曹魏之世，置尚書曹二十三郎，有定科郎。劉宋置十九曹郎，文帝元嘉十八年增置删定曹郎，蓋魏世之定科郎也。至于齊、梁亦皆置之，以删定律令。陳受梁禪，政事皆由中書省，置二十一局，各當尚書諸曹，總國機要，尚書惟聽受而已，特置删定郎以治律令。

帝裸裎爲樂。頁五二七〇

史炤釋文曰：裎，袒也；古褌衣。趙、魏之間無裦者謂任。余按朱氏孟子解，裸裎，露身也，義甚簡明。褌衣之説，本之廣韻；無裦謂任，此語全不可曉，或者任字其裎字之誤乎！若服褌衣，則非裸裎矣。炤不過欲艱深其辭以罔後學。

陳武帝永定元年　齊以長廣王湛爲尚書令。頁五二七五

史炤釋文曰：湛，市林切，又持林切，丈減切。余謂上兩音皆非也，當從下音。

二年　惶怖且悲，不覺聲顫。頁五二八一

史炤釋文曰〔作〕「軃」，註云：旨善切，搖也；通作「顫」。余按通鑑本文正作「顫」字，當音之膳翻。軃音旨善切者，孫愐云：裸形無可蔽也。非聲顫之義。

王崇武標點容肇祖聶崇岐覆校

通鑑釋文辯誤卷第八

天台胡三省身之

通鑑一百六十八

文帝天嘉三年　和士開善握槊。頁五三一九

史炤釋文曰：「槊」，通作「矟」。矛長丈八者爲槊。（海陵本同。）余按握槊，局戲也。李延壽曰：握槊，蓋胡戲，近入中國。劉禹錫觀博曰：握槊之器，其制用骨，觚稜四均，鏤以朱墨，耦而合數，取應日月，視其轉止，依以爭道。史炤乃以爲握丈八之槊，是但知槊之爲兵器而未知握槊之爲局戲也。

通鑑一百六十九

五年　陳寶應逃至莆口。頁五三四六

史炤釋文曰：莆，音甫。（海陵本同。）余按莆口在唐泉州莆田縣界，今興化軍之地。莆，音蒲；音甫非。

天康元年　周信州蠻冉令賢等反，遠結涔陽蠻爲聲援。頁五三五八—五三五九

史炤釋文曰：涔陽渚之蠻，在郢中。余按後周置信州於永安，唐之夔州也。酈道元曰：江陵西北有紀南城，楚文王自丹楊徙此，平王城之。班固言楚之郢都也。楚辭曰：邅吾道兮洞庭，望涔陽兮極浦。屈原，楚人也，至洞庭然後可以望涔陽，則涔陽之不在郢中亦明矣。道元又曰：涔水出作唐縣西北天門郡界，南

流逕涔評屯；屯堨涔水，漑田數千頃。又東南流注于澧水。涔陽蓋居是水之陽也。二百六十六卷梁太祖開平元年雷彥恭攻涔陽、公安，正此涔陽。史炤釋亦誤。九域志：江陵府公安縣有涔陽鎮。

通鑑一百七十

臨海王光大元年　巴山太守黄法慧從宜陽出醴陵，共襲華皎。頁五三六七

史炤釋文作「澧陽」，註曰：天門邑。余按地理志，醴陵、澧陽自是兩縣。醴陵縣，後漢置，屬長沙郡。澧陽縣，晉武帝太康中立，天門郡治焉。時華皎據長沙，安成王頊使吳明徹等帥舟師泝江攻之，又使黄法慧從宜陽出醴陵以襲其不備。宜陽，漢之宜春縣也。晉孝武帝避其母鄭太后諱，改爲宜陽，今袁州宜春郡也。自宜春至醴陵，不及二百里；澧陽則在洞庭、太湖之北，自宜春襲長沙，不出澧陽也。

齊主封弟仁約爲樂浪王。頁五三六八

史炤釋文曰：樂浪，郡名，古朝鮮之國，其地系北齊。余按齊主以古郡名爵諸弟爲王耳，未嘗使之君國子民。樂浪，古朝鮮之地，自晉至于慕容氏之末世，已不能有其地，北齊安能系屬之哉！

宣帝太建三年　周遣右武伯谷會琨等聘于齊。頁五三九九

史炤釋文作「焜」，註曰：其字未詳。余按通鑑諸本皆作「琨」，炤所見本，於昆旁王偶缺上一畫耳。

通鑑一百七十一

五年　齊人於秦郡置秦州，州前江浦通涂水。頁五四一九

史炤釋文曰：涂，同都切。水出益州牧靡南山，西北入繩。（海陵本同。）余按晉惠帝置堂邑郡於漢堂邑縣，至安帝改堂邑郡爲秦郡，以秦之僑人居其地故也。北齊取淮南，就以秦郡置秦州，唐滁州六合縣卽其

地，因滁水以名州。涂，讀爲滁，辯已見七十五卷魏邵陵厲公嘉平三年、八十卷晉武帝咸寧五年。漢益州郡牧靡之地，自宇文併蜀，棄之荒外，宇文且不能有其地，齊人境土，西限於宇文，其能有牧靡之地乎！是時陳師伐齊以復淮南，豈攻益州哉！此乃漢堂邑之滁水，非漢牧靡之涂水也。

通鑑一百七十二

七年　周主伐齊。鮑宏曰：「進兵汾、潞，直掩晉陽。」頁五四四八—五四四九

史炤釋文曰：汾、潞，二州名，系後周。余按周、齊敵國，疆埸之間，各置州郡，齊置汾州於西河，周置汾州於定陽。若潞州上黨郡則屬齊地。周建德六年始平齊，陳太建之九年也。宣政元年分幷州上黨郡始置潞州，太建之十年也。烏得於太建七年以潞州系後周哉！蓋鮑宏論伐齊，直言進兵之路，不指州名而指水名，自汾水取平陽，過雀鼠谷，可以掩晉陽；自上黨潞川入壺關、黄澤，亦可以掩晉陽；非指二州名也。

八年　周主謂羣臣曰：「朕去歲屬有疾疹，遂不得克平逋寇。」頁五四五五

史炤釋文曰：疹，章忍切。癮疹，皮外小起也。余按此疾疹之疹，與疢字同音丑刃翻，經、傳作「疢」，作「疹」者俗書也。周武帝舉大兵以伐國，不應以皮外小起癮疹而還師。史炤之淺妄率如此！至二百三十六卷唐順宗永貞元年，方能以疹爲久疾，乃因通鑑正文積疹而生義，然音切終不能改也。

前出河外，直爲拊背，未扼其喉。頁五四五六

史炤釋文曰：拊，揗也，謂摩其背也。余按周主此語本之婁敬，婁敬說高祖曰：「夫與人鬬，不扼其吭而拊其背，未能全勝。」周武帝前此伐齊，至河陰而還，以鬬爲喻，猶拊背也。拊者，擊也，不當以拊摩爲說。若與人鬬而拊摩其背，乃是爲之搔癢，豈是與之鬬邪！一百八十四卷隋恭帝義寧元年「拊其背」註亦誤。

齊主獵於祁連池。頁五四五六

史炤釋文曰：祁連山之池也，在匈奴中。余謂此祁連池，汾陽之天池也，即後所謂獵於天池者也，史互言之耳。北人謂天爲祁連，故天池有祁連池之名，猶匈奴呼天山爲祁連山也。祁連山，漢書音義釋之甚明；汾陽之天池，水經註言之甚詳；余悉取以註通鑑，能讀之者可考見也。且齊主獵時，周兵已攻晉州，若獵於匈奴界中祁連山之池，安能以丙辰獵而癸亥即還晉陽邪！天池在汾陽縣北，燕京山上，方里餘。燕京山亦謂之管涔山，五臺山之一也。詳考通鑑所書，九月癸亥齊主自獵所還晉陽，甲子即集兵；庚午帥諸軍趣晉州；癸酉昧旦晉州陷，此日齊主已分軍向千里徑及汾水關，又帥大軍上雞栖原矣。若方與馮淑妃獵於天池，驛奏沓至，且不暇省，安能部分出軍邪！蓋通鑑會稡諸書以爲一書，其排日書甲子，以李百藥北齊書、令狐德棻後周書帝紀爲據。自與馮淑妃獵天池至晉州已陷乃奏之一段，是引用李延壽北史馮淑妃傳，所以所記有參差不齊者。竊謂丙辰齊主獵於祁連池，與後所書與馮淑妃獵於天池，實一事也。唐書地理志，嵐州靜樂縣有天池祠。竇苹曰：天池祠在今寧化軍北六十里橫嶺下管涔山。

通鑑一百七十三

九年　齊領軍大將軍尉相願。頁五四七一

史炤釋文曰：相，息良切，姓也；願，其名。相氏出姓苑，又息亮切。後秦錄有馮翊相雲作德獵賦。余按史炤之說皆以廣韻爲據。然尉相願者，姓尉，名相願。若如炤說，以相爲姓，願爲名，將以尉字爲衍字乎！時高氏所用，皆勳戚也。尉相願之進用，必以尉景。

通鑑一百七十四

十二年　于仲文軍至蓼隄，去梁郡七里。頁五五二九

史炤釋文曰：蓼縣之隄，音力竹切。（費本同。）余考五代志，梁郡無蓼縣也。元豐九域志曰：蓼堤，漢梁孝王築，在梁郡西北。通鑑本文言去梁郡七里。若以蓼縣爲梁郡附城之縣，則當治郭下；若以蓼縣爲外縣，無緣去城七里便置縣。史炤之說不待攻而破矣。蓼，讀如字。

于仲文取金鄉，席毗羅軍大潰，爭投洙水死。頁五五二九—五五三〇

史炤釋文曰：洙水出泰山蓋縣臨樂山，北入泗。余按史炤能言洙水所出與所入而已。水經：洙水自蓋縣西南流至卞縣入泗。酈道元註則曰：洙水至卞城西南，入泗水，亂流，西南至魯縣東北，又分爲二，南爲泗水，北爲洙瀆。春秋莊九年浚洙。杜預謂洙水在魯城北，浚之以備齊者也。孔子教於洙、泗之間，闕里是也。從征記曰：洙、泗二水交於魯城東北十七里。闕里背洙、泗。洙水又南逕瑕丘城，又西南逕山陽南平陽之間丘亭，又南至高平，南入于泗。金鄉縣在高平西北，縣北有金鄉山，前漢末置金鄉縣，後漢、晉志方有之。戴延之西征記：焦氏山北有數山，漢司隸校尉魯恭葬山南，鑿而得金，故曰金鄉山。金鄉去洙水差遠。蓋席毗羅軍既潰走，于仲文追奔，蹙之洙水，故爭投水而死也。

周殺代奰王達、滕聞王逌。頁五五三四

史炤釋文曰：代，徒對切，姓也。奰，平祕切，名也。玉，音肅，姓也；達，其名。（海陵本同。）余謂史炤以「代奰王達」爲二人姓名，則下文「滕聞王逌」亦二人姓名乎！釋文以古有玉姓，欲以稀姓愚後學，殊不思讀通鑑者詳味上下文，則代與滕，其封國也；奰與聞，其謚也；達與逌，其名也；其姓則宇文，皆後周親王也。楊堅專周政而殺之，加以惡謚。炤既不能發，顧以「代奰王達」四字離析爲二人姓名，將以愚人；人有

知識，其可愚乎！代，音徒耐翻。王，讀如字。十一家諡法：色取行違曰聞；不醉而怒曰奰。

通鑑一百七十五

十三年　隋主如岐州。頁五五五〇

史炤釋文曰：岐州，元魏所置，至隋廢之。余按魏書地形志，太和十一年置岐州，治雍城鎮。至煬帝大業三年始改州爲郡。是年隋文帝受周禪，改元開皇，岐州未廢也。若已廢岐州，則史不書如岐州矣。

沙鉢略從父玷厥居西面，號達頭可汗。頁五五五三

史炤釋文曰：玷厥，突厥種名。余按通鑑本文，明言玷厥爲沙鉢略之從父，號爲達頭可汗。讀者皆知玷厥爲人名，而釋以爲突厥種名，何其舛也！

長城公至德元年，吐谷渾寇隋臨洮，洮州刺史皮子彥出戰，敗死，汶州總管梁遠擊走之。頁五五六五

史炤釋文曰：汶，音問，以汶水爲名。水出琅邪。余按吐谷渾居西垂，時寇洮、岷。汶州卽唐之岷州，與漢之汶山郡之汶同。史炤以琅邪汶水爲釋，音義皆誤。汶山之汶讀曰岷，辯已見七十二卷魏明帝青龍元年。

通鑑一百七十六

二年　隋以賀婁子幹爲榆關總管。頁五五七七

史炤釋文曰：榆關在隴右，蒙恬爲秦將，侵胡，開地數千里，壘石爲城，樹榆爲塞是也。余按在隴右者，漢金城郡之榆中縣也。蒙恬壘石爲城樹榆爲塞者，漢上郡之榆林塞也。隋置榆關總管於唐勝州界。

三年　豐州刺史章大寶，昭達之子也，在州貪縱，朝廷以太僕卿李暈代之。頁五五八三—五五八四

史炤釋文作「本暈」，註曰：本，與床同；戎，姓；暈，其名。（海陵本同。）余按「本」字乃「李」字之誤也。史

炤別引「庥」字以爲說，此與徐道明見鄭玄論語序云「書以八寸策」誤作「八十宗」，因曲爲之説者何異！

通鑑一百七十七

隋文帝開皇九年　陳武州刺史鄔居業。頁五六一八

史炤釋文曰：鄔，姓也；鄔郡太守司馬彌牟之後，因以爲氏。（費氏同。）余按史炤據廣韻而爲釋也。左傳昭二十八年，晉滅祁氏、羊舌氏，分其田以爲縣，以司馬彌牟爲鄔大夫，是以鄔爲縣，非以鄔爲郡也。以司馬彌牟爲縣大夫，非以爲郡太守也。秦罷侯置守，三十六郡皆曰守。至漢景帝中二年始以郡守爲太守。此皆考之不精之過也。

通鑑一百七十八

十九年　設鹿角爲方陳。頁五六六九

史炤釋文曰：鹿角，陳名，猶春秋魚麗之陳爾。余按炤於一百五十二卷梁武帝大通二年，葛榮列陳箕張而進，釋曰：箕張，猶春秋魚麗之陳。於此又曰：鹿角，猶春秋魚麗之陳。如此，則凡陳法惟有魚麗陳一法而已。嘻，可笑也！設鹿角爲方陳者，斬木存其大本，凡枝皆剡其端，如鹿角然，埋之陳前，以禦胡馬衝突，内爲方陳，非如春秋魚麗之陳也。

通鑑一百七十九

二十年　車騎將軍榆林閻毗。頁五六八八

史炤釋文曰：榆林，縣名；隋置勝州，兼置此縣。其地有榆溪塞，卽蒙恬爲秦侵胡，累石爲城，樹榆爲塞是也。余按史炤於一百七十六卷陳長城公至德二年，隋以賀婁子幹爲榆關總管，註云：榆關在隴右，下亦引

蒙恬樹榆爲塞事。今又以爲在勝州。以此註爲是，則前註爲非矣。蓋炤以爲勝州者，以隋志勝州榆林郡及榆林縣爲據也。然引樹榆爲塞事，酈道元以爲在上郡。道元曰：諸次水出上郡諸次山，其水東逕榆林塞，卽漢書所謂榆溪舊塞者也。自溪西去，悉榆柳之藪，緣歷沙陵，屆龜茲西出，故謂之廣長榆也。王恢云樹榆爲塞，謂此矣。以水經河水所歷考之，其地在銀、夏之北，唐之綏、銀、麟、勝，皆漢上郡地，炤前言榆關在隴右，非也。今因榆林而引樹榆爲塞事，則近之。

仁壽二年　忤意者，嚴霜夏零。頁五七〇三

史炤釋文曰：零，雨。余謂此言楊素威權，忤其意者，禍罰立至，如當夏降霜，非零雨之謂也。

通鑑一百八十

四年　嵐州刺史喬鐘葵。頁五七一三

史炤釋文曰：嵐，州名，在太原，因岢嵐山爲名，有渥洼池，出良馬，亦山氣也。余按史炤之說，全引廣韻。廣韻以爲嵐州近太原猶可，史炤以爲在太原，則繆矣。漢武帝得神馬渥洼水中，李斐以爲在敦煌界。今云嵐州有渥洼池，未知廣韻何所據也！至云亦山氣也，則是廣韻解嵐字爲山嵐之嵐，其義不爲嵐州發也。炤亦引之以釋嵐州，可謂無所決擇矣！

楊素姪玄挺。頁五七二〇

史炤釋文作「玄挻」，註云：挻，抽延切。（費本同。）余按隋書作「玄挺」，音徒鼎翻。通鑑諸本亦皆作「玄挺」。

通鑑一百八十一

倭王多利思比孤。頁五七四四

史炤釋文曰：倭，女王國名，在東海中。（費本同。）余按范曄後漢書：倭國，在韓國東南大海中，依山島而居，其地大較在會稽東冶之東，與朱崖、儋耳相近。漢桓、靈間，倭國大亂，更相攻伐，歷年無主，有一女子名卑彌呼，事鬼神道，能以妖惑衆，於是共立爲王，當時因謂之女王國。又按新唐書曰：日本，古倭奴也。其王姓阿每氏，自言初主號天御中主，至彦欽三十二世。自彦欽至目多利思比孤三十一世，其間惟一世立女王耳。桓、靈之際固嘗謂之女王國，隋、唐之間豈復謂之女王國哉！

八年　宜社於南桑乾水上。頁五七六七

史炤釋文曰：桑乾，卽馬邑，屬鴈門。余按漢書地理志，馬邑縣屬鴈門郡，桑乾縣屬代郡，自是兩縣，而謂桑乾卽馬邑，可乎！水經：濕水出鴈門陰館縣東，北過代郡桑乾縣南，與桑乾水會，因總謂之桑乾水；東北流，過薊縣故城南。時煬帝在薊，將伐高麗，故宜社於桑乾水上。

通鑑一百八十二

九年　詔徵天下兵集涿郡。頁五七七五

史炤釋文曰：涿，范陽邑。余按通鑑本文曰涿郡，而史炤以〔爲〕范陽之邑，誤矣！自漢高帝置涿郡而治涿縣，曹魏改涿郡曰范陽郡。隋開皇初，廢范陽郡，大業初，併燕、范陽置涿郡，治薊，而涿縣屬焉。此郡名廢置、徙治、離合之辨也。

閿鄉張須陀。頁五七七七

史炤釋文曰：閿鄉在洪農湖縣。余按史炤以漢地理爲釋也。元魏以湖縣爲湖城縣，隋開皇十八年，改湖城縣爲闅鄉縣。史言闅鄉張須陀，謂須陀乃此縣人也。

衞文昇以步騎二萬渡瀍水。頁五七八六

史炤釋文曰：瀍水出河南北山，入于河。余按水經：瀍水出河南穀城縣北山東，與千金渠合，東過洛陽縣南，又東過偃師縣東，入于洛。炤釋所指河南，抑河南郡邪，抑河南縣邪？其言入河，只泥禹貢伊、洛、瀍、澗既入于河一語，未嘗詳考川瀆之會歸也。

通鑑一百八十三

十二年　蘇威曰：「他日賊據長白山，今近在汜水。」頁五八一二

史炤釋文曰：汜，水名，在河南成皋。余按史炤亦是據漢地理爲釋也。開皇十八年改成皋爲汜水，縣有汜水關，時屬滎陽郡。

林士弘與劉子翊戰于彭蠡湖。頁五八二〇

史炤釋文曰：彭蠡，澤名。按尚書，是江、漢合處，在揚州之西界。余按江水與漢水合於夏口。夏口，今鄂州。彭蠡湖，在彭澤縣西。禹貢言漢水過三澨，至于大別，南入于江，東匯澤爲彭蠡。其言甚明，何嘗言彭蠡是江、漢合處！漢書地理志：湖、漢水出雩都，東至彭澤入江。言彭蠡是江水與湖、漢合處則可矣。

恭帝義寧元年，突厥立劉武周爲定楊可汗，遺以狼頭纛。頁五八三二

史炤釋文曰：突厥先爲鄰國所破，有一兒棄澤中，與狼交合，生十子，其一最賢者爲君長，於牙門建狼頭纛，故劉武周以此遺突厥。余觀通鑑本文，突厥立武周爲可汗，故遺以狼頭纛，非武周以遺突厥也。

通鑑一百八十四

朝邑法曹靳孝謨，以蒲津、中潬二城降。頁五八六三

史炤釋文曰：河陽南有中潬城。（費本同。）余按字書，水中有沙曰潬。隋都長安，於蒲津起河橋以通河東，故有中潬城以守固河橋。河陽在洛陽北，起橋以度河陰，亦有中潬城以守固河橋。中潬之名雖同，而有河陽橋、蒲津橋之異。此時唐公引兵自河東欲濟河而西，靳孝謨以蒲津、中潬二城降，乃蒲津之中潬，非河陽之中潬也。蒲津城在橋之西岸。

通鑑一百八十五

唐高祖武德元年　李密以楊汪爲宋州總管。頁五八八四

史炤釋文曰：後周武帝以王謙爲益州總管，總管之名始此。（費本同。）余按令狐德棻後周書，周明帝武成元年，初改都督諸州軍事爲總管。其見於史者，則安成公憲爲益州總管，尉遲綱爲荆州總管，尉遲迥爲秦州總管，則總管之名非始於用王謙也。

隋煬帝謂蕭后曰：「儂不失爲長城公，卿不失爲沈后。」頁五八八五

史炤釋文曰：沈，直金切；言爲沈湎之后。（海陵本同。）余謂煬帝顧天下已亂，知必爲他人禽，已與蕭后不失爲陳後主夫婦也。按陳後主爲隋所禽，封長城公；其后沈氏，君理之女也，涉獵經史，工書翰，陳亡，與後主俱入長安。及後主薨，后自爲哀辭，文甚酸切。煬帝每所巡幸，常令從駕。及煬帝爲宇文化及所弑，后自廣陵還鄉里，不知所終。烏得謂沈后爲沈湎之后乎！沈，音式荏翻。

宇文化及於帳中南面坐，人有白事者，默然不對；下牙，方取啓狀，與唐奉義等參決之。頁五八九八

史炤釋文曰：牙，旗名，軍中所建。下牙，言其視事晚也。余謂下牙，猶古之言退朝也；豈視事晚之謂

乎！劉馮事始曰：牙旗者，將軍之精，軍行建牙。後世至於官府，早晚軍吏兩謁，亦謂之牙。呼謂旣熟，雖天子正殿受朝謁者亦名正牙。

薛舉進逼高墌。頁五九一一

史炤釋文曰：高墌，城名。墌，之石切。（海陵本同。）余按新唐書地理志，寧州定平縣有高墌城；墌，音章恕翻。唐韻有墌字，亦章恕切；釋云：番山。豈西蕃中以山爲墌乎！下卷折墌，音亦誤，惟杜佑通典：墌，音思歷切。

通鑑一百八十六

程知節爲王世充騎所逐，刺槊洞過，知節迴身捩折其槊。頁五九二一

史炤釋文曰：捩，力計切；拗捩也。（海陵本同。）余按韻書，捩，音力計切，琵琶撥也。拗捩之捩，音練結翻。

右翊衞大將軍淮安王神通。頁五九二七

史炤釋文曰：唐有十六衞，各有左、右，其左、右衞及左、右金吾衞，謂之四衞，餘謂之雜衞。（費本同。）余按隋受周禪，置左、右衞等十二府，曰左、右衞，曰左、右武衞，曰左、右武候，曰左、右領左右，曰左、右監門，曰左、右領軍。唐初置十六衞府，曰左、右衞，曰左、右翊衞，曰左、右驍騎衞，曰左、右屯衞，曰左、右禦衞，曰左、右備身，曰左、右武衞，曰左、右監門，曰左、右候衞。至武德五年，改左、右翊衞曰左、右衞，屯衞曰威衞，禦衞曰領軍衞，備身曰左右，餘不改。高宗龍朔二年，始改左、右候衞爲左、右金吾衞。炤謂唐以左、右衞及左、右金吾衞爲四衞，蓋唐中世以後事也。且炤不言翊衞置官之由，而泛引四衞爲釋，未爲精切。

綦公順攻北海，劉蘭成襲擊之，公順大敗，棄營走，郡城獲全。頁五九二九

史炤釋文提起「走郡」二字，註曰：走，音奏，趣嚮也。余謂當以「棄營走」爲句，以「郡」字屬下句，走讀如字，文理明白，不煩註釋。

通鑑一百八十七

二年　竇建德收隋鹵簿儀仗。頁五九五三

史炤釋文曰：炙轂子云：車駕行幸，羽儀導從，謂之鹵簿。字書：鹵，大盾也，以甲爲之，所以捍敵。甲楯、部伍之次，皆著之簿籍。儀衛皆具五兵，獨以甲楯爲名者，行道之時，甲楯居外，餘兵在內，故謂鹵簿也。（費本同。）又張文伯曰：五經精義云，鹵，大盾，以大盾領一部之人，故言鹵簿。宋綬序鹵簿圖，謂有文事則有武備，故整法物之駕，嚴兵師之衞，總曰鹵簿。漢蔡邕獨斷曰：漢天子出，車駕次第，謂之鹵簿。官有注，名曰甘泉鹵簿。余謂此皆言天子法從儀物之鹵簿也。然公卿儀從亦謂之鹵簿。顏竣柄用於宋孝建之初，其父延年常乘羸牛笨車，逢竣鹵簿，輒屏住道側，語竣曰：「吾平生不憙見要人，今不幸見汝！」沈慶之夢引鹵簿入廁中，占者曰：「後必富貴。」此公卿儀從亦謂之鹵簿之明證也。唐制有皇后鹵簿，外命婦三品已上亦有鹵簿。車駕鹵簿，固有甲楯；皇后鹵簿，必不用甲楯；公卿及外命婦鹵簿，烏得用甲楯乎！然則以鹵簿爲取鹵楯爲義者，末學膚受之說耳。二百二十三卷代宗永泰元年「鹵簿」釋亦誤。

王世充遣其將高毗寇義州。頁五九六一

史炤釋文曰：義州凡有五：一在懷州武德縣，一在衞州汲縣，一在易州容城縣，一在光州商城縣，一在眉州洪雅縣。武德之義州，乃世充境內，非所寇者。余按通鑑是年五月書世充陷義州，復寇西濟州。西濟州置於濟源縣。新唐書地理志，武德二年，改懷州安昌縣爲武德，置北義州。則武德之義州正唐境內，非王世充境内也。高毗所寇卽北義州。衞州汲縣之義州，武德元年置，亦唐境也。

六月，丁未，劉武周進逼介州，七月，辛卯，宋金剛寇浩州。頁五九六九

史炤釋文，於「介州」則註曰：武德元年，以介休縣置浩州，又更名介州。於「浩州」註則曰：浩州本介休縣，又有江州彭澤縣，置浩州，非此。余按此一年事也，自六月丁未至七月辛卯，四十四日耳，州名更改不應如是之遽！是年通鑑又書劉武周屢遣兵攻西河，浩州刺史劉瞻拒之。及裴寂敗，自晉州以北城鎭俱沒，惟西河獨存。又是年十一月，通鑑又書劉武周寇浩州。炤註曰：是浩州有二：武周所寇乃介休之浩州。炤蓋守介休置浩州之說，殊不思通鑑於六月丁未已書武周陷介州。若浩州本是介休縣，則已歸武周矣。新唐書地理志曰：汾州治西河，本浩州，武德三年，更名汾州。隋義寧元年，以介休、平遙置介休郡，武德元年曰介州。則浩州置於西河，介州置於介休，明矣。

杜伏威請降。頁五九七四

史炤釋文曰：杜伏威起淮南，又據歷陽，與陳稜、李子通俱有窺江表之心，後爲李子通所敗，來降。海陵本曰：杜伏威起淮南，後爲李子通所破，來降。余按海陵本刪取史炤釋文以爲註，亦可以明其實蹈襲史炤而託之公休以欺世也。詳觀通鑑本文，李子通數破沈法興軍，既克陳稜，又破沈綸軍，而伏威引去；而伏威未嘗敗也。至武德三年，伏威遣輔公祏、王雄誕等擊破子通。四年，又遣雄誕擊禽子通，送長安。曷嘗爲子通所破哉！蓋是時唐之威德暢洽，故伏威請降。五年，秦王擊徐圓朗，聲震淮、泗，伏威於是懼而入朝。詳考事之本末，可以見矣。

王崇武標點容肇祖聶崇岐覆校

通鑑釋文辯誤卷第九

天台胡三省身之

通鑑一百八十八

三年　趙郡公孝恭擊蕭銑東平王闍提，斬之。頁五九九一

史炤釋文曰：闍，辰遮切，姓也。余按古無闍姓，闍提，蓋蕭銑之子姪而封王。

王世充自將戰兵，左輔大將軍楊公卿帥左龍驤二十八府騎兵，左遊擊大將軍郭善才帥内軍二十八府步兵，右遊擊大將軍跋野綱帥外軍二十八府步兵，總三萬人，以備唐。頁五九九七

史炤釋文曰：左·右龍驤、左·右遊擊分騎兵、步兵，各有府，皆隋之制，王世充因之。余按隋志無龍驤、遊擊分騎、步兵之制，有府兵而已。史炤以意妄爲之説。

七月，世充洧州長史張公謹與刺史崔樞以州城來降。頁五九九九

史炤釋文曰：洧州，本尉氏縣，王世充始置尉州；武德四年，以尉氏、扶溝、隔陵置洧州。余按炤釋以新志尉氏縣註爲據，而不考州縣之建置離合，其歲月有先後也。通鑑是年九月書世充尉州刺史時德叡帥所部杞、夏、陳、隋、許、潁、尉七州來降。炤又註曰：尉州，本尉氏縣，王世充置；武德三年，時德叡以州來降，秦王改爲南汴州，復改爲洧州；正觀元年，廢屬汴州。若如炤説，則王世充於尉氏縣置洧、尉二州也。殊

不知五代史明言隋置淯州於潁州之鄢陵縣，大業初廢。蓋王世充復置淯州於鄢陵縣，置尉州於尉氏縣；是年崔樞、時德叡既降唐，明年，唐乃以尉氏、扶溝、鄢陵置淯州也。

以高開道爲蔚州總管。頁六〇〇四

史炤釋文曰：蔚州，本鴈門郡，又隋上谷郡飛狐縣也，唐初沒突厥，武德六年置。余按蔚州本鴈門郡之靈丘，上谷郡之飛狐縣地。東魏置靈丘郡，後周置蔚州，隋廢郡及州，以靈丘縣屬鴈門郡，唐爲蔚州安邊郡，後改興唐郡。史炤於鴈門郡下逸「之靈丘」三字，失之遠矣。

通鑑一百八十九

四年　以靺鞨渠帥突地稽爲燕州總管。頁六〇一八

史炤釋文曰：燕州，本靈壽縣，隋置，在唐廢焉；屬鎮州。（海陵本同。）余按舊唐書地理志，義寧元年，置燕州於靈壽縣。是年，廢州，復爲靈壽縣，屬恆州；至穆宗諱恆，始改恆州爲鎮州。此燕州，隋於營州之境汝羅故城置遼西郡，以處粟末、靺鞨，唐遂於其地置燕州，以其渠帥爲總管，非靈壽之燕州也。

王世充平州刺史周仲隱以城來降。頁六〇二四

史炤釋文曰：平州本當陽縣，王世充置；武德六年，更名玉州，八年，州廢，屬江陵郡。余按當陽之平州，本後周置，隋廢之矣；武德四年，置平州於當陽，因是年既平蕭銑而復置。當陽乃蕭銑之地，王世充安得而置平州！竊意王世充置平州於洛州河陰縣；河陰，古平陰也，蓋於此置平州。

秦王世民被黃金甲，齊王元吉等二十五將隨其後，前後部鼓吹。頁六〇三四

史炤釋文曰：凡鼓吹，總八音言之。余觀史炤釋鼓吹，多以爲音律壎篪之樂，今又曰總八音言之，是皆未

知鼓吹之所從始也。蔡邕曰：鼓吹，軍樂也，黄帝岐伯所作，以揚德建武，勸士諷敵也，後世謂之短簫鐃歌。應劭漢鹵簿圖，惟有騎執箛，箛卽笳，不云鼓吹。而漢世有黄門鼓吹，漢享宴食舉樂十三曲，與魏世鼓吹長簫同。長簫、短簫，伎録並云絲竹合作，執節者歌。又建初録云：務成、黄爵、玄雲、遠期，皆騎吹曲，非鼓吹曲。此則列於殿庭者爲鼓吹，從行鼓吹爲騎吹，二曲異也。又孫權觀魏武軍作鼓吹而還。漢世，萬人將軍給鼓吹；魏、晉世，假將帥牙門曲蓋、鼓吹。唐、宋以來，天子郊祀，竣事還宫，鼓吹振作。則是鼓吹之樂，國容、軍容皆用之。

俘王世充、竇建德，獻于太廟，行飲至之禮以饗之。頁六〇三四

海陵本釋文曰：飲，於禁切。余按左傳：三年而治兵，出而振旅，歸而飲至，以數軍實。杜預註曰：飲於廟，以數車徒、器械及所獲也。陸德明無音。飲，當讀如字。

褒州道安撫使郭行方攻蕭銑鄀州，拔之。頁六〇三八

史炤釋文曰：褒州本西縣，武德三年置；八年，州廢，屬興元。余按褒州置於漢中。蕭銑時據江陵，唐置安撫使，所以招撫銑衆，必不置於漢中，蓋道里相去遠也。時平王世充，方得襄州，必置安撫使於襄州，既以安撫新民，又以招撫銑衆。下書攻拔鄀州，鄀州本樂鄉縣地，貞觀八年，廢鄀州，以樂鄉屬襄州。郭行方自襄州進攻鄀州，道里便近。「褒」，當作「襄」。又德宗朝方改梁州爲興元府，此時未應以西縣屬興元爲言，亦一誤也。

徐圓朗昌州治中劉善行以須昌來降。頁六〇四九

史炤釋文曰：昌州，本蒲縣，武德二年置；正觀元年，州廢，隸隰州。（費本同。）余謂此時徐圓朗據兖、鄆，

自以須昌縣置昌州耳。蒲縣之昌州，遠在汾、隰，徐圓朗安能越關、河而有此土耶！

通鑑一百九十

五年　俚帥楊世畧以循、潮二州降。頁六〇五五

史炤釋文曰：俚，南夷之酋。（費本同。）余按南夷曰蠻、曰俚、曰蜑，各是一種；酋字但可解帥字耳。

二月，戊寅，汴州總管王要漢攻徐圓朗杞州，拔之。頁六〇五九

史炤釋文曰：本北海縣，始因營丘人拒賊，權置杞州。時汴州雍丘縣亦置杞州，非此。（費本同。）余按新唐書地理志，北海之杞州，武德二年已復爲營丘縣。而雍丘之杞州，與汴州接壤，未經省併。王要漢所攻拔者正此杞州，乃以爲非，何邪！

遷州人鄧士政執刺史李敬昂以反。頁六〇六五

史炤釋文曰：按志闕此州。（費本同。）余按隋、唐書地理志，西魏以房陵置遷州，以秦、漢以來諸侯王以罪廢者多遷房陵，故以名州。隋大業初，改曰房州。唐武德初，復曰遷州。志未嘗闕此州也。

高開道寇蠡州。頁六〇六八

史炤釋文曰：蠡，落戈切。武德五年，以蒲州博野縣置蠡州。余按新唐書地理志，武德五年，以瀛州之博野、清苑、定州之義豐置蠡州，蓋因漢蠡吾亭以名州。金人亦於博野縣置蠡州，北至燕京四百九十里。蠡，音禮；落戈切非。「蒲州」，當作「瀛州」。

觀州刺史劉會以城叛附黑闥。頁六〇六八

史炤釋文曰：觀州，本九門縣，隋置九門郡；武德元年，曰觀州；五年廢，屬鎮州。時觀州有二，其一在弓

高縣，非此。（費本同。）余按新唐書地理志，武德四年，置觀州於弓高，而九門之觀州廢於五年。劉會叛在是年十月，蓋弓高之觀州爲是。

南州刺史龐孝恭。頁六〇七九

史炤釋文曰：南州，屬劍南道，羈縻州，武德二年，開南蠻置。三年更名僰州，四年復故名。（費本同。）余按新唐書地理志，武德四年，以合浦郡之合浦、南昌二縣置南州。通鑑下文書南越州甯道明、高州首領馮暄俱反。南越州今之廉州，高州今猶如故。則三州相挺而反，皆在嶺南道，此所謂南州，乃合浦之南州，非劍南道之羈縻州明矣。

高開道引奚騎寇幽州。頁六〇八〇

費氏本以「奚」爲「突」，註云：突，東胡別種，突騎者，突國騎兵也。余徧考通鑑諸本，皆作「奚騎」，且東胡別種未嘗有突國。奚正東胡種也，其先曰庫眞奚，亦曰庫莫奚。

八月，甲辰，突厥寇眞州，又寇馬邑。頁六〇八二

史炤釋文曰：按志，眞州有三：武德五年，析愛州日南縣，置積州及前眞州。正觀元年，改積州爲後眞州。後皆廢。唐劍南道復有眞州。今突厥所寇，乃河東道，然河東無此州，志又不載，疑字誤。（費本同。）余按史炤所謂眞州有三：前眞州置於九眞移風縣；後眞州則是年置積州於日南縣，九年改南陵州，貞觀九年始改後眞州；劍南之眞州，則天寶五載方分臨翼郡置。以新唐書地理志考之，此時止有九眞移風之眞州，亦非同時有三眞州也。史炤但見通鑑於此時書突厥寇眞州，又寇馬邑，以爲所寇乃河東道，考之於志，而河東道無眞州，遂疑字誤。余詳考舊唐書地理志，武德二年，置綏州總管府，管雲、銀、眞等十一州，此眞州

蓋置於銀州眞鄉縣。且通鑑上文書癸未突厥寇原州，乙酉寇朔州。原州屬關内道，朔州屬河東道。突厥入寇之兵分爲兩道，八月甲辰寇眞州者，西路兵也，寇馬邑者，東路兵也。史炤於河東道求眞州，所以失之愈遠。

周法明登戰船，飲酒；張善安遣刺客數人詐乘漁艓而至，遂殺法明而去。頁六〇八六

史炤釋文曰：漁，漁獵也。余謂捕魚者爲漁，捕獸者爲獵，漁自是漁，獵自是獵，三尺童子能分別其義。史炤之識不若童子，鹵莽甚矣！

通鑑一百九十一

八年　突厥寇蘭州。頁六一一〇

史炤釋文曰：按突厥寇鄯、岷等州，併寇藺州，皆隴右道，而隴右無藺州，「藺」字疑作「蘭」。余按史炤疑藺州之當作「蘭州」，是也。但詳考通鑑，突厥寇藺州在九月，至十月戊寅乃始寇鄯州，無寇岷州事，其所援據不無少差耳。

突厥寇彭州。頁六一一〇

史炤釋文曰：彭州屬羈縻州，本洪州，正觀三年置，屬隴右道。按寧州彭原及劍南道復有兩彭州，皆非此。（費本同。）余按隴右道之羈縻彭州，本洪州，貞觀三年置，七年方改彭州，則此時隴右羈縻州未有彭州也。劍南道之彭州，武后垂拱二年方分益州置。此二彭州皆非突厥所寇者也。若寧州彭原縣之彭州，乃武德元年置，治合川縣。唐都關中，邠、寧，突厥兵衝也，此時突厥正寇寧州彭原之彭州。炤乃以爲非，可謂擇焉不精矣！

通鑑一百九十二

九年　韓州刺史封同人詐乘驛馬入朝。頁六一三五

史炤釋文曰：武德元年，析潞州襄垣等縣置韓州；正觀十七年州廢，仍屬潞州。又同州韓城縣置西韓州，非此。（費本同。）余謂襄垣之韓州去長安太遠，封同人蓋自韓城入朝。

太宗貞觀元年　吏部侍郎觀城劉林甫。頁六一五六

史炤釋文曰：觀城，屬開德府。（費本同。）余按觀縣，漢屬東郡，光武改曰衛縣，晉、魏屬頓丘郡，曰衛國縣，隋開皇六年，改曰觀城縣，屬魏州，唐武德四年，分屬澶州，是年廢澶州，縣還故屬，代宗大曆七年，復置澶州。至宋，始以澶州爲開德府。此時澶州已廢，亦未有開德府也。

通鑑一百九十三

三年　房玄齡不以己長格物。頁六一七五

史炤釋文曰：捍格於物，無所容受也。（費本同。）余謂格，正也，以己所能正人，欲人人皆然，謂之格，非捍挌之挌也。「格」字從「木」，捍挌之「挌」從「手」。六十卷漢獻帝初平二年「邴原清議以格物」，與此同義。

史炤以爲廢格之格亦非，辯已在前。

上謂侍臣曰：「李大亮可謂忠直。」賜以胡缾及荀悅漢紀。頁六一七八

史炤釋文曰：胡缾，汲水器。余謂史炤但以廣韻爲據：易井卦，「羸其缾」，左傳，「孫蒯飲馬於重丘，毁其缾」，是皆謂汲器也。戰國秦、趙澠池之會，藺相如曰：「請奏盆缾。」秦李斯上秦王書曰：「擊甕叩缾。」則缾者，罌、缶之類，不特施之汲水，且以爲樂矣。至唐人如楊惠元「缾罌不發」，如韓愈詩「無計離缾罌」，則

缾者以盛酒盛物，不復以汲水器爲缾矣。唐太宗賜李大亮胡缾，蓋酒器也，非汲水器也。今北人酌酒以相勸酬者，亦曰胡缾，未識其規制與太宗之胡缾合乎否也。缾、瓶字通。

通鑑一百九十四

十一年　王珪令公主執笲，行盥饋之禮。頁六二四〇

史炤釋文作「笄」。註曰：笄，堅奚切，簪也。（費本同。）余謂此非「笄」字，乃「笲」字。陸德明經典釋文曰：笲，音煩，一音皮彥翻；器名，以葦若竹爲之，其形如筥，衣之以青繒，以盛棗栗腶脩之屬。士昏禮曰：舅坐于阼階西面，姑坐于房外南面，婦執笲棗栗進，東面，拜奠于舅席訖，婦又執腶脩升進，北面，拜奠于姑席。盥饋者，士昏禮曰：婦盥饋特豚，合升側載。鄭氏註曰：側載者，右胖載之舅俎，左胖載之姑俎，異尊卑，舅姑共席于奧，其饌各以南爲上。王珪正令公主行婦禮，史炤以爲執笄，義何所據！

通鑑一百九十五

十四年　陳倉折衝都尉魯寧自恃高班，慢罵陳倉尉。頁六二七〇

史炤釋文曰：班，給也。余謂班字固有給義，然此班以班列爲義。晉行人子朱曰：「班爵同，何以黜朱於朝？」梁武帝分百二十號將軍爲二十四班，皆班列之班也。唐制，上府折衝都尉，正四品上；中府，從四品下；下府，正五品下。五品以上皆爲高班。

尚書左丞韋悰句司農木橦價，貴於民間。頁六二七二

史炤釋文曰：橦，徒紅切，木名，花可爲布。出字書。（海陵本、費本同。）余按橦，諸容翻，木一截也。唐式，柴長三尺五寸爲一橦。

通鑑一百九十六

十五年　突厥侯利苾可汗。頁六二七八

史炤釋文作「俟利苾」，註曰：俟，渠之切。余按諸本通鑑及新、舊唐書皆作「侯利苾」。

百濟來告其王扶餘璋之喪。頁六二八一

史炤釋文曰：百濟，西域國，本扶餘别種。余按百濟，東夷國名，其先以百家濟海，種類寖盛，遂以爲國號。炤既言百濟爲扶餘之種，亦必知扶餘之爲東夷矣，乃以百濟爲西域國，何自爲乖越也！

大度設自赤柯濼北走。頁六二八五

史炤釋文曰：濼，音歷。（海陵本同。）余按濼，音匹各翻。今自江、淮以北，率謂積水爲濼。音歷者，草名也，一名貫衆，見本草。

西突厥乙毗陸可汗西擊康居道，過米國，破之。頁六二九二

史炤釋文曰：米國，唐國枝庶王者。余謂「唐」當作「康」，此字因傳寫而誤也。新唐書曰：康國，古康居也，枝庶分王，曰安，曰曹，曰石，曰米，曰何，曰火尋，曰戊地，曰史。

十七年　魏徵薨，命百官九品以上皆起喪，給羽葆鼓吹，陪葬昭陵。頁六二九七

史炤釋文曰：羽葆，天子華蓋，天子之儀衞也。又唐制，鼓吹五部，一鼓吹，二羽葆。羽葆部有十八曲。鼓吹，音律管壎之樂。余按孔穎達正義曰：羽葆者，以鳥羽注於柄頭。章懷太子賢曰：葆，以五采羽合聚爲之。鼓吹非音律管壎之樂，辯已見前。樂則有曲；羽葆，儀飾也，安得有所謂十八曲！此皆史炤無所根據而妄爲之説。又，通鑑下文載徵妻裴氏之言曰：「徵平生儉素，今葬以一品羽儀，非亡者之志。」則知給

以羽葆，非天子之儀衛也。

壯士皆君謇、梁猛彪。頁六二九九

史炤釋文曰：猛彪，虎文。余按梁猛彪者，人姓名，奚庸以虎文爲釋！

太子承乾嘗謂左右曰：「我試作可汗死。」因僵臥於地。頁六三〇三

史炤釋文作「僵仆」，註曰：仆，芳遇切。余按諸本通鑑皆作「僵臥」；作「仆」非。

良久，太子欻起。頁六三〇三

史炤釋文曰：欻起，有所吹起。余謂欻，忽也，太子初焉僵臥於地，良久忽然而起耳，豈有所吹而起哉！

炤之疏僻如此！

通鑑一百九十七

十七年　往返萬里，道涉沙磧，無水草。頁六三一三

史炤釋文曰：沙磧，水渚有石者。余按此沙磧，所謂沙漠大磧也，既無水草，又安得有水渚哉！

薛延陀本一俟斤。頁六三一三

史炤釋文曰：北虜謂大臣曰俟斤。余謂俟斤者，突厥、鐵勒諸部酋帥之稱。

褚遂良上疏曰：「龍沙以北，部落無算。」頁六三一四

史炤釋文曰：廣志：流沙，在玉門關外，有三：名三龍沙。（海陵本同。）余謂龍沙，即指言沙漠也。自漢以來，匈奴單于所居，謂之龍庭，隨水草遷徙無常處，故因謂沙幕爲龍沙。此即陰山之外大漠，西盡居延，東極遼海者也。玉門關外之流沙介在西垂，非褚遂良所指之龍沙。耶律德光之死而北歸也，趙延壽謂人

曰：「我不復入龍沙矣。」亦謂沙漠。

通鑑一百九十八

十九年　上自繫薪於馬鞘以助役。頁六三四三

史炤釋文曰：鞘，仙妙切，馬上刀劍室也。（海陵本、費本同。）余謂鞘，音所交翻，鞭鞘也。刀劍室安可以繫薪乎！

上從飛騎三千人馳入臨渝關。頁六三四四

史炤釋文曰：渝，容朱切。臨渝關本曰臨閭關，在平州石城縣。余按漢書地理志，北平郡有石城縣，遼西郡有臨渝縣，註云：渝水首受白狼，東入塞。水經註云：白狼水逕黃龍城西，又東北出，東流爲二水，右水疑卽渝水也，西南巡山逕一故城西，以爲河連城，疑是臨渝縣之故城。新唐書地理志，營州城西四百八十里有渝關守捉。五代史云：幽州北七百里有渝關，下有渝水，通海。循海有道，狹處纔數尺，是所謂臨渝關也。宋白續通典曰：漢石城舊縣，取碣石立如城以名之。唐貞觀十五年，於故臨渝縣城置臨渝縣，萬歲通天二年，改爲石城。臨渝在石城，猶有足徵，所謂臨渝者，以臨渝水而名，若曰「臨閭」，殊無所據。漢書音義：渝，音喻。今讀如字。

二十年　上嘗幸未央宫，辟仗已過。頁六三四八

史炤釋文曰：辟，匹亦切。執兵仗以辟行人。（海陵本同。）余謂炤釋義是而音非。辟，讀爲闢，若匹亦切，則讀如僻矣。

二十一年　高士廉遺言，不欲以北首夷衾輒屈車駕。頁六三五七

史炤釋文曰：禮記，自小斂以往，用夷衾。夷衾，質殺之裁猶冒也。註云：冒，所以韜尸重形者也。小斂又覆以夷衾，制如冒耳。大夫玄冒黼殺。余按喪大記，君錦冒黼殺，綴旁七；大夫玄冒黼殺，綴旁五。凡冒，質長與手齊，殺三尺。自小斂以往用夷衾。夷衾質殺之裁猶冒也。鄭玄註云：冒者既襲，所以韜尸重形也。殺，冒之下帬，韜足上行者也。小斂又覆以夷衾，裁猶制也。孔穎達正義曰：冒，謂襲後小斂前所用以韜尸也。冒有質殺者，作兩囊，每輒橫縫合一頭，又縫連一邊，餘一邊不縫，兩囊皆然也。上者曰質，下者曰殺。故鄭註士喪禮云：冒韜尸者，制如直囊，上曰質，下曰殺。質，正也；其用之，先以殺韜足而上，後以質韜首而下。綴旁七者，上下安七帶，綴以結之，故云綴旁七也。大夫綴旁五及玄冒者，尊卑之差也。凡冒質，長與手齊，言冒之質，從頭韜來至下，長短與手齊也。殺三尺者，殺從足韜上，長三尺。自小斂以往用夷衾者，往，猶後也；小斂前有冒，故不用夷衾，自小斂後衣多，不可用冒，故用夷衾覆之也。士喪禮云，幠用夷衾，覆尸柩之衾也。夷衾質殺之裁猶冒也者，裁，猶制也；言夷衾所用，上齊於手，下三尺，所用繒色及長短制度，如冒之質殺，但不復爲囊及旁綴也。然始死幠用斂衾，是大斂之衾，自小斂以前覆之。至小斂時，君錦衾，大夫縞衾，用之小斂，斂訖，別制夷衾以覆之，其小斂以前所用大斂之衾，停而不用。至將大斂及陳衣，又更制一衾，主用大斂也。所謂大斂二衾者，其夷衾至大斂時所用，無文，當應總入大斂衣內併斂之也。合註疏而觀之，則夷衾上質下殺之制，如冒而不爲囊及旁綴，固與冒有不同者。

通鑑一百九十九

高宗永徽元年　有司以爲服既公除，欲以今秋成昏。頁六三八四

史炤釋文曰：公除，從吉也。王氏音訓，謂已成服，除之以從公家之事，不待終制也。余謂公除，即漢文帝

三十七日釋服之遺制。曰公除者，以天下爲公，外雖除服以臨政，而親親之思結於内，猶終三年之慕，公則除服，私則未之除也。

通鑑二百

六年　徙居蓬萊宫。頁六四〇九

史炤釋文曰：蓬萊宫在京城東北。余按唐都長安，外城謂之京城，次城謂之皇城，内城謂之宫城。蓬萊宫在宫城内直東北角，不在京城東北。蓬萊宫後更名含元宫，又曰大明宫。大明宫曰東内，太極宫曰西内，皆在宫城中。

龍朔元年　新羅王春秋遣其將金欽將兵至古泗。頁六四三八

史炤釋文曰：説文，泗受濟水，東入淮。余謂古泗，地名，在百濟國中，非中國之泗水，不可妄引以爲釋。然其言中國之泗受濟水，亦只説湖陸以南之泗水，以其於古泗不相涉，故不復辯。

通鑑二百一

麟德元年　州縣每發百姓爲兵，其壯而富者，行錢參逐，皆亡匿得免。頁六四五四

史炤釋文曰：參，倉含切，參互。余謂參逐者，參逐之人也。州縣發人爲兵，守令不能家至而人發之，必有參逐之人以爲用。參者，參預其事者也，今之吏典。逐者，隨逐其後者也，今之親隨。壯富之人行錢於參逐之人以求免爲兵，參逐之人既受其賂，掩覆而縱之，使得亡匿也。唐人常語有言參隨者，猶參逐也。

勳官挽引勞苦，與白丁無殊。頁六四五五

史炤釋文曰：民男女年十八以上爲丁，丁從傜役。余按唐制，民丁從征役得勳級者爲勳官，無勳級者爲白

丁。且男年十八以上爲丁，女曷嘗爲丁哉！

通鑑二百二

咸亨三年　王及善曰：「擲倒自有伶官。」頁六四八五

費本註曰：伶，爐斤切；說文，弄也。余按字書，伶，郎丁翻，無從爐斤切者。炤釋用說文，而音切則妄自爲之。

四年　八品、九品並鍮石帶。頁六四八八

史炤釋文曰：鍮，容朱切。余按鍮石似金，今人多以藥物鍊銅爲鍮者，音託侯翻。宋時八品、九品官猶鍮石帶。史炤仕宋至京官，不知有鍮石帶而妄爲之音，何耶！

通鑑二百三

永淳元年　魏元忠閱視赤縣獄。頁六五一二

史炤釋文曰：中國名曰赤縣神州。（費本同。）余按史炤引騶衍之說。衍之說先列中國名山、大川通谷、禽獸，水土所殖，物類所珍，因而推之及海外，人之所不能睹。以爲儒者所謂中國者，於天下乃八十一分居其一分耳，中國名曰赤縣神州，神州自有九州，禹之序九州是也，不得爲州數。中國外如神州赤縣者九，乃所謂九州也。於是有裨海環之，人民禽獸莫能相通者，如一區中，乃爲一州，如此者九，乃有大瀛海環其外，天地之際焉。史炤引此以釋赤縣，則唐之十道乃禹迹之九州，是魏元忠悉閱唐十道獄也。其說闊遠而不切於事情。蓋唐之西京以長安、萬年爲赤縣；東都以河南、洛陽爲赤縣。魏元忠所閱者，長安、萬年兩赤縣獄耳。

弘道元年　突厥寇蔚州，豐州都督崔智辯邀之於朝那山北，兵敗，爲虜所擒。頁六五二九

史炤釋文曰：朝，直遥切。那，奴多切。余按丁度集韻朝那之朝，音與邾同，音追輸翻。二百九卷中宗景龍二年，「朝那山」音亦誤。

則天垂拱元年　樂城文獻公劉仁軌薨。頁六五四八

史炤釋文曰：劉仁軌，汴州尉氏人，仁軌子及兄子授上柱國者三人，州黨榮之，號所居爲樂城鄉三柱里。余謂此因其封邑而名鄉耳。樂城縣屬滄州，武德五年分永嘉置，非劉仁軌所封者也。漢書地理志，河間國有樂城縣，後魏改爲樂壽縣，唐屬瀛州。樂城古城在樂壽縣東南十六里，唐以古縣名封仁軌。

通鑑二百四

三年　黑齒常之大破突厥於黄花堆。頁六五六〇

史炤釋文曰：黄花堆，突厥地名。余按黄花在神武川，元和初朱邪執宜所保之地。其地在朔州塞内，非突厥地也。魏收地形志，後魏置神武郡於神武川。

通鑑二百五

延載元年　突厥可汗骨篤禄卒，弟默啜自立爲可汗。頁六六〇八

史炤釋文曰：默啜，突厥種名。余按通鑑明言默啜爲骨篤禄之弟，則默啜乃人名，非種名也。

通鑑二百六

神功元年　孫萬榮與其奴逃至潞水東。頁六六三七

史炤釋文曰：潞水在潞州，爲幷州浸，卽濁漳水也。余按周禮職方氏：幷州，其浸淶、易；冀州，其浸汾、

潞，其川潼。則潼自是潼，潞自是潞。以周官職方言之，則潞非幷州浸。以漢地理志言之，則潞州，漢上黨郡也，春秋潞子之國，有潞川。上黨郡，漢屬幷州。然皆非孫萬榮授首之地。按萬榮時攻幽州，軍潰，至潞水東，爲奴所殺。是唐幽州之潞水，非漢上黨之潞川也。水經：鮑丘水從塞外來，南逕漁陽縣東，又南過潞縣西，謂之潞水，漢光武遣鄧隆擊彭寵軍於潞南，卽是水也。孫萬榮正死於是水之東。

聖曆元年　狄仁傑因食疏糲。頁六六五二

史炤釋文曰：疏，菜食也。糲，脫粟也。張晏曰：一斛粟舂七斗米爲糲。余按詩召旻云：彼疏斯粺。箋云：疏，麤也，謂糲米。米之率，糲十，粺九，鑿八，侍御七。字林云：糲米，一斛舂爲八斗。此皆疏卽糲也。九章算術：粟一石爲糲米六斗；舂糲一斗爲粺九升，又舂爲侍御則七升。又曰：凡穀一舂一簸爲糲米。唯論語飯疏食飲水孔氏註，以疏食爲菜食。諸儒生皆不主其說，以疏食爲麤飯。然疏食猶可以菜食爲說；若疏糲，不若用諸家之說爲文從義順也。

二年　左衞鎧曹參軍郭元振。頁六六五六

史炤釋文曰：參軍，官名，十六衞皆同。鎧曹，後改爲胄曹。余按史炤但以參軍爲官名，參軍之官名何從始耶？沈約曰：參軍，後漢官，孫堅爲車騎參軍事是也。本於府主無敬；晉世孫楚爲大司馬石苞參軍，輕慢，苞始制施敬。晉永嘉之亂，中州人士避亂南渡，晉元帝以琅邪王鎭建業，悉羅致爲參軍、掾屬、行參軍，所謂百六掾是也。既而爲晉王，以參軍爲奉車都尉，掾屬爲駙馬都尉，行參軍舍人爲騎都尉，而諸公府、都督府、置諮議參軍，因漢末軍諮祭酒而爲之名也。至宋，有錄事、記室、戶曹、倉曹、中直兵、外兵、騎兵、長流賊曹、刑獄賊曹、城局賊曹、法曹、田曹、水曹、鎧曹、車曹、士曹、集右戶、墨曹，凡十八曹參軍。參軍不署曹者，無定員。至唐，惟衞府、率府有録事及諸曹參軍，諸州有録事及諸司參軍。

通鑑二百七

長安四年　賈敬言奏張昌宗强市人田。頁六六八九

史炤釋文曰：强，其兩切，抑買之也。余謂强，其良翻。非人所願，以威勢逼抑而市之，謂之强市。

成均祭酒同鸞臺鳳閣三品李嶠罷爲地官尚書。頁六五七四

史炤釋文曰：五帝名學曰成均。余按唐百官志，垂拱元年，改國子監曰成均監，以國子祭酒爲成均祭酒。

太后疾少間。頁六六九一

史炤釋文曰：間，居莧切；少愈也。余按論語病間，釋音如字。孔云：少差也。史炤釋文，凡疾間之間並從去聲，未知何據。

王崇武標點容肇祖聶崇岐覆校

通鑑釋文辯誤卷第十

天台胡三省身之

通鑑二百八

中宗神龍元年　敬暉瞿然不悅。頁六七一〇

海陵本釋文曰：瞿，九縛切；說文，遠視貌。余按九縛切乃矍字。瞿，音九遇翻，驚視而失其常度之貌。陸德明經典釋文甚明。史炤於此音紀具切，是。至二百四十八卷武宗會昌四年，炤音又非。

左衛將軍上邽紀處訥。頁六七一三

史炤釋文曰：上邽，卽秦州天水縣。余按漢書地理志，上邽縣屬隴西郡；天水別爲郡名。新唐書地理志，秦州天水郡治上邽，無天水縣。宋白續通典，秦州有天水縣，而淸水縣治上邽鎭。史炤所云，未知何據。

二年　改贈后父韋玄貞爲酆王，后四弟皆封郡王。頁六七一九

費本註曰：酆，郡名。余按唐制，后弟封郡王，韋玄貞，后父，必贈爲國王。酆者，封國之名，非郡名也。且自古未嘗有酆郡。去年已封韋玄貞爲上洛王，上洛，郡名也。自郡封而進贈國封，中宗之濫爵固不足言，然郡封、國封之制則不可以無辯。

袁恕己掊地，爪甲殆盡。頁六七二三

史炤釋文曰：掊，蒲墨切，僵也。余按僵踣之踣，其旁從「足」不從「手」。袁恕己若只僵踣於地，何爲爪甲殆盡？此由以爪甲爬地也。類篇：掊，從蒲侯翻。今從之。

通鑑二百九

景龍二年　武平一名甄，以字行。頁六七四二

史炤釋文曰：甄，之人切。余謂音之人切者，姓也。人之有字，以表其名，甄之爲義，明也，察也，别也。惟明，惟察，惟别，然後能平一，此正以甄明、甄察、甄别而命字。甄，當音稽延翻。

睿宗景雲元年　上御梨園毬場。頁六七五七

史炤釋文作「黎園」，註曰：黎，憐題切。余按此乃梨園，非黎園也。果木之梨，音力脂翻。

命韋溫總知内外守捉兵馬事。頁六七六〇

史炤釋文曰：唐制，兵之戍邊者，大曰軍，小曰守捉，曰城，曰鎮，而總之曰道。（費本同。）余謂此乃京城、皇城、宫城内外守捉兵馬，非邊戍之守捉也。宣宗之崩，踵故事，增人守捉，此其證也。

二年　前右率府鎧曹參軍柳澤。頁六七八二

史炤釋文曰：鎧，甲也。鎧曹，十六衛官屬也。（費本同。）今按唐制，太子十率府亦有鎧曹等諸參軍。柳澤乃十率府屬，非十六衛府屬也。右率府，右衛率府。

通鑑二百十

玄宗先天元年　能撩李日知嗔。頁六七九七

史炤釋文曰：撩，蓮條切；説文，撩，理也。（海陵本同。）余謂炤音是而義非。撩，取也。嗔，怒也；言取

怒也。又俗說以擿發爲撩，今人謂相挑發爲相撩撥。

通鑑二百一十一

開元二年　立皇子嗣主爲郪王。頁六八二五

史炤釋文曰：郪，於巾切，故衞地，在濮陽。余按衞地之郪，音吉掾翻；無於巾一音。

通鑑二百一十二

七年　王毛仲嚴察有幹力，萬騎功臣、閑廐官吏皆憚之。頁六八五四

史炤釋文曰：睿宗改千騎曰萬騎。余按太宗選驍勇者從遊獵，謂之百騎，則天時稍增爲千騎；中宗改曰萬騎，非睿宗也。通鑑於睿宗景雲元年書萬騎本末甚明。

十三年　更名長從宿衞之士曰彍騎，分隸十二衞，總十二萬人，爲六番。頁六八八一

史炤釋文曰：隋制十二衞，唐因之，曰翊衞，曰驍騎衞，曰武衞，曰屯衞，曰禦衞，曰候衞，爲左、右焉。彍騎分隸十二衞，每衞萬人。余按唐受隋禪，置十二衞府，已微變其官名。至武德五年，又改云云，辯見一百八十六卷高祖武德元年。今史炤所云十二衞，武德元年之制也。以唐六典考之，則開元之十二衞，曰左、右衞，曰左、右驍衞，曰左、右武衞，曰左、右威衞，曰左、右領軍衞，曰左、右金吾衞。

通鑑二百一十三

十五年　賜貴近絲一絇。頁六八九七

費本註曰：綬謂之絇。余按晉書綠綟綬，謂以戾草染綬，故綬因謂之綟。此言絲一絇，猶絲一繚耳，非綟綬之綟。唐制，麻三斤爲綟；未知絲一綟，其爲斤兩何如也。史炤亦曰：綟，猶繚也。

十八年　京城第舍、郊畿田園，參半皆宦官矣。頁六九一二

史炤釋文曰：參半，間廁也。余謂參者，三也，或三分之一，或三分之二也。半則中分而言之，言有其半也。

通鑑二百一十四

二十四年　史窣干者，與安祿山同里閈。頁六九三六

史炤釋文曰：閈，說文，閭也。汝南平輿里門曰閈。余謂此亦史炤以廣韻爲據也。按漢高祖居沛，與盧綰同里閈，何特汝南平輿里門曰閈哉！

通鑑二百一十五

天寶元年　隴右節度使統臨洮、河源、白水、安人、振威、威戎、漠門、寧塞、積石、鎭西，十軍。頁六九六八

史炤釋文曰：寧塞，廓州軍，後曰寧邊。余按隴右所統十軍，而獨釋寧塞一軍，何也？十軍註，詳見通鑑正文下。

田同秀上言：見玄元皇帝，告以「我藏靈符在尹喜故宅。」上遣使於故函谷關尹喜臺旁求得之。頁六九七一

史炤釋文曰：崔浩云：尹喜爲散關令也。蓋老子嘗過尹喜，故田同秀託言藏靈符於尹喜宅耳。余按抱朴子云：老子西遊，遇關令尹喜於散關，爲喜著道德經一卷，謂之老子。其說與崔浩同。又李尤函谷關銘云：尹喜邀老子留，作二篇。則以喜爲函谷關令。括地志：散關在岐州陳倉縣東南五十二里，函谷關在陝州桃林縣西南十二里。又，岐州盩厔縣樓觀山有尹喜舊宅，今爲崇聖觀，山腳有授經臺。此亦以尹喜爲散關令，故有其遺蹟也。但唐玄宗因田同秀之言求符於故函谷關尹喜臺旁，則以尹喜爲函谷關令矣。史

記言老子去周度關時，周都洛，函谷關爲是。

二年　崔成甫紅袙首。頁六九七七

史炤釋文曰：袙，普駕切；通俗文：帛三幅曰帕。（海陵本同。）余按袙首之袙，莫百翻；今人謂之抹額是也。韓愈元和聖德詩：「以紅袙首」。若通俗文所謂帛三幅者，謂帊也，非袙首之袙。

四載　褚詡戰死。頁六九八七

費本註曰：詡，直毅切。余按，詡，直嚴翻。費本誤。

通鑑二百一十六

八載　吐蕃多貯糧食，積櫑木及石。頁七〇一五

史炤釋文曰：櫑，盧回切。余按此櫑木卽前卷「礮櫑如雨」之櫑，合音盧對翻。史炤音釋前後不相照應類如此。

十載　高尚，雍奴人。頁七〇二五

史炤釋文曰：雍奴，雍州縣名。余按唐書地理志，幽州有雍奴縣，非雍州也。

通鑑二百一十七

十四載　賈循，華原人也。頁七〇五〇

史炤釋文曰：華原，邑名，屬耀州。余按五代史，梁開平初，華原賊帥溫韜聚衆據縣，岐王李茂貞始以華原置耀州，使韜鎮之。此時未有耀州也。新唐書地理志，華原縣屬雍州。開元元年，以雍州爲京兆府。

安祿山乘鐵轝。頁七〇五三

史炤釋文曰：轝，羊茹切。余謂此「轝」字即「輿」字，今人多讀從平聲。蓋舁車之轝，是人轝之，則音羊茹切。若乘轝，則人乘車輿也，讀當平聲。二百二十五卷代宗大曆十四年「乘轝」誤同。

祿山步騎散漫，人莫知其數。頁七〇五六

史炤釋文曰：漫，謨官切，又莫半切。余謂當從下音。

肅宗至德元載　魯炅屯葉北以備安祿山。頁七〇七二

史炤釋文曰：葉縣之北汝州也。余按通鑑下文，魯炅立柵於滍水之南，未至汝州。

程千里出崞口討賊。頁七〇七七

史炤釋文曰：崞口，在代州。（海陵本同。）余按舊唐，崞口在相州西山。在代州者，崞縣，非崞口也。二百二十六卷德宗建中二年「崞口」註亦誤。

通鑑二百一十八

同羅曳落河居五分之一。頁七〇八二

史炤釋文曰：安祿山所劫同羅兵，號曳落河。余按祿山養同羅、奚、契丹降者八千餘人，號曳落河。曳落河者，胡言壯士也。是時史思明等合兵五萬餘人，而同羅曳落河居五分之一，是同羅曳落河不下萬人矣。祿山在洛，方圖關輔，所養曳落河八千餘人；若以萬人付思明，反浮於所養之數，不應如此。蓋同羅者，阿布思之部落也，阿布思敗死，其部落歸祿山，祿山簡同羅之壯者與奚、契丹之壯者養之，通謂之曳落河，其不預曳落河之養者尚多。今遣助思明者，同羅之兵及曳落河通有萬許人耳。

芟涉至此，勞苦至矣。頁七〇九五

史炤釋文曰：茇，草舍；一曰，草木根本；亦作「跋」。余按茇，草舍也。鄭康成之說，草行曰茇，水行曰涉，正應此義。不當妄引草木根本以自雜其說。

太子至烏氏，彭原太守李遵出迎。頁七〇九七

海陵本釋文曰：是年改烏氏曰保定。余按烏氏，漢縣，故墟在彭原東南。據舊唐書，烏氏，驛名。新唐志，保定縣，本漢安定縣，唐爲涇州治所，在彭原西一百二十里。保定縣固是年更名，然非烏氏之地。

太子至平涼，閱監牧馬。頁七〇九七

史炤釋文曰：渭州有馬監。余按唐之盛也，秦、蘭、河、渭、涇、原、岐、豳、寧、慶、鄜、坊、延、夏及河曲之地，凡監四十有一，豈特渭州有馬監哉！時太子所閱者，平涼之監牧。平涼，原州；非渭州也。

賊勢大熾，西脅汧、隴。頁七〇九九

史炤釋文曰：汧水在安定。余按前漢書地理志，汧水出扶風汧縣西北。又曰：郁夷縣有汧水。酈道元以爲汧水卽魚龍水。唐書地理志：隴州有汧源縣、汧陽縣，皆因汧水而名。汧水不在安定。

通鑑二百一十九

第五琦請以江、淮租、庸市輕貨，泝江、漢而上，至洋川。頁七一一九

史炤釋文曰：洋，音祥。漢戚夫人生於洋川，高祖寵之，名其川曰洋川，以表誕生之休祥也。（費本同。）余按洋川，漢時漢中成固之地。劉蜀分成固立南鄉縣，晉改爲西鄉縣，後魏廢縣，於豐寧戍置豐寧縣，尋於縣置洋州及洋川郡，隋開皇初廢郡，大業初廢州，復爲西鄉縣，唐武德元年，析梁州之西鄉、黃金、興勢置洋州，天寶改洋州爲洋川郡。漢書言定陶戚姬，不言生於洋川。地理志止有成固縣，不載洋川。戚夫人生於

洋川，本之酈道元水經註，道元好奇之過也。

通鑑二百二十

至德二載　史思明開井陘路。頁七一六六

史炤釋文曰：井陘山，在鎮州井陘縣。余按唐穆宗諱恆，始改恆州爲鎮州。玄宗改州爲郡，恆州曰常山郡；肅宗改郡爲州，復曰恆州。此時未有鎮州也。

乾元元年　李嗣業在河內，安慶緒涉沁水攻之。頁七一七一

史炤釋文曰：沁水，縣名，屬澤州。（費本同。）余按唐書地理志，沁水出沁州沁源縣東南，出山而東流，過河内縣北。安慶緒自鄴攻河内須涉沁水而進兵，此指河内之沁水，非澤州之沁水縣也。

王仲昇斬党項酋長拓跋戎德。頁七一七八

史炤釋文曰：拓跋本代北元魏複姓。余按元魏之拓跋氏起於代北，党項之拓跋氏起於西陲。宋朝之西夏，党項拓跋之後也，寶元、康定之間，憑陵中國，慢書狎至，使其出於元魏，亦必張大而言之，而未嘗語及者，非其所自出也。唐書列傳，党項以姓別爲部，一姓又分爲小部落，有細封氏、費聽氏、往利氏、頗超氏、野辭氏、米禽氏、拓跋氏，而拓跋氏最強。二百五十八卷昭宗大順元年註又誤。

通鑑二百二十一

二年　郭子儀等圍鄴城，壅漳水灌之。頁七一八七

史炤釋文曰：山海經曰：漳水出荆山，南注于沮水。余按郭子儀壅鄴旁之漳水以灌城，非出荆山之漳水。九十七卷晉康帝建元二年，「趙王虎投王波父子之尸于漳水」，釋文之誤正與此同，已辯於前矣。二百六十

卷昭宗光化三年「漳水」註復誤。蓋史炤讀書不多，只據廣韻以釋通鑑，又不能親師取友以求聞所未聞，所以到底錯了。孤陋自是者，其戒之哉！然余亦當自以此爲戒也。

李光弼自將屯中潬城。頁七二〇五

史炤釋文曰：河南縣有中潬城。余按河陽有三城以守河橋，自晉杜預建橋於富平津，此大河有橋之始也，然未有城也。後魏孝文自代遷都于洛，又作河橋，河側北岸有二城，置北中郎府，徙諸從隸府戶，并羽林、虎賁領隊防之。魏氏分爲東、西，東魏得洛，懼西人之侵軼，雖徙洛人於鄴，而河陽仍爲橋以聯絡懷、洛，觀宇文與高氏交兵於邙、洛之間，則可見矣。高敖曹之敗也，叩河陽南城，以閉關不內而死，此時蓋已有南城。宇文泰縱火船欲焚河橋，斛律金所以禦之者，必於中流制之，意此時亦必有中潬矣。史思明入東京，李光弼據河陽與之相持，思明來攻，三城皆受敵，光弼自將屯中潬，應接南、北二城，視其所急而赴之。安、史既平，河朔藩鎮桀驁，唐於此置河陽三城節度使，遂爲重鎮。中潬城，三城之一，不在河南也。宋白曰：中潬城，東魏所築。

通鑑二百二十二

上元二年　奴剌、党項寇寶雞。頁七二二四

史炤釋文曰：渾奴剌也。吐谷渾自稱曰渾主，故以渾奴剌言之。（費本同。）余謂吐谷渾自是一種，奴剌自是一種，吐谷渾王舊自稱可汗，未嘗自稱曰渾主。史或以渾、奴剌連言，亦言渾與奴剌兩種耳。太宗貞觀二十一年，奴剌啜匐俟友內附，此則奴剌別是一種之明證也。

代宗廣德元年　田承嗣爲魏、博、德、滄、瀛五州都防禦使。頁七二五九史炤釋文曰：魏博，藩鎮，自田承嗣始，傳五世至田洪正入朝，十年復亂，更四姓，傳十世，有州七，曰貝、魏、博、相、磁、洺、衞。余謂此通鑑書以魏博授田承嗣之始，然此時命承嗣爲魏、博、德、滄、瀛五州都防禦使，未須以貝、魏、博、相、磁、洺、衞七州爲註。詳辯於二百六十六卷梁太祖開平元年。

明經則誦帖括以求僥倖。頁七二六二

史炤釋文曰：謂爲機括而誦之。余按高宗之時，以劉思立之言，明經加試帖，舉人乃總括經文，以類聚之，而誦習以應帖試，謂之帖括。括，總括也；非機括之謂。

通鑑二百二十三

二年　秋七月，稅天下青苗錢以給百官俸。頁七二八四

史炤釋文曰：唐租、庸、調之法壞，代宗始以畝定稅，而稅以夏秋；時又以國用急，不及秋，苗方青卽征之，號青苗錢。余按乾元以來，天下用兵，京司百僚，俸錢減耗。代宗卽位，推恩庶僚，下議，或以稅畝有苗者，公私咸濟，乃分遣憲官稅天下地青苗錢，以充百司課料。若定夏、秋二稅，則德宗卽位方行其法，非代宗也。史明書秋七月稅天下青苗錢，安得謂不及秋卽征之乎！

通鑑二百二十四

大曆五年　元載請割鄜、虢、寶、鄠、盩厔隸李抱玉。頁七三三〇

史炤釋文曰：鄜、虢，並扶風縣名。余謂史炤僅能引漢書地理志耳。漢右扶風有鄜、虢二縣，及晉，省虢縣，存鄜縣，後魏於虢縣地置武都郡，西魏置洛邑縣，後周置朔州，州尋廢。隋開皇初廢武都郡，大業初改洛邑縣爲虢縣，後魏又於鄜縣置平陽、周城二縣。西魏改平陽爲鄜城，後周廢入周城縣，隋開皇十八年改

周城曰渭濱，大業二年改曰郿縣。扶風，隋、唐爲岐州，時爲鳳翔府。

朕今親御禁旅。頁七三三二

史炤釋文曰：旅，衆也。說文：軍五百人爲旅。余謂禁旅，直言禁兵耳，不必拘五百人爲說。

通鑑二百二十五

十四年　澤州刺史李鶚上慶雲圖。詔曰：「卿雲、靈芝，怪草異木，何益於人！」頁七三七八

史炤釋文曰：卿，如字。文選：卿雲黼黻河漢，謂司馬長卿、楊子雲也。後言瑞者，以卿雲爲慶雲，皆取黼黻河漢之意。（海陵本、費本同。）余謂史炤繆矣，古者卿、慶同音，班固白雉詩：「永延長兮膺天慶」，叶韻音卿，是也。卿雲，卽慶雲。晉天文志：瑞雲，一曰慶雲，一曰景雲，嘉氣太平之應也。

通鑑二百二十六

沈既濟上選舉議曰：「責於侍郎，則曰量書、判、資、考而授之，不保其往也。」頁七三八六

史炤釋文，以「量書」爲句斷，註曰：尚書掌七品以上選，侍郎掌八品以下選，皆有銓量之書，所以敍其資地而進退之也。（費本同。）余觀沈既濟之議，其上文曰：「考校之法，在書判、簿歷、言詞、俯仰而已」，是書判也，非銓量之書也。又曰：「量資、積考，非勞也」，是資考也，非資地也。唐擇人之法有四，曰身、言、書、判。身，取其體貌豐偉；言，取其言辭辯正；書，取其楷法遒美；判，取其文理優長。資、考者，限年躡級謂之資，課校殿最謂之考。

京畿觀察使崔寧。頁七三九一

史炤釋文曰：天子千里地，以遠近言之則言畿。此指京師，故謂之京畿。余按古者王畿地方千里。唐以

長安爲西京，洛陽爲東都，有京畿、都畿。京畿觀察部京畿諸州，謂雍、岐、同、華、商、邠也。

德宗建中元年　朝臣請赦劉文喜，上皆不聽，曰：「微孽不除，何以令天下！」頁七三九九

史炤釋文曰：孽，庶子也，猶木之有孽生，故以爲喻。余按史炤此亦本之廣韻。然劉文喜豈唐之庶子哉！凶孽、妖孽，皆孽也，不專以庶子爲義。此言微孽，猶凶孽之孽耳。一百五十二卷梁武帝中大通二年，魏高歡言嬖孽擅朝，指鄭儼、徐紇也，炤之誤亦如此。

劉海賓言於上曰：「臣乃陛下藩邸部曲。」頁七三九九

史炤釋文曰：藩，謂爲藩屏者，凡郡國朝宿之舍，率名邸。邸，至也，言所歸至也。余謂炤說自通，但初讀者未易遽曉，且以此釋「藩邸部曲」四字，其義猶欠明切。唐人率稱諸王邸第爲藩邸，謂藩國邸第也。此說較簡明。寶應初，上以雍王爲天下兵馬元帥，故劉海賓自謂藩邸部曲。

王國良遣使乞降，猶疑未決。頁七四〇二

史炤釋文曰：猶，餘救切，玃屬，其性多疑。一說，隴西人呼犬子曰猶，好先行卻住以俟其人，遂曰猶豫；猶疑亦猶豫之謂。余以文勢觀之，不過言王國良猶持疑而未決降計耳。猶之爲義，尚也，如左傳「尚猶有臭」，「其莠猶在」，賈誼所謂「猶尚如此」之猶，不必引猶豫以釋猶疑也。

通鑑二百二十七

二年　南至江、淮、閩、越。頁七四二二

史炤釋文曰：閩越，東南越。余按此言閩謂七閩之地及百越之地耳，若以漢書言之，則閩越之地，今福建路是也；東越之地，今溫州是也；南越之地，今交、廣是也；豈得謂閩越爲東南越乎！一百六十七卷陳

武帝永定元年註「閩中」亦誤，辯已見前。

宣武節度使劉洽。頁七四三〇

史炤釋文曰：宣武節度使自劉玄佐始，傳四世而滅，有汴、潁、宋、亳。余按新唐書方鎮表，建中元年，分宋、亳、潁別爲節度使，尋號宣武節度使。是時李勉以永平節度使鎮汴州，其後陷於李希烈。至興元元年，劉洽破希烈，復汴州，始有汴、宋、潁、亳四州；尋徙宣武軍治汴州。洽改名玄佐，玄佐傳子士寧，士寧爲李萬榮所逐。是劉氏在宣武僅二世也，何嘗傳四世哉！

入敕使院，擘裂殺之。頁七四四三

史炤釋文曰：擘，博厄切；說文，撝也。余按此乃分擘之擘，非撝也。

通鑑二百二十八

四年　外侵則汧、渭爲戎。頁七四六八

史炤釋文曰：汧、渭二水，出鳳翔府寶雞縣。余按一百一十八卷肅宗至德元載，炤釋汧、隴之汧已誤，今又誤。漢書地理志，渭水出隴西首陽縣鳥鼠山而東流，汧水出右扶風汧縣西北。水經註：汧水東流，合于渭，渭水又東逕陳倉縣。唐改陳倉縣爲寶雞縣。渭水則過寶雞，汧水不惟不出寶雞，且不至寶雞矣。陸贄所謂「外侵，則汧、渭爲戎」者，謂吐蕃侵逼也。汧水在唐隴州界，渭水出唐渭州界，代宗初，吐蕃陷秦、渭，入大震關，唐遂以隴州爲極邊，故曰汧、渭爲戎。

以李昌巙爲京畿、渭南節度使。頁七四七八

史炤釋文曰：巙，渠龜切。（海陵本同。）余按巙，奴刀翻，史炤鹵莽，以其字旁從夔，遂自爲音切也。

膠水蔣流。頁七四八〇

史炤釋文曰：膠水，在漢膠東縣，一曰密水。唐時膠西爲密州。余按水經，膠水出黔陬縣膠山，北過其縣西，又北過夷安、下密、膠東當利縣，北入於海。漢書地理志，黔陬縣屬琅邪，夷安縣屬高密，下密縣屬膠東國，無膠東縣，當利縣屬東萊郡。唐書地理志，萊州有膠水縣。萊州，古東萊郡地。膠水縣蓋當膠水下流入海之地，非密州也。

通鑑二百二十九

朱泚推雲梯，載壯士攻城，翼以轒轀。頁七四九三

史炤釋文曰：說文：淮陽名車隆穹爲轒。應劭曰：轒轀，匈奴車。博雅以爲柳車。余按柳車非所以攻城。應劭以轒轀爲匈奴車者，因漢書揚雄傳「砰轒轀，破穹廬」而爲之註也。蓋轒轀者，攻城之車。兵法曰：修轒轀距闉者，三月而後成。謂攻城也。轒轀不特匈奴有之，中國亦有此車。

韓滉脩塢壁，起建業，抵京峴，樓堞相屬。頁七四九七

史炤釋文曰：京峴，山名。京，大也，即琅邪大峴山。（費本同。）余按韓滉時鎮潤州，脩塢壁，起建業，抵京峴。京峴山在潤州州治東五里，琅邪之大峴山在沂州。滉修塢壁，自建業抵潤州之京峴山耳，安能絕江越淮，抵沂州之大峴山邪！況此時陳少遊鎮淮南，而沂州又李納巡屬也，韓滉决不能跨據他鎮疆土而脩塢壁。蓋滉以乘輿播遷，欲阻江自守，其治樓堞，起昇抵潤，皆自守規摹也。

通鑑二百三十

興元元年　專虛名而不副之以實，則誕謾而人情不趨。頁七五三七

史炤釋文曰：誕謾，不經之稱。余謂妄爲大言曰誕，欺語曰謾，皆虚而不實之謂，非不經之稱也。

自以爲得而不知其失也。

張獻甫怒樊澤曰：「行軍乃敢自圖節鉞。」頁七五四五

史炤釋文曰：節以專殺，斧鉞以專斷。余按記王制，諸侯賜鈇鉞然後殺。是斧鉞以專殺也。至於漢、魏以下，持節者亦得以專殺。唐中世以後，置諸鎮節度使，建節，樹六纛，亦得以專殺。故授節度使者，謂之授旌節，亦謂之授節鉞。若曰節以專殺，斧鉞以專斷，恐字義不可如此區别。自是之後，炤屢拈出此二語，蓋自以爲得而不知其失也。

通鑑二百三十一

進退羈礙。頁七五五〇

史炤釋文曰：羈，馬絡頭也；礙，謂羈所掛礙也。余按羈者，有所絆；礙者，有所止。

鍾虡不移。頁七五五六

史炤釋文曰：虡，音具。余按經典釋文及諸字書，虡，音巨，無音具者。此又蜀人土音之訛。

貞元元年　新州司馬盧杞遇赦，移吉州長史，陳京、趙需等爭之不已，上大怒，左右辟易。京顧曰：「趙需等勿退。」頁七五七〇

史炤釋文曰：京，姓也。風俗通云：鄭公子段封京城，其後因爲氏。顧，其名。余按陳京、趙需等爭盧杞移吉州長史事，德宗大怒，當時左右之臣皆辟開而易其故處，陳京乃顧謂趙需等曰：「勿退。」此一段，稍識文理者皆知京之爲陳京，顧之爲回顧也。史炤以京爲姓，顧爲名，大似不識文理。彼豈眞不識文理哉！其病在於不詳觀通鑑上下文而輕爲註釋，至於板行其書以誑後學，不知乃所以自彰其繆妄也！

以李泌爲陝虢都防禦水陸運使。泌宿曲沃，將佐來迎。頁七五七七

史炤釋文曰：曲沃，縣名，屬絳州。余按此非絳州之曲沃也。絳州之曲沃，晉封桓叔者也。春秋之時，晉以曲沃爲別都，蓋自桓叔至武公，宗廟在焉，其地在大河之東。李泌自長安赴陝州，無緣迂路渡河至絳州之曲沃。水經註云：曹陽亭在弘農縣東十三里，又東有曲沃城。春秋時，晉侯使詹嘉守桃林之塞，處此以備秦，時以曲沃之官守之，故曲沃之名，遂爲積古之傳。肅宗至德二載，廣平王俶與郭子儀取西京，安慶緒將張通儒等走保陝，追至曲沃，大破賊於新店，遂入陝城，此卽李泌所宿之曲沃也。絳州之曲沃，人所共知；陝州之曲沃，人有不能知者矣。吁，地理之難言蓋如此！

通鑑二百三十二

陸贄上奏曰：「以逆泚之偷居上國，懷光之竊保中畿。」頁七五八五

史炤釋文曰：天子千里地，以遠近言之，則言畿；當天下之中，故謂之中畿。余按陸贄所謂懷光竊保中畿，謂懷光竊保河中也。玄宗開元八年，以河中爲中都，河東、河西爲次赤縣，餘縣皆爲次畿縣。懷光據河中，諸縣皆爲所有，故言中畿。蓋洛陽爲東京，則河南府諸縣爲東畿，長安爲西京，則京兆府諸縣爲西畿，河中府居兩京之中，以爲中都，故謂之中畿也。

二年，百姓至蒸鬱手足以避役。頁七五九一

史炤釋文曰：蒸，火氣上行也。熨，持火，所以申繒也。余按以火申繒，固謂之熨；然此言以火熨手足耳，不必以申繒爲釋。

王崇武標點　容肇祖　聶崇岐覆校

通鑑釋文辯誤卷第十一

天台胡三省身之

通鑑二百三十三

三年　李泌曰：「太子安有異謀，彼譖人者，巧詐百端，雖有手書如晉愍懷，衷甲如太子瑛，猶未可信。」頁七六二〇

史炤釋文曰：愍、懷，謂晉愍帝、懷帝也。（海陵本同。）余謂李泌正引賈后譖殺愍懷太子遹事，通鑑於八十三卷晉惠帝元康九年紀愍懷手書事甚詳，史炤且不能考，豈可釋通鑑以傳世乎！

七年　韋皋遣三部落總管蘇嵬將兵至琵琶川。頁七六四七

史炤釋文曰：琵琶川，地名，東奚所居。余按琵琶川者，東蠻所居，蜀之徼外，未嘗有奚也。炤誤。

通鑑二百三十四

九年　僨軍蹙國。頁七六六六

史炤釋文曰：僨，僵仆也。僨軍，謂軍不嚴整，若僵仆也。余謂僨軍者，覆軍也；軍爲敵人所敗，顛覆不能復振，若人之顛仆不能復起也。

萬榮縱欲跋扈，勢何能爲！頁七六七三

史炤釋文曰：扈，籬也。水居者，於水未至爲扈，水去則大魚跋扈而出，小魚獨留。余按跋扈之語，自漢有

之，釋者以强梁爲言，史炤今以大魚跋扈爲說。夫炤所謂扈者，海瀕之人於海澨插竹爲之，其字作「滬」。「大魚跋滬」，東南瀕海之人初無此語，中土之人與西北之人，安知魚之跋滬而爲是語邪！炤說可謂僻陋而不通。從强梁之說爲是。

十年　雲南王異牟尋令崔佐時衣牂柯服而入。頁七六七四

史炤釋文曰：漢牂柯郡，唐爲牂州，屬江南道羈縻州。牂柯，繫船杙也，楚滅夜郎，軍至且蘭，椓船於岸，因以名其處。牂柯服，謂牂柯人所服也。余按史炤止祖述漢書註，言牂柯郡所以得名之由，未及唐時所謂牂柯也。新唐書曰：牂柯蠻，在昆明東九百里，東距辰州二千四百里，其南千五百里即交州。故通鑑下文載佐時之言曰：「我大唐使者，豈得衣小夷之服！」小夷，正指牂柯蠻。

通鑑二百三十五

十二年　以渾瑊、王武俊並兼中書令。頁七六九二

史炤釋文曰：渾，戶本切，渾沌氏之後。（海陵本同。）余按渾瑊，鐵勒九姓渾部之後，世爲皋蘭州都督，安得爲渾沌氏之後乎！自安、史反，瑊從其父釋之在兵間，父子各立戰功；至德宗時，瑊之勞績爲顯著。通鑑蓋屢書不一書而足，史炤前固嘗釋渾瑊矣，至此方以爲渾沌氏之後，何邪！又按劉禹錫集有送渾大夫赴豐州詩曰：「鳳銜新詔降恩華，又見旌旗出渾家。」則渾字讀從上聲，無亦其時渾氏功名鼎盛時，人不敢言其出於藩落而爲之諱，遂以爲渾沌氏之後邪！觀唐世言氏族者本其所自出，必各引前世帝王公侯卿大夫士之著見者，或以國，或以邑，或以氏，或以謚，或以字，或以官，亦或以名者，往往多有傅會，今亦無從而辨正之也。二百四十五卷文宗大和八年「渾鐬」，炤釋同。

韋渠牟形神恌懆。頁七六九七

史炤釋文曰：恌，餘招切，憂也，悖也。余按恌，音他彫翻，卽輕恌之恌。

十六年　泗州刺史張伾出兵攻埇橋。頁七七一二

史炤釋文曰：埇橋，地名，在淮、泗。一曰，道上加土爲埇。余按泗水固合於淮，然言埇橋在淮、泗，抑以爲在淮、泗之交邪，抑以爲在淮、泗之間邪？此等註書，胸中實無定見，而持兩端之說。而道上加土曰埇，又因甬道而創生此義，皆非確論也。埇橋在徐州南界，唐後置宿州於此，江、淮運船所必由之路也。二百四十二卷穆宗長慶二年「埇橋」註又誤。

通鑑二百三十六

順宗永貞元年　制以「積疹未復，其軍國政事權令皇太子純句當。」頁七七四一

史炤釋文曰：疹，止忍切；久疾也。（海陵本同。）余按疾疹之疹，音丑刃翻；從止忍切，乃瘡疹、癮疹之疹。此疹既以久疾爲釋，不當從瘡疹、癮疹之音。二百四十三卷穆宗長慶四年，「嗜欲勝而疾疹作」，炤釋又誤。

通鑑二百三十七

憲宗元和元年　阿跌光進本出河曲步落稽。頁七七五一

史炤釋文曰：阿跌氏，其先河曲諸部，正觀初內屬，賜姓李。余按步落稽，卽稽胡也。自後魏以來已居塞內，其內屬久矣。阿跌光進兄弟，元和初以軍功賜姓，亦非貞觀初也。

通鑑二百三十八

四年　許孟容曰：「臣爲陛下尹京畿。」頁七七八八

史炤釋文曰：天子千里，地以遠近言之，則言畿也。余按史炤徒知以王畿千里釋畿字，爲是說者屢矣，終不足以發明通鑑所書之義。按唐以洛陽爲東都，以河南府汝州爲都畿；以長安爲西京，以京兆、鳳翔、同、華、商、邠等府州爲京畿。然此時許孟容爲京兆尹，自言尹京畿，則止言京兆，不及他州。蓋京兆府以長安、萬年兩赤縣爲京縣，餘縣爲畿縣，故孟容自云尹京畿也。古人之言，其取義各有攸當，當博考而求其所以言之意，固不可膠柱一說以爲釋。

四年　悉甲壓境，號曰伐趙。頁七七九一

史炤釋文曰：悉其兵甲以鎮壓疆境。余按譚忠說田季安以伐趙，言悉甲壓境，謂悉舉魏博之兵以壓趙境，非以鎮壓魏博之疆境也。舉兵以臨敵境曰壓。炤釋非。

五年　伊宥爲安州刺史，母卒於長安，不時發喪，郗士美先備籃輿，即日遣之。頁七八〇二

史炤釋文曰：籃，竹也，以爲輿。余按籃輿以竹爲之，非竹名也。籃輿謂之擔子，東南只謂之轎子。

通鑑二百三十九

七年　成德、兗鄆使者。頁七八一九

史炤釋文曰：兗、鄆，二州名。余謂兗、鄆固是二州名，此書成德、兗鄆使者，言二鎮所遣之使者也。王承宗時爲成德節度使，李師道時爲兗、鄆等州節度使。兗、鄆未賜軍號，故止稱兗鄆，猶田承嗣未賜天雄軍號，止稱魏博也。通鑑書唐藩鎮，或以軍號，或以州，讀者自審別之可也。

八年　夏綏節度使張煦。頁七八二四

十年　史炤釋文曰：夏、綏，二州名。余謂此亦以二州爲節鎮之名，猶兗鄆也。

是時發諸道兵討吴元濟，而不及淄青。頁七八三三

史炤釋文曰：淄、青，二州名。余按淄青與兗鄆共一鎮也。李師道承父兄之業，有兗、鄆、淄、青、曹、濮、登、萊、齊、密、沂、海十二州。初，肅宗置淄青、兗鄆二節度使，自侯希逸引平盧兵保青州，而淄青兼有淄青、平盧節度之號。自李正己併有兗、鄆、淄、青十五州，而兗鄆遂兼淄青、平盧之號。師道，正己之孫也，據有十二州，於河南諸鎮最爲強大，時人或以兗鄆稱之，或以淄青稱之，或以平盧稱之，其實一鎮也。二百五十五卷僖宗中和二年「淄青」，亦猶是也。

兵將相失，心孤意怯，難以有功。頁七八三四

史炤釋文以「心孤」爲「心狐」，註曰：謂心若狐之疑也。余以上下文求其義，蓋謂兵與將相失則兵士之心孤，心孤則意怯。以此爲說，文理甚明順，何必以「孤」爲「狐」，曲爲之說邪！

十一年　柳公綽曰：「京兆爲輦轂師表。」頁七八四八

史炤釋文曰：轂，輻所湊也。唐以京兆爲師表，謂四方所輻湊也。故曰京兆爲輦轂師表。余按自漢以爲京兆者，率曰「待罪輦轂下」，蓋謂京師在輦轂之下也。言京兆爲輦轂師表，謂京兆之下，以京尹爲師表耳。下卷十三年「輦轂」誤同。

通鑑二百四十

十二年　裴度觀築城於沱口，董重質帥騎出五溝邀之，大呼而進。李光顔與田布力戰拒之，賊退，布扼其溝中歸路。頁七八六二

史炤釋文曰：扼，持也，謂分布而持扼。余按通鑑上下文，布，謂田布也，非分布之布。

通鑑二百四十一

十四年　劉悟見李公度，執手歔欷。頁七八八六

史炤釋文曰：歔欷，歎息貌。余按字書，歔欷，泣餘聲。蓋歔欷者，抆涕而收泗之聲，非歎息貌。二百七十二卷後唐莊宗同光元年，釋「歔欷」，誤同。

田弘正與劉悟相見於客亭，卽受旌節，馳詣滑州。頁七八八八

史炤釋文曰：說文：游車載旌，析羽。註：所以精進士卒。節長一尺二寸，凡爲使者持之。余按周禮斿車載旌，註云：斿車，木路也。析羽五色，象其文德也。說文曰：旌，析羽。註：旄首，所以精進士卒。炤釋逸「旄首」二字，遂不成文理。記曲禮，武車綏旌，德車結旌。註云：武車，兵車；綏，謂垂舒之也，盡飾也。德車，乘車。結，謂收斂之也，不盡飾也。正義曰：旌，謂車上旗旛也。兵車尚威武，故舒散旗旛垂綏然。德車，德美在內，不尚赫奕，故結纏其旒著於竿也。兵車，謂革路。德車，謂玉路、金路、象路、木路。旣皆有旌，特以綏、結爲別，固不專以精進士卒爲義。又周禮，掌節，凡邦國之使，有虎節、人節、龍節，皆金也，以英蕩輔之。英蕩，函也，所以盛節。此史炤所謂長尺二寸者也。又有符節、璽節、旌節。註云：符節，如今宮中諸官詔符也。璽節者，今之印章也。旌節者，今使者所擁節是也。三禮義宗云：節長尺二寸，秦、漢以下改爲旌幢之形。是則後世之節略如古旌節之制，而尺二寸之節後世不復有矣。唐制，節度使賜雙旌、雙節，行則建節，樹六纛，是所謂旌節也，豈得以古者斿車載旌，節長尺二寸釋唐之旌節乎！

〔十五年〕邠寧節度使李光顏。頁七九〇四

史炤釋文曰：邠、寧，二州名。余按新唐書方鎮表，是年置邠、寧、慶三州節度使。史特提邠寧二字以爲節鎮之名，其例猶淄青、魏博、鎮冀也。二百七十九卷後唐潞王清泰元年，辯同。

沉酣晝夜，獿雜子女。頁七九〇六

史炤釋文曰：「獿雜」，讀爲「獿雜」。余按樂記曰：及優侏儒，優雜子女。故註云，優雜，當讀爲獿雜。今通鑑書「獿雜」，炤又釋曰讀爲獿雜，何居！

穆宗長慶元年　瀝爲潁王。頁七九一二

史炤釋文曰：潁，于軫切，州名。余按潁，餘頃翻。炤音非。

劉總奏分〔以〕幽、涿、營爲一道。頁七九一四

史炤釋文曰：涿，郡也。余按古固有涿郡，隋、唐併漢之燕國涿郡爲幽州涿郡，天寶元年改幽州涿郡爲幽州范陽郡，而涿郡遂不見於史；況幽、營皆州名，不應獨釋涿爲郡。代宗大曆四年，范陽節度使朱希彩表析幽州之范陽、歸義、固安置涿州。則劉總所奏者，幽州、涿州、營州欲分爲一道，非涿郡也。

通鑑二百四十二

昭義節度使劉悟。頁七九一八

史炤釋文曰：澤潞藩鎮，自劉悟傳至劉稹，傳三世而滅，有州五，曰邢、汾、晉、澤、潞，號昭義節度。余按德宗以昭義軍號賜澤潞，以寵李抱眞，非始於劉悟。昭義節度領潞、澤、邢、洺、磁五州，未嘗領汾、晉也。

起復田布爲魏博節度使，至魏州，號哭而入，居于堊室。頁七九二〇

史炤釋文曰：堊，烏故切。余按堊，烏各翻；從烏故切非。

朱克融焚掠易州淶水、遂城、滿城。頁七九二一

史炤釋文曰：淶，水名，出涿郡。余按淶固是涿郡水名；以唐時言之，淶水則縣名也，屬易州。淶水縣乃漢涿郡遒縣地，隋開皇元年，以范陽爲遒，更置范陽縣於此地。六年改范陽曰固安，八年廢，十年又置永陽縣。十八年改爲淶水，因淶水以名縣也，唐因之。

二年　軍士日給不過陳米一勺。頁七九三〇

史炤釋文曰：陳米，腐米也。余謂陳米至腐敗，不可食矣。陳米，謂藏之積年者耳。

通鑑二百四十三

四年　貶李紳爲端州司馬，張又新等猶忌紳，日上書言貶紳太輕，上許爲殺之。頁七九五四

史炤釋文曰：殺，所介切，削也。余詳觀通鑑上文，李紳自戶部侍郎貶端州司馬，蓋遠謫也。張又新等猶日言其太輕，是欲寘之死地，故上許爲殺之。殺，當讀如字，史炤音義殊不可曉。

馬存亮自負上入軍中。頁七九五八

史炤釋文曰：負，戴也。余謂在首爲戴，肩背爲負。

上怪裴度奏狀無平章事，以問韋處厚，處厚具言李逢吉排沮之狀。頁七九六〇

史炤釋文曰：沮，將豫切，沮壞也。余按字書，沮止、沮壞之沮，音在呂翻。炤音之誤，辯已見一百四十二卷齊東昏侯永元元年，今此字義稍異，故復出之。

敬宗寶曆二年　宣索左藏見在銀十萬兩，金七千兩，悉貯內藏。頁七九七三

史炤釋文曰：左藏，藏四方所獻金玉珠貝玩好之庫也。余按漢官有中藏府，屬司農。晉少府屬官有左、右

藏令，東晉及宋有外左庫、内左庫，齊、梁、陳有右藏，無左藏，北齊有左、右藏令、丞，屬太府，隋、唐皆然。唐左藏有東都西庫、朝堂庫，右藏有内庫、外庫。新唐書百官志：左藏署令掌錢帛雜綵，天下賦調，右藏署令〔掌〕金玉珠寶銅鐵骨角齒毛綵畫。則左藏庫者，藏天下賦調之物，非四方所獻也。

通鑑二百四十四

文宗太和六年　李德裕奏修邛崍關。頁八〇〇二

史炤釋文曰：邛崍，山名，在沈黎郡。余按漢書地理志，蜀郡嚴道縣有邛崍山。嚴道，故青衣也，漢武帝置沈黎郡，漢光武建武十九年置青衣郡，安帝延光元年置蜀郡屬國都尉。新唐書地理志，邛崍關，在雅州滎經縣界。祝穆曰：邛崍關在黎州北九十里。黎、雅二州固皆漢沈黎郡地，然自漢至唐，州縣之建置離合，苟不詳考而言之，讀者殊未知漢沈黎郡今爲何地也。

七年　府兵内剷。頁八〇一〇

史炤釋文曰：剷字未詳。余按字書無剷字，今人多讀爲剗，音楚限翻。

杜牧孫子序：「漢高祖言指蹤者人也。」頁八〇一四

史炤釋文作「指縱」，註曰：縱，子用切。蕭何傳：發縱指示獸處者人也。顔師古註云：發縱，謂解紲而放之也。指示者，以手指示之，今俗言放狗。余按杜牧註孫子序及通鑑諸本皆作「指蹤」，顔師古以漢書本皆不爲「蹤」字，而讀者乃以爲蹤跡之蹤，故以發蹤爲非，而縱讀如字。由師古之言而推之，則唐人固多有讀發縱爲發蹤者。今杜牧言指蹤，則習唐人之言，徑以指示獸蹤爲説也。依杜牧文義釋之，指蹤當讀爲蹤跡之蹤；若以爲指縱，音子用切，則反害於文義矣。使顔師古復生，亦必就杜牧文意爲之音義，必不如史炤

之拘泥而入于迂僻也。

通鑑二百四十五

九年　以刑部侍郎兼御史知雜李孝本權知御史中丞。頁八〇三一

史炤釋文曰：御史之職有四，知其雜事者謂之知雜。（海陵本同。）余按唐制，御史臺侍御史六人，久次者一人知雜事，謂之雜端；殿中、監察職掌，進名、遷改及令史考第，臺内事顓決，亦號臺端。次一人知公廨，次一人知彈。分京城諸司爲東、西，次一人知西推、贓贖受事，號副端；次一人知東推、理匭等，有不糺舉者罰之；次一人分司東都臺。如此，則侍御史六人，其一人分司東都臺，五人在臺院，各有其職；而知雜者，臺院之長。史炤言御史之職有四，非也。

宦者舉軟輿，迎上扶升輿，決殿後罘罳，疾趨北出。頁八〇三三

史炤釋文曰：罘罳，闕前飾；罘，復；罳，思也。臣將入請事，於此復思之。余按史炤據漢書註而爲之釋耳。然漢書註所云者，闕前罘罳也。此殿後罘罳，則不可以臣將入奏事，於其下復思之爲釋。程大昌曰：罘罳者，鏤木爲之，其中疏通，可以透明，或爲方空，或爲連瑣，其狀扶疎，故曰罘罳，讀如浮思。浮思者，猶曰髣髴也，因其形似而想其本狀，自可見矣。罘罳之名既立，於是隨其所施而附著以爲之名。其在宮闕，則爲闕上罘罳，臣朝於君，至闕下復思所奏是也。在陵垣則爲陵上罘罳，王莽去之，使人無復思漢者是也。却而求之上古，則禮經疏屛，亦其物也。疏者，刻爲雲氣禽獸，而中空玲瓏也。又有網戶者，刻爲連文，遞相綴屬，其形如網也。宋玉曰「網戶朱綴刻方連」是也。既曰刻，是雕木爲之，其狀如網耳。後世因此，遂有直織絲網而張之簷窗以護鳥雀者。文宗甘露之變，出殿北門，裂斷罘罳而去，是眞網也。此又沿放楚辭

而施網焉者也。元微之爲承旨時，詩曰：「蘂珠深處少人知，網索西臨太液池，浴殿曉聞天語後，步廊騎馬笑相隨。」自註云：網索，在太液池上，學士候對，歇於此。予案網索，乃是無壁及有窗處，以索掛網，遮護飛雀，故云網索，猶掛鈴之索爲鈴索也。宋元獻喜子京召還爲學士詩曰：「網索軒窗邃，鑾坡羽衛重。」用微之句也。泰之言漢陵闕之罘罳，與唐宫殿之罘罳不同，其援據詳博，故具述之。學者觀之，則知爲史學者非可守一家之説以釋前史也。

開成元年　莊宅收買猶未已。頁八〇四七

史炤釋文曰：唐置莊宅六宅使，以諸王所屬爲名，或總云十六宅，後置六宅。余按莊宅使、六宅使各是一官。唐玄宗初置十王宅，附苑城而居，使宦者掌之，後增置爲十六宅。中世以後，置六宅使。六宅使掌諸王第宅之事，莊宅使蓋掌田莊及外舍之事。此言莊宅收買未已者，謂使莊宅使搜買民間女子以充後宫也，不可以六宅使混雜而爲釋。蓋此皆内諸司使也。唐之將亡，朱全忠誅宦官，以所親將校領内諸司使，自此汔于宋朝，遂爲武散階。

二年　詔徹樂減膳。頁八〇五〇

史炤釋文曰：膳，音善。具食曰膳，膳之言善也。余按膳之言善，古有此義，然未嘗音膳爲善。膳當讀從去聲。

通鑑二百四十六

五年　李珏坐爲山陵使龍輴陷，罷爲太常卿。頁八〇六七

史炤釋文曰：輴，順允切；車轉者，畫龍其輴也。（海陵本同。）余按輴，音敕倫翻。記：天子龍輴。鄭玄

註曰：天子殯以輴車，畫龍於轅。孔穎達正義曰：輴以載柩。輴之爲狀，庳下而寬廣，無似龍形，惟轅與龍形相類，故知畫龍於轅也。史炤音義俱非。

正人如松柏，特立不倚；邪人如藤蘿，非附他物不能自起。頁八〇六七

史炤釋文曰：藤，藟也。蘿，莪也。按炤以蘿爲莪，是據毛詩傳。詩：菁菁者莪。傳曰：莪，蘿蒿也。然此非蘿蒿之蘿，乃蔦與女蘿之蘿，能引蔓者也。

武宗會昌二年　張仲武爲東面招撫回鶻使，奚、契丹、室韋等並自指揮。頁八〇八八

史炤釋文曰：室韋，契丹別種，東胡之北邊，蓋丁零之苗裔也。余按史炤既曰室韋契丹別種，又曰丁零苗裔，蓋引李延壽、宋祁兩家之說。李延壽北史曰：室韋，蓋契丹之類，在南者爲契丹，在北者爲室韋。宋祁新唐書曰：室韋，契丹別種，東胡北邊，蓋丁零苗裔也。就李延壽之說，則以爲契丹之類，宋祁之説則持兩端矣。契丹、丁零本非同種。契丹本東胡鮮卑種，丁零在匈奴北。夷狄荒忽，史亦莫究其先之所由來也。

通鑑二百四十七

三年　郛公李拘眞。頁八一〇四

史炤釋文曰：郛，城名，在東海。余按郛，春秋時小國，後爲小邾，唐以古國名封李拘眞爲公耳。

通鑑二百四十八

宣宗大中二年　王皞曰：「憲宗厭代之夕，事出曖昧。」頁八一五六

史炤釋文曰：厭，於琰切。厭，魅也，謂惡夢。余謂厭代者，謂升遐，言厭薄人間之世，棄之而上仙也；厭當音於豔翻。若厭魅之厭與惡夢而魘者，其字義亦各不同。史炤引之以釋厭代之厭，誤矣。

通鑑二百四十九

十年　上曰：「鄭光殢我不置。」頁八一八二

史炤釋文曰：殢，大計切，極也。余按字書，殢音大計切，極也。殢音呼〔他〕計翻。此言殢我者，謂有所負恃以事干請，不得所欲不止者也。

十二年　王式至交趾，樹艻木爲柵，可支數十年。頁八一八八

史炤釋文曰：艻，都聊切，又音調。（海陵本同。）余按音調及都聊切，廣韻以爲葦花，其字從「艸」、從「刁」。又類篇有從「草」從「力」者，以爲香菜，音歷得切。芍、艻既皆草名，必不可以爲柵。新書王式傳作「芀木」。字書：芀，陟略翻。芀藥，香草也，不云木名。趙、魏之間謂棘爲㔉，㔉音六直翻。王式之先，家於太原，其父起，多居河中，廬於中條山。得無因趙、魏之言以棘爲㔉乎？草本從「艸」，得無傳寫之誤，以「棘」爲「艸」，遂爲「艻」字乎？

十三年　鄆王爲皇太子，仍更名漼。頁八一九八

史炤釋文曰：漼，徂回切。余謂漼，音七罪翻。

通鑑二百五十

懿宗咸通元年　王式命望海鎮將雲思益、浙西將王克容將水軍巡海澨。頁八二〇九

史炤釋文曰：說文，澨，埤增水邊，土人所止者。余按史炤此說亦由廣韻來。通鑑所謂巡海澨者，巡邏海瀕耳。顧野王曰：澨，水邊地；朱元晦曰：澨，水涯也；說較簡而明。

六年　諸道進私白者，閩中爲多。頁八二三三

史炤釋文曰：閩中，南越中地。余按南越之地，唐爲嶺南五管；唐之閩中，福建觀察使所管也。一百六十六卷梁敬帝紹泰元年，一百六十七卷陳武帝永定元年，皆有此誤，今以唐之疆理辯而申之。

七年　南詔以范昵些爲安南都統。頁八二三七

史炤釋文作「眤些」。註曰：董衝云：眤，未詳。余考通鑑諸本及唐書皆作「昵些」，若以字求之，則昵音尼質翻。

通鑑二百五十一

九年　高郵岸峻而水深狹。頁八二四四

史炤釋文曰：高郵，邑名，屬兗州。余按高郵縣自漢以來皆屬廣陵，隋改廣陵爲江都郡，又改爲揚州，唐書地理志，高郵縣亦屬揚州，史炤以爲屬兗州，何也？晉氏南渡，迄于梁、陳，於廣陵置南兗州，炤之所謂屬兗州，無亦以此爲據邪！但南兗州不可以爲兗州，晉、宋、齊、梁、陳之疆理不可以釋唐之疆理。釋通鑑者，當隨事、隨時考其建置、離合、沿革也。

賊以千縑贈張敬思。頁八二四八

史炤釋文曰：縑，并絲繒。余謂史炤據説文以爲説也。唐制以布帛四丈爲匹，亦謂匹爲縑，所謂千縑者，千匹也，非并絲繒。

通鑑二百五十二

十一年　立戰棚，具礮檑。頁八二七六

史炤釋文曰：檑，力堆切，機石之架也。余按礮，機石也。檑，檑木也；音盧對翻。檑木者，自城上下之以

壓敵，非機石之架也。

鑾合梯衝，四面攻成都，城上以鉤繯挽之使近，投火沃油焚之。頁八二七八

史炤釋文曰：繯，胡貫切，絡也；又下兖切，維也；一曰旗紐；一曰槌耳。（海陵本同。）余按繯，音于善翻，又胡畎翻。匝轉索頭如環，所謂彄絙也。前施大鉤，故曰鉤繯。廣韻從胡慣切者，縞文也，非此義。既曰鉤繯，亦非旗紐與槌耳也。

東蠻苴那時、勿鄧、夢衝三部。頁八二七八

史炤釋文提起「苴那」二字，註曰：東蠻部落名。余按東蠻三部，皆德宗朝韋皋帥蜀時招與共禦吐蕃者：苴那時，一部也；勿鄧，一部也；夢衝，一部也。若曰苴那，則以「勿鄧」爲「時勿鄧」矣。炤釋非。

僖宗乾符元年　王凝、崔彦昭同舉進士，凝先及第，嘗衩衣見彦昭。頁八二九三

史炤釋文曰：衩衣，楚懈切。博雅：䘸袺衽謂之褸袐。余按史炤此釋全不可曉。質以字書，䘸，袑也。袺，執衽也。衽，衣襟也，裳際也。褸，亦衣襟裳際也。袐無其字，今祕密之「祕」，從「示」不從「衣」。爾雅：衣裗謂之裞，郭璞註曰：衣縷也，齊人謂之攣。或曰：袿衣之飾。孫奭等釋曰：此郭氏兩解。一云衣縷也，本亦作「褸」。方言曰：褸謂之衽，卽衣衿也，與字書略同。又類篇曰：方言，䘸謂之袩。博雅，袩衽謂之褸衩。而史炤之所引，既誤以袩爲袺，衩爲袐，又於衩衣之義無所發明。炤於四十二卷漢光武建武六年引博雅以釋槽櫪，一百三十六卷齊武帝永明三年引博雅以釋毦，與此釋衩衣，不過務求艱僻以罔世耳。何則？衩衣二字，今人所常言也。凡交際之間，賓以世俗之所謂禮服來者，主欲從簡便，必使人傳言曰：「請衩衣。」客於是以便服進。又有服宴褻之服而遇服交際之服者，必謝曰：「衩袒無禮。」可見衩衣之

語，起於唐人而通行於今世也。稍祐衽謂之褸衩，豈衩衣之謂乎！

三年　高駢築成都羅城，蜀土疏惡，以甓甃之。頁八三〇七

史炤釋文曰：甓，瓴甓。甃，井甃。余謂瓴甓今之甎。高駢以蜀土疏惡，陶甎以甃成都之城。甃，砌也，南人率謂以甎甃地曰甃砌。易曰：井甃無咎。馬註云：爲瓦裏下連上也。子夏傳云：脩治也。干云：以甎壘井曰甃。是皆以甃砌爲義。炤以甃城爲井甃，則又不通矣。

無得爲坎埳以害耕種。頁八三〇七

史炤釋文曰：坎埳，高下也。余按字書，埳，坎旁入也。又曰：埳，小坎也。易：入于坎窞。陸德明引説文曰：坎中更有坎曰窞。史炤所謂高下，非坎埳之義也。

通鑑二百五十三

四年　南詔遣陁西段瑳寶等來請和。頁八三一二

史炤釋文作「瑳」字，註云：按董衝云，未詳。（海陵本同。）余按通鑑乃「瑳」字，新唐書作「瑳」字，蓋傳寫唐書者誤以「王」旁「瑳」爲「王」旁「羌」，而董衝又誤爲「王」旁「瑳」也。若從瑳字，音七何翻。

王郢東至明州，劉巨容以筒箭射殺之。頁八三一二

史炤釋文曰：筒，徒紅切，竹名。（海陵本同。）余按唐制，武舉有筒射，今軍中亦有之。筒射之箭，長纔尺餘，剖筒之半，長與常弓所用箭等，留二三寸不剖，爲筈以傅弦，内箭筒中，注箭弦上，筒旁爲竅，穿小繩，繫于腕，彀弓既發，豁筒向手，皆激矢射敵，中者洞貫，所謂筒箭也。

五年　李克用進擊寧武及岢嵐軍。頁八三一八

史炤釋文曰：岢嵐，山名也；近太原。余按唐書地理志：嵐州嵐谷縣有岢嵐軍。竇苹曰：岢嵐山在嵐州宜芳縣西北。元豐九域志：岢嵐軍，太平興國五年，以嵐州嵐谷縣建軍，南至嵐州九十里，嵐州東南至太原一百八十五里。九域志所載道里，以太原府徙治後言之也。其距太原不爲近矣。

六年　張鍇、郭昢帥行營兵攻東陽門。頁八三三四

史炤釋文曰：昢，敷尾切。余按字書，朏，敷尾切；旁從「月」。昢字旁從「日」，音滂佩翻，又普罪翻，又普沒翻。

通鑑二百五十四

廣明元年　鄭畋悶絶仆地，毿傷其面。頁八三六三

史炤釋文曰：毿，井毿。余謂「毿井毿」，炤之誤猶前之誤也。蓋以甓甃地，畋悶絶而仆，故傷其面。

通鑑二百五十六

光啓元年　朱敬玫留荆南，嘗曝衣。頁八四四一

史炤釋文曰：曝，薄報切；説文，晞也。余按曝字，卽孟子「一暴十寒」、「秋陽以暴」、禮記「欲暴巫尪」、列子「自曝於日」之曝，音步木翻。

二年　李克修攻孟方立，拔故鎭、武安、臨洺、邯鄲、沙河。頁八四六〇

史炤釋文曰：邯鄲，屬惠州。余按唐志，惠州本磁州，至天祐三年，以磁、慈聲一，更名惠州。然史家只書磁州，不書惠州。蓋後唐以天祐三年政在朱氏，但仍唐世磁州之名，而不用朱全忠所改惠州也。二百八十四卷晉齊王開運二年「邯鄲」註亦誤。

通鑑二百五十七

三年　廣陵城中無食，以堇泥爲餅食之。頁八四八四

史炤釋文曰：堇，居隱切，又音芹，草名；爾雅謂之齧苦，今堇葵也。（海陵本同。）余按堇泥，黏土也。二百六十七卷梁太祖開平元年，劉仁恭用堇泥爲錢。炤釋云黏土。至二百六十九卷均王禎明元年又誤。

呂用之紿楊行密曰：「用之有銀五萬鋌。」頁八四九一

史炤釋文曰：鋌，待鼎切；說文：銅鐵樸也。余按此言銀鋌也。今人冶銀，大鋌五十兩，中鋌半之，小鋌又半之，世謂之鋌銀，非銅鐵樸之謂也。

王崇武標點容肇祖聶崇岐覆校

通鑑釋文辯誤卷第十二

天台胡三省身之

通鑑二百五十八

昭宗大順元年　李存孝擒孫揆、韓歸範，紖以素練。頁八五二二

史炤釋文曰：紖，其字未詳。（海陵本同。）余按丁度集韻：紖，音充夜翻，以繩維持之也。二百六十九卷梁均王乾化四年，紖，音昌者切，亦非。

惟華、邠、鳳翔、鄜、夏之兵會之。頁八五二九

史炤釋文，「鄜」，作「鄠」，註曰：吉掾切，地名。余按通鑑言諸鎮之兵會伐李克用者也。華者，鎮國軍之兵也；邠者，靜難軍之兵也；鳳翔者，岐、隴之兵也；鄜者，保大軍也；夏者，定難軍也。通鑑前書張濬會宣武、鎮國、靜難、保大、定難諸軍於晉州，可以見矣。史炤以「鄜」爲「鄠」，不考故爾。鄜，音夫。

二年　成都軍民強弱相陵，將吏斬之不能禁，乃更爲酷法，或斷腰，或斜劈。頁八五三三

史炤釋文曰：劈，博厄切；分也。（海陵本同。）余按音博厄切者，乃「擘」字，其字下從「手」，不從「刀」；從刀者音普壁翻，剖也。

通鑑二百五十九

乾寧元年　劉建鋒、馬殷引兵至澧陵。頁八五七四

史炤釋文曰：澧陵，楚地。余按唐書地理志：醴陵縣，屬潭州。「澧」，當作「醴」。史炤以其地在戰國時屬楚邪？自秦罷侯置守之後，不當單引戰國地理以釋唐時州縣。以馬殷後封楚王，遂以其地爲楚地邪？則此時劉建鋒主兵，馬殷特偏將耳。且其兵方至醴陵，未得湖、湘塊土，其地既未屬馬殷，殷又未受封爲楚王，可遽以醴陵爲楚地乎！其義例不明有如此者！

通鑑二百六十

二年　上曰：「就使沙陀至此，朕自有以枝梧。」頁八五九一

史炤釋文曰：梧，五故切；斜相抵觸也。余按唐昭宗所謂枝梧者，正引漢書「諸將慴伏莫敢枝梧」之枝梧爲説。如淳漢書註曰：枝梧，猶枝杵也。臣瓚曰：小柱爲枝，斜柱爲梧。今屋梧，斜柱也。未嘗以斜相抵觸爲義。枝梧，皆讀如字。

通鑑二百六十一

四年　朱友恭攻黄州，瞿章棄城，南保武功寨。頁八六二三

海陵本釋文作「翟章」，註云：翟，直格切，姓也；又音狄。余考通鑑上下文，乃瞿章，非翟章也。瞿，音其俱翻。

葛從周奔還，楊行密追之，及於渒水。頁八六三〇

史炤釋文曰：渒，普計、普賢二切，水在丹楊。（海陵本同。）余按類篇：渒，音必至翻，水名，在弋陽。今渒河在來遠鎮西十里，來遠鎮卽東正陽也，東至壽州二百里。史炤音、釋俱非也。

通鑑二百六十二

天復元年　王珂遣間使告急於李克用。頁八六六八

史炤釋文曰：間使，間諜之使。（費本同。）余謂敵兵斷道，遣使者投間道而行，謂之間使，非間諜之使也。此後多有以間使爲間諜者，不欲僂數，觀者詳之。

通鑑二百六十三

二年　削漬松柹以飼御馬。頁八七〇七

史炤釋文曰：柹，鉏里切。（海陵本同。）余按音鉏里切者，果名。松柹之柹，音孚吠翻，斫木札也。時鳳翔受圍，積久匱竭，故削松柹令薄，漬以飼馬。詳考字書，果木之柹，今人作柿，乃木札之柿字也，從孚吠切。木札之柹，今人作柹，乃果名之柹字也，從鉏里切。炤音之誤，頗亦由此。二百八十卷晉高祖天福元年，二百九十三卷周世宗顯德四年「削柹」，音皆誤。

通鑑二百六十四

三年　李克用笑曰：「賊欲有事淄青。」頁八七二五

史炤釋文曰：淄、青，並州名，屬河南道。余按炤釋淄青，與二百三十三卷憲宗元和十年、二百五十五卷僖宗中和二年釋「淄青」之誤同，而更添「屬河南道」四字。夫淄、青之屬河南道，是唐天寶以前十道按察采訪使所統。自分建藩鎮，而淄青自爲一道，號平盧節度使。李克用言賊欲有事淄青者，時平盧節度使王師範舉兵襲取朱全忠之兗州，克用知全忠將攻師範，故云爾。成汭作巨艦齊山，截海、劈浪之類甚衆。頁八七二六

史炤釋文曰：劈，匹歷切，破也；又博厄切，分也。（費本同。）余謂從匹歷切爲是，辯已見前。

李嗣昭等復取振武城，殺吐谷渾降者二千餘人。頁八七二八

史炤釋文曰：吐谷渾，西域國，居甘松山之陽、洮水之西。余按吐谷渾自高宗時爲吐蕃所破，舉國内徙，其國之故地，盡入吐蕃。此時吐谷渾多居代北，不復在甘松山之陽、洮水之西矣。

天祐元年　陳班貶溱州司戶。頁八七四四

史炤釋文曰：溱，千侯切，又則候切。余按新、舊唐書地理志無溱州；「溱」，當作「溱」。貞觀十六年，開山洞，置溱州，溱州時屬黔中節度使。然溱字亦無千侯切一音。

朱全忠表稱邠、岐兵逼畿甸，請上幸洛陽。頁八七四六

史炤釋文曰：天子千里地曰畿，天子五百里曰甸。余按禹貢，天子五百里甸服。孔安國註云：規方千里，以爲甸服，去王城面五百里。面五百里，則自東至西千里，自南至北亦千里。王畿千里，以四方言之；甸服五百里，以一面言之。畿，卽甸也，非有千里、五百里之殊。若周禮夏官，九畿之籍方千里，曰國畿，則王畿也，禹貢之甸服也。其外方五百里，曰侯畿；又其外方五百里，曰甸畿。侯畿，則禹貢之侯服也；若甸畿已爲禹貢綏服。周官之甸畿，非畿甸之謂也。

皇后出，自捧玉卮以飲全忠。頁八七四八

史炤釋文曰：卮，古字作觚，飲酒器也。余按觚，有稜之器也。卮，圓器也。古字未必以卮爲觚。蓋炤以爲觗卽卮字，誤作觚耳。炤又曰：古以角作觗，受三升。審觀炤釋，蓋襲用應劭漢書註而不能盡用之也。劭云：卮，飲酒禮器也，古以角作，受四升。古「卮」字作「觗」。鄭玄禮器註：凡觴，一升曰爵，二升曰觚，

三升曰觶，四升曰角，五升曰散。史炤謂觗受三升，既與應劭異，抑以鄭玄所謂觶者爲觗歟？然後世之玉卮，非古之觗也。

通鑑二百六十五

泌陽劉存。頁八七五五

史炤釋文曰：泌陽，縣名，屬泌縣。余按炤既曰泌陽縣名矣，不應又曰屬泌縣；是必曰屬泌州而誤作屬泌縣也。然泌州本昌州，治棗陽，唐武德五年，改爲唐州，天祐三年，朱全忠徙治泌陽，表更名泌州。此時唐州未改爲泌州，不當以泌陽屬泌州爲釋。歐史職方考只書唐州。

昭宣帝天祐二年　封皇弟禔爲潁王。頁八七六六

史炤釋文曰：禔，時爾切。余按溫公註揚子，禔，以支翻，又音題；未嘗從時爾切。

通鑑二百六十六

梁太祖開平元年　梁王入館于魏，魏博節度使羅紹威恐王襲之。頁八七八八

史炤釋文曰：魏博，唐之藩鎮也，節度貝、博、魏、相、磁、洺、衞七州，治魏州。（海陵本同。）余按唐代宗廣德元年，平史朝義，以田承嗣爲魏、博、德、滄、瀛五州都防禦使。是年夏五月丁卯，制分河北諸州，以魏、博、德爲魏州管，此藩鎮之始也。大曆七年，魏博節度使田承嗣表分魏州置澶州。八年，昭義節度使薛嵩薨，承嗣襲取相、貝、洺、衞、磁，詔諸鎮討之。盧子期之敗，磁州復歸于昭義，而淄青李正己取德州，遂爲己有。承嗣所有者，魏、博、貝、相、澶、衞、洺七州。田悅之敗，洺州復歸于昭義。自此世襲，更史氏、何氏、樂氏、羅氏皆保有六州。故羅紹威之悔誅牙兵，謂人曰：「合六州四十三縣鐵，不能爲此錯！」安得七州哉！

山後八軍巡檢使李承約。頁八七九一

史炤釋文曰：山後八軍，謂涿、營、瀛、莫、平、薊、嬀、檀，皆屬盧龍節度使；盧龍，乃幽州范陽郡也。（海陵本同。）余按涿、營、瀛、莫、平、薊、嬀、檀，此盧龍巡屬八州，非山後八軍也。涿、營、瀛、莫、平、薊皆在山前，惟嬀、檀在山後。又有新、武二州，與嬀、檀爲四州，置八軍，以備契丹，河東故有山後八軍巡檢使。盧龍，古塞名，在平州肥如縣，燕慕容令所謂守肥如之險者也。唐武德初，改肥如爲盧龍縣，後置盧龍軍於其地。尋又以范陽節度使爲盧龍節度使而治幽州。盧龍之地，非幽州范陽郡地也。若曰盧龍節度使治幽州范陽郡，則可矣。

朱全昱睨帝曰：「朱三，汝本碭山一民也。」頁八七九三

史炤釋文曰：碭山，秦之碭郡，在唐爲宋州。余按漢書地理志，梁國，故秦碭郡。顔師古註曰：以有碭山，故名碭郡。漢初置梁國，都碭，後都睢陽。應劭曰：碭山在碭縣東。括地志曰：碭山縣本漢碭縣，在宋州東一百五十里。是則碭山縣唐屬宋州，不爲宋州也。宋州治睢陽。唐志云：光化二年，朱全忠以碭山、虞城、單父、曹州之成武，表置輝州。則碭山縣此時屬輝州矣。

以養子宣武節度副使友文爲開封尹。頁八七九五

史炤釋文曰：宣武節鎮，本治宋州，梁徙于汴州。（海陵本同。）余按唐肅宗乾元二年置汴滑節度使，治滑州。上元二年廢。寶應元年復置河南節度使，治汴州。代宗以田神功爲汴宋節度使，亦治汴州。大曆中，李靈曜作亂於汴州，命淮西節度使李忠臣等討平之，因命忠臣以淮西節度治汴州。德宗建中二年，分宋、亳、潁別爲節度使，以宋州刺史劉洽爲之，治宋州，尋號宣武節度使。此宣武節度治宋州之始也。至興元

二年，劉洽破李希烈，得汴州，遂徙治焉。自此迄于唐亡，宣武節度皆治汴州，未嘗徙也。及梁受唐禪，定都汴州，乃復徙宣武節度于宋州，而汴州置開封尹。史炤殆未嘗深考本末也。

以權知荆南留後高季昌爲節度使。頁八八〇〇

史炤釋文曰：高季昌，字賂孫，陝州陝石人。余按五代史，高季昌字貽孫，非字賂孫也。陝州峽石人，非陝石也。

二年　晉兵猶屯余吾寨。頁八八一二

史炤釋文曰：余，音餘，又音徐。余吾，水名，在朔方，即其地以爲寨。（海陵本同。）余按漢書，朔方有余吾水。時晉兵救上黨而屯余吾寨。炤指朔方之余吾水爲註，計其地之相去，無乃太遠！漢書地理志，上黨郡有余吾縣，章懷太子賢註曰：余吾故城在今潞州屯留縣西北。晉兵所屯，正此地也。

通鑑二百六十七

三年　岐王置翟州於鄜城。頁八八二七

史炤釋文曰：翟，直格切。余謂翟，當讀爲狄。春秋戰國時，岐、梁、涇、漆之北，皆戎狄之地。岐王置翟州，蓋取諸此。

劉守文以重賂招誘契丹、吐谷渾之衆。頁八八三〇

史炤釋文曰：吐谷渾，乞伏乾歸之苗裔，自後魏以來，名見中國，居於青海之上焉。余按吐谷渾，徒河鮮卑慕容涉歸之庶長子，晉時度漠而西，居於青海之上，其後遂以爲部落之名。自晉以來，通鑑書吐谷渾屢矣，史炤前此釋文，亦言其出於鮮卑慕容氏，於此忽以爲乞伏乾歸之苗裔。乞伏乾歸據河隴，在東晉太元間，

當是時，吐谷渾立國久矣，烏得以爲乞伏乾歸之苗裔乎！炤釋前後牴牾，大率如此。又按高宗之世，吐谷渾爲吐蕃所破，徙鄯州，尋徙靈州，唐爲置安樂州以處之。後吐蕃復取安樂州，而殘部徙朔方、河東，今劉守文所招誘者，河東管内雲、朔等州之吐谷渾也，不在青海之上。

四年　晉王退卧帳中，張承業褰帳撫王曰：「此豈王安寢時邪！」頁八八五二

史炤釋文曰：褰帳，説文，絝也。余按説文所謂褰絝，蓋因春秋傳「徵褰與襦」而有此説。張承業褰帳，言褰開晉王所卧之帳耳，安可以褰絝爲釋！

通鑑二百六十八

梁太祖乾化元年　南平襄王劉隱病亟。頁八八六〇

史炤釋文曰：亟，訖力切，敏疾也，又去吏切。余按禮記，夫子之病革矣，革讀與亟同。病亟，言病勢危急也，不當以敏疾爲釋。若去吏切之亟，數數也，愈非病亟之義。史炤大抵只據廣韻爲釋文，更不尋繹通鑑文義，其敝至此！

二年　帝夜遁，旦至冀州，蓨之耕者皆荷鉏奮挺逐之。頁八八七三

史炤釋文曰：梃，木片。余按此即孟子所謂「制梃以撻秦、楚之堅甲利兵」之梃。梃者，杖也，豈木片之謂乎！此亦信用廣韻之過也。

博王友文來朝，請帝還東都。頁八八七五

史炤釋文曰：朝請，才性切。余謂朝請之請，漢書固音才性翻。然通鑑書博王友文來朝，朝字當句斷，請帝還東都，請當讀如字，「朝」字屬上句，「請」字屬下句，文理曉然。史炤惟不知句讀，遂并文理失之。是後

二百七十一卷均王禎明五年，「林思謂來朝，請幸所治。」炤亦以「朝請」釋之，其誤同。

均王乾化三年　徐溫曰：「浙人輕而怯。」頁八八九六

史炤釋文曰：江水東至會稽山陰而折，故吳會之地因以稱浙。（海陵本同。）余按浙江上游受衢、婺、歙三港之水，水出兩山之間，盤迴百折，至錢唐而入海，故謂之浙江。越、婺、衢、台、明、溫、處七州爲浙東，杭、蘇、常、潤、秀、湖、睦爲浙西，此唐末所分也。錢氏時跨有兩浙，故徐溫謂其兵爲浙人。若云江水東至會稽山陰爲浙江，此漢桑欽水經之說，至唐已分山陰西界置蕭山縣，浙江過蕭山入海。太史公謂吳爲江南一都會，故後人謂吳爲吳會，今蘇州是其地也。吳會之地，固亦屬兩浙，不得顯稱爲浙也。或以吳會指言漢吳郡、會稽之地，然漢會稽之地，兼有七閩；七閩之地，唐爲福建觀察使所統，唐末爲威武軍節度使所統，非浙也。

通鑑二百六十九

禎明元年　劉鄩引兵自黃澤西去，道險，士卒援藤葛而進。頁八九一三

史炤釋文「藤」作「勝」，註曰：勝，詩證切。苣勝，胡麻也。余按胡麻，今人皆種之，其根淺，手可擢而拔，豈可援以登險乎！山路多藤葛，故劉鄩之卒，援以登險道。藤，音徒曾翻。

通鑑二百七十

四年　嚴可求以厚利募贛石水工，故吳兵奄至虔州城下。頁八九四五

史炤釋文曰：吉州有贛石山、遂興水，與虔州相近。（海陵本同。）余按虔州之贛水，自州治後北流一百八十里，至吉州萬安縣界，爲灘十有八，怪石如精鐵，突兀廉厲，錯峙波面，俚俗謂之「贛石」，非山名也。水工

生長於其地，習知灘險，熟於操舟，然後無觸破覆沒之患，故以厚利募之以行舟。若山，則安用水工哉！

以忠義節度使高萬興兼保大節度使，幷鎮鄜、延。頁八九四六

史炤釋文曰：鄜、延，並州名。余按唐末以鄜州爲保大軍，延州爲保塞軍，梁改保塞軍爲忠義軍，則鄜、延二州爲二鎮矣。

李嗣源見晉軍橈敗。頁八九六二

史炤釋文曰：撓，火高切。其字從「手」。（海陵本同。）余按橈字從「木」，音奴教翻；勢屈爲橈。左傳所謂「師徒橈敗」，音義正如此。

五年　賀瓌攻德勝南城，設睥睨戰格如城狀。頁八九六六

史炤釋文曰：睥睨，衺視也。（海陵本同。）余按城上短垣謂之睥睨，非衺視之睥睨也。通鑑下文言如城狀，可以知矣。

通鑑二百七十一

六年　趙王鎔雍容自逸，事皆仰成於僚佐。頁八九八一

史炤釋文曰：仰，恃也。余按仰成之語，本於書畢命，周康王垂拱仰成，乃是康王以父師優禮畢公，自言以沖幼而仰成於耆壽俊之意。如左傳所謂「百穀仰膏雨」、漢書所謂「氏首仰給」，其義皆同，非恃也。

通鑑二百七十二

後唐莊宗同光元年　王彦章引兵踰汶，將攻鄆州。頁九〇一七

史炤釋文曰：汶水出兗州萊蕪縣。余按汶水發源於萊蕪縣原山，西南流過鄆州中都縣東北。中都今爲汶

上縣，距鄆州九十餘里。王彦章引兵踰汶水，其地在中都東北，不在萊蕪。

帝發中都，舁王彦章自隨。頁九〇一九

史炤釋文曰：舁，羊諸切，共舉。余按以車載人，前推後推，亦謂之舁，其義固不專於共舉也。

高季興入朝，上從容問曰：「朕欲用兵於吴、蜀二國，何先？」頁九〇三〇

史炤釋文曰：從容，休燕也。余按朝廷之儀，君臨之以莊，臣承之以敬。若從容顧問，則氣象安舒，上下之情，親密無間，上則不峻不迫，下則不陵不遽，是所謂從容也，何必休燕然後爲從容哉！

通鑑二百七十三

三年　張全義以羅貫高伉，惡之。頁九〇五九

史炤釋文曰：伉，高極也。余按亢字則有高極之義。此伉字之義，敵也。羅貫之爲人，必氣貌峻厲，言語强直，其事上也如敵己然，故張全義以其高伉而惡之。

通鑑二百七十四

長和驃信鄭旻。頁九〇七四

史炤釋文曰：驃信，南詔也。余按唐末南詔改國號曰長和，其君曰驃信。長和者，南詔也；驃信者，南詔之君也。

滏陽張礪。頁九〇七九

史炤釋文曰：滏陽，縣名，屬惠州。余按唐滅梁，復以惠州爲磁州。

孫鐸曰：「賊既勢挫，必當離散，然後可撲討也。」頁九〇八三

史炤釋文曰：撲，掌也。余按撲討之撲，擊也。以爲掌，何義！

通鑑二百七十五

明宗天成元年　入洛，拾莊宗骨於灰燼之中而殯之。頁九一〇一

史炤釋文曰：殯，殮也。余按古禮，斂自是斂，殯自是殯。自天子至諸侯、卿、大夫、士，皆有小斂、大斂，若殯則菆塗也。炤釋以殯殮同義，亦以廣韻爲據。考之於記檀弓子思之言曰：喪三日而殯。凡附於身者，必誠必信。則殯似有殮義。孔穎達疏以爲此士大夫之禮，蓋亦因小斂大斂然後殯致疑也。唐自許敬宗等去國卹篇，天子之喪禮，隨時斟酌損益，就簡便而爲之，況五季之時邪！

通鑑二百七十六

三年　高從嗣請與馬希範挑戰。頁九一四六

史炤釋文曰：挑，徒弔切。余按挑戰之挑，徒了翻。

四年　吳武昌節度使李簡以疾求還江都，卒于採石。頁九一五七

史炤釋文曰：採石，一名牛渚山，在丹楊縣北大江中。唐改縣曰當塗。余按漢書地理志：丹陽縣屬丹陽郡。當塗縣屬九江郡；禹會諸侯於塗山，卽其地，在濠、壽之間。永嘉喪亂，淮民南度，晉成帝立當塗縣於于湖縣以處僑民，其後遂爲實土。唐貞觀八年，省丹陽縣入當塗。當塗有縣，其來尚矣，非唐改丹楊爲當塗也。

徐知誥召徐知詢，飲以金鍾，酌酒賜之。知詢疑有毒，引他器均之，跽獻知誥，知誥不肯受。伶人申漸高徑前爲俳諧語，掠二酒合飲之。頁九一六二

史炤釋文曰：合，葛闔切。兩龠爲合。（費本同。）余按史言申漸高掠取金鍾及他器之酒，合而飲之，安取兩龠爲合之義哉！

通鑑二百七十七

長興元年　董璋、姚洪令壯士十人刲其肉。頁九一七二

史炤釋文曰：刲，刺也。余謂刲，割也，非刺也。

通鑑二百七十八

三年　幽州奏契丹屯捺剌泊。頁九二〇三

史炤釋文曰：捺剌泊，地名，近幽州。（海陵本同。）余按歐陽公四夷雜錄，時幽州有備，契丹主西徙横帳，居捺剌泊，出寇雲、朔之間。則捺剌泊在雲、朔塞外，不近幽州也。

四年　閩薛文傑陰求富民之罪，被榜箠者，胸背分受，仍以銅斗火熨之。頁九二一二

史炤釋文曰：熨，於胃切。余按楊堅執周政，李穆使人奉熨斗於堅曰：「願持此以尉安天下。」則熨字有尉音，但今人讀熨字多音紆物翻。

通鑑二百七十九

潞王清泰元年　王以西都留守王思同當東出之道，尤欲與之相結，說以利害，餌以美妓；不從。頁九二三一

史炤釋文曰：餌，飤之也。余謂此言餌者，取釣餌之義；釣者以餌引魚而鉤致之。史言潞王餌王思同，正此義也。

通鑑二百八十

後晉高祖天福元年　唐主夜與近臣從容語。頁九二六六

史炤釋文曰：從容，猶内燕也。余按史炤多以從容爲閒燕，已辯之於二百七十二卷後唐莊宗同光元年；至此又以從容爲内燕矣。

薛文遇曰：「諺有之，『當道築室，三年不成。』」頁九二六九

史炤釋文曰：諺，猶傳言也。余謂諺者，今人所謂俗語也。

通鑑二百八十一

二年　張從賓引兵東扼汜水關。頁九三〇四

史炤釋文曰：汜水縣有虎牢關、成皋關、旋門關。余按漢之成皋，周之虎牢也。穆天子傳云：七萃之士，生捕虎以獻天子，天子畜之東虢，命曰虎牢。春秋城虎牢以偪鄭，卽其地。劉、項相拒於成皋，扼虎牢之險也。唐初，秦王世民守虎牢以破竇建德。是雖縣曰成皋，而虎牢之名猶在。唐改成皋縣爲汜水縣。新唐書地理志註曰：縣有虎牢關、成皋故關、旋門關。旋門關在成皋縣西旋門坂。酈道元所謂「陟此阪而東趣成皋」者也。自此東至板城、渚口，爲成皋關。成皋關卽虎牢關也。所謂故關者，先時所立之關也。曰故關者，史表言其有新關耳。成皋縣既改爲汜水縣，關亦改呼爲汜水關。

王暉殺安遠節度使王瓌。頁九三〇八

史炤釋文「瓌」作「瓖」。註曰：思將切。余按通鑑諸本皆作「瓌」字，音古回翻。

行軍司馬張朏。頁九三〇八

史炤釋文曰：朏，敷尾切，又滂佩切。余按字書敷尾之朏，其旁從「月」；滂佩之昢，其旁從「日」。若依炤

釋兼兩音，是以朏、昢爲同一字也。

通鑑二百八十二

四年　以唐許王從益爲郇國公。頁九三三五

史炤釋文曰：郇，地名，在河東解縣。余按此以古國名封從益爲公，使奉唐明宗之祀而已，非使有其地也。

五年　楚王希範自謂伏波之後。頁九三三八

史炤釋文曰：漢馬援封伏波將軍。余謂伏波將軍而言封，史筆有此義例否？其鄙陋無識，概可見矣！

安審暉敗唐兵於雲夢澤中。頁九三四二

史炤釋文曰：雲、夢二澤名，在楚地。余按禹貢，雲土夢作乂。孔安國註云：雲夢之澤，在江南。左傳，楚王以鄭伯田江南之夢，杜預註云：楚之雲夢，跨江南北。漢書地理志，雲夢澤在南郡華容縣南。祝穆曰：據左傳，邧夫人棄子文於夢中，言夢而不言雲；楚子避吴，入于雲中，言雲而不言夢：則知雲、夢二澤也。漢陽志亦云：雲在江之北，夢在江之南。此皆以二澤爲説者也。又安陸有雲夢澤，枝江有雲夢城。蓋古之雲夢澤甚廣，而後世悉爲邑居聚落，故地之以雲夢得名者非一處。安審暉敗唐兵於雲夢澤，卽安陸之雲夢澤，非古之所謂雲、夢二澤也。

通鑑二百八十三

七年　同、鄜援兵繼至。頁九三六二

史炤釋文曰：同、鄜，二州名。余謂同、鄜二州，自唐末以來，同州爲匡國軍，鄜州爲保大軍，已爲二鎭矣。

齊王天福八年　楚王希範好自誇大，爲長槍、大槊，飾之以金，可執而不可用。頁九三八七史炤釋文曰：通俗文：剡木傷盜曰槍。余謂凡註書者，發明正文大義，使讀者因而求之，無所凝滯也。如炤此註，於大義爲何如哉！

通鑑二百八十四

開運元年　河決，浸汴、曹、單、濮、鄆五州之境。頁九四〇一

史炤釋文曰：單，時戰切。余按單州因單父縣以名州，單，音善。從去聲者，蜀人土音之訛也。

通鑑二百八十五

吳越程昭悦譖闞璠、杜昭達謀奉錢仁俊作亂，下獄，鍛鍊成之。頁九四二八

史炤釋文曰：鍛鍊，爍冶金也。余謂炤於此語之下，更有「以喻成獄也」一語，文意方足。古人謂以獄辭成人之罪者曰鍛鍊，其引喻之義甚精，蓋冶金者既爍之以火，又淬之以水，鍊之以鎚，而後能成器。舞文巧詆之吏，其訊囚也，威之以笞箠木索，質之以參伍證佐，或弛或張，或緩或急以困之，使答辯者變意易辭，惟其所欲以成獄，故比之鍛鍊。

通鑑二百八十六

後漢高祖天福十二年　奚王拽剌。頁九四六二

史炤釋文曰：拽，以制切。剌，奴八切。余謂拽，羊列翻。剌，郎葛翻。

通鑑二百八十七

李廷珪將兵出子午谷以援長安。頁九五〇九

史炤釋文曰：三秦記：子午，長安正南，山名秦嶺，谷一名樊川。余按樊川，以漢高祖封樊噲而得名，其地

正直唐長安城南，此則平川也。言自樊川入子午谷則可，以子午谷一名樊川則不可。

通鑑二百八十八

乾祐元年　羌族唎母殺綏州刺史李仁裕。頁九五二二

史炤釋文曰：唎，其字未詳。（海陵本、費本同。）余按龍龕手鏡，唎，音夜。

蜀眉州刺史申貴擊漢箭筈安都寨，破之。頁九五三四

史炤釋文曰：箭末曰筈。筈，會也，謂與弦相會；通作「括」。（費本同。）余謂箭筈，嶺名，有箭筈關在鳳翔西南界上。宋高宗紹興元年，金將沒立郎君自鳳翔攻箭筈關，吳玠遣將擊退之。蓋亦蜀口關隘處。史炤，蜀人也，不知箭筈之爲地名，而汎言箭筈訓義，可見其孤陋寡聞矣！

通鑑二百八十九

三年　馬希萼賜希廣死，彭師暠葬之瀏陽門外。頁九五七六

史炤釋文曰：瀏陽，縣名，屬潭州。余謂潭州固有瀏陽縣，而瀏陽門，則潭州城門名也，不當以縣名爲釋。自潭州城出瀏陽者，謂之瀏陽門，出醴陵者，謂之醴陵門。

通鑑二百九十

周太祖廣順元年　劉崇卽皇帝位於晉陽。頁九五八三

史炤釋文曰：劉崇自太原以北有州十。余按通鑑書劉崇有并、汾、忻、代、嵐、憲、隆、蔚、沁、遼、麟、石十二州之地。史炤言有州十，是以歐史職方考爲據，而忘通鑑下文也。汾、石二州，在太原西南，遼、沁二州，在太原東南，劉崇疆土亦不止於自太原以北也。

通鑑二百九十一

二年　南漢將潘崇徹破王逵于蠔石。頁九六一八

史炤釋文曰：蠔字未詳。（海陵本同。）余按蠔，音豪，附石而生。韓愈所謂「蠔相粘爲山」者也，生於海中者，亦謂之蠣。

王峻爭之不已。頁九六二四

史炤釋文曰：爭，則迸切；通作諍。余謂爭讀如字，文理自通。

帝猶愍之。頁九六二四

史炤釋文曰：愍，眉殯切，憐也。余謂愍，讀與閔同；音美隕翻，不從去聲。此亦炤土音之訛。

顯德元年　契丹通事楊耨姑舉城降。頁九六四五

史炤釋文曰：耨，乃豆切。余以西北土音求之，耨當音奴篤翻。

通鑑二百九十二

二年　蜀將趙玭舉秦州城降。頁九六六三

史炤釋文「玭」作「玼」，註曰：淺氏切，又千禮切。余按通鑑諸本皆作「玭」，當音蒲眠翻，又毗賓翻。

帝至壽春城下，營於淝水之陽。頁九六六九

史炤釋文曰：淝水出九江山，入淮在廬州合肥縣。（費本同。）余按淝水出九江良餘山，過合肥縣，又過壽春城北而入于淮。淝水去壽春城纔二里耳，世宗下營，正在此水之陽。史炤但以應劭漢書註「肥水至合肥與淮合」之說爲據，而不考世宗所營之地不在合肥也。

通鑑二百九十三

三年　唐孫晟謂王崇質曰：「吾思之熟矣，終不負永陵一培土。」頁九六七八

史炤釋文曰：培，鋪枚切，瓦未燒者。按漢書張釋之傳云：長陵一抔土。顔師古註曰：音步侯切；手掬也。其字從「手」，或讀爲杯，非也。又按「培」字當作「抔」，意同而兩音，當互讀也。余按瓦未燒之培當作「坯」，字與手掬之「抔」音既不同，而意義亦不同也。況張釋之所謂取長陵一抔土，意謂發陵，惡察察言，故曰取一抔土。孫晟所謂終不負永陵一培土，言將以死報唐，不負其先帝山陵耳。其立言命意，全是不同。培，當讀爲培塿之培，音薄口翻。説文曰：培塿，小阜，亦冢也。孫晟言一培土，猶言一冢土耳。唐陸龜蒙築城詞曰：城上一培土，手中千萬杵。則培土以益土爲義，一培，猶言益一畚土也。若據陸詩，培，音蒲枚翻，亦通。

通鑑二百九十四

六年　舳艫相連數十里。頁九七二八

史炤釋文曰：漢律，名船方長爲舳艫。余按漢書武帝紀：舳艫千里。李斐註曰：舳，船後持柁處；艫，船前持櫂處。言其船前後相銜，千里不絕也。小顔、三劉無以異其説。

翰林學士單父王著。頁九七三四

史炤釋文曰：單父，縣名，屬宋州。余按唐書地理志，單父縣固屬宋州；然唐末朱全忠置輝州於碭山，分單父屬焉，尋徙輝州，治單父。後唐改輝州爲單州。此時單父縣屬單州，不屬宋州也。

王崇武標點容肇祖聶崇岐覆校

通鑑釋文行於世，有史炤本，有公休本。史炤本，馮時行爲之序；公休本刻於海陵郡齋，前無序，後無跋，直寘公休官位姓名於卷首而已。又有成都府廣都縣費氏進修堂板行通鑑，於正文下附註，多本之史炤，間以己意附見，世人以其有註，遂謂之善本，號曰「龍爪通鑑」。要之，海陵釋文、龍爪註，大同而小異，皆蹈襲史炤者也。譌謬相傳，而海陵本乃託之公休以欺世，適所以誣玷公休，此不容不辯也。

今觀海陵所刊公休釋，以「烏桓」爲「烏元」，按宋朝欽宗諱桓，靖康之時，公休沒久矣，安得豫爲欽宗諱桓字邪！又謂南、北史無地理志，是其止見李延壽南、北史，而不知外七史宋書、魏書、蕭齊書皆有志，而隋書有五代志也。温公修通鑑，公休爲檢閱文字官，安得不見諸書邪！海陵釋文、費氏註，雖視史炤釋文爲差略，至其同處則無一字異。費氏，蜀中鬻書之家，固宜用炤釋刊行；若公休，則在史炤前數十年，炤書既不言祖述公休，而公休書乃如剽竊史炤者。最是其書中多淺陋，甚至於不考通鑑上下本文而妄爲之說，有不得其句者，有不得其字者，辯誤悉已疏之於前，讀者詳之，其眞僞可見矣！

又有通鑑前例者，浙東提舉常平茶鹽司板本，乃公休之孫伋所編，亦言「欲與音釋並行於世，此吾先人所疑，今人所依以爲信者。」考伋之所編，温公與范夢得論修書二帖，則得於三衢學官，與劉道原十一帖，則得於高文虎氏，伋取以編於前例之後，其網羅放失者僅如此！

蓋温公之薨，公休以毁卒，通鑑之學，其家幾於無傳矣。汴京之破，温公之後曰朴者，金人以其世而敬之，盡徙其家而北，後莫知其音問。紹興，兩國講和，金使來問：「汝家復能用司馬温公子孫否？」朝廷始訪温公之後之在江南者，得伋，乃公之從曾孫也，使奉公祀，自是擢用。伋欲昌其家學，凡言書出於司馬公者，必鋟梓而行之，而不審其爲時人傅會也。容齋隨筆曰：「司馬季思知泉州，刻温公集，有作中丞日彈王安石章，尤可笑。

溫公治平四年，解中丞還翰林，而此章乃熙寧三年者，季思爲妄人所誤，不能察耳！」季思，伋字也。以此證之，則伋以音釋出於其先，編前例欲與之並行，亦爲妄人所誤也。

今之時有寶應謝珏通鑑直音，自燕板行，而南又有廬陵郭仲山直音，又有閩本直音。直音者，最害後學，更未暇問其考據，其書更不論四聲翻切，各自以土音爲之音，率語轉而失其正音，亦有因土音而失其本，至於大相遠者，不特語轉而已。

今辯誤爲公休辯誣，以公休本爲海陵本，龍爪本爲費氏本。先舉史炤之誤，二本與之同者，則分註其下曰同，然後辯其非而歸於是，如直音之淺謬，皆畧而不錄。

丁亥，春，二月，辛亥，天台胡三省身之父書。

重刊元本資治通鑑後序

宋司馬溫公資治通鑑一書，爲史家絶作；元天台胡身之音註，弘通博洽，其義例詳見自序中。數百年來，學者奉爲寶書久矣。洪惟我聖朝右文稽古，四庫所儲，蒐羅大備。伏讀聖祖仁皇帝御批通鑑綱目、高宗純皇帝御批通鑑輯覽、御製評鑑闡要諸書，仰見列聖筆削持衡，昭垂袞鉞，薄海人士，固已敬譯而精研之。恭逢皇上幾餘典學，復敕脩明鑑以續范祖禹唐鑑之書，而史學於是乎益昌。竊謂史家編年之有綱目，其書法褒貶，猶決事之有讞斷，而通鑑則案牘之全也。得全牘而讞斷之精義益明，讀通鑑而綱目之是非乃備，固非資涉獵，矜記誦，以侈多聞而已。身之元本，傳世日稀，前明以來，傳刻不下十餘種，而展轉刊雕，舊觀滋失，識者病諸。壬申之春，予承乏江寧藩使，適獲元初舊刻，卷首有王磐一序，謹案欽定天祿琳琅書目，所謂元時官刻本也。於是鹺使阿公厚菴暨諸相知，佐資鳩匠，設局於孫伯淵觀察之家祠，延文學顧君廣圻、彭君兆蓀及族弟樞爲校勘翻雕之，視元本無異，加精美焉。間有致疑，不敢臆改，擬別爲考證，以質來兹。承學之士，由此書以博徵千三百六十二年治忽之迹，因益以仰窺睿裁予奪之公，識千古勸懲之旨，其裨益於人心學術者甚大，夫豈詞章訓詁之書所可同年而議豐确哉！予既賴諸君子相助之雅，而幸古籍之得傳，故樂書其緣起如此。若夫溫公當日作書之意與其持身行政之大，蓋非淺嘗略涉，守陳言故紙所得而喻者；讀其書，知其人，是在學者自得之矣！

嘉慶二十一年四月上旬，鄱陽胡克家書。